CÓDIGO
DAS SOCIEDADES COMERCIAIS

CÓDIGO
DAS SOCIEDADES COMERCIAIS

Código Comercial
Código das Sociedades Comerciais
Estabelecimento Individual de Responsabilidade Limitada
Código do Registo Comercial
Regulamento do Registo Comercial

12.ª EDIÇÃO

Edição compilada por:

M. Nogueira Serens

CÓDIGO DAS SOCIEDADES COMERCIAIS

EDITOR
EDIÇÕES ALMEDINA, SA
Rua da Estrela, n.º 6
3000-161 Coimbra
Tel.: 239 851 904
Fax: 239 851 901
www.almedina.net
editora@almedina.net

EXECUÇÃO GRÁFICA
G.C. – GRÁFICA DE COIMBRA, LDA.
Palheira – Assafarge
3001-453 Coimbra
producao@graficadecoimbra.pt

Setembro, 2005

DEPÓSITO LEGAL
232727/05

Toda a reprodução desta obra, por fotocópia ou outro qualquer processo,
sem prévia autorização escrita do Editor,
é ilícita e passível de procedimento judicial contra o infractor.

CARTA DE LEI DE 28 DE JUNHO DE 1888 [1]

DOM LUÍS, por graça de Deus Rei de Portugal e dos Algarves, etc. Fazemos saber a todos os nossos súbditos, que as cortes gerais decretaram e nós queremos a lei seguinte:

Art. 1.º
É aprovado o Código Comercial que faz parte da presente lei.

Art. 2.º
As disposições do dito Código consideram-se promulgadas e começarão a ter vigor em todo o continente do reino e ilhas adjacentes no dia 1.º de Janeiro de 1889.

Art. 3.º
Desde que principiar a ter vigor o Código, ficará revogada toda a legislação anterior que recair nas matérias que o mesmo Código abrange, e em geral toda a legislação comercial anterior.

§ 1.º Fica salva a legislação do processo não contrária às disposições do novo Código, bem como a que regula o comércio entre os portos de Portugal, ilhas e domínios portugueses em qualquer parte do mundo, quer por exportação, quer por importação, e reciprocamente.

§ 2.º O Governo poderá suspender temporariamente a execução da legislação ressalvada na parte final do parágrafo anterior, com respeito à Ilha da Madeira, dando conta às cortes do uso que fizer desta autorização.

Art. 4.º
Toda a modificação que de futuro se fizer sobre matéria contida no Código Comercial será considerada como fazendo parte dele e inserida no

---

[1] A Carta de Lei, bem como o CCom que dela faz parte, foi publicada no DG n.º 203, de 6 de Setembro de 1888.

lugar próprio, quer seja por meio de substituição de artigos alterados, quer pela supressão de artigos inúteis, ou pelo adicionamento dos que forem necessários.

Art. 5.º

Uma comissão de jurisconsultos e comerciantes será encarregada pelo Governo, durante os primeiros cinco anos da execução do Código Comercial, de receber todas as representações, relatórios dos tribunais, e quaisquer observações relativamente ao melhoramento do mesmo Código, e à solução das dificuldades que possam dar-se na execução dele.

§ único. Esta comissão fará anualmente um relatório ao Governo e proporá quaisquer providências que para o indicado fim lhe pareçam necessárias ou convenientes.

Art. 6.º

O Governo fará os regulamentos necessários para a execução da presente lei.

Art. 7.º

É o Governo autorizado a tornar extensivo o Código Comercial às províncias ultramarinas, ouvidas as estações competentes, e fazendo-lhe as modificações que as circunstâncias especiais das mesmas províncias exigirem.

Art. 8.º

Fica o Governo autorizado a, ouvidos os relatores das comissões parlamentares especiais que deram parecer sobre o Código do Comércio, rever o mesmo Código no intuito de, quando se mostre necessário, corrigir quaisquer erros de redacção, coordenar a numeração dos respectivos artigos, e eliminar as referências a disposições suprimidas a fim de poder proceder à publicação oficial do mesmo Código.

Art. 9.º

Fica revogada a legislação contrária a esta.

CÓDIGO COMERCIAL [1]

LIVRO PRIMEIRO
DO COMÉRCIO EM GERAL

TÍTULO I. DISPOSIÇÕES GERAIS

Art. 1.º (Objecto da lei comercial)
A lei comercial rege os actos de comércio sejam ou não comerciantes as pessoas que neles intervêm.

Art. 2.º (Actos de comércio)
Serão considerados actos de comércio todos aqueles que se acharem especialmente regulados neste Código, e, além deles, todos os contratos e obrigações dos comerciantes, que não forem de natureza exclusivamente civil, se o contrário do próprio acto não resultar.

Art. 3.º (Critério de integração)
Se as questões sobre direitos e obrigações comerciais não puderem ser resolvidas, nem pelo texto da lei comercial, nem pelo seu espírito, nem pelos casos análogos nela prevenidos, serão decididas pelo direito civil.

Art. 4.º (Lei reguladora dos actos de comércio)
Os actos de comércio serão regulados:
1.º Quanto à substância e efeitos das obrigações, pela lei do lugar onde forem celebrados, salva convenção em contrário;
2.º Quanto ao modo do seu cumprimento, pela do lugar onde este se realizar;

---

[2] As epígrafes dos artigos não constam do texto oficial.

3.º Quanto à forma externa, pela lei do lugar onde forem celebrados, salvo nos casos em que a lei expressamente ordenar o contrário.

§ único. O disposto no n.º 1 deste artigo não será aplicável quando da sua execução resultar ofensa ao direito público português ou aos princípios de ordem pública.

Art. 5.º (Competência internacional dos tribunais portugueses)

Os portugueses que, entre si ou com estrangeiros, contraírem obrigações comerciais fora do reino, e os estrangeiros que, entre si ou com os portugueses no reino as contraírem, podem ser demandados perante os competentes tribunais do reino pelos nacionais ou estrangeiros com quem as hajam contraído, se nele tiverem domicílio ou forem encontrados.

Art. 6.º (Relações com estrangeiros)

Todas as disposições deste Código serão aplicáveis às relações comerciais com estrangeiros, excepto nos casos em que a lei expressamente determine o contrário, ou se existir tratado ou convenção especial que de outra forma as determine e regule.

TÍTULO II. DA CAPACIDADE COMERCIAL E DOS COMERCIANTES

CAPÍTULO I. Da capacidade comercial

Art. 7.º (Capacidade para a prática de actos de comércio)

Toda a pessoa, nacional ou estrangeira, que for civilmente capaz de se obrigar, poderá praticar actos de comércio, em qualquer parte destes reinos e seus domínios, nos termos e salvas as excepções do presente Código.

Art. 8.º (Capacidade do menor emancipado)

Nota. Revogado pelo art. 1.º do DL n.º 363/77, de 2 de Setembro. Com efeito, as alterações introduzidas no CCiv pelo DL n.º 496/77, de 25 de Novembro, passando a maioridade para os 18 anos e acabando com a emancipação por concessão, tornaram esta norma inútil.

Art. 9.º (Capacidade da mulher)

Nota. Revogado pelo art. 1.º do DL n.º 363/77, de 2 de Setembro, por pressupor uma discriminação fundada no sexo, contrariando o princípio da igualdade consignado na Constituição da República Portuguesa.

Art. 10.º (Dívidas comerciais de um dos cônjuges)

Não há lugar à moratória estabelecida no n.º 1 do artigo 1696.º do Código Civil quando for exigido de qualquer dos cônjuges o cumprimento de uma obrigação emergente de acto de comércio, ainda que este o seja apenas em relação a uma das partes.

Nota. O art. 4.º do DL n.º 329-A/95, de 12 de Dezembro, alterou a redacção do art. 1696.º, do Código Civil, que passou a dispor o seguinte: "Pelas dívidas da exclusiva responsabilidade de um dos cônjuges respondem os bens próprios do cônjuge devedor e, subsidiariamente, a sua meação nos bens comuns".

Não havendo hoje dívidas de exclusiva responsabilidade de um dos cônjuges sujeitos ao regime da moratória, o art. 10.º deixou de ter conteúdo útil. A norma não foi, porém, expressamente revogada.

Art. 11.º (Obrigações mercantis do cônjuge separado judicialmente)

Nota. Revogado pelo art. 1.º do DL n.º 363/77, de 2 de Setembro, visto ser inútil em face do disposto nos arts. 1735.º, 1770.º e 1795.º-A, do CCiv.

Art. 12.º (Lei reguladora da capacidade comercial)

A capacidade comercial dos portugueses que contraem obrigações mercantis em país estrangeiro, e a dos estrangeiros que as contraem em território português, será regulada pela lei do país de cada um, salvo quanto aos últimos naquilo em que for oposta ao direito público português.

CAPÍTULO II.   Dos comerciantes

Art. 13.º (Quem é comerciante)

São comerciantes:

1.º As pessoas, que, tendo capacidade para praticar actos de comércio, fazem deste profissão;

2.º As sociedades comerciais.

Art. 14.º (Quem não pode ser comerciante)
É proibida a profissão do comércio:
1.º Às associações ou corporações que não tenham por objecto interesses materiais;
2.º Aos que por lei ou disposições especiais não possam comerciar.

Art. 15.º (Dívidas comerciais do cônjuge comerciante)
As dívidas comerciais do cônjuge comerciante presumem-se contraídas no exercício do seu comércio.

Nota. Redacção introduzida pelo art. 3.º do DL n.º 363/77, de 2 de Setembro.

Art. 16.º (Poderes da mulher casada comerciante)

Nota. Revogado pelo art. 1.º do DL n.º 363/77 de 2 de Setembro.

Art. 17.º (Condição do Estado e dos corpos e corporações administrativas)
O Estado, o distrito, o município e a paróquia não podem ser comerciantes, mas podem, nos limites das suas atribuições, praticar actos de comércio, e quanto a estes ficam sujeitos às disposições deste Código.
§ único. A mesma disposição é aplicada às misericórdias, asilos, mais institutos de beneficência e caridade.

Art. 18.º (Obrigações especiais dos comerciantes)
Os comerciantes são especialmente obrigados:
1.º A adoptar uma firma;
2.º A ter escrituração mercantil;
3.º A fazer inscrever no registo comercial os actos a ele sujeitos;
4.º A dar balanço, e a prestar contas.

TÍTULO III. DA FIRMA

Nota. Os artigos 19.º, 20.º e 24.º a 28.º, que integravam o Título III do Livro I do Código Comercial, foram revogados pelo art. 88.º, alínea *a*), do DL n.º 42/89, de 3 de Fevereiro; os artigos 21.º, 22.º e 23.º deste mesmo Título foram revogados pelo art 3.º, n.º 1, alínea *a*), do DL n.º 262/86, de 2 de Setembro, que aprovou o CSC. Cf. o DL n.º 129/98, de 13 de Maio, sobre o Registo Nacional de Pessoas Colectivas.

TÍTULO IV. DA ESCRITURAÇÃO

Art. 29.º (Obrigatoriedade da escrita comercial)
Todo o comerciante é obrigado a ter livros que dêem a conhecer, fácil, clara e precisamente, as suas operações comerciais e fortuna.

Art. 30.º (Liberdade de organização da escrita)
O número e espécies de livros de qualquer comerciante e a forma da sua arrumação ficam inteiramente ao arbítrio dele, contanto que não deixe de ter os livros que a lei especifica como indispensáveis.

Art. 31.º (Livros obrigatórios)
São indispensáveis a qualquer comerciante os seguintes livros:
Do inventário e balanços;
Diário;
Razão;
Copiador.
§ 1.º Às sociedades são, além dos referidos, indispensáveis outros livros para actas.
§ 2.º Os livros de inventário e balanços, diário e das actas da assembleia geral das sociedades podem ser constituídos por folhas soltas.
§ 3.º As folhas soltas, em conjuntos de sessenta, devem ser numeradas sequencialmente e rubricadas pela gerência ou pela administração, que também lavram os termos de abertura e de encerramento e requerem a respectiva legalização.

Nota. Redacção introduzida pelo art. 7.º do DL n.º 257/96, de 31 de Dezembro.

Art. 32.º (Legalização de livros)
1. É obrigatória a legalização dos livros dos comerciantes, inventário e balanços e diário, bem como a dos livros das actas da assembleia geral das sociedades.
2. É permitida a legalização de livros escriturados mediante menção do facto no termo de abertura.
3. A legalização só é feita depois de pagas as importâncias determinadas na lei.

Nota. Redacção introduzida pelo art. 7.º do DL n.º 257/96, de 31 de Dezembro.

Art. 33.º (Escrituração do livro de inventário e balanços)
O livro de inventário e balanços começará pelo arrolamento de todo o activo e passivo do comerciante, fixando a diferença entre aquele e este, o capital que entra em comércio, e servirá para nele se lançarem, dentro dos prazos legais, os balanços a que tem de proceder.

Art. 34.º (Escrituração do diário)
O diário servirá para os comerciantes registarem, dia a dia, por ordem de datas, em assento separado, cada um dos seus actos que modifiquem ou possam vir a modificar a sua fortuna.
§ 1.º Se as operações relativas a determinadas contas forem excessivamente numerosas, ou quando se hajam realizado fora do domicílio comercial, poderão os respectivos lançamentos ser levados ao diário numa só verba semanal, quinzenal ou mensal, se a escrituração tiver livros auxiliares, onde sejam exaradas com regularidade e clareza, e pela ordem cronológica por que se hajam realizado, todas as operações parcelares englobadas nos lançamentos do diário.
§ 2.º Os comerciantes de retalho não são obrigados a lançar no diário individualmente as suas vendas, bastando que assentem o produto ou dinheiro apurado em cada dia, assim como o que houverem fiado.

Art. 35.º (Escrituração do razão)
O razão servirá para escriturar o movimento de todas as operações do diário, ordenadas por débito e crédito, em relação a cada uma das respectivas contas para se conhecer o estado e a situação de qualquer deles sem necessidade de recorrer ao exame e separação de todos os lançamentos cronologicamente escriturados no diário.

Art. 36.º (Função do copiador)
O copiador servirá para nele se trasladarem, à mão ou por máquina, na íntegra, cronológica e sucessivamente, toda a correspondência e telegramas que o comerciante expedir.

Art. 37.º (Livros das actas das sociedades)
Os livros ou as folhas das actas das sociedades servirão para neles se lançarem as actas das reuniões de sócios, de administradores e dos órgãos sociais, devendo cada uma delas expressar a data em que foi celebrada, os nomes dos participantes ou referência à lista de presenças autenticada pela

mesa, os votos emitidos, as deliberações tomadas e tudo o mais que possa servir para fazer conhecer e fundamentar estas, e ser assinada pela mesa, quando a houver, e, não a havendo, pelos participantes.

Nota. Redacção introduzida pelo art. 7.º do DL n.º 257/96, de 31 de Dezembro.

Art. 38.º (Quem pode fazer a escrituração)
Todo o comerciante pode fazer a sua escrituração mercantil por si ou por outra pessoa a quem para tal fim autorizar.

§ único. Se o comerciante por si próprio não fizer a escrituração, presumir-se-à que autorizou a pessoa que a fizer.

Art. 39.º (Requisitos externos da escrituração)
A escrituração dos livros comerciais será feita sem intervalos em branco, entrelinhas, rasuras ou transporte para as margens.

§ único. Se se houver cometido erro ou omissão em qualquer assento, será ressalvado por meio de estorno.

Art. 40.º (Obrigação de arquivar a correspondência, livros e documentos)
Todo o comerciante é obrigado a arquivar a correspondência e telegramas que receber, os documentos que provarem pagamentos e os livros da sua escrituração mercantil, devendo conservar tudo pelo espaço de dez anos.

Nota. Redacção introduzida pelo art. 1.º do DL n.º 41/71, de 4 de Fevereiro.

Art. 41.º (Proibição de varejo ou inspecção)
Nenhuma autoridade, juízo ou tribunal pode fazer ou ordenar varejo ou diligência alguma para examinar se o comerciante arruma ou não devidamente os seus livros de escrituração mercantil.

Art. 42.º (Exibição judicial dos livros de escrituração)
A exibição judicial dos livros de escrituração comercial por inteiro, e dos documentos a ela relativos, só pode ser ordenada a favor dos interessados, em questões de sucessão universal, comunhão ou sociedade e no caso de quebra.

Art. 43.º (Exame da escrituração e documentos)
Fora dos casos previstos no artigo precedente, só poderá proceder-se

a exame nos livros e documentos dos comerciantes, a instâncias da parte, ou de ofício, quando a pessoa a quem pertençam tenha interesse ou responsabilidade na questão em que tal apresentação for exigida.

§ único. O exame dos livros e documentos do comerciante, a haver lugar, far-se-á no escritório deste, em sua presença, e limitar-se-á a averiguar e extrair o tocante aos pontos especificados que tenham relação com a questão.

Nota. No seu Acórdão n.º 2/98, de 22 de Abril de 1997 (DR n.º 6/98 I-A, de 8-1-1998), o Supremo Tribunal de Justiça decidiu:

«O artigo 43.º do Código Comercial não foi revogado pelo artigo 519.º, n.º 1, do Código de Processo Civil de 1961, na versão de 1967, de modo que só poderá proceder-se a exame dos livros e documentos dos comerciantes quando a pessoa a quem pertençam tenha interesse ou responsabilidade na questão em que tal apresentação for exigida».

Art. 44.º (Força probatória da escrituração)

Os livros de escrituração comercial podem ser admitidos em juízo a fazer prova entre comerciantes, em factos do seu comércio, nos termos seguintes:

1.º Os assentos lançados nos livros de comércio, ainda quando não regularmente arrumados, provam contra os comerciantes, cujos são; mas os litigantes, que de tais assentos quiserem ajudar-se, devem aceitar igualmente os que lhes forem prejudiciais;

2.º Os assentos lançados em livros de comércio, regularmente arrumados, fazem prova em favor dos seus respectivos proprietários, não apresentando o outro litigante assentos opostos em livros arrumados nos mesmos termos ou prova em contrário;

3.º Quando da combinação dos livros mercantis de um e de outro litigante, regularmente arrumados, resultar prova contraditória, o tribunal decidirá a questão pelo merecimento de quaisquer provas do processo;

4.º Se entre os assentos dos livros de um e de outro comerciante houver discrepância, achando-se os de um regularmente arrumados e os do outro não, aqueles farão fé contra estes, salva a demonstração do contrário por meio de outras provas em direito admissíveis.

§ único. Se um comerciante não tiver livros de escrituração, ou recusar apresentá-los, farão fé contra ele os do outro litigante, devidamente arrumados, excepto sendo a falta dos livros devida a caso de força maior, e ficando sempre salva a prova contra os assentos exibidos pelos meios admissíveis em juízo.

TÍTULO V. DO REGISTO

Nota. Os arts. 45.º a 61.º do CCom estão revogados. O registo comercial está hoje regulado no Código do Registo Comercial, aprovado pelo DL n.º 403/86, de 3 de Dezembro.

TÍTULO VI. DO BALANÇO E DA PRESTAÇÃO DE CONTA

Art. 62.º (Obrigatoriedade do balanço)
Todo o comerciante é obrigado a dar balanço anual ao seu activo e passivo nos três primeiros meses do ano imediato e a lançá-lo no livro do inventário e balanços, assinando-o devidamente.

Art. 63.º (Obrigação de prestação de contas)
Os comerciantes são obrigados à prestação de contas: nas negociações, no fim de cada uma; nas transacções comerciais de curso seguido, no fim de cada ano; e no contrato de conta corrente, ao tempo do encerramento.

TÍTULO VII. DOS CORRETORES

Nota. Os artigos 64.º a 81.º foram revogados pelo art. 24.º do DL n.º 142-A/91, de 10 de Abril, alterado pelo DL n.º 89/94, de 2 de Abril, pelo DL n.º 186/94, de 5 de Junho, pelo DL n.º 204/94, de 2 de Agosto, pelo DL n.º 261/95, de 3 de Outubro, pelo DL n.º 232/96, de 5 de Dezembro (rectificado pela Declaração de Rectificação n.º 4-E/97, de 31 de Janeiro), pelo DL n.º 178/97, de 24 de Julho, pelo DL n.º 343/98, de 6 de Novembro, e pelo DL n.º 172/99, de 20 de Maio, que aprovou o Código do MVM, e entretanto revogado pelo art. 15.º, n.º 1, do DL n.º 486/99, de 13 de Novembro de 1999. O novo Código dos Valores Mobiliários, aprovado por este último diploma, entrou em vigor em 1 de Março de 2000; cfr. ainda os DLs n.º 61/2002, de 20 de Março, n.º 38/2003, de 8 de Março, e n.º 66/2004, de 24 de Março, que introduziram as primeiras alterações a esse Código.

TÍTULO VIII. DOS LUGARES DESTINADOS AO COMÉRCIO

CAPÍTULO I. Das bolsas

Nota. Os artigos 82.º a 92.º, que integravam o Capítulo I do Título VIII do Livro I do Código Comercial, foram revogados pelo art. 24.º do DL n.º 142-A/91 de 10 de Abril, alterado pelo DL n.º 89/94, de 2 de Abril, pelo DL n.º 186/94, de 5 de Junho, pelo DL n.º 204/94, de 2 de Agosto, pelo DL n.º 261/95, de 3 de Outubro, pelo DL n.º 232/96, de 5 de Dezembro (rectificado pela Declaração de Rectificação n.º 4-E/97, de 31 de Janeiro), pelo DL n.º 178/97, de 24 de Julho, pelo DL n.º 343/98, de 6 de Novembro, e pelo DL n.º 172/99, de 20 de Maio, que aprovou o Código do MVM, e entretanto revogado pelo art. 15.º, n.º 1, do DL n.º 486/99, de 13 de Novembro. O novo Código dos Valores Mobiliários, aprovado por este último diploma, entrou em vigor em 1 de Março de 2000; cfr. nota ao artigo anterior.

CAPÍTULO II. Dos mercados, feiras, armazéns e lojas

Art. 93.º (Determinação dos mercados e feiras)

Os mercados e as feiras serão estabelecidos no lugar, pelo tempo, e no modo prescritos na legislação e regulamentos administrativos.

Art. 94.º (Armazéns gerais de comércio)

Serão considerados, para os efeitos deste Código, e especialmente para as operações mencionadas no título XIV do livro II, como armazéns gerais de comércio todos aqueles que forem autorizados pelo Governo a receber em depósito géneros e mercadorias, mediante caução, pelo preço fixado nas respectivas tarifas.

Art. 95.º (Armazéns ou lojas abertas ao público)

Considerar-se-ão, para os efeitos deste Código, como armazéns ou lojas de venda abertos ao público:

1.º Os que estabelecerem os comerciantes matriculados;

2.º Os que estabelecerem os comerciantes não matriculados, toda a vez que tais estabelecimentos se conservem abertos ao público por oito dias consecutivos, ou hajam sido anunciados por meio de avisos avulsos ou nos jornais, ou tenham os respectivos letreiros usuais.

LIVRO SEGUNDO
DOS CONTRATOS ESPECIAIS DE COMÉRCIO

TÍTULO I. DISPOSIÇÕES GERAIS

Art. 96.º (Liberdade de língua nos títulos comerciais)
Os títulos comerciais serão válidos, qualquer que seja a língua em que forem exarados.

Art. 97.º (Admissibilidade da correspondência telegráfica e seu valor)
A correspondência telegráfica será admissível em comércio nos termos e para os efeitos seguintes:

§ 1.º Os telegramas, cujos originais hajam sido escritos e assinados, ou somente assinados ou firmados pela pessoa em cujo nome são feitos, e aqueles que se provar haverem sido expedidos ou mandados expedir pela pessoa designada como expedidor, terão a força probatória que a lei atribui aos documentos particulares.

§ 2.º O mandato e toda a prestação de consentimento, ainda judicial, transmitidos telegraficamente com a assinatura reconhecida autenticamente por tabelião são válidos e fazem prova em juízo.

§ 3.º Qualquer erro, alteração ou demora na transmissão de telegramas, será, havendo culpa, imputável, nos termos gerais de direito, à pessoa que lhe deu causa.

§ 4.º Presumir-se-á isento de toda a culpa o expedidor de um telegrama que o haja feito conferir nos termos dos respectivos regulamentos.

§ 5.º A data do telegrama fixa, até prova em contrário, o dia e a hora em que foi efectivamente transmitido ou recebido nas respectivas estações.

Nota. Cf. o DL n.º 290-D/99, de 2 de Agosto, alterado pelo DL n.º 62/2003, de 3 de Abril, sobre o regime jurídico dos documentos electrónicos e da assinatura digital. Cf. ainda o DReg. n.º 25/2004, de 15 de Julho.

Art. 98.º (Valor dos assentos dos livros dos corretores)
Havendo divergências entre os exemplares dos contratos, apresentados pelos contraentes, e tendo na sua estipulação intervindo corretor, prevalecerá o que dos livros deste constar, sempre que se achem devidamente arrumados.

Art. 99.º (Regime dos actos de comércio unilaterais)
Embora o acto seja mercantil só com relação a uma das partes será regulado pelas disposições da lei comercial quanto a todos os contratantes, salvo as que só forem aplicáveis àquele ou àqueles por cujo respeito o acto é mercantil, ficando, porém, todos sujeitos à jurisdição comercial.

Art. 100.º (Regra da solidariedade nas obrigações comerciais)
Nas obrigações comerciais os co-obrigados são solidários, salva estipulação contrária.

§ único. Esta disposição não é extensiva aos não comerciantes quanto aos contratos que, em relação a estes, não constituírem actos comerciais.

Art. 101.º (Solidariedade do fiador)
Todo o fiador de obrigação mercantil, ainda que não seja comerciante, será solidário com o respectivo afiançado.

Art. 102.º (Obrigação de juros)
Há lugar ao decurso e contagem de juros em todos os actos comerciais em que for de convenção ou direito vencerem-se e nos mais casos especiais fixados no presente Código.

§ 1.º A taxa de juros comerciais só pode ser fixada por escrito.
§ 2.º Aplica-se aos juros comerciais o disposto nos artigos 559.º-A e 1146.º do Código Civil.
§ 3.º Os juros moratórios legais e os estabelecidos sem determinação de taxa ou quantitativo, relativamente aos créditos de que sejam titulares empresas comerciais, singulares ou colectivas, são os fixados em portaria conjunta dos Ministros das Finanças e da Justiça.
§ 4.º A taxa de juro referida no parágrafo anterior não poderá ser inferior ao valor da taxa de juro aplicada pelo Banco Central Europeu à sua mais recente operação principal de refinanciamento efectuada antes do 1.º dia de Janeiro ou Julho, consoante se esteja, respectivamente, n.º 1.º ou 2.º semestre do ano civil, acrescida de 7 pontos percentuais.

Notas. 1. A redacção dos §§ 2.º e 3.º foi introduzida pelo DL n.º 262/83, de 16 de Junho. A redacção do § 3.º voltou a ser alterada pelo DL n.º 32/2003, de 17 de Fevereiro, que também aditou o § 4.º

2. A Portaria n.º 291/2003, de 8 de Abril, fixou em 4% a taxa de juros legais e dos estipulados sem determinação de taxa ou quantitativo.

3. A Portaria n.º 262/99, de 12 de Abril, fixou em 12% a taxa supletiva de juros moratórios relativamente aos créditos de que sejam titulares empresas comerciais, singulares ou colectivas.

Art. 103.º (Contratos de comércio marítimo)
Os contratos especiais de comércio marítimo serão em especial regulados nos termos prescritos no livro III deste Código.

TÍTULO II. DAS SOCIEDADES

Nota. As sociedades estão actualmente reguladas no Código das Sociedades Comerciais, aprovado pelo DL n.º 262/86, de 2 de Setembro. O Título II do Livro II do Código Comercial (arts. 104.º a 206.º) foi expressamente revogado pelo art. 3.º, n.º 1, alínea *a*), do DL n.º 262/86, de 2 de Setembro.

CAPÍTULO V. Disposições especiais às sociedades cooperativas

Nota. As cooperativas estão actualmente reguladas no Código Cooperativo, aprovado pela L n.º 51/96, de 7 de Setembro, rectificada no DR I Série-A, n.º 229, de 2 de Outubro de 1996. O Capítulo V do Título II do Livro II do Código Comercial havia sido revogado pelo art. 100.º do DL n.º 454/80.

TÍTULO III. DA CONTA EM PARTICIPAÇÃO

Nota. A conta em participação estava regulada nos arts. 224.º a 229.º do Código Comercial. O DL n.º 231/81, de 28 de Julho, veio estabelecer a disciplina dos contratos de consórcio e de associação em participação e revogou expressamente os art. 224.º a 227.º (art. 32.º). Houve certamente lapso, pois o legislador deve ter querido revogar os arts. 224.º a 229.º do Código Comercial que regulavam a conta em participação.

TÍTULO IV. DAS EMPRESAS

Art. 230.º (Empresas comerciais)
Haver-se-ão por comerciais as empresas, singulares ou colectivas, que se propuserem:
    1.º Transformar, por meio de fábricas ou manufacturas, matérias-primas, empregando para isso, ou só operários, ou operários e máquinas;

2.º Fornecer, em épocas diferentes, géneros, quer a particulares, quer ao Estado, mediante preço convencionado;

3.º Agenciar negócios ou leilões por conta de outrem em escritório aberto ao público, e mediante salário estipulado;

4.º Explorar quaisquer espectáculos públicos;

5.º Editar, publicar ou vender obras científicas, literárias ou artísticas;

6.º Edificar ou construir casas para outrem com materiais subministrados pelo empresário;

7.º Transportar, regular e permanentemente, por água ou por terra, quaisquer pessoas, animais, alfaias ou mercadorias de outrem.

§ 1.º Não se haverá como compreendido no n.º 1.º o proprietário ou o explorador rural que apenas fabrica ou manufactura os produtos do terreno que agriculta acessoriamente à sua exploração agrícola, nem o artista, industrial, mestre ou oficial de ofício mecânico que exerce directamente a sua arte, indústria ou ofício, embora empregue para isso, ou só operários, ou operários e máquinas.

§ 2.º Não se haverá como compreendido no n.º 2.º o proprietário ou explorador rural que fizer fornecimento de produtos da respectiva propriedade.

§ 3.º Não se haverá como compreendido no n.º 5.º o próprio autor que editar, publicar ou vender as suas obras.

TÍTULO V. DO MANDATO

CAPÍTULO I. Disposições gerais

Art. 231.º (Conceito de mandato comercial)
Dá-se mandato comercial quando alguma pessoa se encarrega de praticar um ou mais actos de comércio por mandado de outrem.

§ único. O mandato comercial, embora contenha poderes gerais, só pode autorizar actos não mercantis por declaração expressa.

Art. 232.º (Remuneração do mandatário)
O mandato comercial não se presume gratuito, tendo todo o mandatário direito a uma remuneração pelo seu trabalho.

§ 1.º A remuneração será regulada por acordo das partes, e, não o havendo, pelos usos da praça onde for executado o mandato.

§ 2.º Se o comerciante não quiser aceitar o mandato, mas tiver apesar disso, de praticar as diligências mencionadas no artigo 234.º, terá ainda assim direito a uma remuneração proporcional ao trabalho que tiver tido.

Art. 233.º (Extensão do mandato)
O mandato comercial, que contiver instruções especiais para certas particularidades do negócio, presume-se amplo para as outras; e aquele, que só tiver poderes para um negócio determinado, compreende todos os actos necessários à sua execução, posto que não expressamente indicados.

Art. 234.º (Obrigações do comerciante que recusar o mandato)
O comerciante que quiser recusar o mandato comercial que lhe é conferido, deve assim comunicá-lo ao mandante pelo modo mais rápido que lhe for possível, sendo, todavia, obrigado a praticar todas as diligências de indispensável necessidade para a conservação de quaisquer mercadorias que lhe hajam sido remetidas, até que o mandante proveja.

§ 1.º Se o mandante nada fizer depois de recebido o aviso, o comerciante a quem hajam sido remetidas as mercadorias recorrerá ao juízo respectivo para que se ordene o depósito e segurança delas por conta de quem pertencer e a venda das que não for possível conservar, ou das necessárias para satisfação das despesas incursas.

§ 2.º A falta de cumprimento de qualquer das obrigações constantes deste artigo e seu parágrafo sujeita o comerciante à indemnização de perdas e danos.

Art. 235.º (Cautelas relativas a mercadorias deterioradas)
Se as mercadorias que o mandatário receber por conta do mandante apresentarem sinais visíveis de danificações, sofridas durante o transporte, deve aquele praticar os actos necessários à salvaguarda dos direitos deste, sob pena de ficar responsável pelas mercadorias recebidas, tais quais constarem dos respectivos documentos.

§ único. Se as deteriorações forem tais que exijam providências urgentes, o mandatário poderá fazer vender as mercadorias por corretor ou judicialmente.

Art. 236.º (Responsabilidade pela guarda das mercadorias)
O mandatário é responsável, durante a guarda e conservação das mercadorias do mandante, pelos prejuízos não resultantes de decurso de tempo, caso fortuito, força maior ou vício inerente à natureza da cousa.

§ único. O mandatário deverá segurar contra risco de fogo as mercadorias do mandante, ficando este obrigado a satisfazer o respectivo prémio, com as mais despesas, deixando somente de ser responsável pela falta e continuação do seguro, tendo recebido ordem formal do mandante para não o efectuar, ou tendo ele recusado a remessa de fundos para pagamento de prémio.

Art. 237.º (Verificação das alterações ocorridas nas mercadorias)
O mandatário, seja qual for a causa dos prejuízos em mercadorias que tenha em si de conta do mandante, é obrigado a fazer verificar em forma legal a alteração prejudicial ocorrente e avisar o mandante.

Art. 238.º (Responsabilidade pela inexecução do mandato)
O mandatário que não cumprir o mandato em conformidade com as instruções recebidas e, na falta ou insuficiência delas, com os usos do comércio, responde por perdas e danos.

Art. 239.º (Aviso dos factos relevantes)
O mandatário é obrigado a participar ao mandante todos os factos que possam levá-lo a modificar ou a revogar o mandato.

Art. 240.º (Aviso da execução do mandato)
O mandatário deve sem demora avisar o mandante da execução do mandato, e, quando este não responder imediatamente, presume-se ratificar o negócio, ainda que o mandatário tenha excedido os poderes do mandato.

Art. 241.º (Obrigação de pagamento de juros)
O mandatário é obrigado a pagar juros das quantias pertencentes ao mandante a contar do dia em que, conforme a ordem, as devia ter entregue ou expedido.
§ único. Se o mandatário distrair do destino ordenado as quantias remetidas, empregando-as em negócio próprio, responde, a datar do dia em que as receber, pelos respectivos juros e pelos prejuízos resultantes do não cumprimento da ordem, salva a competente acção criminal, se a ela houver lugar.

Art. 242.º (Obrigação de exibir o mandato)
O mandatário deve, sendo-lhe exigido, exibir o mandato escrito aos terceiros com quem contratar, e não poderá opor-lhes quaisquer instruções que houvesse recebido em separado do mandante, salvo provando que tinham conhecimento delas ao tempo do contrato.

Art. 243.º (Obrigação do mandante em ordem à execução do mandato)
O mandante é obrigado a fornecer ao mandatário os meios necessários à execução do mandato, salva convenção em contrário.

§ 1.º Não será obrigatório o desempenho de mandato que exija provisão de fundos, embora haja sido aceito, enquanto o mandante não puser à disposição do mandatário as importâncias que lhe forem necessárias.

§ 2.º Ainda depois de recebidos os fundos para a execução do mandato, se for necessária nova remessa e o mandante a recusar, pode o mandatário suspender as suas diligências.

§ 3.º Estipulada a antecipação de fundos por parte do mandatário, fica este obrigado a supri-los, excepto no caso de cessação de pagamentos ou falência do mandante.

Art. 244.º (Pluralidade de mandatários)

Sendo várias pessoas encarregadas do mesmo mandato sem declaração de deverem obrar conjuntamente, presumir-se-á deverem obrar uma na falta de outra, pela ordem da nomeação.

§ único. Se houver declaração de deverem obrar conjuntamente, e se o mandato não for aceito por todas, as que o aceitarem, se constituírem maioria, ficam obrigadas a cumpri-lo.

Art. 245.º (Revogação e renúncia não justificadas do mandato)

A revogação e a renúncia do mandato, não justificadas, dão causa, na falta de pena convencional, à indemnização de perdas e danos.

Art. 246.º (Compensação por cessação do mandato)

Terminando o mandato por morte ou interdição de um dos contraentes, o mandatário, seus herdeiros ou representantes terão direito a uma compensação proporcional ao que teriam de receber no caso de execução completa.

Art. 247.º (Privilégios creditórios do mandatário)

O mandatário comercial goza dos seguintes privilégios mobiliários especiais:

1.º Pelos adiantamentos e despesas que houver feito, pelos juros das quantias desembolsadas, e pela sua remuneração, – nas mercadorias a ele remetidas de praça diversa para serem vendidas por conta do mandante, e que estiverem à sua disposição em seus armazéns ou em depósito público, e naquelas que provar com a guia de transporte haverem-lhe sido expedidas, e a que tais créditos respeitarem;

2.º Pelo preço das mercadorias compradas por conta do mandante, – nas mesmas mercadorias, enquanto se acharem à sua disposição nos seus armazéns ou em depósito público;

3.º Pelos créditos constantes dos números antecedentes, no preço das mercadorias pertencentes ao mandante, quando estas hajam sido vendidas.

§ único. Os créditos referidos no n. 1.º preferem a todos os créditos sobre o mandante, salvo sendo provenientes de despesas de transporte ou seguro, quer hajam sido constituídos antes quer depois de as mercadorias haverem chegado à posse do mandatário.

Nota. Nos termos do art. 8.º, n.º 1, do Decreto-Lei n.º 47 344, de 25 de Novembro de 1966 — diploma que aprovou o actual Código Civil —, "não são reconhecidos para o futuro, salvo em acções pendentes, os privilégios e hipotecas legais que não sejam concedidos no novo Código Civil, mesmo quando conferidos em legislação especial".

CAPÍTULO II. Dos gerentes, auxiliares e caixeiros

Art. 248.º (Conceito de gerente de comércio)
É gerente de comércio todo aquele que, sob qualquer denominação, consoante os usos comerciais, se acha proposto para tratar do comércio de outrem no lugar onde este o exerce ou noutro qualquer.

Art. 249.º (Extensão do mandato conferido ao gerente)
O mandato conferido ao gerente, verbalmente ou por escrito, enquanto não registado, presume-se geral e compreensivo de todos os actos pertencentes e necessários ao exercício do comércio para que houvesse sido dado, sem que o proponente possa opor a terceiros limitação alguma dos respectivos poderes, salvo provando que tinham conhecimento dela ao tempo em que contrataram.

Art. 250.º (Em nome de quem trata o gerente)
Os gerentes tratam e negociam em nome de seus proponentes; nos documentos que nos negócios deles assinarem devem declarar que firmam com poder da pessoa ou sociedade que representam.

Art. 251.º (Responsabilidade dos proponentes)
Procedendo os gerentes nos termos do artigo anterior, todas as obrigações por eles contraídas recaem sobre os proponentes.

§ 1.º Se os proponentes forem muitos, cada um deles será solidariamente responsável.

§ 2.º Se o proponente for uma sociedade comercial, a responsabilidade dos associados será regulada conforme a natureza dela.

Art. 252.º (Contrato em nome do gerente)
Fora do caso prevenido no artigo precedente, todo o contrato celebrado por um gerente em seu nome obriga-o directamente para com a pessoa com quem contratar.

§ único. Se porém a negociação fosse feita por conta do proponente, e o contratante o provar, terá opção de accionar o gerente ou o proponente, mas não poderá demandar ambos.

Art. 253.º (Proibição de concorrência do gerente)
Nenhum gerente poderá negociar por conta própria, nem tomar interesse debaixo do seu nome ou alheio em negociação do mesmo género ou espécie da de que se acha incumbido, salvo com expressa autorização do proponente.

§ único. Se o gerente contrariar a disposição deste artigo, ficará obrigado a indemnizar de perdas e danos o proponente, podendo este reclamar para si, como feita em seu nome, a respectiva operação.

Art. 254.º (Legitimidade do gerente para demandar ou ser demandado)
O gerente pode accionar em nome do proponente, e ser accionado como representante deste pelas obrigações resultantes do comércio que lhe foi confiado, desde que se ache registado o respectivo mandato.

Art. 255.º (Representantes de casas ou sociedades estrangeiras)
As disposições precedentes são aplicáveis aos representantes de casas comerciais ou sociedades constituídas em país estrangeiro que tratarem habitualmente no reino, em nome delas, de negócios do seu comércio.

Art. 256.º (Auxiliares do comerciante)
Os comerciantes podem encarregar outras pessoas, além dos seus gerentes, do desempenho constante, em seu nome e por sua conta, de algum ou alguns dos ramos do tráfico a que se dedicam, devendo os comerciantes em nome individual participá-lo aos seus correspondentes.

§ único. As sociedades que quiserem usar da faculdade concedida neste artigo, devem consigná-la nos seus estatutos.

Art. 257.º (Celebração de negócios por viajantes ou representantes comerciais)
O comerciante pode igualmente enviar a localidade diversa daquela em que tiver o seu domicílio um dos seus empregados, autorizando-o por

meio de cartas, avisos, circulares ou quaisquer documentos análogos, a fazer operações do seu comércio.

Art. 258.º (Responsabilidade do mandante por actos praticados pelos seus auxiliares)
Os actos dos mandatários mencionados nos dois artigos antecedentes não obrigam o mandante senão com respeito à obrigação do negócio de que este os houver encarregado.

Art. 259.º (Poderes dos caixeiros)
Os caixeiros encarregados de vender por miúdo em lojas reputam-se autorizados para cobrar o produto das vendas que fazem; os seus recibos são válidos, sendo passados em nome do proponente.

§ único. A mesma faculdade têm os caixeiros que vendem em armazém por grosso, sendo as vendas a dinheiro de contado e verificando-se o pagamento no mesmo armazém; quando, porém, as cobranças se fazem fora ou procedem de vendas feitas a prazo, os recibos serão necessariamente assinados pelo proponente, seu gerente ou procurador legitimamente constituído para cobrar.

Art. 260.º (Recebimento de fazendas pelo caixeiro)
Quando um comerciante encarregar um caixeiro do recebimento de fazendas compradas, ou que por qualquer outro título devam entrar em seu poder, e o caixeiro as receber sem objecção ou protesto, a entrega será tida por boa em prejuízo do proponente; e não serão admitidas reclamações algumas que não pudessem haver lugar, se o proponente pessoalmente as tivesse recebido.

Art. 261.º (Subsistência do mandato depois da morte do proponente)
A morte do proponente não põe termo ao mandato conferido ao gerente.

Art. 262.º (Direitos do gerente no caso de revogação do mandato)
A revogação do mandato conferido ao gerente entender-se-á sempre sem prejuízo de quaisquer direitos que possam resultar-lhe do contrato de prestação de serviços.

Art. 263.º (Rescisão do contrato sem prazo)
Não se achando acordado o prazo do ajuste celebrado entre o patrão

e o caixeiro, qualquer dos contraentes pode dá-lo por acabado, avisando o outro contraente da sua resolução com um mês de antecedência.

§ único. O caixeiro despedido terá direito ao salário correspondente a esse mês, e o patrão não será obrigado a conservá-lo no estabelecimento nem no exercício das suas funções.

Nota. O regime das relações laborais consta hoje do Código do Trabalho, aprovado pela L n.º 99/2003, de 27 de Agosto (rectificada no DR – I Série-A, n.º 250, de 28 de Outubro de 2003), e cuja regulamentação consta da L n.º 35/2004, de 29 de Julho. Cf. ainda o DL n.º 480/99, de 9 de Novembro, alterado pelo DL n.º 323/2001, de 17 de Dezembro, que aprovou o Código do Processo de Trabalho, e a L n.º 65/77, de 26 de Agosto, alterada pela L n.º 30/92, de 20 de Outubro, sobre a greve.

Art. 264.º (Rescisão no caso de se ter fixado o prazo)
Tendo o ajuste entre o patrão e o caixeiro termo estipulado, nenhuma das partes poderá arbitrariamente desligar-se da convenção, sob pena de indemnizar a outra de perdas e danos.

§ 1.º Julga-se arbitrária a inobservância do contrato, uma vez que se não funde em ofensa feita por um à honra, dignidade ou interesse do outro, cabendo ao juízo qualificar prudentemente o facto, tendo em consideração o carácter das relações de inferior para superior.

§ 2.º Para os efeitos do parágrafo antecedente são consideradas como ofensivas:

1.º Com respeito aos patrões, – qualquer fraude ou abuso de confiança na gestão encarregada ao caixeiro, bem como qualquer acto de negociação feito por este, por conta própria ou alheia que não do patrão, sem conhecimento e permissão deste;

2.º Com respeito aos caixeiros – a falta do pagamento pontual do respectivo salário ou estipêndio, o não cumprimento de qualquer cláusula do contrato estipulado em favor deles, e os maus tratamentos.

Art. 265.º (Acidentes de trabalho)
Os acidentes imprevistos ou inculpados, que impedirem as funções dos caixeiros, não interrompem a aquisição do salário competente, salva convenção em contrário, e uma vez que a inabilidade não exceda a três meses contínuos.

§ único. Se por efeito imediato e directo do serviço acontecer ao caixeiro algum dano extraordinário ou perda, não havendo pacto expresso a esse respeito, o patrão será obrigado a indemnizá-lo no que justo for.

CAPÍTULO III. Da Comissão

Art. 266.º (Conceito de comissão)
Dá-se contrato de comissão quando o mandatário executa o mandato mercantil, sem menção ou alusão alguma ao mandante, contratando por si e em seu nome, como principal e único contraente.

Art. 267.º (Direitos e obrigações do comitente e do comissário)
Entre o comitente e comissário dão-se os mesmos direitos e obrigações que entre mandante e mandatário, com as modificações constantes deste capítulo.

Art. 268.º (Vinculação do comissário)
O comissário fica directamente obrigado com as pessoas com quem contrata, como se o negócio fosse seu, não tendo estas acção contra o comitente, nem este contra elas, ficando, porém, sempre salvas as que possam competir, entre si, ao comitente e ao comissário.

Art. 269.º (Responsabilidade do comissário)
O comissário não responde pelo cumprimento das obrigações contraídas pela pessoa com quem contratou, salvo pacto ou uso contrários.

§ 1.º O comissário sujeito a tal responsabilidade fica pessoalmente obrigado para com o comitente pelo cumprimento das obrigações provenientes do contrato.

§ 2.º No caso especial previsto no parágrafo antecedente, o comissário tem direito a carregar, além da remuneração ordinária, a comissão *del credere*, que será determinada pela convenção, e, na falta desta, pelos usos da praça onde a comissão for executada.

Art. 270.º (Responsabilidade do comissário pela execução defeituosa)
Todas as consequências prejudiciais derivadas de um contrato feito com violação ou excesso dos poderes da comissão serão, embora o contrato surta os seus efeitos, por conta do comissário, nos termos seguintes:

1.º O comissário que fizer alheação por conta de outrem a preço menor do que lhe fora marcado, ou na falta de fixação do preço, menor do que o corrente, abonará ao comitente a diferença de preço, salva a prova da impossibilidade da venda por outro preço e que assim evitou prejuízo ao comitente;

2.º Se o comissário encarregado de fazer uma compra exceder o preço que lhe fora fixado, será do arbítrio do comitente aceitar o contrato, ou deixá-lo de conta do comissário, salvo se este concordar em receber somente o preço marcado;

3.º Consistindo o excesso do comissário em não ser a coisa comprada da qualidade recomendada, o comitente não é obrigado a recebê-la.

Art. 271.º (Empréstimos, adiantamentos ou vendas a prazo)

O comissário que sem autorização do comitente fizer empréstimos, adiantamentos ou vendas a prazo corre o risco da cobrança e pagamento das quantias emprestadas, adiantadas ou fiadas, podendo o comitente exigi-las à vista, cedendo no comissário todo o interesse, vantagem ou benefício que resultar do crédito por este concedido e pelo comitente desaprovado.

§ único. Exceptua-se o uso das praças em contrário, no caso de não haver ordem expressa para não fazer adiantamentos nem conceder prazos.

Art. 272.º (Vendas a prazo)

Ainda que o comissário tenha autorização para vender a prazo, não o poderá fazer a pessoas conhecidamente insolventes, nem expor os interesses do comitente a risco manifesto e notório, sob pena de responsabilidade pessoal.

Art. 273.º (Cautelas a observar nas vendas a prazo)

O comissário que vender a prazo deve, salvo o caso de haver *del credere*, expressar nas contas e avisos os nomes dos compradores; de contrário é entendido que a venda se fizera a dinheiro de contado.

§ único. O mesmo praticará o comissário em toda a espécie de contratos que fizer de conta alheia, uma vez que os interessados assim o exijam.

Art. 274.º (Compra e venda ao comitente)

Nas comissões de compra e venda de letras, fundos públicos e títulos de crédito que tenham curso em comércio, ou de quaisquer mercadorias ou géneros que tenham preço de bolsa ou de mercado, pode o comissário, salva estipulação contrária, fornecer como vendedor as coisas que tinha de comprar, ou adquirir para si como comprador as coisas que tinha de vender, salvo sempre o seu direito à remuneração.

§ único. Se o comissário, quando participar ao comitente a execução da comissão em algum dos casos referidos neste artigo, não indicar o nome da pessoa com quem contratou, o comitente terá direito de julgar que ele fez a venda ou compra por conta própria, e de lhe exigir o cumprimento do contrato.

Art. 275.º (Distinção das mercadorias)
Os comissários não podem ter mercadorias de uma mesma espécie, pertencentes a diversos donos, debaixo de uma mesma marca, sem distingui-las por uma contra-marca que designe a propriedade respectiva.

Art. 276.º (Distinção a fazer nas facturas)
Quando debaixo de uma mesma negociação se compreendem mercadorias de comitentes diversos, ou do mesmo comissário com as de algum comitente, deverá fazer-se nas facturas a devida distinção, com a indicação das marcas e contra-marcas que designem a procedência de cada volume, e notar-se nos livros, em artigos separados, o que a cada proprietário respeita.

Art. 277.º (Créditos de origens diversas)
O comissário que tiver créditos contra uma mesma pessoa, procedentes de operações feitas por conta de comitentes distintos, ou por conta própria e alheia, notará em todas as entregas que o devedor fizer o nome do interessado por cuja conta receber, e o mesmo fará na quitação que passar.

§ único. Quando nos recibos e livros se omitir o expressar a aplicação da entrega feita pelo devedor de operações e de proprietários distintos, far-se-á a aplicação *pro rata* do que importar cada crédito.

TÍTULO VI. DAS LETRAS, LIVRANÇAS E CHEQUES

Nota. A matéria deste título está hoje regulada na Lei Uniforme sobre Letras e Livranças e na Lei Uniforme sobre Cheques.

TÍTULO VII. DA CONTA CORRENTE

Art. 344.º (Conceito de conta corrente)
Dá-se contrato de conta corrente toda as vezes que duas pessoas tendo de entregar valores uma à outra, se obrigam a transformar os seus créditos em artigos de «deve», e «há-de haver», de sorte que só o saldo final resultante da sua liquidação seja exigível.

Art. 345.º (Objecto)
Todas as negociações entre pessoas domiciliadas ou não na mesma praça, e quaisquer valores transmissíveis em propriedade, podem ser objecto de conta corrente.

Art. 346.º (Efeitos do contrato)
São efeitos do contrato de conta corrente:
1.º A transferência da propriedade do crédito indicado em conta corrente para a pessoa, que por ele se debita;
2.º A novação entre o creditado e o debitado da obrigação anterior, de que resultou o crédito em conta corrente;
3.º A compensação recíproca entre os contraentes até à concorrência dos respectivos crédito e débito ao termo do encerramento da conta corrente;
4.º A exigibilidade só do saldo resultante da conta corrente;
5.º O vencimento de juros das quantias creditadas em conta corrente a cargo do debitado desde o dia do efectivo recebimento.
§ único. O lançamento em conta corrente de mercadorias ou títulos de crédito presume-se sempre feito com a cláusula «salva cobrança».

Art. 347.º (Remuneração e reembolso das despesas)
A existência de contrato de conta corrente não exclui o direito a qualquer remuneração e ao reembolso das despesas das negociações.

Art. 348.º (Encerramento e liquidação da conta)
O encerramento da conta corrente e a consequente liquidação do saldo haverão lugar no fim do prazo fixado pelo contrato, e na sua falta, no fim do ano civil.
§ único. Os juros do saldo correm a contar da data da liquidação.

Art. 349.º (Termo do contrato)
O contrato de conta corrente termina no prazo da convenção, e, na falta de prazo estipulado, por vontade de qualquer das partes e pelo decesso ou interdição de uma delas.

Art. 350.º (Efeitos do encerramento da conta)
Antes do encerramento da conta corrente nenhum dos interessados será considerado como credor ou devedor do outro, e só o encerramento fixa invariavelmente o estado das relações jurídicas das partes, produz de pleno direito a compensação do débito com o crédito corrente e determina a pessoa do credor e do devedor.

TÍTULO VIII. DAS OPERAÇÕES DE BOLSA

Nota. Os artigos 351.º a 361.º, que integravam o Título VIII do Livro II do Código Comercial, foram revogados pelo art. 24.º do DL n.º 142-A/91, de 10 de Abril, alterado pelo DL n.º 89/94, de 2 de Abril, pelo DL n.º 186/94, de 5 de Junho, pelo DL n.º 204/94, de 2 de Agosto, pelo DL n.º 261/95, de 3 de Outubro, pelo DL n.º 232/96, de 5 de Dezembro (rectificado pela Declaração de Rectificação n.º 4-E/97, de 31 de Janeiro), pelo DL n.º 178/97, de 24 de Julho, pelo DL n.º 343/98, de 6 de Novembro, e pelo DL n.º 172/99, de 20 de Maio, que aprovou o Código do MVM, e entretanto revogado pelo art. 15.º, n.º 1, do DL n.º 486/99, de 13 de Novembro. O novo Código dos Valores Mobiliários, aprovado por este último diploma, entrou em vigor em 1 de Março de 2000; cfr. ainda o DL n.º 61/2002, de 20 de Março, que introduziu a primeira alteração a esse Código.

TÍTULO IX. DAS OPERAÇÕES DE BANCO

Art. 362.º (Natureza comercial das operações de banco)

São comerciais todas as operações de bancos tendentes a realizar lucros sobre numerário, fundos públicos ou títulos negociáveis, e em especial as de câmbio, os arbítrios, empréstimos, descontos, cobranças, aberturas de créditos, emissão e circulação de notas ou títulos fiduciários pagáveis à vista e ao portador.

Notas. 1. Cf. o DL n.º 298/92, de 31 de Dezembro, alterado pelos DLs n.º 246/95, de 14 de Setembro, n.º 222/99, de 22 de Junho, n.º 250/2000, de 13 de Outubro, n.º 285/2001, de 3 de Novembro, n.º 201/2002, de 26 de Setembro, n.º 319/2002, de 28 de Dezembro, e n.º 252/2003, de 17 de Outubro, que aprovou o Regime Geral das Instituições de Crédito e Sociedades Financeiras.

2. Segundo o Assento n.º 17/94 do STJ, de 11 de Outubro de 1994 (*DR* I Série-A, n.º 279, de 3/12/94), "o contrato de desconto bancário tem natureza formal, para cuja validade e prova é exigida a existência de um escrito que contenha a assinatura do descontário, embora tal escrito possa ter a natureza de documento particular".

Art. 363.º (Regime das operações bancárias)

As operações de banco regular-se-ão pelas disposições especiais respectivas aos contratos que representarem, ou em que a final se resolverem.

Art. 364.º (Regime especial dos bancos emissores de títulos fiduciários)

A criação, organização e funcionamento de estabelecimentos bancários com a faculdade de emitir títulos fiduciários, pagáveis à vista e ao portador, são regulados pela legislação especial.

Art. 365.º (Presunção de falência culposa)

O banqueiro que cessa pagamentos presume-se em quebra culposa, salva defesa legítima.

TÍTULO X. DO TRANSPORTE

Art. 366.º (Nature a comercial do contrato de transporte)

O contrato de transporte por terra, canais ou rios considerar-se-á mercantil quando os condutores tiverem constituído empresa ou companhia regular permanente.

§ 1.º Haver-se-á por constituída empresa, para os efeitos deste artigo, logo que qualquer ou quaisquer pessoas se proponham exercer a indústria de fazer transportar por terra, canais ou rios, pessoas ou animais, alfaias ou mercadorias de outrem.

§ 2.º As companhias de transportes constituir-se-ão pela forma prescrita neste Código para as sociedades comerciais, ou pela que lhes for estabelecida na lei da sua criação.

§ 3.º As empresas e companhias mencionadas neste artigo serão designadas no presente Código pela denominação de transportador.

§ 4.º Os transportes marítimos serão regulados pelas disposições aplicáveis do livro III deste Código.

Nota. Os artigos 366.º a 393.º, que integram o Título X do Livro II do Código Comercial, na parte aplicável ao contrato de transporte rodoviário nacional de mercadorias, foram revogados pelo art. 26.º do DL n.º 239/2003, de 4 de Outubro.

Art. 367.º (Por quem pode ser feito o transporte)

O transportador pode fazer efectuar o transporte directamente por si, seus empregados e instrumentos, ou por empresa, companhia ou pessoas diversas.

§ único. No caso previsto na parte final deste artigo, o transportador que primitivamente contratou com o expedidor conserva para com este a sua originária qualidade, e assume para com a empresa, companhia ou pessoa com quem depois ajustou o transporte, a de expedidor.

Art. 368.º (Escrituração do transportador)

O transportador é obrigado a ter e a arrumar livros em que lançará, por ordem progressiva de números e datas, a resenha de todos os transportes de que se encarregar, com expressão da sua qualidade, da pessoa que os expedir, do destino que levam, do nome e domicílio do destinatário, do modo de transporte e finalmente da importância do frete.

Art. 369.º (Guia de transporte)

O transportador deve entregar ao expedidor, que assim o exigir, uma guia de transporte, datada e por ele assinada.

1.º O expedidor deve entregar ao transportador, que assim o exigir, um duplicado da guia de transporte assinado por ele.
2.º A guia de transporte poderá ser à ordem ou ao portador.

Art. 370.º (Conteúdo da guia)
A guia de transporte deverá conter o que nos regulamentos especiais do transportador for prescrito e, na falta deles, o seguinte:
1.º Nomes e domicílios do expedidor, do transportador e do destinatário;
2.º Designação da natureza, peso, medida ou número dos objectos a transportar, ou, achando-se estes enfardados ou emalados, da qualidade dos fardos ou malas e do número, sinais ou marcas dos invólucros;
3.º Indicação do lugar em que deve fazer-se a entrega;
4.º Enunciação da importância do frete, com a declaração de se achar ou não satisfeito, bem como de quaisquer verbas de adiantamentos a que o transportador se houver obrigado;
5.º Determinação do prazo dentro do qual deve efectuar-se a entrega; e também, havendo o transporte de fazer-se por caminho de ferro, declaração de o dever ser pela grande ou pequena velocidade;
6.º Fixação da indemnização por que responde o transportador, se a tal respeito tiver havido convenção;
7.º Tudo o mais que se houver ajustado entre o expedidor e o transportador.

Art. 371.º (Expedidor-destinatário)
O expedidor pode designar-se a si próprio como destinatário.

Art. 372.º (Entrega de facturas e documentos para o despacho)
O expedidor entregará ao transportador as facturas e mais documentos necessários ao despacho das alfândegas e ao pagamento de quaisquer direitos fiscais pela exactidão dos quais ficará em todo o caso responsável.

Art. 373.º (Valor jurídico da guia)
Todas as questões acerca do transporte se decidirão pela guia de transporte, não sendo contra a mesma admissíveis excepções algumas, salvo de falsidade ou erro involuntário de redacção.
§ único. Na falta de guia ou na de algumas das condições exigidas no artigo 370.º, as questões, acerca do transporte, serão resolvidas pelos usos do comércio e, na falta destes, nos termos gerais de direito.

Art. 374.º (Transferência da propriedade dos objectos transportados)
Se a guia for à ordem ou ao portador, o endosso ou a tradição dela transferirá a propriedade dos objectos transportados.

Art. 375.º (Ineficácia das estipulações não constantes da guia)
Quaisquer estipulações particulares, não constantes da guia de transporte, serão de nenhum efeito para com o destinatário e para com aqueles a quem a mesma houver sido transferida nos termos do artigo antecedente.

Art. 376.º (Aceitação sem reserva dos objectos a transportar)
Se o transportador aceitar sem reserva os objectos a transportar, presumir-se-á não terem vícios aparentes.

Art. 377.º (Responsabilidade do transportador)
O transportador responderá pelos seus empregados, pelas mais pessoas que ocupar no transporte dos objectos e pelos transportadores subsequentes a quem for encarregando do transporte.
§ 1.º Os transportadores subsequentes terão direito de fazer declarar no duplicado da guia de transporte o estado em que se acharem os objectos a transportar, ao tempo em que lhes forem entregues, presumindo-se, na falta de qualquer declaração, que os receberam em bom estado e na conformidade das indicações do duplicado.
§ 2.º Os transportadores subsequentes ficam sub-rogados nos direitos e obrigações do transportador primitivo.

Art. 378.º (Ordem por que deve ser feita a expedição)
O transportador expedirá os objectos a transportar pela ordem por que os receber, a qual só poderá alterar, se a convenção, natureza ou destino dos objectos a isso o obrigarem, ou quando caso fortuito ou de força maior o impeçam de a observar.

Art. 379.º (Aviso no caso de impossibilidade ou demora do transporte)
Se o transporte se não puder efectuar ou se achar extraordinariamente demorado por caso fortuito ou de força maior, deve o transportador avisar imediatamente o expedidor, ao qual competirá o direito de resilir o contrato, reembolsando aquele das despesas incursas e restituindo a guia de transporte.
§ único. Sobrevindo o acidente durante o transporte, o transportador terá direito a mais uma parte da importância do frete, proporcional ao caminho percorrido.

Art. 380.º (Variação da consignação dos objectos em trânsito)
O expedidor pode, salva convenção em contrário, variar a consignação dos objectos em caminho, e o transportador deve cumprir a nova ordem; mas se a execução desta exigir mudança de caminho, ou que se passe além do lugar designado na guia, fixar-se-á a alteração do frete e, não se acordando as partes, o transportador só é obrigado a fazer a entrega no lugar convencionado no primeiro contrato.
§ 1.º Esta obrigação do transportador cessa desde o momento em que tendo chegado os objectos ao seu destino e, sendo o destinatário o portador da guia de transporte, exige a entrega dos objectos.
§ 2.º Se a guia for à ordem ou ao portador, o direito indicado neste artigo compete ao portador dela, que a deve entregar ao transportador, ao qual será permitido, no caso de mudança de destino dos objectos, exigir nova guia.

Art. 381.º (Caminho a seguir no transporte)
Havendo pacto expresso acerca do caminho a seguir no transporte, não poderá o transportador variá-lo, sob pena de responder por qualquer dano que aconteça às fazendas, e de pagar além disso qualquer indemnização convencionada.
§ único. Na falta de convenção pode o transportador seguir o caminho que mais lhe convenha.

Art. 382.º (Prazo para a entrega dos objectos)
O transportador é obrigado a fazer a entrega dos objectos no prazo fixado por convenção ou pelos regulamentos especiais do transportador e, na sua falta, pelos usos comerciais, sob pena de pagar a competente indemnização.
§ 1.º Excedendo a demora o dobro do tempo marcado neste artigo, pagará o transportador, além da indemnização, as perdas e danos resultantes da demora.
§ 2.º O transportador não responderá pela demora no transporte, resultante de caso fortuito, força maior, culpa do expedidor ou destinatário.
§ 3.º A falta de suficientes meios de transporte não releva o transportador da responsabilidade pela demora.

Art. 383.º (Responsabilidade pela perda ou deterioração dos objectos)
O transportador, desde que receber até que entregar os objectos, responderá pela perda ou deterioração que venham a sofrer, salvo quando proveniente de caso fortuito, força maior, vício do objecto, culpa do expedidor ou do destinatário.

§ 1.º O transportador pode, com respeito a objectos sujeitos por natureza a diminuição de peso ou medida durante o transporte, limitar a sua responsabilidade a uns tanto por cento ou a uma quota parte por volume.

§ 2.º A limitação ficará sem efeito, provando o expedidor ou o destinatário não ter a dimininuição sido causada pela natureza dos objectos, ou não poder esta, nas circunstâncias ocorrentes, ter atingido o limite estabelecido.

Art. 384.º (Prova e avaliação das deteriorações e indemnizações)

As deteriorações acontecidas desde a entrega dos objectos ao transportador serão comprovadas e avaliadas pela convenção e, na sua falta ou insuficiência, nos termos gerais de direito, tomando-se como base o preço corrente no lugar e tempo da entrega; podendo, porém, durante o processo da sua averiguação e avaliação, fazer-se entrega dos objectos a quem pertencerem, com prévia ordem judicial, e com ou sem caução.

§ 1.º Igual base se tomará para o cálculo de indemnização no caso de perda de objectos.

§ 2.º A indemnização no caso de perda de bagagens de passageiros, entregues sem declaração do conteúdo, será fixada segundo as circunstâncias especiais do caso.

§ 3.º Ao expedidor não é admissível prova de que entre os géneros designados se continham outros de maior valor.

Art. 385.º (Verificação do estado das mercadorias e responsabilidade do transportador)

O destinatário tem o direito de fazer verificar a expensas suas o estado dos objectos transportados, ainda quando não apresentem sinais exteriores de deterioração.

§ 1.º Não se acordando os interessados sobre o estado dos objectos, proceder-se-á a depósito deles em armazém seguro, e as partes seguirão seu direito conforme a justiça.

§ 2.º A reclamação contra o transportador por deterioração nas fazendas durante o transporte não pode ser deduzida depois do recebimento, tendo havido verificação ou sendo o vício aparente e, fora destes casos, só pode ser deduzida nos oito dias seguintes à mesma entrega.

§ 3.º Ao transportador não pode ser feito abandono das fazendas, ainda que deterioradas, mas responde por perdas e danos para com o expedidor ou destinatário, conforme o caso, pela deterioração ou perda dos objectos transportados.

Art. 386.º (Responsabilidade fiscal do transportador)
O transportador é responsável para com o expedidor por tudo quanto resultar de omissão sua no cumprimento das leis fiscais em todo o curso da viagem e na entrada do lugar do destino.

Art. 387.º (Obrigação de entrega ao destinatário)
O transportador não tem direito a investigar o título por que o destinatário recebe os objectos transportados, devendo entregá-los imediatamente e sem estorvo, sob pena de responder pelos prejuízos resultantes da demora, logo que lhe apresentem a guia de transporte em termos regulares.

Art. 388.º (Depósito judicial das mercadorias)
Não se achando o destinatário no domicílio indicado no duplicado da guia, ou recusando receber os objectos, o transportador poderá requerer o depósito judicial deles, à disposição do expedidor ou de quem o representar, sem prejuízo de terceiro.

Art. 389.º (Direitos do destinatário)
Expirado o termo em que os objectos transportados deviam ser entregues ao destinatário, fica este com todos os direitos resultantes do contrato de transporte, podendo exigir a entrega dos objectos e da guia de transporte.

Art. 390.º (Direito de retenção)
O transportador não é obrigado a fazer a entrega dos objectos transportados ao destinário enquanto este não cumprir aquilo a que for obrigado.

§ 1.º No caso de contestação, se o destinatário satisfizer ao transportador o que julgar dever-lhe e depositar o resto da quantia exigida, não poderá este recusar a entrega.

§ 2.º Sendo a guia à ordem ou ao portador, o transportador pode recusar a entrega enquanto lhe não for restituída.

§ 3.º Não convindo ao transportador reter os objectos transportados até que o destinatário cumpra aquilo a que for obrigado, poderá requerer o depósito e a venda de tantos quantos forem necessários para o seu pagamento.

§ 4.º A venda será feita por intermédio de corretor ou judicialmente.

Art. 391.º (Privilégio creditório do transportador)
O transportador tem privilégio pelos créditos resultantes do contrato de transporte sobre os objectos transportados.

§ 1.º Este privilégio cessa pela entrega dos objectos ao destinatário.
§ 2.º Sendo muitos os transportadores, o último exercerá o direito de privilégio por todos os outros.

Art. 392.º (Privilégio creditório do expedidor)
O expedidor tem privilégio pela importância dos objectos transportados sobre os instrumentos principais e acessórios que o condutor empregar no transporte.

Art. 393.º (Regime dos transportes por caminho de ferro)
Os transportes por caminho de ferro serão regulados pelas regras gerais deste Código e pelas disposições especiais das respectivas concessões ou contratos, sendo porém nulos e sem efeito quaisquer regulamentos das administrações competentes, em que estas excluam ou limitem as obrigações e responsabilidades impostas neste título.

TÍTULO XI. DO EMPRÉSTIMO

Art. 394.º (Requisitos da comercialidade do empréstimo)
Para que o contrato de empréstimo seja havido por comercial é mister que a cousa cedida seja destinada a qualquer acto mercantil.

Art. 395.º (Retribuição)
O empréstimo mercantil é sempre retribuído.
§ único. A retribuição será, na falta de convenção, a taxa legal do juro calculado sobre o valor da cousa cedida.

Art. 396.º (Prova)
O empréstimo mercantil entre comerciantes admite, seja qual for o seu valor, todo o género de prova.

TÍTULO XII. DO PENHOR

Art. 397.º (Requisitos da comercialidade do penhor)
Para que o penhor seja considerado mercantil é mister que a dívida que se cauciona proceda de acto comercial.

Art. 398.º (Entrega a terceiro e entrega simbólica)
Pode convencionar-se a entrega do penhor mercantil a terceira pessoa.

§ único. A entrega do penhor mercantil pode ser simbólica, a qual se efectuará:

1.º Por declarações ou verbas nos livros de quaisquer estações públicas onde se acharem as cousas empenhadas;

2.º Pela tradição da guia de transporte ou do conhecimento da carga dos objectos transportados;

3.º Pelo endosso da cautela de penhor dos géneros e mercadorias depositadas nos armazéns gerais.

Art. 399.º (Penhor em títulos de crédito)

O penhor em letras ou títulos à ordem pode ser constituído por endosso com a correspondente declaração segundo os usos da praça; e o penhor em acções, obrigações ou outros títulos nominativos pela respectiva declaração no competente registo.

Art. 400.º (Prova)

Para que o penhor mercantil entre comerciantes por quantia excedente a duzentos mil réis produza efeitos com relação a terceiros basta que se prove por escrito.

Art. 401.º (Venda do penhor)

Devendo proceder-se à venda do penhor mercantil por falta de pagamento, poderá esta efectuar-se por meio de corretor, notificado o devedor.

Art. 402.º (Empréstimos bancários sobre penhores)

Ficam salvas as disposições especiais que regulam os adiantamentos e empréstimos sobre penhores feitos por bancos ou outros institutos para isso autorizados.

TÍTULO XIII. DO DEPÓSITO

Art. 403.º (Requisitos da comercialidade do depósito)

Para que o depósito seja considerado mercantil é necessário que seja de géneros ou de mercadorias destinados a qualquer acto de comércio.

Art. 404.º (Remuneração do depositário)

O depositário terá direito a uma gratificação pelo depósito, salva convenção expressa em contrário.

§ único. Se a quota da gratificação não houver sido previamente acordada, regular-se-á pelos usos da praça em que o depósito houver sido constituído, e, na falta destes, por arbitramento.

Art. 405.º (Depósito de papéis de crédito com vencimento de juros)
Consistindo o depósito em papéis de crédito com vencimento de juros, o depositário é obrigado à cobrança e a todas as demais diligências necessárias para a conservação do seu valor e efeitos legais, sob pena de responsabilidade pessoal.

Art. 406.º (Conversão do depósito em empréstimo ou noutro contrato)
Havendo permissão expressa do depositante para o depositário se servir da cousa, já para si ou seus negócios, já para operações recomendadas por aquele, cessarão os direitos e obrigações próprias de depositante e depositário, e observar-se-ão as regras aplicáveis do empréstimo mercantil, da comissão, ou do contrato que, em substituição do depósito, se houver celebrado, qual no caso couber.

Art. 407.º (Depósitos em bancos ou sociedades)
Os depósitos feitos em bancos ou sociedades reger-se-ão pelos respectivos estatutos em tudo quanto não se achar prevenido neste capítulo e mais disposições aplicáveis.

TÍTULO XIV. DO DEPÓSITO DE GÉNEROS E MERCADORIAS NOS ARMAZÉNS GERAIS

Art. 408.º (Menções do conhecimento de depósito em armazéns gerais. Cautela de penhor)
O conhecimento de depósito de géneros e mercadorias feitos em armazéns gerais enunciará:
 1.º O nome, estado e domicílio do depositante;
 2.º O lugar do depósito;
 3.º A natureza e quantidade da cousa depositada, com todas as circunstâncias necessárias à sua identificação e avaliação;
 4.º A declaração de haverem ou não sido satisfeitos quaisquer impostos devidos e de se ter ou não feito o seguro dos objectos depositados.
 § 1.º Ao conhecimento de depósito será anexa uma cautela de penhor, em que se repetirão as mesmas indicações.
 § 2.º O título referido será extraído de um livro de talão arquivado no competente estabelecimento.

Art. 409.º (Em nome de quem podem ser passados o conhecimento e a cautela)
O conhecimento de depósito e a cautela de penhor podem ser passados em nome do depositante ou de um terceiro por este indicado.

Art. 410.º (Direito de exigir títulos parciais)
O portador do conhecimento de depósito e da cautela de penhor tem o direito de pedir, à sua custa, a divisão da cousa depositada, e que por cada uma das respectivas fracções se lhe dêem títulos parciais em substituição do título único e total, que será anulado.

Art. 411.º (Transmissão por endosso e seus efeitos)
O conhecimento de depósito e a cautela de penhor são transmissíveis, juntos ou separados, por endosso com a data do dia em que houver sido feito.
§ único. O endosso produzirá os seguintes efeitos:
1.º Sendo dos dois títulos, transferirá a propriedade dos géneros ou mercadorias depositados;
2.º Sendo só da cautela de penhor, conferirá ao endossado o direito de penhor sobre os géneros ou mercadorias depositados;
3.º Sendo só do conhecimento de depósito, transmitirá a propriedade dos géneros ou mercadorias depositados, com ressalva dos direitos do portador da cautela de penhor.

Art. 412.º (Indicações do primeiro endosso da cautela de penhor)
O primeiro endosso da cautela de penhor enunciará a importância do crédito a cuja segurança foi feito, a taxa do juro e a época do vencimento.
§ único. Este endosso deve ser transcrito no conhecimento do depósito, e a transcrição assinada pelo endossado.

Art. 413.º (Endosso em branco)
O conhecimento de depósito e a cautela de penhor podem ser conjuntamente endossados em branco, conferindo tal endosso ao portador os mesmos direitos do endossante.
§ único. Os endossos dos títulos referidos não ficam sujeitos a nulidade alguma com fundamento na insolvência do endossante, salvo provando-se que o endossado tinha conhecimento desse estado, ou presumindo-se que o tinha nos termos das disposições especiais à falência.

Art. 414.° (Arresto ou penhora das mercadorias depositadas)

Os géneros e mercadorias depositados nos armazéns gerais não podem ser penhorados, arrestados, dados em penhor ou por outra forma obrigados, a não ser nos casos de perda do conhecimento de depósito e da cautela de penhor, de contestação sobre direitos de sucessão e de quebra.

Art. 415.° (Levantamento antecipado)

O portador de um conhecimento de depósito separado da cautela de penhor pode retirar os géneros ou mercadorias depositados, ainda antes do vencimento do crédito assegurado pela cautela, depositando no respectivo estabelecimento o principal e os juros do crédito calculados até ao dia do vencimento.

§ único. A importância depositada será satisfeita ao portador da cautela de penhor, mediante a restituição desta.

Art. 416.° (Levantamento parcial)

Tratando-se de géneros ou mercadorias homogéneos, o portador do respectivo conhecimento de depósito separado da cautela de penhor pode, sob responsabilidade do competente estabelecimento, retirar uma parte só dos géneros ou mercadorias, mediante depósito de quantia proporcional ao crédito total, assegurado pela cautela de penhor, e à quantidade dos géneros ou mercadorias a retirar.

Art. 417.° (Protesto da cautela e venda do penhor)

O portador de uma cautela de penhor não paga na época do seu vencimento pode fazê-la protestar, como as letras, e dez dias depois proceder à venda do penhor, nos termos gerais de direito.

§ único. O endossante que pagar ao portador fica sub-rogado nos direitos deste, e poderá fazer proceder à venda do penhor nos termos referidos.

Art. 418.° (Continuação da venda nos casos do artigo 414.°)

A venda por falta de pagamento não se suspende nos casos do artigo 414.°, sendo porém depositado o respectivo preço até decisão final.

Art. 419.° (Direitos do portador no caso de sinistro)

O portador da cautela de penhor tem direito a pagar-se, no caso de sinistro, pela importância do seguro.

Art. 420.° (Direitos e despesas que preferem ao crédito pelo penhor)

Os direitos de alfandega, impostos e quaisquer contribuições sobre a venda e as despesas de depósito, salvação, conservação, seguro e guarda preferem ao crédito pelo penhor.

Art. 421.º (Direito do portador ao remanescente)
Satisfeitas as despesas indicadas no artigo antecedente e pago o crédito pignoratício, o resto ficará à disposição do portador do conhecimento de depósito.

Art. 422.º (Execução prévia do penhor)
O portador da cautela de penhor não pode executar os bens do devedor ou dos endossantes sem se achar exausta a importância do penhor.

Art. 423.º (Prescrição de acções contra os endossantes)
A prescrição de acções contra os endossantes começará a correr do dia da venda dos géneros ou mercadorias depositadas.

Art. 424.º (Consequência da falta de venda no prazo legal)
O portador da cautela de penhor perde todo o direito contra os endossantes, não tendo feito o devido protesto, ou não tendo feito proceder à venda dos géneros ou mercadorias no prazo legal, mas conserva acção contra o devedor.

TÍTULO XV. DOS SEGUROS

CAPÍTULO I. Disposições gerais

Art. 425.º (Natureza comercial dos seguros)
Todos os seguros, com excepção dos mútuos, serão comerciais a respeito do segurador, qualquer que seja o seu objecto; e relativamente aos outros contratantes, quando recaírem sobre géneros ou mercadorias destinados a qualquer acto de comércio, ou sobre estabelecimento mercantil.
§ 1.º Os seguros mútuos serão, contudo, regulados pelas disposições deste Código, quanto a quaisquer actos de comércio estranhos à mutualidade.
§ 2.º Os seguros marítimos serão especialmente regulados pelas disposições aplicáveis do livro III deste Código.

Art. 426.º (Forma do contrato e menções da apólice)
O contrato de seguro deve ser reduzido a escrito num instrumento, que constituirá a apólice de seguro.
§ único. A apólice de seguro deve ser datada, assinada pelo segurador, e enunciar:
1.º O nome ou firma, residência ou domicílio do segurador;

2.º O nome ou firma, qualidade, residência ou domicílio do que faz segurar;
3.º O objecto do seguro e a sua natureza e valor;
4.º Os riscos contra que se faz o seguro;
5.º O tempo em que começam e acabam os riscos;
6.º A quantia segurada;
7.º O prémio do seguro;
8.º E, em geral, todas as circunstâncias cujo conhecimento possa interessar o segurador, bem como todas as condições estipuladas pelas partes.

Nota. Cf. o Assento do STJ, de 22 de Janeiro de 1929 (DG n.º 29, II série, de 5 de Fevereiro de 1929), que decidiu: "A minuta do contrato de seguro equivale para todos os efeitos a apólice".

Art. 427.º (Regime do contrato)
O contrato de seguro regular-se-á pelas estipulações da respectiva apólice não proibidas pela lei, e, na sua falta ou insuficiência, pelas disposições deste Código.

Nota. Cf. o Assento do STJ, de 20 de Fevereiro de 1963 (DG n.º 70, de 23-3-1963), que decidiu: "Nos contratos de seguro facultativo da responsabilidade por acidentes causados por veículo automóvel, são válidas as cláusulas que excluem do seu âmbito os empregados, assalariados ou mandatários em serviço do segurado".

Art. 428.º (Por conta de quem pode ser contratado o seguro)
O seguro pode ser contratado por conta própria ou por conta de outrem.

§ 1.º Se aquele por quem ou em nome de quem o seguro é feito não tem interesse na cousa segurada, o seguro é nulo.

§ 2.º Se não se declarar na apólice que o seguro é por conta de outrem, considera-se contratado por conta de quem o fez.

§ 3.º Se o interesse do segurado for limitado a uma parte da cousa segura na sua totalidade ou do direito a ela respeitante, considera-se feito o seguro por conta de todos os interessados, salvo àquele o direito a haver a parte proporcional do prémio.

Art. 429.º (Nulidade do seguro por inexactidões ou omissões)
Toda a declaração inexacta, assim como toda a reticência de factos ou circunstâncias conhecidas pelo segurado ou por quem fez o seguro, e que teriam podido influir sobre a existência ou condições do contrato tornam o seguro nulo.

§ único. Se da parte de quem fez as declarações tiver havido má fé o segurador terá direito ao prémio.

Nota. Cf. a Jurisprudência n.º 10/2001, do STJ, de 21 de Novembro de 2001 (DR n.º 298, I Série-A, de 27-12-2001) que dicidiu: "No contrato de seguro de acidentes de trabalho, na modalidade de prémio variável, a omissão do trabalhador sinistrado nas folhas de férias remetidas mensalmente pela entidade patronal à seguradora, não gera a nulidade do contrato nos termos do artigo 429.º do Código Comercial, antes determina a não cobertura do trabalhador sinistrado pelo contrato de seguro."

Art. 430.º (Resseguro e seguro do prémio)
O segurador pode ressegurar por outrem o objecto que segurou, e o segurado pode segurar por outrem o prémio do seguro.

Art. 431.º (Transmissão do seguro)
Mudando o objecto segurado de proprietário durante o tempo do contrato, o seguro passa para o novo dono pelo facto da transferência do objecto seguro, salvo se entre o segurador e o originário segurado outra cousa for ajustada.

CAPÍTULO II. Dos seguros contra riscos

SECÇÃO I. Disposições gerais

Art. 432.º (Objecto do seguro contra riscos)
O seguro contra riscos pode ser feito:
1.º Sobre a totalidade conjunta de muitos objectos;
2.º Sobre a totalidade individual de cada objecto;
3.º Sobre a parte de cada objecto, conjunta ou separadamente;
4.º Sobre o lucro esperado;
5.º Sobre os lucros pendentes.

Art. 433.º (Seguro por valor inferior ao real)
Se o seguro contra riscos for inferior ao valor do objecto, o segurado responderá, salva convenção em contrário, por uma parte proporcional das perdas e danos.

§ 1.º Se o seguro for inferior ao valor do objecto segurado, pode a diferença ser segurada, e o segurador dessa diferença só responderá pelo excedente, observando-se a ordem da data dos contratos.

§ 2.º Se todos os seguros tiverem a mesma data, terão efeito até à concorrência do valor total em proporção da quantia segura em cada contrato.

Art. 434.º (Segundo seguro)
O segurado não pode, sob pena de nulidade, fazer segurar segunda vez pelo mesmo tempo e risco objecto já seguro pelo seu inteiro valor, excepto nos seguintes casos:

1.º Quando o segundo seguro houver sido subordinado a nulidade do primeiro ou à insolvência total ou parcial do respectivo segurador;

2.º Quando se fez cessão dos direitos do primeiro seguro ao segurador ou quando houve renúncia daquele.

Art. 435.º (Seguro que excede o valor do objecto)
Excedendo o seguro o valor do objecto segurado, só é válido até à concorrência desse valor.

Art. 436.º (Nulidade do seguro)
O seguro é nulo, se, quando se concluiu o contrato, o segurador tinha conhecimento de haver cessado o risco, ou se o segurado, ou a pessoa que fez o seguro, o tinha da existência do sinistro.

§ único. No primeiro caso deste artigo o segurador não tem direito ao prémio; no segundo não é obrigado a indemnizar o segurado, mas tem direito ao prémio.

Art. 437.º (Em que casos fica o seguro sem efeito)
O seguro fica sem efeito:

1.º Se a cousa segura não chegar a correr risco;

2.º Se o sinistro resultar de vício próprio conhecido do segurado e por ele não denunciado ao segurador;

3.º Se o sinistro tiver sido causado pelo segurado ou por pessoa por quem ele seja civilmente responsável;

4.º Se o sinistro for ocasionado por guerra ou tumulto de que o segurador não tivesse tomado o risco.

§ 1.º No caso do n. 1.º deste artigo o segurador tem direito à metade do prémio, a qual nunca excederá a meio por cento da quantia segurada.

§ 2.º O segurado nos oito dias imediatos àquele em que chegou ao seu conhecimento a existência do vício próprio da coisa, que tiver seguro sem essa declaração, deve participá-lo ao segurador, e este pode declarar sem efeito o seguro, restituindo metade do prémio não vencido.

Art. 438.º (Falência do segurado ou do segurador)
Se o segurado falir antes de acabarem os riscos e dever o prémio, o segurador pode exigir caução, e, quando esta se não preste, a anulação do contrato.

§ único. Ao segurado assiste o mesmo direito, se o segurador falir ou liquidar.

Art. 439.º (Caso fortuito ou de força maior)
São a cargo do segurador todas as perdas e danos que sofra o objecto segurado devidos a caso fortuito ou de força maior de que tiver assumido os riscos

§ 1.º A indemnização devida pelo segurador é regulada em razão do valor do objecto ao tempo do sinistro, salva a disposição do artigo 448.º e nos termos seguintes:

1.º Se o valor foi fixado por arbitradores nomeados pelas partes, o segurador não o pode contestar;

2.º Se o não foi, pode ser verificado por todos os meios de prova admitidos em direito.

§ 2.º O segurado não tem direito de abandonar ao segurador os objectos salvos do sinistro, e o valor destes não será incluído na indemnização devida pelo segurador.

Art. 440.º (Prazo para a participação do sinistro)
O segurado é obrigado, sob pena de responder por perdas e danos, a participar ao segurador o sinistro dentro dos oito dias imediatos àquele em que ocorreu ou àquele em que do mesmo teve conhecimento.

Art. 441.º (Sub-rogação do segurador nos direitos do segurado)
O segurador que pagou a deterioração ou perda dos objectos segurados fica sub-rogado em todos os direitos do segurado contra terceiro causador do sinistro, respondendo o segurado por todo o acto que possa prejudicar esses direitos.

§ único. Se a indemnização só recair sobre parte do dano ou perda, o segurador e o segurado concorrerão a fazer valer esses direitos em proporção à soma que a cada um for devida.

SECÇÃO II. **Do seguro contra fogo**

Art. 442.º (Menções da apólice)
As apólices de seguro contra fogo devem, além do prescrito no artigo 426.º, precisar:

1.º O nome, qualidade, situação e confrontação dos prédios;
2.º O seu destino e uso;
3.º A natureza e uso dos edifícios adjacentes, sempre que estas circunstâncias puderem influir no contrato;
4.º O lugar em que os objectos mobiliários segurados contra o incêndio se acharem colocados ou armazenados.

Art. 443.º (Âmbito do seguro)
O seguro contra fogo compreende:
1.º Os danos causados pela acção do incêndio, ainda que este haja sido produzido por facto não criminoso do segurado ou de pessoa por quem seja civilmente responsável;
2.º As perdas e danos resultantes imediatamente do incêndio, como as causadas pelo calor, fumo ou vapor, pelos meios empregados para extinguir ou combater o incêndio, pelas remoções dos móveis, e pelas demolições executadas em virtude de ordem da autoridade competente.
3.º As perdas e danos que resultarem de vício, próprio do edifício seguro, ainda que não denunciado, não se provando que o segurado tinha dele conhecimento;
4.º Os danos sofridos pela acção do raio, explosões e outros acidentes semelhantes, quer sejam ou não acompanhados de incêndio.

Art. 444.º (Prova que incumbe ao segurado)
Ao segurado só incumbe a prova do prejuízo sofrido e a justificação da existência dos objectos segurados ao tempo do incêndio, quando o seguro recair sobre prédios ou sobre géneros ou mercadorias destinados a qualquer acto de comércio.

§ único. Fica, porém, sempre salva qualquer convenção em contrário.

Art. 445.º (Consequências da falta de pagamento do prémio)
Nota. Revogado pelo art. 12.º, n.º 2, do DL n.º 162/84, de 18 de Maio, que estabelece normas relativas ao pagamento dos prémios de seguros. A matéria está hoje regulada no DL n.º 142/2000, de 15 de Julho, alterado pelos DLs n.º 248-B/2000, de 12 de Outubro, n.º 150/2004, de 29 de Junho, e n.º 122/2005, de 29 de Julho.

Art. 446.º (Agravamento do risco)
O segurador pode declarar sem efeito o seguro, desde que o edifício ou objectos segurados tiverem outro destino ou lugar que os tornem mais expostos ao risco por forma que o segurador não os teria segurado,

ou exigiria outras condições, se tivessem tido esse destino ou lugar antes de efectuar o seguro.

§ 1.º O segurado, logo que ocorra qualquer das circunstâncias indicadas neste artigo, deve participá-lo ao segurador dentro de oito dias, para que ele possa em igual prazo, a contar da participação, usar da faculdade que lhe confere este artigo.

§ 2.º Na falta de participação pelo segurado ou de declaração pelo segurador nos prazos marcados no parágrafo antecedente resulta respectivamente a anulação ou a conservação do seguro.

SECÇÃO III. **Do seguro de colheitas**

Art. 447.º (Menções da apólice do seguro de colheitas)

No contrato de seguro contra os riscos a que estão sujeitos os produtos da terra, a apólice deverá, além do prescrito no artigo 426.º, enunciar:

1.º A situação, extensão e confrontações do terreno cujo produto se segura;
2.º A designação desse produto e a época ordinária da sua colheita;
3.º Se a sementeira ou plantação que há-de dar o produto já se acha feita ou não;
4.º O lugar do depósito, se o seguro for de frutos já recolhidos;
5.º O valor médio dos frutos seguros.

Art. 448.º (Determinação da indemnização)

Nos seguros de que trata esta secção a indemnização é determinada pelo valor que os frutos de uma produção regular teriam ao tempo em que deviam colher-se, se não tivesse sucedido o sinistro.

Art. 449.º (Responsabilidade do segurador)

O segurador de produtos da terra responde pelas perdas ou danos dos frutos, mas não pela produção e quantidade desta.

SECÇÃO IV. **Do seguro de transportes por terra, canais ou rios**

Art. 450.º (Objecto do seguro de transporte)

O seguro dos objectos transportados por terra, canais ou rios pode ter por objecto o seu valor acrescido das despesas até ao lugar do destino, e o lucro esperado.

§ único. Se o lucro esperado não for avaliado separadamente na apólice, não se compreenderá no seguro.

Art. 451.º (Menções da apólice)
A apólice, além do prescrito no artigo 426.º, deve enunciar:
1.º O tempo em que a viagem se deverá efectuar;
2.º Se a viagem há-de ser feita sem interrupção;
3.º O nome do transportador que se encarregou do transporte;
4.º O caminho que se deve seguir;
5.º A indicação dos pontos onde devem ser recebidos e entregues os objectos transportados;
6.º A forma de transporte.

Art. 452.º (Começo e termo dos riscos)
Os riscos do segurador começam com o recebimento pelo transportador e acabam com a entrega por ele feita dos objectos segurados.

Art 453.º (Responsabilidade do segurador)
O segurador responde pelas perdas e danos causados por falta ou fraude dos encarregados do transporte dos objectos segurados, salvo o seu regresso contra os causadores.

Art. 454.º (Aplicação das disposições relativas aos seguros marítimos)
Neste contrato serão observadas em geral, e conforme as circunstâncias, as disposições respeitantes aos seguros marítimos, incluindo as relativas ao abandono.

CAPÍTULO III. Do seguro de vidas

Art. 455.º (Conceito e modalidades do seguro de vidas)
Os seguros de vidas compreenderão todas as combinações que se possam fazer, pactuando entregas de prestações ou capitais em troca da constituição de uma renda, ou vitalícia ou desde certa idade, ou ainda do pagamento de certa quantia, desde o falecimento de uma pessoa, ao segurado, seus herdeiros ou representantes, ou a um terceiro, e outras combinações semelhantes ou análogas.

§ único. O segurador pode, nos termos deste artigo, tomar sobre si o risco da morte do segurado dentro de certo tempo ou o da prolongação da vida dele além de um termo prefixado.

Art. 456.º (Quem pode constituir o seguro)
A vida de uma pessoa pode ser segura por ela própria ou por outrem que tenha interesse na conservação daquela.

§ único. No último caso previsto neste artigo o segurado é a pessoa em cujo benefício se estipula o seguro e quem paga o prémio.

Art. 457.º (Menções especiais da apólice)
No seguro de vidas, além das indicações aplicáveis do artigo 426.º, a apólice mencionará a idade, a profissão e o estado de saúde da pessoa, cuja vida se segura.

Art. 458.º (Casos em que o segurador não é obrigado a pagar)
O segurador não é obrigado a pagar a quantia segura:

1.º Se a morte da pessoa, cuja vida se segurou, é resultado de duelo, condenação judicial, suicídio voluntário, crime ou delito cometido pelo segurado, ou se este foi morto pelos seus herdeiros;

2.º Se aquele que reclama a indemnização foi autor ou cúmplice do crime da morte da pessoa, cuja vida se segurou.

§ único. A disposição do n.º 1 deste artigo não é aplicável ao seguro de vida contratado por terceiro.

Art. 459.º (Efeitos da mudança de profissão e estado do segurado)
As mudanças de ocupação, de estado e de modo de vida por parte da pessoa, cuja vida se segurou, não fazem cessar os efeitos do seguro quando não transformem nem agravem os riscos pela alteração de alguma circunstância essencial, por forma que, se o novo estado de coisas existisse ao tempo do contrato, o segurador não teria convindo no seguro ou exigiria outras condições; ou quando, sendo essas mudanças conhecidas do segurador, este não requeira a modificação do contrato.

§ único. No caso de anulação o segurador restituirá metade do prémio recebido.

Art. 460.º (Morte ou falência de quem constituiu o seguro)
No caso de morte ou quebra daquele que segurou, sobre a sua própria vida ou sobre a de um terceiro, uma quantia para ser paga a outrem que lhe haja de suceder, o seguro subsiste em benefício exclusivo da pessoa designada no contrato, salvo, porém, com relação às quantias recebidas pelo segurador, as disposições do Código Civil relativas a colações, inoficiosidade nas sucessões e rescisão dos actos praticados em prejuízo dos credores.

Art 461.º (Morte anterior do segurado)
Se a pessoa, cuja vida se segura, já estiver morta ao tempo da celebração do contrato, este não subsiste, ainda que o segurado ignorasse o falecimento, salvo havendo convenção em contrário.

Art. 462.º (Ausência, sem notícias, do segurado)
A ausência da pessoa, cuja vida se segurou, do lugar do seu domicílio ou residência, sem que dela se saiba parte, só constituirá, salva convenção em contrário, o segurador na obrigação de pagar a indemnização no caso em que por direito a curadoria definitiva deveria terminar.

TÍTULO XVI. DA COMPRA E VENDA

Art. 463.º (Compras e vendas comerciais)
São consideradas comerciais:
1.º As compras de cousas móveis para revender, em bruto ou trabalhadas, ou simplesmente para lhes alugar o uso;
2.º As compras, para revenda, de fundos públicos ou de quaisquer títulos de crédito negociáveis;
3.º A venda de cousas móveis, em bruto ou trabalhadas, e as de fundos públicos e de quaisquer títulos de crédito negociáveis, quando a aquisição houvesse sido feita no intuito de as revender;
4.º As compras e revendas de bens imóveis ou de direitos a eles inerentes, quando aquelas, para estas, houverem sido feitas;
5.º As compras e vendas de partes ou de acções de sociedades comerciais.

Art. 464.º (Compras e vendas não comerciais)
Não são consideradas comerciais:
1.º As compras de quaisquer cousas móveis destinadas ao uso ou consumo do comprador ou da sua família, e as revendas que porventura desses objectos se venham a fazer;
2.º As vendas que o proprietário ou explorador rural faça dos produtos de propriedade sua ou por ele explorada, e dos géneros em que lhes houverem sido pagas quaisquer rendas;
3.º As compras que os artistas, industriais, mestres e oficiais de ofícios mecânicos que exercerem directamente a sua arte, indústria ou ofício, fizerem de objectos para transformarem ou aperfeiçoarem nos seus esta-

belecimentos, e as vendas de tais objectos que fizerem depois de assim transformados ou aperfeiçoados;

4.º As compras e vendas de animais feitas pelos criadores ou engordadores.

Art. 465.º (Contrato para pessoa a nomear)
O contrato de compra e venda mercantil de cousa móvel pode ser feito, ainda que directamente, para pessoas que depois hajam de nomear-se.

Art. 466.º (Determinação posterior do preço)
Pode convencionar-se que o preço da cousa venha a tornar-se certo por qualquer meio, que desde logo ficará estabelecido, ou que fique dependente do arbítrio de terceiro, indicado no contrato.

§ único. Quando o preço houver de ser fixado por terceiro e este não quiser ou não puder fazê-lo, ficará o contrato sem efeito, se outra cousa não for acordada.

Art. 467.º (Compra e venda de coisas incertas e de coisa alheia)
Em comércio são permitidas:

1.º A compra e venda de cousas incertas ou de esperanças, salvo o disposto nos artigos 876.º, 881.º, 2008.º e 2028.º do Código Civil.

2.º A venda de cousa que for propriedade de outrem.

§ único. No caso do n.º 2.º deste artigo o vendedor ficará obrigado a adquirir por título legítimo a propriedade da cousa vendida e a fazer a entrega ao comprador, sob pena de responder por perdas e danos.

Nota. A actual redacção do n.º 1 foi introduzida pelo art. 8.º do DL n.º 363/77, de 2 de Setembro.

Art. 468.º (Falência do comprador antes da entrega da coisa)
O vendedor que se obrigar a entregar a cousa vendida antes de lhe ser pago o preço considerar-se-á exonerado de tal obrigação, se o comprador falir antes da entrega, salvo prestando-se caução ao respectivo pagamento.

Art. 469.º (Venda sobre amostra ou por designação de padrão)
As vendas feitas sobre amostra de fazenda, ou determinando-se só uma qualidade conhecida no comércio, consideram-se sempre como feitas debaixo da condição de a cousa ser conforme à amostra ou à qualidade convencionada.

Art. 470.º (Compras de coisas que não estejam à vista nem possam designar-se por um padrão)

As compras de cousas que se não tenham à vista, nem possam determinar-se por uma qualidade conhecida em comércio, consideram-se sempre como feitas debaixo da condição de o comprador poder distratar o contrato, caso, examinando-as, não lhe convenham.

Art. 471.º (Conversão em perfeitos dos contratos condicionais)

As condições referidas nos dois artigos antecedentes haver-se-ão por verificadas e os contratos como perfeitos, se o comprador examinar as cousas compradas no acto da entrega e não reclamar dentro de oito dias.

§ único. O vendedor pode exigir que o comprador proceda ao exame das fazendas no acto da entrega, salvo caso de impossibilidade, sob pena de se haver para todos os efeitos como verificado.

Art. 472.º (Vendas por conta, peso ou medida)

As cousas não vendidas a esmo ou por partida inteira, mas por conta, peso ou medida, são a risco do vendedor até que sejam contadas, pesadas ou medidas, salvo se a contagem, pesagem ou medição se não fez por culpa do comprador.

§ 1.º Haver-se-á por feita a venda a esmo ou por partida inteira, quando as cousas forem vendidas por um só preço determinado, sem atenção à conta, peso ou medida dos objectos, ou quando se atender a qualquer destes elementos unicamente para determinar a quantia do preço.

§ 2.º Quando a venda é feita por conta, peso ou medida, e a fazenda se entrega, sem se contar, pesar ou medir, a tradição para o comprador supre a conta, o peso ou a medida.

Art. 473.º (Prazo para a entrega da coisa)

Se o prazo para a entrega das cousas vendidas não se achar convencionado, deve o vendedor pô-las à disposição do comprador dentro das vinte e quatro horas seguintes ao contrato se elas houverem sido compradas à vista.

§ único. Se a venda das cousas se não fez à vista, e o prazo para a entrega não foi convencionado, poderá o comprador fazê-lo fixar judicialmente.

Art. 474.º (Depósito ou venda da coisa)
Se o comprador de cousa móvel não cumprir com aquilo a que for obrigado, poderá o vendedor depositar a cousa nos termos de direito por conta do comprador ou fazê-la revender.

§ 1.º A revenda efectuar-se-á em hasta pública, ou, se a cousa tiver preço cotado na bolsa ou no mercado, por intermédio de corretor, ao preço corrente, ficando salvo ao vendedor o direito ao pagamento da diferença entre o preço obtido e o estipulado e as perdas e danos.

§ 2.º O vendedor que usar da faculdade concedida neste artigo fica em todo o caso obrigado a participar ao comprador o evento.

Art. 475.º (Compra e venda a pronto em feira ou mercado)
Os contratos de compra e venda celebrados a contado em feira ou mercado cumprir-se-ão no mesmo dia da sua celebração, ou, o mais tarde, no dia seguinte.

§ único. Expirados os termos fixados neste artigo sem que qualquer dos contratantes haja exigido o cumprimento do contrato, haver-se-á este por sem efeito, e qualquer sinal passado ficará pertencendo a quem o tiver recebido.

Art. 476.º (Entrega da factura e do recibo)
O vendedor não pode recusar ao comprador a factura das cousas vendidas e entregues, com o recibo do preço ou da parte de preço que houver embolsado.

TÍTULO XVII. DO REPORTE

Art. 477.º (Conceito de reporte)
O reporte é constituído pela compra, a dinheiro de contado, de títulos de crédito negociáveis e pela revenda simultânea de títulos da mesma espécie, a termo, mas por preço determinado, sendo a compra e a revenda feitas à mesma pessoa.

§ único. É condição essencial à validade do reporte a entrega real dos títulos.

Art. 478.º (Transmissão da propriedade dos títulos)
A propriedade dos títulos que fizerem objecto do reporte transmite-se para o comprador revendedor, sendo, porém, lícito às partes estipular

que os prémios, amortizações e juros que couberem aos títulos durante o prazo da convenção corram a favor do primitivo vendedor.

Art. 479.º (Prorrogação do prazo e renovação do reporte)
As partes poderão prorrogar o prazo do reporte por um ou mais termos sucessivos.

§ único. Se, expirado o prazo do reporte, as partes liquidarem as diferenças, para delas efectuarem pagamentos separados, e renovarem o reporte com respeito a títulos de quantidade ou espécies diferentes ou por diverso preço, haver-se-á a renovação como um novo contrato.

TÍTULO XVIII. DO ESCAMBO OU TROCA

Art. 480.º (Requisitos da comercialidade da troca)
O escambo ou troca será mercantil nos mesmos casos em que o é a compra e venda, e regular-se-á pelas mesmas regras estabelecidas para esta, em tudo quanto forem aplicáveis às circunstâncias ou condições daquele contrato.

TÍTULO XIX. DO ALUGUER

Art. 481.º (Requisitos da comercialidade do aluguer)
O aluguer será mercantil, quando a coisa tiver sido comprada para se lhe alugar o uso.

Art. 482.º (Regime do aluguer)
O contrato de aluguer comercial será regulado pelas disposições do Código Civil que regem o contrato de aluguer e quaisquer outras aplicáveis deste Código, salvas as prescrições relativas aos fretamentos de navios.

TÍTULO XX. DA TRANSMISSÃO E REFORMA DE TÍTULOS DE CRÉDITO MERCANTIL

Art. 483.º (Transmissão dos títulos de crédito)
A transmissão dos títulos à ordem far-se-á por meio de endosso, a dos títulos ao portador pela entrega real, a dos títulos públicos nego-

ciáveis na forma determinada pela lei de sua criação ou pelo decreto que autorizar a respectiva emissão, e a dos não endossáveis nem ao portador nos termos prescritos no Código Civil para a cessão de créditos.

Art. 484.º (Reforma judicial dos títulos destruídos ou perdidos)
As letras, acções, obrigações e mais títulos comerciais transmissíveis por endosso, que tiverem sido destruídos ou perdidos, podem ser reformados judicialmente a requerimento do respectivo proprietário, justificando o seu direito e o facto que motiva a reforma.

§ 1.º A reforma será requerida no tribunal de comércio do lugar do pagamento do título, ou no da sede da sociedade que tiver emitido a acção ou obrigação, e não poderá ser decretada sem prévio chamamento edital de incertos e citação de todos os co-obrigados no título ou dos representantes da sociedade a que ele respeitar.

§ 2.º Sendo a acção ou obrigação nominativa, serão igualmente citados aquele em nome de quem se achar averbada, e quaisquer outros interessados, que forem certos.

§ 3.º Distribuída a acção, pode o autor exercer todos os meios para conservação dos seus direitos.

§ 4.º Transitada em julgado a sentença que autorizar a reforma, deverão os co-obrigados no título, ou a sociedade a que ele respeitar, entregar ao autor novo título sob pena de lhe ficar servindo de título a carta de sentença.

§ 5.º O aceitante e mais co-obrigados ao pagamento da letra e as sociedades emissoras das acções, obrigações e mais títulos somente são obrigados ao pagamento das respectivas quantias e seus juros ou dividendos depois de vencidos, e prestando o proprietário do novo título suficiente caução à restituição do que receber.

§ 6.º Esta caução caduca de direito passados cinco anos depois de prestada, se neste período não tiver sido proposta judicialmente contra quem a prestou acção pedindo a restituição, ou se a acção tiver sido julgada improcedente.

LIVRO TERCEIRO
DO COMÉRCIO MARÍTIMO

TÍTULO I. DOS NAVIOS

CAPÍTULO I. Disposições gerais

Art. 485.º (Natureza e pertenças dos navios)
Nota. Revogado pelo art. 33.º do DL n.º 201/98, de 10 de Julho.

Art. 486.º (Navios nacionais)
Nota. Revogado pelo art. 33.º do DL n.º 201/98, de 10 de Julho.

Art. 487.º (Posse sem título)
Nota. Revogado pelo art. 33.º do DL n.º 201/98, de 10 de Julho.

Art. 488.º (Lei reguladora das questões sobre o navio)
As questões sobre propriedade do navio, privilégios e hipotecas que o onerem são reguladas pela lei da nacionalidade que o navio tiver ao tempo em que o direito, objecto da contestação, houver sido adquirido.
§ 1.º O mesmo se observará nas contestações relativas a privilégios sobre o frete ou carga do navio.
§ 2.º A mudança de nacionalidade não prejudicará, salvos os tratados internacionais, os direitos anteriores sobre o navio.

Art. 489.º (Forma e regime do contrato de construção)
Nota. Revogado pelo art. 33.º do DL n.º 201/98, de 10 de Julho.

Art. 490.º (Forma e registo do contrato de transmissão)

Nota. Revogado pelo art. 33.º do DL n.º 201/98, de 10 de Julho.

Art. 491.º (Arresto e penhora em navio despachado ou em géneros e mercadorias carregados)

Nota. Revogado pelo art. 33.º do DL n.º 201/98, de 10 de Julho.

CAPÍTULO II. Do proprietário

Nota. O regime da responsabilidade do proprietáriodo navio consta hoje do DL n.º 202/98, de 10 de Julho; o Capítulo II do Título I do Livro III do Código Comercial (Arts. 492.º a 495.º) foi revogado pelo art. 20.º daquele diploma.

CAPÍTULO III. Do capitão

Nota. A disciplina jurídica relativa ao capitão do navio consta hoje do DL n.º 384/99, de 23 de Setembro; o Capítulo III do Título I do Livro III do Código Comercial (arts. 496.º a 515.º) foi revogado pelo art. 18.º daquele diploma.

Os arts. 497.º e 509.º já haviam sido, porém, revogados pelo art. 32.º do DL n.º 352/86, de 21 de Outubro, e pelo art. 20.º do DL n.º 202/98, de 10 de Julho, respectivamente.

CAPÍTULO IV. Da tripulação

Nota. O regime jurídico relativo à tripulação do navio consta hoje do DL n.º 384/99, de 23 de Setembro; o Capítulo IV do Título I do Livro III do Código Comercial (arts. 516.º a 537.º) foi revogada pelo art. 16.º daquele diploma.

CAPÍTULO V. Do conhecimento

Nota. O DL n.º 352/86, de 21 de Outubro, regula hoje o transporte de mercadorias por mar; o Capítulo V do Título I do Livro III do Código Comercial (arts. 538.º a 540.º) foi revogado pelo art. 32.º daquele diploma.

CAPÍTULO VI. Do fretamento

Nota. O fretamento está hoje regulado no DL n.º 191/87, de 29 de Abril, cujo art. 49.º revogou expressamente os arts. 541.º a 562.º do Código Comercial.

Os arts. 559.º, 560.º e 561.º já haviam sido, porém, revogados pelo art. 32.º do DL n.º 352/86, de 21 de Outubro.

CAPÍTULO VII. Dos passageiros

Nota. O transporte de passageiros por mar está hoje regulado no DL n.º 349/86, de 17 de Outubro, cujo art. 22.º revogou expressamente os arts. 563.º a 573.º, que integravam este Capítulo do Código Comercial.

CAPÍTULO VIII. Dos privilégios creditórios e das hipotecas

SECÇÃO I. Dos privilégios creditórios

Art. 574.º (Preferência dos créditos desta secção)
Os créditos designados nesta secção preferem a qualquer privilégio geral ou especial sobre móveis estabelecido no Código Civil.

Nota. Cf. a Convenção de Bruxelas, de 10 de Abril de 1926, aprovada pela Carta de 12 de Dezembro de 1931 (DG de 2-6-1932), que procedeu à unificação de certas regras relativas aos privilégios e hipotecas marítimas, a Convenção de Bruxelas, de 10 de Maio de 1952, aprovada pelo DL n.º 41 007, de 16 de Fevereiro de 1957 que unificou certas regras sobre o arresto de navios de mar, e os arts. 733.º ss. do CCiv.

Art. 575.º (Subsistência do privilégio no caso de depreciação)
Dado o caso de se deteriorar ou de diminuir de valor o navio ou quaisquer dos objectos em que recai o privilégio, este subsiste quanto ao que sobejar ou puder ser salvo e posto em segurança.

Art. 576.º (Rateio entre os credores privilegiados)
Se o produto do navio ou dos objectos sujeitos ao privilégio não for suficiente para embolsar os credores privilegiados de uma ordem, entre eles se fará rateio.

Art. 577.º (Efeito do endosso de título com privilégio)
O endosso de um título de crédito que tem privilégio transmite igualmente esse privilégio.

Art. 578.º (Graduação das dívidas que têm privilégio sobre o navio)
As dívidas que têm privilégio sobre o navio são graduadas pela ordem seguinte:
1.º As custas e despesas feitas no interesse comum dos credores;
2.º Os salários devidos por assistência e salvação;
3.º As despesas de pilotagem e reboque da entrada no porto;
4.º Os direitos de tonelagem, faróis, ancoradouro, saúde pública e quaisquer outros de porto;
5.º As despesas com a guarda do navio e com a armazenagem dos seus pertences;
6.º As soldadas do capitão e tripulantes;
7.º As despesas de custeio e conserto do navio e dos seus aprestos e aparelhos;
8.º O embolso do preço de fazendas do carregamento, que o capitão precisou vender;
9.º Os prémios do seguro;
10.º O preço em dívida da última aquisição do navio;
11.º As despesas com o conserto do navio e seus aprestos e aparelhos nos últimos três anos anteriores à viagem e a contar do dia em que o conserto terminou;
12.º As dívidas provenientes de contrato para a construção do navio;
13.º Os prémios dos seguros sobre o navio, se todo foi segurado, ou sobre a parte e acessórios que o foram, não compreendidos no n.º 9.º;
14.º A indemnização devida aos carregadores por falta de entrega das fazendas ou por avarias que estas sofressem.

§ único. As dívidas mencionadas nos n.ᵒˢ 1.º a 9.º são as contraídas durante a última viagem e por motivo dela.

Art. 579.º (Extinção dos privilégios)
Os privilégios dos credores sobre o navio extinguem-se:
1.º Pelo modo por que geralmente se extinguem as obrigações;
2.º Pela venda judicial do navio, depois que o seu preço é posto em depósito, transferindo-se para esse preço o privilégio e a acção dos credores;

3.º Pela venda voluntária feita com citação dos credores privilegiados, se houverem passado três meses sem que estes tenham feito valer os seus privilégios ou impugnado o preço da venda.

Art. 580.º (Graduação das dívidas com privilégio sobre a carga)
As dívidas que têm privilégio sobre a carga do navio são graduadas pela ordem seguinte:
1.º As despesas judiciais feitas no interesse comum dos credores;
2.º Os salários devidos por salvação;
3.º Os direitos fiscais que forem devidos no porto da descarga;
4.º As despesas de transporte e de descarga;
5.º As despesas de armazenagem;
6.º As quotas de contribuição para as avarias comuns;
7.º As quantias dadas a risco sob essa caução;
8.º Os prémios do seguro.

§ único. Os privilégios de que trata este artigo podem ser gerais, abrangendo toda a carga, ou especiais abrangendo só parte dela, conforme os créditos respeitarem a toda ou parte da mesma.

Art. 581.º (Cessão dos privilégios sobre a carga)
Cessam os privilégios sobre a carga, se os credores os não fizerem valer antes de efectuada a descarga, ou nos dez dias imediatos e enquanto, durante este prazo, os objectos carregados não passarem a poder de terceiro.

Art. 582.º (Graduação das dívidas com privilégio sobre o frete)
As dívidas que têm privilégio sobre o frete são graduadas pela ordem seguinte:
1.º As despesas judiciais feitas no interesse comum dos credores;
2.º As soldadas do capitão e tripulação;
3.º As quotas de contribuição para as avarias comuns;
4.º As quantias dadas a risco sob essa caução;
5.º Os prémios do seguro;
6.º A importância da indemnização que for devida por falta de entrega das fazendas carregadas.

Art. 583.º (Cessação dos privilégios sobre o frete)
Cessam os privilégios sobre o frete, logo que o frete for pago, salvo o caso do artigo 523.º, em que o privilégio pelas soldadas da tripulação só se extingue passados seis meses depois do rompimento da viagem.

SECÇÃO II. Das hipotecas

Art. 584.º (Hipotecas legais e voluntárias sobre navios)
Podem constituir-se hipotecas sobre navios por disposição da lei ou por convenção das partes.

Art. 585.º (Aplicação do regime das hipotecas sobre imóveis)
As hipotecas sobre navios, sejam legais ou voluntárias, produzirão os mesmos efeitos, e reger-se-ão pelas mesmas disposições que as hipotecas sobre prédios, em tudo quanto for compatível com a sua especial natureza, e salvas as modificações da presente secção.

Art. 586.º (Quem pode constituir a hipoteca)
A hipoteca sobre navios só pode ser constituída pelo respectivo proprietário ou por seu procurador especial.
§ 1.º Quando o navio pertencer a mais do que um proprietáro, poderá ser hipotecado na totalidade para despesas de armamento e navegação, por consentimento expresso da maioria, representando mais de metade do valor do navio.
§ 2.º O co-proprietário de um navio não pode hipotecar separadamente a sua parte do navio, sem assentimento da maioria designada no parágrafo antecedente.

Art. 587.º (Hipoteca sobre navios em construção ou a construir)
É também permitida a hipoteca sobre navios em construção ou a construir para pagamento das respectivas despesas de construção, contanto que pelo menos no respectivo instrumento se especifique o comprimento da quilha do navio e aproximadamente as suas principais dimensões, assim como a sua tonelagem provável, e o estaleiro em que se acha a construir ou tem de ser construído.

Art. 588.º (Forma da constituição)
A hipoteca sobre navios será constituída por instrumento público, salva a hipótese do § 2.º do artigo 591.º.

Art. 589.º (Extensão da hipoteca)
A hipoteca sobre navios relativa a créditos que vençam juros abrange, além do capital, os juros de cinco anos.

Art. 590.º (Inscrição das hipotecas)
As hipotecas sobre navios serão inscritas na secretaria do tribunal do comércio do porto da matrícula do navio.

§ 1.º No caso de a hipoteca ser constituída sobre o navio em construção ou a construir, a secretaria competente será a do lugar onde se achar o estaleiro.

§ 2.º Na matrícula dos navios que se houver de fazer em secretaria diferente daquela a que pertencia o lugar onde o navio foi construído, apresentar-se-á certidão, passada nesta, de haver ou não hipoteca sobre o navio, e, no caso afirmativo, serão as respectivas hipotecas transcritas também com respeito à matrícula do navio.

Art. 591.º (Registo provisório)
O proprietário do navio poderá fazer abrir registo provisório de hipoteca em que especifique a quantia ou quantias que sobre o navio possam levantar-se durante a viagem.

§ 1.º A escritura de hipoteca será feita, quando fora do reino, pelo respectivo agente consular português.

§ 2.º Não havendo agente consular no local em que se queira constituir a hipoteca, poderá esta ser constituída por escrito, feito a bordo, entre os respectivos outorgantes, com duas testemunhas, e lançado no livro de contas.

Art. 592.º (Concurso de créditos)
Os credores hipotecários serão pagos dos seus créditos, depois de satisfeitos os privilégios creditórios sobre o navio, pela ordem da prioridade do registo comercial.

§ único. Concorrendo diversas inscrições hipotecárias da mesma data, o pagamento será *pro rata*.

Art. 593.º (Expurgação das hipotecas)
As hipotecas sobre navios serão sujeitas a expurgação nos termos de direito.

Art. 594.º (Incidência dos créditos no caso de perda ou inavegabilidade)
No caso de perda ou inavegabilidade do navio os direitos dos credores hipotecários exercem-se no que dele restar e sobre a respectiva indemnização devida pelos seguradores.

TÍTULO II. DO SEGURO CONTRA RISCOS DO MAR

Art. 595.º (Aplicação das disposições gerais sobre seguros)
Ao contrato de seguro contra riscos de mar são aplicáveis as regras estabelecidas no capítulo I e na secção I do capítulo II do título XV do livro II, que não forem incompatíveis com a natureza especial dos seguros marítimos ou alteradas pelas disposições deste título.

Art. 596.º (Menções especiais que deve conter a apólice)
A apólice de seguro marítimo, além do que se acha prescrito no artigo 426.º, deve enunciar:
1.º O nome, espécie, classificação, nacionalidade e tonelagem do navio;
2.º O nome do capitão;
3.º O lugar em que as fazendas foram ou devem ser carregadas;
4.º O porto donde o navio partiu, deve partir ou ter partido;
5.º Os portos em que o navio deve carregar, descarregar ou entrar.
§ único. Se não puderem fazer-se as enunciações prescritas neste artigo, ou porque a pessoa que fez o seguro as ignore, ou pela qualidade especial do seguro, devem substituir-se por outras que bem determinem o objecto deste.

Art. 597.º (Objecto do seguro)
O seguro contra risco de mar pode ter por objecto todas as cousas e valores estimáveis a dinheiro expostos àquele risco.

Art. 598.º (Período de tempo do seguro)
O seguro contra riscos de mar pode fazer-se, em tempo de paz ou de guerra, antes ou durante a viagem do navio, por viagem inteira, ou por tempo determinado, por ida e volta, ou somente por uma destas.

Art. 599.º (Valor por que pode segurar-se a carga)
Da carga que segurar o capitão ou o dono do navio só poderão segurar-se nove décimos do seu justo valor.

Art. 600.º (Valores e coisas que não podem segurar-se)
É nulo o seguro, tendo por objecto:
1.º As soldadas e vencimentos da tripulação;

2.º As fazendas obrigadas ao contrato de risco por seu inteiro valor e sem excepção de riscos;

3.º As cousas cujo tráfico é proibido pelas leis do reino, e os navios nacionais ou estrangeiros empregados no seu transporte.

Art. 601.º (Valor por que podem segurar-se as fazendas carregadas)
As fazendas carregadas podem segurar-se pelo seu inteiro valor, segundo o preço do custo, com as despesas de carga e de frete, ou segundo o preço corrente, no lugar do destino, à sua chegada, sem avaria.

§ único. A avaliação feita na apólice sem declarações poderá ser referida a qualquer dos casos prescritos neste artigo, e não haverá lugar a aplicar o artigo 453.º, se não exceder o preço mais elevado.

Art. 602.º (Tempo por que duram os riscos)
Não se expressando na apólice o tempo durante o qual hajam de correr os riscos por conta do segurador, começarão e acabarão nos termos seguintes:

1.º Quanto ao navio e seus pertences, no momento em que o navio levanta ferro para sair do porto até ao momento em que está ancorado e amarrado no porto do seu destino;

2.º Quanto à carga, desde o momento em que as coisas são carregadas no navio ou nas embarcações destinadas a transportá-las para este até ao momento de chegarem a terra no lugar do seu destino.

§ 1.º Se o seguro se faz depois do começo da viagem, os riscos correm da data da apólice.

§ 2.º Se a descarga for demorada por culpa do destinatário, os riscos acabam para o segurador trinta dias depois da chegada do navio ao seu destino.

Art. 603.º (Limite da obrigação do segurador)
A obrigação do segurador limita-se à quantia segurada.

§ único. Se os objectos seguros sofrem muitos sinistros sucessivos durante o tempo dos riscos, o segurado levará sempre em conta, ainda no caso de abandono, as quantias que lhe houverem sido pagas ou forem devidas pelos sinistros anteriores.

Art. 604.º (Riscos por que responde o segurador)
São a cargo do segurador, salvo estipulação contrária, todas as perdas e danos que acontecerem durante o tempo dos riscos aos objectos segurados

por borrasca, naufrágio, varação, abalroação, mudança forçada de rota, de viagem ou de navio, por alijamento, incêndio, violência injusta, explosão, inundação, pilhagem, quarentena superveniente, e, em geral, por todas as demais fortunas de mar, salvos os casos em que pela natureza da cousa, pela lei ou por cláusula expressa na apólice o segurador deixa de ser responsável.

§ 1.º O segurador não responde pela barataria do capitão, salva convenção em contrário, a qual, contudo, será sem efeito, se, sendo o capitão nominalmente designado, foi depois mudado sem audiência e consentimento do segurador.

§ 2.º O segurador que convencionou segurar os riscos de guerra sem determinação precisa, responde pelas perdas e danos, causados aos objectos segurados, por hostilidade, represália, embargo por ordem de potência, presa e violência de quaisquer espécie, feita por Governo amigo ou inimigo, de direito ou de facto, reconhecido ou não reconhecido, e, em geral, por todos os factos e acidentes de guerra.

§ 3.º O aumento do prémio estipulado em tempo de paz para o caso de uma guerra casual, ou de outro evento, cuja quota não for determinada no contrato, regula-se, tendo em consideração os riscos, circunstâncias e estipulações da apólice.

Art. 605.º (Presunção sobre a causa da perda)
No caso de dúvida sobre a causa de perda dos objectos segurados, presume-se haverem perecido por fortuna de mar, e o segurador é responsável.

Art. 606.º (Valor do julgamento de boa presa por tribunais estrangeiros)
O julgamento de boa presa proferido em tribunal estrangeiro importa a mera presunção da validade dela em questões relativas a seguros.

Art. 607.º (Despesas que não ficam a cargo do segurador)
Não são a cargo do segurador as despesas de navegação, pilotagem, reboque, quarentena e outras feitas por entrada e saída do navio, nem os direitos de tonelagem, faróis, ancoradouro, saúde pública e outras despesas semelhantes impostas sobre o navio e carga, salvo quando entrarem na classe de avarias grossas.

Art. 608.º (Efeito da mudança de rota, de viagem ou de navio)
Toda a mudança voluntária de rota, de viagem ou de navio por parte do segurado, em caso de seguro sobre navio ou sobre frete, faz cessar a obrigação do segurador.

§ 1.º Observar-se-á a disposição deste artigo com respeito ao seguro da carga, havendo consentimento do segurado.
§ 2.º O segurador nos casos previstos neste artigo e seu § 1.º tem direito ao prémio por inteiro, se começou a correr os riscos.

Art. 609.º (Redução do prémio quando o carregamento é inferior ao previsto)

Se o seguro é feito sobre fazendas, por ida e volta, e se o navio, tendo chegado ao primeiro destino, não carregou fazendas na volta ou não completou o carregamento, o segurador só receberá dois terços do prémio, salva convenção em contrário.

Art. 610.º (Responsabilidade do segurador quando as fazendas são carregadas em número menor de navios)

Tendo efectuado divididamente o seguro por fazendas que devem ser carregadas em diversos navios designados com menção da quantia segurada em cada um, se as fazendas são carregadas em menor número de navios do que o designado no contrato, o segurador só responde pela quantia que segurou no navio ou navios que receberam a carga.

§ único. O segurador, porém, no caso previsto neste artigo receberá metade do prémio convencionado com respeito às fazendas cujos seguros ficarem sem efeito, não podendo estas indemnizações exceder meio por cento do valor delas.

Art. 611.º (Risco do segurador quando o capitão tem a liberdade de fazer escala)

Se o capitão tem a liberdade de fazer escala para completar ou tomar a carga, o segurador não corre risco dos objectos segurados, senão enquanto estiverem a bordo, salva convenção em contrário.

Art. 612.º (Risco quando a viagem se prolonga ou encurta)

Se o segurado manda o navio a um lugar mais adiante do que o designado no contrato, o segurador não responde pelos riscos ulteriores.

§ único. Se, porém, a viagem se encurtar, aportando a um porto onde podia fazer escala, o seguro surte pleno efeito.

Art. 613.º (Efeito da cláusula «livre de avaria»)
A cláusula «livre de avaria» liberta os seguradores de toda e qualquer avaria, excepto nos casos que dão lugar ao abandono.

Nota. Cf. o Assento do STJ, de 21 de Julho de 1931 (*Col. Of.* 30.º, p. 175), que decidiu: «O caso de perda total da mercadoria, segura por apólice em que haja a cláusula – 'livre de avaria que não for grossa ou que o navio dê à costa, se afunde ou fique queimado' – está compreendido na excepção consignada na parte final do artigo 613.º do Código Comercial, em harmonia com o preceituado no n.º 4 do artigo 616.º do mesmo Código, do que deriva a responsabilidade do segurador.»

Art. 614.º (Responsabilidade no seguro sobre líquidos ou géneros sujeitos a derramamento e liquefacção)
Recaindo o seguro sobre líquidos ou sobre géneros sujeitos a derramamento e liquefacção, o segurador não responde pelas perdas, salvo sendo causadas por embates, naufrágio ou varação de navio, e bem assim por descarga ou recarga em porto de arribada forçada.

§ único. No caso de ser o segurador obrigado a pagar os danos referidos neste artigo, deve fazer-se a redução do desfalque ordinário.

Art. 615.º (Prazo para a comunicação dos documentos justificativos da perda das fazendas)
O segurado deve dar conhecimento ao segurador, no prazo de cinco dias imediatos à recepção, dos documentos justificativos de que as fazendas seguradas correram risco e se perderam.

TÍTULO III. DO ABANDONO

Art. 616.º (Casos de abandono dos objectos segurados)
Pode fazer-se abandono dos objectos segurados nos casos:
1.º De presa;
2.º De embargo por ordem de potência estrangeira;
3.º De embargo por ordem do Governo depois de começada a viagem;
4.º No caso de perda total dos objectos segurados;
5.º Nos mais casos em que as partes o convencionarem.

§ único. O navio não susceptível de ser reparado é equiparado ao navio totalmente perdido.

Art. 617.º (Casos de abandono sem obrigação de prova da perda)
O segurado pode fazer abandono ao segurador sem ser obrigado a provar a perda do navio, se a contar do dia da partida do navio ou do dia a que se referem os últimos avisos dele não há notícia, a saber: depois de seis meses da sua saída para viagens na Europa, e depois de um ano para viagens mais dilatadas.
§ 1.º Fazendo-se o seguro por tempo limitado, depois de terminarem os prazos estabelecidos neste artigo, a perda do navio presume-se acontecida dentro do tempo do seguro.
§ 2.º Havendo muitos seguros sucessivos, a perda presume-se acontecida no dia seguinte àquele em que se deram as últimas notícias.
§ 3.º Se, porém, depois se provar que a perda acontecera fora do tempo do seguro, a indemnização paga deve ser restituída com os juros legais.

Art. 618.º (Abandono no caso de perda total do navio)
Verificada a perda total do navio pode fazer-se o abandono dos objectos seguros nele carregados, se, no prazo de três meses a contar do evento, não se encontrou outro navio para os recarregar e conduzir ao seu destino.
§ único. No caso previsto no presente artigo, se os objectos segurados se carregam em outro navio, o segurador responde pelos danos sofridos, despesas de carga e recarga, depósito e guarda nos armazéns, aumento de frete e mais despesas de salvação, até à concorrência da quantia segurada, e enquanto esta se não achar esgotada continuará a correr os riscos pelo resto.

Art. 619.º (Prazo para o abandono)
O abandono dos objectos segurados, apresados ou embargados só pode fazer-se passados três meses depois da notificação da presa ou do embargo, se o foram nos mares da Europa, e passados seis meses se o foram em outro lugar.
§ único. Para as fazendas sujeitas a deterioração rápida os prazos mencionados neste artigo serão reduzidos a metade.

Art. 620.º (Prazo para a intimação aos seguradores)
O abandono será intimado aos seguradores no prazo de três meses a contar do dia em que houve conhecimento do sinistro, se este aconteceu nos mares da Europa; de seis meses, se sucedeu nos mares de África, nos

mares ocidentais e meridionais da Ásia e nos orientais da América; e de um ano, se o sinistro ocorreu em outros mares.

§ 1.º Nos casos de presa ou de embargo por ordem de potência estes prazos só correm do dia em que terminarem os estabelecidos no artigo antecedente.

§ 2.º O segurado não será admitido a fazer abandono, expirados os prazos fixados neste artigo, ficando-lhe salvo o direito para a acção de avaria.

Art. 621.º (Intimação para o pagamento)

O segurado, participando ao segurador os avisos recebidos, pode fazer o abandono, intimando o segurador para pagar a quantia segurada no prazo estabelecido pelo contrato ou pela lei e pode reservar-se para o fazer depois dentro dos prazos legais.

§ 1.º Fazendo o abandono, é obrigado a declarar todos os seguros feitos ou ordenados e as quantias tomadas a risco com conhecimento seu sobre as fazendas carregadas; de contrário a dilação do pagamento será suspensa até ao dia em que apresentar a dita dilação estabelecida pela lei para fazer o abandono.

§ 2.º Em caso de declaração fraudulenta o segurado ficará privado de todos os efeitos do seguro.

Art. 622.º (Extensão do abandono)

O abandono compreende somente as cousas que são objecto do seguro e do risco e não pode ser parcial nem condicional.

Art. 623.º (Efeitos do abandono)

Os objectos segurados ficam pertencendo ao segurador desde o dia em que o abandono é intimado e aceito pelo segurador ou julgado válido.

§ único. O segurado deverá entregar ao segurador todos os documentos concernentes aos objectos segurados.

Art. 624.º (Ineficácia do abandono)

A intimação de abandono não produz efeito jurídico se os factos sobre os quais ela se fundou se não confirmarem ou não existiam ao tempo em que ela se fez ao segurador.

§ único. A intimação do abandono produzirá contudo todos os seus efeitos embora sobrevenham posteriormente a ela circunstâncias que, a terem-se produzido anteriormente, excluiriam o direito ao abandono.

Art. 625.º (Regime do abandono no caso de presa)
No caso de presa, se o segurado não pôde avisar o segurador, terá a faculdade de resgatar os objectos apresados sem esperar ordem do segurador; ficando, porém, nesse caso obrigado a dar conhecimento ao segurador da composição que tiver feito, logo que se lhe proporcionar ocasião.

§ 1.º O segurador tem a escolha de tomar à sua conta a composição ou rejeitá-la, e da escolha que fizer dará conhecimento ao segurado no prazo de vinte e quatro horas depois de ter recebido a comunicação.

§ 2.º Se aceitar a comunicação, contribuirá sem demora para ser pago o resgate nos termos da convenção e em proporção do seu interesse e continuará a correr os riscos da viagem, conforme o contrato de seguro.

§ 3.º Se rejeitar a composição, ficará obrigado ao pagamento da quantia segurada e sem direito de reclamar coisa alguma dos objectos resgatados.

§ 4.º Quando o segurador deixa de dar conhecimento da sua escolha no prazo mencionado entende-se que rejeita a composição.

§ 5.º Resgatado o navio, se o segurado entra na posse dos seus objectos, reputar-se-ão avarias as deteriorações sofridas, ficando a indemnização de conta do segurador, mas, se por virtude de represa os objectos passarem a terceiro possuidor, poderá o segurado fazer deles abandono.

TÍTULO IV. DO CONTRATO DE RISCO

Art. 626.º (Formalidades do contrato de risco)
O contrato de risco deve ser feito por escrito e enunciar:
1.º A quantia emprestada;
2.º O prémio ajustado;
3.º Os objectos sobre que recai o empréstimo;
4.º O nome, a qualidade, a tonelagem e a nacionalidade do navio;
5.º O nome do capitão;
6.º Os nomes e os domicílios do dador e tomador;
7.º A enumeração particular e específica dos riscos tomados;
8.º Se o empréstimo é por uma ou mais viagens e por que tempo;
9.º A época e o lugar do pagamento.

§ 1.º O escrito será datado do dia e lugar em que o empréstimo se fizer e será assinado pelos contratantes, declarando a qualidade em que o fazem.

§ 2.º O contrato de risco que não for reduzido a escrito nos termos deste artigo converter-se-á em simples empréstimo e obrigará pessoalmente o tomador ao pagamento de capital e juros.

Art. 627.º (Negociabilidade do título)
O título do contrato de risco exarado à ordem é negociável por endosso nos termos e com os mesmos direitos e acções em garantia que a letra.

§ único. O endossado toma o lugar do endossante tanto a respeito do prémio como das perdas; mas a garantia da solvabilidade do devedor é restrita ao capital sem compreender o prémio, salva a convenção em contrário.

Art. 628.º (Objecto do contrato)
O contrato de risco só pode recair sobre toda a carga, parte dela ou sobre o frete vencido conjunta ou separadamente, e só pode ser celebrado pelo capitão no decurso da viagem, quando não haja outro meio para a continuar.

Art. 629.º (Limite da validade do empréstimo)
O empréstimo a risco por quantia excedente ao valor real dos objectos sobre que recai é válido até à concorrência desse valor; pelo excedente da quantia emprestada responde pessoalmente o tomador sem prémio e só com os juros legais.

§ 1.º Se da parte do tomador tiver havido fraude pode o dador requerer que se anule o contrato e lhe seja paga a quantia emprestada com os juros legais.

§ 2.º O lucro esperado sobre fazendas carregadas não se considera como excesso de valor, se for avaliado separadamente no título.

Art. 630.º (Exoneração do tomador)
Perdendo-se por caso fortuito ou força maior no tempo, lugar e pelos riscos tomados pelo dador os objectos sobre que recaiu o empréstimo a risco, o tomador liberta-se.

§ 1.º Se a perda for parcial, o pagamento da quantia emprestada reduz-se ao valor dos objectos obrigados ao empréstimo que se salvarem, sem prejuízo dos créditos que lhe preferirem.

§ 2.º Se o empréstimo recaiu sobre o frete, o pagamento da quantia emprestada, em caso de sinistro, reduz-se à quantia devida pelos afretadores, sem prejuízo dos créditos que lhe preferirem.

§ 3.º Estando seguro o objecto obrigado ao empréstimo a risco, o valor salvo será proporcionalmente repartido entre o capital dado a risco e a quantia segurada.

§ 4.º Se ao tempo do sinistro parte dos objectos obrigados já estiverem em terra, a perda do dador será limitada aos que ficarem no navio, continuando a correr os riscos sobre os objectos salvos que forem transportados em outro navio.

§ 5.º Se a totalidade dos objectos obrigados estiver descarregada antes do sinistro, o tomador pagará a quantia total do empréstimo e seu prémio.

Art. 631.º (Contribuição do dador para as avarias)
O dador contribui para as avarias comuns em benefício do tomador, sendo nula qualquer convenção em contrário.

§ único. As avarias particulares não são a cargo do dador, salva convenção em contrário; mas, se por efeito de uma avaria particular os objectos obrigados não chegarem para o completo pagamento da quantia emprestada e seu prémio, o dador suportará o prejuízo resultante dessas avarias.

Art. 632.º (Graduação e concurso dos empréstimos)
Havendo muitos empréstimos contraídos no curso da mesma viagem, o último prefere sempre ao precedente.

§ único. Os empréstimos a risco contraídos na mesma viagem e no mesmo porto de arribada forçada durante a mesma estada, entrarão em concurso.

Art. 633.º (Aplicação das disposições sobre seguros e avarias)
As disposições deste Código acerca de seguros marítimos e avarias serão aplicáveis ao contrato de risco, quando não opostas à sua essência e não alteradas neste título.

TÍTULO V. DAS AVARIAS

Art. 634.º (Conceito de avarias)
São reputadas avarias todas as despesas extraordinárias feitas com o navio ou com a sua carga conjunta ou separadamente, e todos os danos

que acontecem ao navio e carga desde que começam os riscos do mar até que acabam.

§ 1.º Não são reputadas avarias, mas simples despesas a cargo do navio, as que ordinariamente se fazem com a sua saída e entrada assim como o pagamento de direitos e outras taxas de navegação, e com as tendentes a aligeirá-lo para passar os baixos ou bancos de areia conhecidos à saída do lugar de partida.

§ 2.º As avarias regulam-se por convenção das partes e, na sua falta ou insuficiência, pelas disposições deste Código.

Art. 635.º (Espécies de avarias)

As avarias são de duas espécies: avarias grossas ou comuns, e avarias simples ou particulares.

§ 1.º São avarias grossas ou comuns todas as despesas extraordinárias e os sacrifícios feitos voluntariamente com o fim de evitar um perigo pelo capitão ou por sua ordem, para a segurança comum do navio e da carga desde o seu carregamento e partida até ao seu retorno e descarga.

§ 2.º São avarias simples ou particulares as despesas causadas e o dano sofrido só pelo navio ou só pelas fazendas.

Art. 636.º (Repartição das avarias comuns)

As avarias comuns são repartidas proporcionalmente entre a carga e a metade do valor do navio e do frete.

Art. 637.º (Incidência do ónus das avarias simples)

As avarias simples são suportadas e pagas ou só pelo navio ou só pela coisa que sofreu o dano ou ocasionou a despesa.

Art. 638.º (Exame e estimação de avarias na carga)

O exame e a estimação da avaria na carga, sendo o dano visível por fora, serão feitos antes da entrega; em caso contrário, o exame poderá fazer-se depois, contanto que se verifique no prazo de quarenta e oito horas da entrega, isto sem prejuízo de outra prova.

§ único. Na estimação a que se refere este artigo determinar-se-á qual teria sido o valor da carga, se tivesse chegado sem avaria, e qual é o seu valor actual, tudo isto independentemente da estimação do lucro esperado, sem que em caso algum possa ser ordenada a venda de carga para se lhe fixar o valor, salvo a requerimento do respectivo dono.

Art. 639.º (Repartição de avaria grossa)
Haverá repartição de avaria grossa por contribuição sempre que o navio e a carga forem salvos no todo ou em parte.
§ 1.º O capital contribuinte compõe-se:
1.º Do valor líquido integral que as coisas sacrificadas teriam ao tempo no lugar da descarga;
2.º Do valor líquido integral que tiverem no mesmo lugar e tempo as cousas salvas e também da importância do prejuízo que sofreram para a salvação comum;
3.º Do frete a vencer, deduzidas as despesas que teriam deixado de se fazer se o navio e a carga se perdessem na ocasião em que se deu a avaria.
§ 2.º Os objectos do uso e o fato, as soldadas dos marinheiros, as bagagens dos passageiros e as munições de guerra e de boca na quantidade necessária para a viagem, posto que pagas por contribuição, não fazem parte do capital contribuinte.

Art. 640.º (Carga de que não houver conhecimento ou declaração)
A carga, de que não houver conhecimento ou declaração do capitão ou que se não achar na lista ou no manifesto não se paga, se for alijada, mas contribui na avaria grossa salvando-se.

Art. 641.º (Contribuição dos objectos carregados no convés)
Os objectos carregados sobre o convés contribuem na avaria grossa salvando-se.
§ único. Sendo alijados ou danificados pelo alijamento não são contemplados na contribuição e só dão lugar à acção de indemnização contra o capitão, navio e frete, se forem carregados na coberta sem consentimento do dono; mas tendo-o havido, haverá lugar a uma contribuição especial entre o navio, o frete e outros objectos carregados nas mesmas circunstâncias, sem prejuízo da contribuição geral para as avarias comuns de todo o carregamento.

Art. 642.º (Regime no caso de alijamento)
Se, não obstante o alijamento ou o corte de aparelhos, o navio se não salva, não há lugar a contribuição alguma e os objectos salvos não respondem por pagamento algum em contribuição de avaria dos objectos alijados, avariados ou cortados.
§ 1.º Se pelo alijamento ou corte de aparelhos o navio se salva e, continuando a viagem, perece, as objectos salvos contribuem só por si no

alijamento no pé do seu valor no estado em que se acham, deduzidas as despesas de salvação.

§ 2.º Os objectos alijados não contribuem em caso algum para o pagamento dos danos sofridos depois do alijamento pelos objectos salvos.

§ 3.º A carga não contribui para o pagamento do navio perdido ou declarado inavegável.

Art. 643.º (Aplicação às barcas e sua carga)

As disposições acerca de avarias grossas e de avarias simples são igualmente aplicáveis às barcas e aos objectos carregados nelas que forem empregados em aliviar o navio.

§ 1.º Perdendo-se a bordo das barcas fazendas descarregadas para aliviar o navio, a repartição da sua perda será feita entre o navio e o seu inteiro carregamento.

§ 2.º Se o navio se perde com o resto do carregamento, as fazendas descarregadas nas barcas, ainda que cheguem ao seu destino, não contribuem.

Art. 644.º (Fazendas que não contribuem)

Não contribuem nas perdas acontecidas a navio, para cuja carga eram destinadas, as fazendas que estiverem em terra.

Art. 645.º (Repartição da avaria grossa nas barcas ou fazendas nelas carregadas)

Se acontecer, durante o trajecto, quer às barcas, quer às fazendas nelas carregadas dano reputado avaria grossa, este dano será suportado, um terço pelas barcas e dois terços pelas fazendas carregadas a seu bordo.

Art. 646.º (Recuperação dos objectos alijados)

Se depois de feita a repartição os objectos alijados forem recobrados pelos donos, estes reporão ao capital e aos interessados a contribuição recebida, deduzidos o dano causado pelo alijamento e as despesas da recuperação, repartindo-se proporcionalmente entre os interessados que contribuíram para a reposição recebida.

§ único. Se o dono dos objectos alijados os recuperar sem reclamar indemnização alguma, estes objectos não contribuirão nas avarias sobrevindas ao restante da carga depois do alijamento.

Art. 647.º (Contribuição do navio)
O navio contribui pelo seu valor no lugar da descarga, ou pelo preço da sua venda, deduzida a importância das avarias particulares, ainda que sejam posteriores à avaria comum.

Art. 648.º (Estimação das fazendas e outros objectos)
As fazendas e os mais objectos que devem contribuir, assim como os objectos alijados ou sacrificados, serão estimados segundo o seu valor, deduzidos o frete, direitos de entrada e outros de descarga, tendo-se em consideração os conhecimentos, as facturas e, na sua falta, outros quaisquer meios de prova.

§ 1.º Estando designados nos conhecimentos a qualidade e valor das fazendas, se valerem mais, contribuirão pelo seu valor real, sendo salvas, e serão pagas por esse valor, mas em caso de alijamento ou avaria regulará o valor dado no conhecimento.

§ 2.º Valendo as fazendas menos, contribuirão segundo o valor indicado, se forem salvas, mas atender-se-á ao valor real, se forem alijadas ou estiverem avariadas.

Art. 649.º (Estimação das fazendas carregadas)
As fazendas carregadas serão estimadas, segundo o seu valor, no lugar da descarga, deduzidos o frete, os direitos de entrada e outros de descarga.

§ 1.º Se a repartição houver de fazer-se em lugar do reino donde o navio partiu ou tivesse de partir, o valor dos objectos carregados será determinado segundo o preço da compra, acrescidas as despesas até bordo, não compreendido o prémio do seguro.

§ 2.º Se os objectos estiverem avariados, serão estimados pelo seu valor real.

§ 3.º Se a viagem se rompeu ou as fazendas se venderam fora do reino e a avaria não pôde lá regular-se, tomar-se-á por capital contribuinte o valor das fazendas no lugar do rompimento, ou o produto líquido que se tiver obtido no lugar da venda.

Art. 650.º (Lei reguladora da repartição das avarias)
As avarias grossas ou comuns serão reguladas e repartidas segundo a lei do lugar onde a carga for entregue.

Art. 651.º (Repartição das avarias grossas sucessivas)
Todas as avarias grossas sucessivas repartem-se simultaneamente no fim da viagem, como se formassem uma só e mesma avaria.

§ único. Não se aplica a regra deste artigo às fazendas embarcadas ou desembarcadas em um porto de escala, mas tão-somente a respeito destas fazendas.

Art. 652.° (Quem deve ou pode promover a regulação e repartição)
A regulação e repartição das avarias grossas fazem-se a diligência do capitão e, deixando ele de a promover, a diligência dos proprietários do navio ou da carga, sem prejuízo da responsabilidade daquele.

§ único. O capitão apresentará junto com o seu relatório e devido protesto todos os livros de bordo e mais documentos concernentes ao sinistro, ao navio e à carga.

Art. 653.° (Perda do direito de acção por avarias)
Não haverá lugar a acção por avarias contra o afretador e o recebedor da carga, se o capitão recebeu o frete e entregou as fazendas sem protesto, ainda que o pagamento do frete fosse antecipado.

TÍTULO VI. DAS ARRIBADAS FORÇADAS

Art. 654.° (Causas de arribada forçada)
São justas causas de arribada forçada:
1.° A falta de víveres, aguada ou combustível;
2.° O temor fundado de inimigos;
3.° Qualquer acidente que inabilite o navio de continuar a navegação.

Art. 655.° (Formalidades da arribada)
Em qualquer dos casos previstos no artigo precedente, ouvidos os principais da tripulação e lançada e assinada a resolução no diário de navegação, o capitão poderá proceder à arribada.

§ 1.° Os interessados na carga que estiverem a bordo podem protestar contra a deliberação tomada de proceder à arribada.

§ 2.° Dentro de quarenta e oito horas depois da entrada no porto da arribada deve o capitão fazer o seu relatório perante a autoridade competente.

Art. 656.° (Quem suporta as despesas)
São por conta do armador ou fretador as despesas ocasionadas pela arribada forçada.

Art. 657.º (Arribada legítima)
Considera-se legítima a arribada que não proceder de dolo, negligência ou culpa do dono, do capitão ou da tripulação.

Art. 658.º (Arribada ilegítima)
Considera-se ilegítima a arribada:
1.º Se a falta de víveres, aguada ou combustível proceder de se não ter feito o necessário fornecimento, ou de se haver perdido por má arrumação ou descuido;
2.º Se o temor de inimigos não for justificado por factos positivos;
3.º Provindo o acidente que inabilitou o navio de continuar a navegação da falta de bom conserto, apercebimento, esquipação e má arrumação ou resultando de disposição desacertada ou de falta de cautela do capitão.

Art. 659.º (Consequências da arribada)
Sendo a arribada legítima, nem o dono nem o capitão respondem pelos prejuízos que da mesma possam resultar aos carregadores ou proprietários da carga.

§ único. Sendo ilegítima, o capitão e o dono serão conjuntamente responsáveis até à concorrência do valor do navio e frete.

Art. 660.º (Descarga no porto da arribada)
Só pode autorizar-se descarga no porto da arribada, sendo indispensável para conserto do navio ou reparo de avaria na carga, devendo nestes casos preceder no reino e seus domínios autorização do juiz competente, e no estrangeiro autorização do agente consular, havendo-o, e, na sua falta, da autoridade local.

Art. 661.º (Responsabilidade do capitão)
O capitão responde pela guarda e conservação da carga descarregada, salvos os acidentes de força maior.

Art. 662.º (Reparação ou venda da carga)
A carga avariada será reparada ou vendida segundo as circunstâncias, precedendo a autorização mencionada no artigo 660.º, sendo o capitão obrigado a comprovar ao carregador ou consignatário a legitimidade do seu procedimento, sob pena de responder pelo preço que teria como boa no lugar do destino.

Art. 663.º (Prejuízos resultantes da demora)
O capitão responderá pelos prejuízos resultantes de toda a demora injustificada no porto da arribada; mas, tendo esta procedido de temor de inimigos, a saída será deliberada em conselho dos principais da equipagem e interessados na carga que estiverem a bordo, nos mesmos termos legislados para determinar a arribada.

TÍTULO VII. DA ABALROAÇÃO

Art. 664.º (Abalroação sem culpa)
Ocorrendo abalroação de navios por acidente puramente fortuito ou devido a força maior, não haverá direito a indemnização.

Art. 665.º (Abalroação por culpa dum dos navios)
Sendo a abalroação causada por culpa de um dos navios, os prejuízos sofridos serão suportados pelo navio abalroador.

Art. 666.º (Abalroação por culpa de ambos os navios)
Dando-se culpa por parte de ambos os navios, forma-se um capital dos prejuízos sofridos, que será indemnizado pelos respectivos navios em proporção à gravidade da culpa de cada um.

Art. 667.º (Abalroação motivada por terceiro navio)
Quando a abalroação é motivada por falta de um terceiro navio e não pôde prevenir-se, é este que responde.

Art. 668.º (Regime da responsabilidade no caso de dúvidas sobre a causa)
Havendo dúvida sobre qual dos navios deu causa à abalroação, suporta cada um deles os prejuízos que sofreu, mas todos respondem solidariamente pelos prejuízos causados às cargas e pelas indemnizações devidas às pessoas.

Art. 669.º (Presunção quanto à causa do acidente)
A abalroação presume-se fortuita, salvo quando não tiverem sido observados os regulamentos gerais da navegação e os especiais do porto.

Art. 670.º (Perda de navio abalroado demandando porto de arribada)
Se um navio avariado por abalroação se perde quando busca porto de arribada para se consertar, presume-se ter sido a perda resultante de abalroação.

Art. 671.º (Responsabilidade dos autores da culpa)
A responsabilidade dos navios estabelecida nos artigos anteriores não isenta os autores da culpa para com os prejudicados e proprietários dos navios.

Art. 672.º (Direito de regresso do capitão sobre o piloto do porto ou prático da costa)
Em qualquer caso em que a responsabilidade recaia sobre o capitão, se o navio, ao tempo da abalroação e em observância dos regulamentos, estivesse sob a direcção do piloto do porto ou prático da costa, o capitão tem direito a ser indemnizado pelo piloto ou corporação respectiva, havendo-a.

Art. 673.º (Reclamação por perdas e danos resultantes da abalroação)
A reclamação por perdas e danos resultantes da abalroação de navios será apresentada no prazo de três dias à autoridade do lugar em que sucedeu ou do primeiro a que aportar o navio abalroado, sob pena de não ser admitida.

§ único. A falta de reclamação, quanto aos danos causados às pessoas e mercadorias, não prejudica os interessados que não estavam a bordo e que se achavam impedidos de manifestar a sua vontade.

Art. 674.º (Lei reguladora das questões sobre abalroação)
As questões sobre abalroações regulam-se:
1.º Nos portos e águas territoriais, pela respectiva lei local;
2.º No mar alto, entre navios da mesma nacionalidade, pela lei da sua nação;
3.º No mar alto, entre navios de nacionalidade diferente, cada um é obrigado nos termos da lei do seu pavilhão, não podendo receber mais do que esta lhe conceder.

Art. 675.º (Tribunal competente para a acção)
A acção por perdas e danos resultantes de abalroação pode instaurar--se, tanto no tribunal do lugar onde se deu a abalroação como no domicílio

do dono do navio abalroador, ou no do lugar a que pertencer ou em que for encontrado esse navio.

TÍTULO VIII. DA SALVAÇÃO E ASSISTÊNCIA

Nota. A salvação marítima está hoje regulada no DL n.º 203/98, de 10 de Julho, cujo art. 17.º revogou expressamente os arts. 676.º a 691.º, que integravam este Título do Código Comercial.

LIVRO QUARTO
DAS FALÊNCIAS

Nota. O Decreto de 26 de Julho de 1889 aprovou o Código de Falências e revogou os arts. 692.º a 749.º do CCom que se ocupavam da mesma matéria. Posteriormente foi ela incluída no Código de Processo Comercial de 1905, para voltar a constar de diploma autónomo (Código de Falências) em 1935. Integrada no Código de Processo Civil de 1939, a matéria está hoje regulada no Código da Insolvência e da Recuperação de Empresas, aprovado pelo DL n.º 53/2004, de 18 de Março, e alterado pelo DL n.º 200/2004, de 18 de Agosto.

CÓDIGO DAS SOCIEDADES COMERCIAIS [1]

TÍTULO I. PARTE GERAL

CAPÍTULO I. Âmbito de aplicação

Art. 1.º (Âmbito geral de aplicação)
1. A presente lei aplica-se às sociedades comerciais.
2. São sociedades comerciais aquelas que tenham por objecto a prática de actos de comércio e adoptem o tipo de sociedade em nome colectivo, de sociedade por quotas, de sociedade anónima, de sociedade em comandita simples ou de sociedade em comandita por acções.
3. As sociedades que tenham por objecto a prática de actos de comércio devem adoptar um dos tipos referidos no número anterior.
4. As sociedades que tenham exclusivamente por objecto a prática de actos não comerciais podem adoptar um dos tipos referidos no n.º 2, sendo-lhes, nesse caso, aplicável a presente lei.

Nota. Cf. o DL n.º 111/2005, de 8 de Julho, que institui um regime essencial de constituição imediata de sociedades comerciais e civis sob forma comercial do tipo por quotas e anónima.

Art. 2.º (Direito subsidiário)
Os casos que a presente lei não preveja são regulados segundo a norma desta lei aplicável aos casos análogos e, na sua falta, segundo as normas do Código Civil sobre o contrato de sociedade no que não seja contrário nem aos princípios gerais da presente lei nem aos princípios informadores do tipo adoptado.

---

[1] Aprovado pelo DL n.º 262/86, de 2 de Setembro. O art. 5.º deste último diploma foi revogado pelo art. 15.º, n.º 1, alínea c) do DL n.º 486/99, de 13 de Novembro, que aprovou o novo Código dos Valores Mobiliários.

As alterações de que o Código das Sociedades Comerciais foi objecto são referidas no lugar próprio.

Art. 3.º (Lei pessoal)
 1. As sociedades comerciais têm como lei pessoal a lei do Estado onde se encontre situada a sede principal e efectiva da sua administração. A sociedade que tenha em Portugal a sede estatutária não pode, contudo, opor a terceiros a sua sujeição a lei diferente da lei portuguesa.
 2. A sociedade que transfira a sua sede efectiva para Portugal mantém a personalidade jurídica, se a lei pela qual se regia nisso convier, mas deve conformar com a lei portuguesa o respectivo contrato social.
 3. Para os efeitos do número anterior deve um representante da sociedade outorgar em Portugal escritura pública onde seja declarada a transferência da sede e onde seja exarado o contrato pelo qual a sociedade passará a reger-se.
 4. Aplicam-se aos actos previstos no número anterior as disposições legais sobre o registo e publicação de contratos de sociedade celebrados em Portugal.
 5. A sociedade que tenha sede efectiva em Portugal pode transferi-la para outro país, mantendo a sua personalidade jurídica, se a lei desse país nisso convier.
 6. A deliberação de transferência da sede prevista no número anterior deve obedecer aos requisitos para as alterações do contrato de sociedade, não podendo em caso algum ser tomada por menos de 75% dos votos correspondentes ao capital social. Os sócios que não tenham votado a favor da deliberação podem exonerar-se da sociedade, devendo notificá-la da sua decisão no prazo de 60 dias após a publicação da referida deliberação.

Art. 4.º (Sociedades com actividade em Portugal)
 1. A sociedade que não tenha a sede efectiva em Portugal, mas deseje exercer aqui a sua actividade por mais de um ano deve instituir uma representação permanente e cumprir o disposto na lei portuguesa sobre registo comercial.
 2. A sociedade que não cumpra o disposto no número anterior fica, apesar disso, obrigada pelos actos praticados em seu nome em Portugal e com ela respondem solidariamente as pessoas que os tenham praticado, bem como os gerentes ou administradores da sociedade.
 3. Não obstante o disposto no número anterior, o tribunal pode, a requerimento de qualquer interessado ou do Ministério Público, ordenar que a sociedade que não dê cumprimento ao disposto no n.º 1 cesse a sua actividade no País e decretar a liquidação do património situado em Portugal.

Nota. O texto do n.º 3 foi rectificado pelo DL n.º 257/96, de 31 de Dezembro.

CAPÍTULO II. Personalidade e capacidade

Art. 5.º (Personalidade)
As sociedades gozam de personalidade jurídica e existem como tais a partir da data do registo definitivo do contrato pelo qual se constituem, sem prejuízo do disposto quanto à constituição de sociedades por fusão, cisão ou transformação de outras.

Art. 6.º (Capacidade)
1. A capacidade da sociedade compreende os direitos e as obrigações necessários ou convenientes à prossecução do seu fim, exceptuados aqueles que lhe sejam vedados por lei ou sejam inseparáveis da personalidade singular.
2. As liberalidades que possam ser consideradas usuais, segundo as circunstâncias da época e as condições da própria sociedade, não são havidas como contrárias ao fim desta.
3. Considera-se contrária ao fim da sociedade a prestação de garantias reais ou pessoais a dívidas de outras entidades, salvo se existir justificado interesse próprio da sociedade garante ou se se tratar de sociedade em relação de domínio ou de grupo.
4. As cláusulas contratuais e as deliberações sociais que fixem à sociedade determinado objecto ou proíbam a prática de certos actos não limitam a capacidade da sociedade, mas constituem os órgãos da sociedade no dever de não excederem esse objecto ou de não praticarem esses actos.
5. A sociedade responde civilmente pelos actos ou omissões de quem legalmente a represente, nos termos em que os comitentes respondem pelos actos ou omissões dos comissários.

CAPÍTULO III. Contrato de sociedade

SECÇÃO I. Celebração e registo

Art. 7.º (Forma e partes do contrato)
1. O contrato de sociedade deve ser celebrado por escritura pública.
2. O número mínimo de partes de um contrato de sociedade é de dois, excepto quando a lei exija número superior ou permita que a sociedade seja constituída por uma só pessoa.

3. Para os efeitos do número anterior contam como uma só parte as pessoas cuja participação social for adquirida em regime de contitularidade.

4. A constituição de sociedade por fusão, cisão ou transformação de outras sociedades rege-se pelas respectivas disposições desta lei.

Nota. O art. 106.º-A do Código de Processo Tributário, aditado pelo art. 1.º do DL n.º 165/95, de 15 de Julho, dispõe o seguinte:

«1. O notário que celebrar a escritura de contrato de constituição de sociedade exigirá, como condição prévia, a apresentação de uma declaração assinada pelos sócios da sociedade a constituir, da qual conste que não exerceram anteriormente funções de administração ou gerência em sociedades que tenham dívidas fiscais por cumprir não reclamadas nem impugnadas.

2. Se tiver havido exercício anterior de funções de administração ou gerência, o sócio identificará a sociedade que pretende constituir e as sociedades em que anteriormente desempenhou essas funções».

Art. 8.º (Participação dos cônjuges em sociedades)

1. É permitida a constituição de sociedades entre cônjuges, bem como a participação destes em sociedades, desde que só um deles assuma responsabilidade ilimitada.

2. Quando uma participação social for, por força do regime matrimonial de bens, comum aos dois cônjuges, será considerado como sócio, nas relações com a sociedade, aquele que tenha celebrado o contrato de sociedade ou, no caso de aquisição posterior ao contrato, aquele por quem a participação tenha vindo ao casal.

3. O disposto no número anterior não impede o exercício dos poderes de administração atribuídos pela lei civil ao cônjuge do sócio que se encontrar impossibilitado, por qualquer causa, de a exercer nem prejudica os direitos que, no caso de morte daquele que figurar como sócio, o cônjuge tenha à participação.

Nota. O Acórdão do STJ n.º 12/96, de 1 de Outubro de 1996 (DR n.º 269, I Série-A, de 20 de Novembro de 1996) decidiu. «As sociedades por quotas que, depois da entrada em vigor do Código Civil de 1996 e mesmo depois das alterações nele introduzidas pelo Decreto-Lei n.º 496/77, de 25 de Novembro, e antes da vigência do Código das Sociedades Comerciais, aprovado pelo Decreto-Lei n.º 262/86, de 2 de Setembro, ficaram reduzidas a dois únicos sócios, marido e mulher, não separados judicialmente de pessoas e bens, não são, em consequência dessa redução, nulas».

Art. 9.º (Elementos do contrato)

1. Do contrato de qualquer tipo de sociedade devem constar:

a) Os nomes ou firmas de todos os sócios fundadores e os outros dados de identificação destes;

b) O tipo de sociedade;
c) A firma da sociedade
d) O objecto da sociedade;
e) A sede da sociedade;
f) O capital social, salvo nas sociedades em nome colectivo em que todos os sócios contribuam apenas com a sua indústria;
g) A quota de capital e a natureza da entrada de cada sócio, bem como os pagamentos efectuados por conta de cada quota;
h) Consistindo a entrada em bens diferentes de dinheiro, a descrição destes e a especificação dos respectivos valores.
i) Quando o exercício anual for diferente do ano civil, a data do respectivo encerramento, a qual deve coincidir com o último dia do mês de calendário, sem prejuízo do previsto no artigo 7.º do Código do Imposto sobre o Rendimento das Pessoas Colectivas.

2. São ineficazes as estipulações do contrato de sociedade relativas a entradas em espécie que não satisfaçam os requisitos exigidos nas alíneas *g*) e *h*) do n.º 1.

3. Os preceitos dispositivos desta lei só podem ser derrogados pelo contrato de sociedade, a não ser que este expressamente admita a derrogação por deliberação dos sócios.

Nota. A redacção do n.º 1, alínea *i*), foi introduzida pelo art. 1.º do DL n.º 328/95, de 9 de Dezembro.

Art. 10.º (Requisitos da firma)

1. Os elementos característicos das firmas das sociedades não podem sugerir actividade diferente da que constitui o objecto social.

2. Quando a firma da sociedade for constituída exclusivamente por nomes ou firmas de todos, algum ou alguns sócios deve ser completamente distinta das que já se acharem registadas.

3. A firma da sociedade constituída por denominação particular ou por denominação e nome ou firma de sócio não pode ser idêntica à firma registada de outra sociedade, ou por tal forma semelhante que possa induzir em erro.

4. Não são admitidas denominações constituídas exclusivamente por vocábulos de uso corrente, que permitam identificar ou se relacionem com actividade, técnica ou produto, bem como topónimos e qualquer indicação de proveniência geográfica.

5. Da denominação das sociedades não podem fazer parte:

a) Expressões que possam induzir em erro quanto à caracterização jurídica da sociedade, designadamente expressões correntemente usadas na designação de organismos públicos ou de pessoas colectivas sem finalidade lucrativa;

b) Expressões proibidas por lei ou ofensivas da moral ou dos bons costumes.

Nota. Redacção introduzida pelo art. 1.º do DL n.º 257/96, de 31 de Dezembro, e pelo art. 17.º do DL n.º 111/2005, de 8 de Julho.

Art. 11.º (Objecto)

1. A indicação do objecto da sociedade deve ser correctamente redigida em língua portuguesa.

2. Como objecto da sociedade devem ser indicadas no contrato as actividades que os sócios propõem que a sociedade venha a exercer.

3. Compete aos sócios deliberar sobre as actividades compreendidas no objecto contratual que a sociedade efectivamente exercerá, bem como sobre a suspensão ou cessação de uma actividade que venha sendo exercida.

4. A aquisição pela sociedade de participações em sociedades de responsabilidade limitada abrangidas por esta lei cujo objecto seja igual àquele que a sociedade está exercendo, nos termos do número anterior, não depende de autorização no contrato de sociedade nem de deliberação dos sócios, salvo disposição diversa do contrato.

5. O contrato pode ainda autorizar, livre ou condicionalmente, a aquisição pela sociedade de participações como sócio de responsabilidade ilimitada ou de participações em sociedades com objecto diferente do acima referido, em sociedades reguladas por leis especiais e em agrupamentos complementares de empresas.

6. A gestão de carteira de títulos pertencentes à sociedade pode constituir objecto desta.

Nota. Redacção introduzida pelo art. 1.º do DL n.º 257/96, de 31 de Dezembro.

Art. 12.º (Sede)

1. A sede da sociedade deve ser estabelecida em local concretamente definido.

2. O contrato da sociedade pode autorizar a administração, com ou sem consentimento de outros órgãos, a deslocar a sede dentro do mesmo concelho ou para concelho limítrofe.

3. A sede da sociedade constitui o seu domicílio, sem prejuízo de no contrato se estipular domicílio particular para determinados negócios.

Art. 13.º (Formas locais de representação)
1. Sem dependência de autorização contratual, mas também sem prejuízo de diferentes disposições do contrato, a sociedade pode criar sucursais, agências, delegações ou outras formas locais de representação, no território nacional ou no estrangeiro.
2. A criação de sucursais, agências, delegações ou outras formas locais de representação depende de deliberação dos sócios, quando o contrato a não dispense.

Art. 14.º (Expressão do capital)
O montante do capital social deve ser sempre e apenas expresso em moeda com curso legal em Portugal.

Notas. 1. Redacção introduzida pelo art. 3.º do DL n.º 343/98, de 6 de Novembro.
2. Cf. o art. 4.º do DL n.º 339-A/2001, de 28 de Dezembro.

Art. 15.º (Duração)
1. A sociedade dura por tempo indeterminado se a sua duração não for estabelecida no contrato.
2. A duração da sociedade fixada no contrato só pode ser aumentada por deliberação tomada antes de esse prazo ter terminado; depois deste facto, a prorrogação da sociedade dissolvida só pode ser deliberada nos termos do artigo 161.º

Art. 16.º (Vantagens, indemnizações e retribuições)
1. Devem exarar-se no contrato de sociedade, com indicação dos respectivos beneficiários, as vantagens concedidas a sócios em conexão com a constituição da sociedade, bem como o montante global por esta devido a sócios ou terceiros, a título de indemnização ou de retribuição de serviços prestados durante essa fase, exceptuados os emolumentos e as taxas de serviços oficiais e os honorários de profissionais em regime de actividade liberal.
2. A falta de cumprimento do disposto no número anterior torna esses direitos e acordos ineficazes para com a sociedade, sem prejuízo de eventuais direitos contra os fundadores.

Nota. Redacção introduzida pelo DL n.º 280/87, de 8 de Julho.

Art. 17.º (Acordos parassociais)
    1. Os acordos parassociais celebrados entre todos ou entre alguns sócios pelos quais estes, nessa qualidade, se obriguem a uma conduta não proibida por lei têm efeitos entre os intervenientes, mas com base neles não podem ser impugnados actos da sociedade ou dos sócios para com a sociedade.
    2. Os acordos referidos no número anterior podem respeitar ao exercício do direito de voto, mas não à conduta de intervenientes ou de outras pessoas no exercício de funções de administração ou de fiscalização.
    3. São nulos os acordos pelos quais um sócio se obriga a votar:
    a) Seguindo sempre as instruções da sociedade ou de um dos seus órgãos;
    b) Aprovando sempre as propostas feitas por estes;
    c) Exercendo o direito de voto ou abstendo-se de o exercer em contrapartida de vantagens especiais.

Art. 18.º (Registo do contrato)
    1. Quando não tenham convencionado entradas em espécie ou aquisições de bens pela sociedade, os interessados na constituição da sociedade podem apresentar na competente conservatória do registo comercial requerimento para registo prévio do contrato juntamente com um projecto completo do contrato de sociedade.
    2. A escritura pública deve ser lavrada nos precisos termos do projecto previamente registado, caso não haja motivo legal para recusa.
    3. No prazo de quinze dias, o notário deve enviar ao conservador certidão da escritura para conversão do registo em definitivo.
    4. O disposto nos números anteriores não é aplicável à constituição das sociedades anónimas, quando efectuada com apelo a subscrição pública.
    5. No caso de os interessados não terem adoptado o processo permitido pelos n.ºs 1 a 3, o contrato da sociedade, depois de celebrado na forma legal, deve ser inscrito no registo comercial, nos termos da lei respectiva.

Art. 19.º (Assunção pela sociedade de negócios anteriores ao registo)
    1. Com o registo definitivo do contrato a sociedade assume de pleno direito:
    a) Os direitos e obrigações decorrentes dos negócios jurídicos referidos no artigo 16.º, n.º 1;

b) Os direitos e obrigações resultantes da exploração normal de um estabelecimento que constitua objecto de uma entrada em espécie ou que tenha sido adquirido por conta da sociedade, no cumprimento de estipulação do contrato social;

c) Os direitos e obrigações emergentes de negócios jurídicos concluídos antes da celebração da escritura de constituição que nesta sejam especificados e expressamente ratificados;

d) Os direitos e obrigações decorrentes de negócios jurídicos celebrados pelos gerentes, administradores ou directores ao abrigo de autorização dada por todos os sócios na escritura de constituição.

2. Os direitos e obrigações decorrentes de outros negócios jurídicos realizados em nome da sociedade, antes de registado o contrato, podem ser por ela assumidos mediante decisão da administração, que deve ser comunicada à contraparte nos 90 dias posteriores ao registo.

3. A assunção pela sociedade dos negócios indicados nos n.ºs 1 e 2 retrotrai os seus efeitos à data da respectiva celebração e libera as pessoas indicadas no artigo 40.º da responsabilidade aí prevista, a não ser que por lei estas continuem responsáveis.

4. A sociedade não pode assumir obrigações derivadas de negócios jurídicos não mencionados no contrato social que versem sobre vantagens especiais, despesas de constituição, entradas em espécie ou aquisições de bens.

SECÇÃO II. **Obrigações e direitos dos sócios**

Subsecção I. Obrigações e direitos dos sócios em geral

Art. 20.º (Obrigações dos sócios)
Todo o sócio é obrigado:
a) A entrar para a sociedade com bens susceptíveis de penhora ou, nos tipos de sociedade em que tal seja permitido, com indústria;
b) A quinhoar nas perdas, salvo o disposto quanto a sócios de indústria.

Art. 21.º (Direitos dos sócios)
1. Todo o sócio tem direito:
a) A quinhoar nos lucros;

b) A participar nas deliberações de sócios, sem prejuízo das restrições previstas na lei;

c) A obter informações sobre a vida da sociedade, nos termos da lei e do contrato;

d) A ser designado para os órgãos de administração e de fiscalização da sociedade, nos termos da lei e do contrato.

2. É proibida toda a estipulação pela qual deva algum sócio receber juros ou outra importância certa em retribuição do seu capital ou indústria.

Art. 22.º (Participação nos lucros e perdas)

1. Na falta de preceito especial ou convenção em contrário, os sócios participam nos lucros e nas perdas da sociedade segundo a proporção dos valores nominais das respectivas participações no capital.

2. Se o contrato determinar somente a parte de cada sócio nos lucros, presumir-se-á ser a mesma a sua parte nas perdas.

3. É nula a cláusula que exclui um sócio da comunhão nos lucros ou que o isente de participar nas perdas da sociedade, salvo o disposto quanto a sócios de indústria.

4. É nula a cláusula pela qual a divisão de lucros ou perdas seja deixada ao critério de terceiro.

Art. 23.º (Usufruto e penhor de participações)

1. A constituição de usufruto sobre participações sociais, após o contrato de sociedade, está sujeita à forma exigida e às limitações estabelecidas para a transmissão destas.

2. Os direitos do usufrutuário são os indicados nos artigos 1466.º e 1467.º do Código Civil, com as modificações previstas na presente lei, e os mais direitos que nesta lhe são atribuídos.

3. O penhor de participações sociais só pode ser constituído dentro das limitações estabelecidas para a transmissão entre vivos de tais participações e deve constar de escrito particular.

4. Os direitos inerentes à participação, em especial o direito aos lucros, só podem ser exercidos pelo credor pignoratício quando assim for convencionado pelas partes.

Notas. 1. Redacção introduzida pelo art. 1.º do DL n.º 237/2001, de 30 de Agosto.
2. No n.º 1, onde se lê "após o contrato de sociedade" (*aditamento* introduzido pela Declaração de rectificação do DL n.º 262/86, de 2 de Setembro, publicada no DR – I Série, de 29 de Novembro de 1986) talvez deva ler-se "após o *registo definitivo* do contrato de sociedade".

Art. 24.º (Direitos especiais)
1. Só por estipulação no contrato de sociedade podem ser criados direitos especiais de algum sócio.
2. Nas sociedades em nome colectivo, os direitos especiais atribuídos a sócios são intransmissíveis, salvo estipulação em contrário.
3. Nas sociedades por quotas, e salvo estipulação em contrário, os direitos especiais de natureza patrimonial são transmissíveis com a quota respectiva, sendo intransmissíveis os restantes direitos.
4. Nas sociedades anónimas, os direitos especiais só podem ser atribuídos a categorias de acções e transmitem-se com estas.
5. Os direitos especiais não podem ser suprimidos ou coarctados sem o consentimento do respectivo titular, salvo regra legal ou estipulação contratual expressa em contrário.
6. Nas sociedades anónimas, o consentimento referido no número anterior é dado por deliberação tomada em assembleia especial dos accionistas titulares de acções da respectiva categoria.

Subsecção II. Obrigação de entrada

Art. 25.º (Valor da entrada e valor da participação)
1. O valor nominal da parte, da quota ou das acções atribuídas a um sócio no contrato de sociedade não pode exceder o valor da sua entrada, como tal se considerando ou a respectiva importância em dinheiro ou o valor atribuído aos bens no relatório do revisor oficial de contas, exigido pelo artigo 28.º
2. Verificada a existência de erro na avaliação feita pelo revisor, o sócio é responsável pela diferença que porventura exista, até ao valor nominal da sua participação.
3. Se a sociedade for privada, por acto legítimo de terceiro, do bem prestado pelo sócio ou se tornar impossível a prestação, bem como se for ineficaz a estipulação relativa a uma entrada em espécie, nos termos previstos no artigo 9.º, n.º 2, deve o sócio realizar em dinheiro a sua participação, sem prejuízo da eventual dissolução da sociedade, por deliberação dos sócios ou por se verificar a hipótese prevista no artigo 142.º, n.º 1, alínea *b*).

Art. 26.º (Tempo das entradas)
As entradas dos sócios devem ser realizadas no momento da outorga da escritura do contrato de sociedade, sem prejuízo de estipulação con-

tratual que preveja o diferimento da realização das entradas em dinheiro, nos casos e termos em que a lei o permita.

Art. 27.º (Cumprimento da obrigação de entrada)
1. São nulos os actos da administração e as deliberações dos sócios que liberem total ou parcialmente os sócios da obrigação de efectuar entradas estipuladas, salvo no caso de redução do capital.
2. A dação em cumprimento da obrigação de liberar a entrada em dinheiro pode ser deliberada como alteração do contrato de sociedade, com observância do preceituado relativamente a entradas em espécie.
3. O contrato de sociedade pode estabelecer penalidades para a falta de cumprimento da obrigação de entrada.
4. Os lucros correspondentes a partes, quotas ou acções não liberadas não podem ser pagos aos sócios que se encontrem em mora, mas devem ser-lhes creditados para compensação da dívida de entrada, sem prejuízo da execução, nos termos gerais ou especiais, do crédito da sociedade.
5. Fora do caso previsto no número anterior, a obrigação de entrada não pode extinguir-se por compensação.
6. A falta de realização pontual de uma prestação relativa a uma entrada importa o vencimento de todas as demais prestações em dívida pelo mesmo sócio, ainda que respeitem a outras partes, quotas ou acções.

Art. 28.º (Verificação das entradas em espécie)
1. As entradas em bens diferentes de dinheiro devem ser objecto de um relatório elaborado por um revisor oficial de contas sem interesses na sociedade, designado por deliberação dos sócios na qual estão impedidos de votar os sócios que efectuam as entradas.
2. O revisor que tenha elaborado o relatório exigido pelo n.º 1 não pode, durante dois anos contados da escritura da sociedade, exercer quaisquer cargos ou funções profissionais na mesma sociedade ou em sociedades em relação de domínio ou de grupo com aquela.
3. O relatório do revisor deve, pelo menos:
   a) Descrever os bens;
   b) Identificar os seus titulares;
   c) Avaliar os bens, indicando os critérios utilizados para a avaliação;
   d) Declarar se os valores encontrados atingem ou não o valor nominal da parte, quota ou acções atribuídas aos sócios que efectuaram tais entradas, acrescido dos prémios de emissão, se for caso disso, ou a contrapartida a pagar pela sociedade.

4. O relatório deve reportar-se a uma data não anterior em 90 dias à do contrato de sociedade, mas o seu autor deve informar os fundadores da sociedade de alterações relevantes de valores, ocorridas durante aquele período, de que tenha conhecimento.

5. O relatório do revisor deve ser posto à disposição dos fundadores da sociedade pelo menos quinze dias antes da celebração do contrato; o mesmo se fará quanto à informação referida no n.º 4 até essa celebração.

6. O relatório do revisor, incluindo a informação referida no n.º 4, faz parte integrante da documentação sujeita às formalidades de publicidade prescritas nesta lei. Pode, todavia, publicar-se apenas menção do depósito do relatório no registo comercial, acompanhada de extracto donde constem as indicações referidas nas alíneas c) e d) do n.º 3.

Nota. O texto do n.º 3, alínea d), foi rectificado pelo DL n.º 257/96, de 31 de Dezembro.

Art. 29.º (Aquisição de bens a accionistas)

1. A aquisição de bens por uma sociedade anónima ou em comandita por acções deve ser previamente aprovada por deliberação da assembleia geral desde que se verifiquem cumulativamente os seguintes requisitos:

a) Seja efectuada, directamente ou por interposta pessoa, a um fundador da sociedade ou a pessoa que desta se torne sócio no período referido na alínea c);

b) O contravalor dos bens adquiridos à mesma pessoa durante o período referido na alínea c) exceda 2% ou 10% do capital social, consoante este for igual ou superior a 50 000 euros, ou inferior a esta importância, no momento do contrato donde a aquisição resulte;

c) O contrato de que provém a aquisição seja concluído antes da celebração do contrato de sociedade, simultaneamente com este ou nos dois anos seguintes à escritura do contrato de sociedade ou de aumento de capital.

2. O disposto no número anterior não se aplica a aquisições feitas em bolsa ou em processo judicial executivo ou compreendidas no objecto da sociedade.

3. A deliberação da assembleia geral referida no n.º 1 deve ser precedida de verificação do valor dos bens, nos termos do artigo 28.º,

e será registada e publicada; nela não votará o fundador a quem os bens sejam adquiridos.

4. Os contratos donde procedam as aquisições previstas no n.º 1 devem ser reduzidos a escrito, sob pena de nulidade.

5. São ineficazes as aquisições de bens previstas no n.º 1 quando os respectivos contratos não forem aprovados pela assembleia geral.

Nota. Redacção do n.º 1, alínea *b*), foi introduzida pelo art. 3.º do DL n.º 343/98, de 6 de Novembro.

Art. 30.º (Direitos dos credores quanto às entradas)
1. Os credores de qualquer sociedade podem:

a) Exercer os direitos da sociedade relativos às entradas não realizadas, a partir do momento em que elas se tornem exigíveis;

b) Promover judicialmente as entradas antes de estas se terem tornado exigíveis, nos termos do contrato, desde que isso seja necessário para a conservação ou satisfação dos seus direitos.

2. A sociedade pode ilidir o pedido desses credores, satisfazendo-lhes os seus créditos com juros de mora, quando vencidos, ou mediante o desconto correspondente à antecipação, quando por vencer, e com as despesas acrescidas.

Subsecção III. Conservação do capital

Art. 31.º (Deliberação de distribuição de bens e seu cumprimento)
1. Salvo os casos de distribuição antecipada de lucros e outros expressamente previstos na lei, nenhuma distribuição de bens sociais, ainda que a título de distribuição de lucros de exercício ou de reservas, pode ser feita aos sócios sem ter sido objecto de deliberação destes.

2. As deliberações dos sócios referidas no número anterior não devem ser cumpridas pelos membros da administração se estes tiverem fundadas razões para crer que:

a) Alterações entretanto ocorridas no património social tornariam a deliberação ilícita, nos termos do artigo 32.º;

b) A deliberação dos sócios viola o preceituado nos artigos 32.º e 33.º;

c) A deliberação de distribuição de lucros de exercício ou de reservas se baseou em contas da sociedade aprovadas pelos sócios, mas enfermando de vícios cuja correcção implicaria a alteração das contas de modo que não seria lícito deliberar a distribuição, nos termos dos artigos 32.º e 33.º

3. Os membros da administração que, por força do disposto no número anterior, tenham deliberado não efectuar distribuições deliberadas pela assembleia geral devem, nos oito dias seguintes à deliberação tomada, requerer, em nome da sociedade, inquérito judicial para verificação dos factos previstos nalguma das alíneas do número anterior, salvo se entretanto a sociedade tiver sido citada para a acção de invalidade de deliberação por motivos coincidentes com os da dita resolução.

4. Sem prejuízo do disposto no Código de Processo Civil sobre o procedimento cautelar de suspensão de deliberações sociais, a partir da citação da sociedade para a acção de invalidade de deliberação de aprovação do balanço ou de distribuição de reservas ou lucros de exercício não podem os membros da administração efectuar aquela distribuição com fundamento nessa deliberação.

5. Os autores da acção prevista no número anterior, em caso de improcedência desta e provando-se que litigaram temerariamente ou de má fé, serão solidariamente responsáveis pelos prejuízos que a demora daquela distribuição tenha causado aos outros sócios.

Art. 32.º (Limite da distribuição de bens aos sócios)

Sem prejuízo do preceituado quanto à redução do capital social, não podem ser distribuídos aos sócios bens da sociedade quando a situação líquida desta, tal como resulta das contas elaboradas e aprovadas nos termos legais, for inferior à soma do capital e das reservas que a lei ou o contrato não permitem distribuir aos sócios ou se tornasse inferior a esta soma em consequência da distribuição.

Art. 33.º (Lucros e reservas não distribuíveis)

1. Não podem ser distribuídos aos sócios os lucros do exercício que sejam necessários para cobrir prejuízos transitados ou para formar ou reconstituir reservas impostas pela lei ou pelo contrato de sociedade.

2. Não podem ser distribuídos aos sócios lucros do exercício enquanto as despesas de constituição, de investigação e de desenvolvimento não estiverem completamente amortizadas, excepto se o montante das reservas livres e dos resultados transitados for, pelo menos, igual ao dessas despesas não amortizadas.

3. As reservas cuja existência e cujo montante não figuram expressamente no balanço não podem ser utilizadas para distribuição aos sócios.

4. Devem ser expressamente mencionadas na deliberação quais as reservas distribuídas, no todo ou em parte, quer isoladamente quer juntamente com lucros de exercício.

Art. 34.º (Restituição de bens indevidamente recebidos)

1. Os sócios devem restituir à sociedade os bens que dela tenham recebido com violação do disposto na lei, mas aqueles que tenham recebido a título de lucros ou reservas importâncias cuja distribuição não era permitida pela lei, designadamente pelos artigos 32.º e 33.º, só são obrigados à restituição se conheciam a irregularidade da distribuição ou, tendo em conta as circunstâncias, deviam não a ignorar.

2. O disposto no número anterior é aplicável ao transmissário do direito do sócio, quando for ele a receber as referidas importâncias.

3. Os credores sociais podem propor acção para restituição à sociedade das importâncias referidas nos números anteriores nos mesmos termos em que lhe é conferida acção contra membros da administração.

4. Cabe à sociedade ou aos credores sociais o ónus de provar o conhecimento ou o dever de não ignorar a irregularidade.

5. Ao recebimento previsto nos números anteriores é equiparado qualquer facto que faça beneficiar o património das referidas pessoas dos valores indevidamente atribuídos.

Art. 35.º (Perda de metade do capital)

1. Resultando das contas de exercício ou de contas intercalares, tal como elaboradas pelo órgão de administração, que metade do capital social se encontra perdido, ou havendo em qualquer momento fundadas razões para admitir que essa perda se verifica, devem os gerentes convocar de imediato a assembleia geral ou os administradores ou directores requerer prontamente a convocação da mesma, a fim de nela se informar os sócios da situação e de estes tomarem as medidas julgadas convenientes.

2. Considera-se estar perdida metade do capital social quando o capital próprio da sociedade for igual ou inferior a metade do capital social.

3. Do aviso convocatório da assembleia geral constarão, pelo menos, os seguintes assuntos para deliberação pelos sócios:

a) A dissolução da sociedade;

b) A redução do capital social para montante não inferior ao capital próprio da sociedade, com respeito, se for o caso, do disposto no n.º 1 do artigo 96.º;

c) A realização pelos sócios de entradas para reforço da cobertura do capital.

Nota. A redacção deste preceito, que já tinha sofrido uma primeira alteração (art. 1.º do DL n.º 162/2002, de 11 de Julho), foi introduzida pelo art. 1.º do DL n.º 19/2005, de 18 de Janeiro.

SECÇÃO III. **Regime da sociedade antes do registo.
Invalidade do contrato**

Art. 36.º (Relações anteriores à escritura pública)

1. Se dois ou mais indivíduos, quer pelo uso de uma firma comum quer por qualquer outro meio, criarem a falsa aparência de que existe entre eles um contrato de sociedade responderão solidária e ilimitadamente pelas obrigações contraídas nesses termos por qualquer deles.

2. Se for acordada a constituição de uma sociedade comercial, mas, antes da celebração da escritura pública, os sócios iniciarem a sua actividade, são aplicáveis às relações estabelecidas entre eles e com terceiros as disposições sobre a sociedades civis.

Nota. A redacção do n.º 2 foi introduzida pelo DL n.º 280/87, de 8 de Julho.

Art. 37.º (Relações entre os sócios antes do registo)

1. No período compreendido entre a celebração da escritura e o registo definitivo do contrato de sociedade são aplicáveis às relações entre os sócios, com as necessárias adaptações, as regras estabelecidas no contrato e na presente lei, salvo aquelas que pressuponham o contrato definitivamente registado.

2. Seja qual for o tipo de sociedade visado pelos contraentes, a transmissão por acto entre vivos das participações sociais e as modificações do contrato social requerem sempre o consentimento unânime dos sócios.

Art. 38.º (Relações das sociedades em nome colectivo não registadas com terceiros)

1. Pelos negócios realizados em nome de uma sociedade em nome colectivo, com o acordo expresso ou tácito de todos os sócios, no período compreendido entre a celebração da escritura e o registo definitivo do contrato de sociedade respondem solidária e ilimitadamente todos os sócios. O referido consentimento presume-se.

2. Se os negócios realizados não tiverem sido autorizados por todos os sócios, nos termos do n.º 1, respondem pessoal e solidariamente pelas obrigações resultantes dessas operações aqueles que as realizarem ou autorizarem.

3. As cláusulas do contrato que atribuam a representação apenas a alguns dos sócios ou que limitem os respectivos poderes de representação não são oponíveis a terceiros, salvo provando-se que estes as conheciam ao tempo da celebração dos seus contratos.

Art. 39.º (Relações das sociedades em comandita simples não registadas com terceiros)

1. Pelos negócios realizados em nome de uma sociedade em comandita simples, com o acordo expresso ou tácito de todos os sócios comanditados, no período compreendido entre a celebração da escritura e o registo definitivo do contrato de sociedade respondem todos eles, pessoal e solidariamente. O referido consentimento dos sócios comanditados presume-se.

2. À mesma responsabilidade fica sujeito o sócio comanditário que consentir no começo das actividades sociais, salvo provando ele que o credor conhecia a sua qualidade.

3. Se os negócios realizados não tiverem sido autorizados pelos sócios comanditados, nos termos do n.º 1, respondem pessoal e solidariamente pelas obrigações resultantes dessas operações aquelas que as realizarem ou autorizarem.

4. As cláusulas do contrato que atribuam a representação apenas a alguns dos sócios comanditados ou que limitem os respectivos poderes de representação não são oponíveis a terceiros, salvo provando-se que estes as conheciam ao tempo da celebração dos seus contratos.

Art. 40.º (Relações das sociedades por quotas, anónimas e em comandita por acções não registadas com terceiros)

1. Pelos negócios realizados em nome de uma sociedade por quotas, anónima ou em comandita por acções no período compreendido entre a celebração da escritura e o registo definitivo do contrato de sociedade respondem ilimitada e solidariamente todos os que no negócio agirem em representação dela, bem como os sócios que tais negócios autorizarem; os restantes sócios respondem até às importâncias das entradas a que se obrigaram, acrescidas das importâncias que tenham recebido a título de lucros ou de distribuição de reservas.

2. Cessa o disposto no número precedente se os negócios forem expressamente condicionados ao registo da sociedade e à assunção por esta dos respectivos efeitos.

Art. 41.º (Invalidade do contrato antes do registo)
 1. Enquanto o contrato de sociedade não estiver definitivamente registado, a invalidade do contrato ou de uma das declarações negociais rege-se pelas disposições aplicáveis aos negócios jurídicos nulos ou anuláveis, sem prejuízo do disposto no artigo 52.º.
 2. A invalidade decorrente de incapacidade é oponível pelo contraente incapaz ou pelo seu representante legal, tanto aos outros contraentes como a terceiros; a invalidade resultante de vício da vontade ou de usura só é oponível aos demais sócios.

Art. 42.º (Nulidade do contrato de sociedade por quotas, anónima ou em comandita por acções registado)
 1. Depois de efectuado o registo definitivo do contrato de sociedade por quotas, anónima ou em comandita por acções, o contrato só pode ser declarado nulo por algum dos seguintes vícios:
 a) Falta do mínimo de dois sócios fundadores, salvo quando a lei permita a constituição da sociedade por uma só pessoa;
 b) Falta de menção da firma, da sede, do objecto ou do capital da sociedade, bem como do valor da entrada de algum sócio ou de prestações realizadas por conta desta;
 c) Menção de um objecto ilícito ou contrário à ordem pública;
 d) Falta de cumprimento dos preceitos legais que exigem a liberação mínima do capital social;
 e) Não ter sido reduzido a escritura pública o contrato de sociedade.
 2. São sanáveis por deliberação dos sócios, tomada nos termos estabelecidos para as deliberações sobre alteração do contrato, os vícios decorrentes de falta ou nulidade da firma e da sede da sociedade, bem como do valor da entrada de algum sócio e das prestações realizadas por conta desta.

Art. 43.º (Invalidade do contrato de sociedade em nome colectivo e em comandita simples)
 1. Nas sociedades em nome colectivo e em comandita simples são fundamentos de invalidade do contrato, além dos vícios do título constitutivo, as causas gerais de invalidade dos negócios jurídicos segundo a lei civil.
 2. Para os efeitos do número anterior, são vícios do título constitutivo os mencionados no n.º 1 do artigo anterior e ainda a falta de menção do nome ou firma de algum dos sócios de responsabilidade ilimitada.
 3. São sanáveis por deliberação dos sócios, tomada nos termos estabelecidos para as deliberações sobre alteração do contrato, os vícios resul-

tantes de falta ou nulidade da indicação da firma, da sede, do objecto e do capital da sociedade, bem como do valor da entrada de algum sócio e das prestações realizadas por conta desta.

Art. 44.º (Acção de declaração de nulidade e notificação para a regularização)

1. A acção de declaração de nulidade pode ser intentada, dentro do prazo de três anos a contar do registo, por qualquer membro da administração, do conselho fiscal ou do conselho geral da sociedade ou por um sócio, bem como por qualquer terceiro que tenha um interesse relevante e sério na procedência da acção. No caso de vício sanável, a acção não pode ser proposta antes de decorridos 90 dias sobre a interpelação da sociedade para sanar o vício.

2. A mesma acção pode ser intentada a todo o tempo pelo Ministério Público.

3. Os membros da administração devem comunicar, no mais breve prazo, aos sócios de responsabilidade ilimitada, bem como aos sócios das sociedades por quotas, a proposição da acção de declaração de nulidade. Nas sociedades anónimas, a comunicação deve ser dirigida ao conselho fiscal ou ao conselho geral, conforme os casos.

Art. 45.º (Vícios da vontade e incapacidade nas sociedades por quotas, anónimas e em comandita por acções)

1. Nas sociedades por quotas, anónimas e em comandita por acções o erro, o dolo, a coacção e a usura podem ser invocados como justa causa de exoneração pelo sócio atingido ou prejudicado, desde que se verifiquem as circunstâncias, incluindo o tempo, de que, segundo a lei civil, resultaria a sua relevância para efeitos de anulação do negócio jurídico.

2. Nas mesmas sociedades, a incapacidade de um dos contraentes torna o negócio jurídico anulável relativamente ao incapaz.

Art. 46.º (Vícios da vontade e incapacidade nas sociedades em nome colectivo e em comandita simples)

Nas sociedades em nome colectivo e em comandita simples o erro, o dolo, a coacção, a usura e a incapacidade determinam a anulabilidade do contrato em relação ao contraente incapaz ou ao que sofreu o vício da vontade ou a usura; no entanto, o negócio poderá ser anulado quanto a todos os sócios, se, tendo em conta o critério formulado no artigo 292.º do Código Civil, não for possível a sua redução às participações dos outros.

Art. 47.º (Efeitos da anulação do contrato)
O sócio que obtiver a anulação do contrato, nos casos do n.º 2 do artigo 45.º e do artigo 46.º, tem o direito de reaver o que prestou e não pode ser obrigado a completar a sua entrada, mas, se a anulação se fundar em vício da vontade ou usura, não ficará liberto, em face de terceiros, da responsabilidade que por lei lhe competir quanto às obrigações da sociedade anteriores ao registo da acção ou da sentença.

Art. 48.º (Sócios admitidos na sociedade posteriormente à constituição)
O disposto nos artigos 45.º a 47.º vale também, na parte aplicável e com as necessárias adaptações, se o sócio incapaz ou aquele cujo consentimento foi viciado ingressou na sociedade através de um negócio jurídico celebrado com esta em momento posterior ao da constituição.

Art. 49.º (Notificação do sócio para anular ou confirmar o negócio)
1. Se a um dos sócios assistir o direito de anulação ou exoneração previsto nos artigos 45.º, 46.º e 48.º, qualquer interessado poderá notificá-lo para que exerça o seu direito, sob pena de o vício ficar sanado. Esta notificação será levada ao conhecimento da sociedade.
2. O vício considera-se sanado se o notificado não intentar a acção no prazo de 180 dias a contar do dia em que tenha recebido a notificação.

Art. 50.º (Satisfação por outra via do interesse do demandante)
1. Proposta acção para fazer valer o direito conferido pelos artigos 45.º, 46.º e 48.º, pode a sociedade ou um dos sócios requerer ao tribunal a homologação de medidas que se mostrem adequadas para satisfazer o interesse do autor, em ordem a evitar a consequência jurídica a que a acção se dirige.
2. Sem prejuízo do disposto no artigo seguinte, as medidas propostas devem ser previamente aprovadas pelos sócios; a respectiva deliberação, na qual não intervirá o autor, deve obedecer aos requisitos exigidos, na sociedade em causa, pela natureza das medidas propostas.
3. O tribunal homologa a solução que se oferecer em alternativa, se se convencer de que ela constitui, dadas as circunstâncias, uma justa composição dos interesses em conflito.

Art. 51.º (Aquisição da quota do autor)
1. Se a medida proposta consistir na aquisição da participação social do autor por um dos sócios ou por terceiro indicado por algum dos sócios,

este deve justificar unicamente que a sociedade não pretende apresentar ela própria outras soluções e que, além disso, estão satisfeitos os requisitos de que a lei ou o contrato de sociedade fazem depender as transmissões de participações sociais entre associados ou para terceiros, respectivamente.

2. Não havendo em tal caso acordo das partes quanto ao preço da aquisição, proceder-se-á à avaliação da participação nos termos previstos no artigo 1021.º do Código Civil.

3. Nos casos previstos nos artigos 45.º, n.º 2, e 46.º, o preço indicado pelos peritos não será homologado se for inferior ao valor nominal da quota do autor.

4. Determinado pelo tribunal o preço a pagar, a aquisição da quota deve ser homologada logo que o pagamento seja efectuado ou a respectiva quantia depositada à ordem do tribunal ou tão depressa o adquirente preste garantias bastantes de que efectuará o dito pagamento no prazo que, em seu prudente arbítrio, o juiz lhe assinar; a sentença homologatória vale como título de aquisição da participação.

Art. 52.º (Efeitos da invalidade)

1. A declaração de nulidade e a anulação do contrato de sociedade determinam a entrada da sociedade em liquidação, nos termos do artigo 165.º, devendo este efeito ser mencionado na sentença.

2. A eficácia dos negócios jurídicos concluídos anteriormente em nome da sociedade não é afectada pela declaração de nulidade ou anulação do contrato social.

3. No entanto, se a nulidade proceder de simulação, de ilicitude do objecto ou de violação da ordem pública ou ofensa dos bons costumes, o disposto no número anterior só aproveita a terceiros de boa fé.

4. A invalidade do contrato não exime os sócios do dever de realizar ou completar as suas entradas nem tão-pouco os exonera da responsabilidade pessoal e solidária perante terceiros que, segundo a lei, eventualmente lhes incumba.

5. O disposto no número antecedente não é aplicável ao sócio cuja incapacidade foi a causa da anulação do contrato ou que a venha opor por via de excepção à sociedade, aos outros sócios ou a terceiros.

CAPÍTULO IV. Deliberações dos sócios

Art. 53.º (Formas de deliberação)
1. As deliberações dos sócios só podem ser tomadas por alguma das formas admitidas por lei para cada tipo de sociedade.
2. As disposições da lei ou do contrato de sociedade relativas a deliberações tomadas em assembleia geral compreendem qualquer forma de deliberação dos sócios prevista na lei para esse tipo de sociedade, salvo quando a sua interpretação impuser solução diversa.

Art. 54.º (Deliberações unânimes e assembleias universais)
1. Podem os sócios, em qualquer tipo de sociedade, tomar deliberações unânimes por escrito, e bem assim reunir-se em assembleia geral, sem observância de formalidades prévias, desde que todos estejam presentes e todos manifestem a vontade de que a assembleia se constitua e delibere sobre determinado assunto.
2. Na hipótese prevista na parte final do número anterior, uma vez manifestada por todos os sócios a vontade de deliberar, aplicam-se todos os preceitos legais e contratuais relativos ao funcionamento da assembleia, a qual, porém, só pode deliberar sobre os assuntos consentidos por todos os sócios.
3. O representante de um sócio só pode votar em deliberações tomadas nos termos do n.º 1 se para o efeito expressamente autorizado.

Art. 55.º (Falta de consentimento dos sócios)
Salvo disposição legal em contrário, as deliberações tomadas sobre assunto para o qual a lei exija o consentimento de determinado sócio são ineficazes para todos enquanto o interessado não der o seu acordo, expressa ou tacitamente.

Art. 56.º (Deliberações nulas)
1. São nulas as deliberações dos sócios:
a) Tomadas em assembleia geral não convocada, salvo se todos os sócios tiverem estado presentes ou representados;
b) Tomadas mediante voto escrito sem que todos os sócios com direito de voto tenham sido convidados a exercer esse direito, a não ser que todos eles tenham dado por escrito o seu voto;
c) Cujo conteúdo não esteja, por natureza, sujeito a deliberação dos sócios;

d) Cujo conteúdo, directamente ou por actos de outros órgãos que determine ou permita, seja ofensivo dos bons costumes ou de preceitos legais que não possam ser derrogados, nem sequer por vontade unânime dos sócios.

2. Não se consideram convocadas as assembleias cujo aviso convocatório seja assinado por quem não tenha essa competência, aquelas de cujo aviso convocatório não constem o dia, hora e local da reunião e as que reúnam em dia, hora ou local diversos dos constantes do aviso.

3. A nulidade de uma deliberação nos casos previstos nas alíneas *a)* e *b)* do n.º 1 não pode ser invocada quando os sócios ausentes e não representados ou não participantes na deliberação por escrito tiverem posteriormente dado por escrito o seu assentimento à deliberação.

Art. 57.º (Iniciativa do órgão de fiscalização quanto a deliberações nulas)

1. O órgão de fiscalização da sociedade deve dar a conhecer aos sócios, em assembleia geral, a nulidade de qualquer deliberação anterior, a fim de eles a renovarem, sendo possível, ou de promoverem, querendo, a respectiva declaração judicial.

2. Se os sócios não renovarem a deliberação ou a sociedade não for citada para a referida acção dentro do prazo de dois meses, deve o órgão de fiscalização promover sem demora a declaração judicial de nulidade da mesma deliberação.

3. O órgão de fiscalização que instaurar a referida acção judicial deve propor logo ao tribunal a nomeação de um sócio para representar a sociedade.

4. Nas sociedades que não tenham órgão de fiscalização o disposto nos números anteriores aplica-se a qualquer gerente.

Art. 58.º (Deliberações anuláveis)

1. São anuláveis as deliberações que:

a) Violem disposições quer da lei, quando ao caso não caiba a nulidade, nos termos do artigo 56.º, quer do contrato de sociedade;

b) Sejam apropriadas para satisfazer o propósito de um dos sócios de conseguir, através do exercício do direito de voto, vantagens especiais para si ou para terceiros, em prejuízo da sociedade ou de outros sócios ou simplesmente de prejudicar aquela ou estes, a menos que se prove que as deliberações teriam sido tomadas mesmo sem os votos abusivos;

c) Não tenham sido precedidas do fornecimento ao sócio de elementos mínimos de informação.

2. Quando as estipulações contratuais se limitarem a reproduzir preceitos legais, são estes considerados directamente violados, para os efeitos deste artigo e do artigo 56.º

3. Os sócios que tenham formado maioria em deliberação abrangida pela alínea *b)* do n.º 1 respondem solidariamente para com a sociedade ou para com os outros sócios pelos prejuízos causados.

4. Consideram-se, para efeitos deste artigo, elementos mínimos de informação:

a) As menções exigidas pelo artigo 377.º, n.º 8;

b) A colocação de documentos para exame dos sócios no local e durante o tempo prescritos pela lei ou pelo contrato.

Art. 59.º (Acção de anulação)

1. A anulabilidade pode ser arguida pelo órgão de fiscalização ou por qualquer sócio que não tenha votado no sentido que fez vencimento nem posteriormente tenha aprovado a deliberação, expressa ou tacitamente.

2. O prazo para a proposição da acção de anulação é de 30 dias contados a partir:

a) Da data em que foi encerrada a assembleia geral;

b) Do 3.º dia subsequente à data do envio da acta da deliberação por voto escrito;

c) Da data em que o sócio teve conhecimento da deliberação, se esta incidir sobre o assunto que não constava da convocatória.

3. Sendo uma assembleia geral interrompida por mais de quinze dias, a acção de anulação de deliberação anterior à interrupção pode ser proposta nos 30 dias seguintes àquele em que a deliberação foi tomada.

4. A proposição da acção de anulação não depende de apresentação da respectiva acta, mas se o sócio invocar impossibilidade de a obter, o juiz mandará notificar as pessoas que, nos termos desta lei, devem assinar a acta, para a apresentarem no tribunal, no prazo que fixar, até 60 dias, suspendendo a instância até essa apresentação.

5. Embora a lei exija a assinatura da acta por todos os sócios, bastará, para o efeito do número anterior, que ela seja assinada por todos os sócios votantes no sentido que fez vencimento.

6. Tendo o voto sido secreto, considera-se que não votaram no sentido que fez vencimento apenas aqueles sócios que, na própria assembleia

ou perante notário, nos cinco dias seguintes à assembleia tenham feito consignar que votaram contra a deliberação tomada.

Nota. A redacção do n.º 2 foi introduzida pelo DL n.º 280/87, de 8 de Julho.

Art. 60.º (Disposições comuns às acções de nulidade e de anulação)

1. Tanto a acção de declaração de nulidade como a de anulação são propostas contra a sociedade.

2. Havendo várias acções de invalidade da mesma deliberação, devem elas ser apensadas, observando-se a regra do n.º 2 do artigo 275.º do Código de Processo Civil.

3. A sociedade suportará todos os encargos das acções propostas pelo órgão de fiscalização ou, na sua falta, por qualquer gerente, ainda que sejam julgadas improcedentes.

Art. 61.º (Eficácia do caso julgado)

1. A sentença que declarar nula ou anular uma deliberação é eficaz contra e a favor de todos os sócios e órgãos da sociedade, mesmo que não tenham sido parte ou não tenham intervindo na acção.

2. A declaração de nulidade ou a anulação não prejudica os direitos adquiridos de boa-fé por terceiros, com fundamento em actos praticados em execução da deliberação; o conhecimento da nulidade ou da anulabilidade exclui a boa-fé.

Art. 62.º (Renovação da deliberação)

1. Uma deliberação nula por força das alíneas *a*) e *b*) do n.º 1 do artigo 56.º pode ser renovada por outra deliberação e a esta pode ser atribuída eficácia retroactiva, ressalvados os direitos de terceiros.

2. A anulabilidade cessa quando os sócios renovem a deliberação anulável mediante outra deliberação, desde que esta não enferme do vício da precedente. O sócio, porém, que nisso tiver um interesse atendível pode obter anulação da primeira deliberação, relativamente ao período anterior à deliberação renovatória.

3. O tribunal em que tenha sido impugnada uma deliberação pode conceder prazo à sociedade, a requerimento desta, para renovar a deliberação.

Art. 63.º (Actas)

1. As deliberações dos sócios só podem ser provadas pelas actas das assembleias ou, quando sejam admitidas deliberações por escrito, pelos documentos donde elas constem.

2. A acta deve conter, pelo menos:

 a) A identificação da sociedade, o lugar, o dia e a hora da reunião;
 b) O nome do presidente e, se os houver, dos secretários;
 c) Os nomes dos sócios presentes ou representados e o valor nominal das partes sociais, quotas ou acções de cada um, salvo nos casos em que a lei mande organizar lista de presenças, que deve ser anexada à acta;
 d) A ordem do dia constante da convocatória, salvo quando esta seja anexada à acta;
 e) Referência aos documentos e relatórios submetidos à assembleia;
 f) O teor das deliberações tomadas;
 g) Os resultados das votações;
 h) O sentido das declarações dos sócios, se estes o requererem.

3. Quando a acta deva ser assinada por todos os sócios que tomaram parte na assembleia e alguns deles não o faça, podendo fazê-lo, deve a sociedade notificá-lo judicialmente para que, em prazo não inferior a oito dias, a assine; decorrido esse prazo, a acta tem a força probatória referida no n.º 1, desde que esteja assinada pela maioria dos sócios que tomaram parte na assembleia, sem prejuízo do direito dos que a não assinaram de invocarem em juízo a falsidade da acta.

4. As actas devem ser lavradas no respectivo livro ou em folhas soltas; no livro ou nas folhas devem ser também consignadas, pela forma estabelecida na lei, as deliberações tomadas em reunião da assembleia geral. Quando essas deliberações constem de escritura pública ou de instrumento fora das notas, deve a gerência, o conselho de administração ou a direcção inscrever no livro ou nas folhas menção da sua existência.

5. Na sociedade são arquivadas todas as folhas; as folhas devem ser encadernadas depois de utilizadas e podem, decorridos 10 exercícios após aquele a que se reportam, ser substituídas por microfilmes ou por outra forma adequada de suporte.

6. Sempre que as actas sejam registadas em folhas soltas, deve a gerência ou a administração, o presidente da mesa da assembleia geral e o secretário, quando os houver, tomar as precauções e as medidas necessárias para impedir a sua falsificação.

7. As actas serão lavradas por notário, em instrumento avulso, quando a lei o determine, quando, no início da reunião, a assembleia assim o delibere ou ainda quando algum sócio o requeira em escrito dirigido à gerência, ao conselho de administração ou à direcção da sociedade e

entregue na sede social com cinco dias úteis de antecedência em relação à data da assembleia geral; neste caso, o sócio requerente suportará as despesas notariais.

8. Nos casos em que a lei permita escolher entre a forma notarial da acta e a posterior consignação da deliberação em escritura pública, a escolha pertence a quem presidir à reunião, mas a assembleia pode sempre deliberar que seja usada a forma notarial da acta.

9. As actas apenas constantes de documentos particulares avulsos constituem princípio de prova embora estejam assinadas por todos os sócios que participaram na assembleia.

10. Nenhum sócio tem o dever de assinar actas que não estejam consignadas no respectivo livro ou nas folhas soltas, devidamente numeradas e rubricadas.

Nota. A actual redacção foi introduzida pelo art. 1.º do DL n.º 257/96, de 31 de Dezembro.

CAPÍTULO V. Administração

Art. 64.º (Dever de diligência)

Os gerentes, administradores ou directores de uma sociedade devem actuar com a diligência de um gestor criterioso e ordenado, no interesse da sociedade, tendo em conta os interesses dos sócios e dos trabalhadores.

CAPÍTULO VI. Apreciação anual da situação da sociedade

Art. 65.º (Dever de relatar a gestão e apresentar contas)

1. Os membros da administração devem elaborar e submeter aos órgãos competentes da sociedade o relatório de gestão, as contas do exercício e demais documentos de prestação de contas previstos na lei, relativos a cada exercício anual.

2. A elaboração do relatório de gestão, das contas do exercício e dos demais documentos de prestação de contas deve obedecer ao disposto na lei; o contrato de sociedade pode complementar, mas não derrogar, essas disposições legais.

3. O relatório de gestão e as contas do exercício devem ser assinados por todos os membros da administração; a recusa de assinatura por qualquer deles deve ser justificada no documento a que respeita e explicada pelo próprio perante o órgão competente para a aprovação, ainda que já tenha cessado as suas funções.

4. O relatório de gestão e as contas do exercício são elaborados e assinados pelos gerentes, administradores ou directores que estiverem em funções ao tempo da apresentação, mas os antigos membros da administração devem prestar todas as informações que para esse efeito lhes forem solicitadas, relativamente ao período em que exerceram aquelas funções.

5. O relatório de gestão, as contas do exercício e os demais documentos de prestação de contas devem ser apresentados ao órgão competente e por este apreciados, salvo casos particulares previstos na lei, no prazo de três meses a contar da data do encerramento de cada exercício anual, ou no prazo de cinco meses a contar da mesma data quando se trate de sociedades que devam apresentar contas consolidadas ou que apliquem o método da equivalência patrimonial.

Nota. Redacção introduzida pelo art. 1.º do DL n.º 328/95, de 9 de Dezembro.

Art. 65.º-A (Adopção do período de exercício)

O primeiro exercício económico das sociedades que adoptem um exercício anual diferente do correspondente ao ano civil não poderá ter uma duração inferior a 6 meses, nem superior a 18, sem prejuízo do previsto no artigo 7.º do Código do Imposto sobre o Rendimento das Pessoas Colectivas.

Nota. Aditado pelo art. 2.º do DL n.º 328/95, de 9 de Dezembro.

Art. 66.º (Relatório da gestão)

1. O relatório da gestão deve conter, pelo menos, uma exposição fiel e clara da evolução dos negócios, do desempenho e da posição da sociedade, bem como uma descrição dos principais riscos e incertezas com que a mesma se defronta.

2. A exposição prevista no número anterior deve consistir numa análise equilibrada e global da evolução dos negócios, dos resultados e da posição da sociedade, em conformidade com a dimensão e complexidade da actividade.

3. Na medida do necessário à compreensão da evolução dos negócios, do desempenho ou da posição da sociedade, a análise prevista no número anterior deve abranger tanto os aspectos financeiros como, quando adequado, referências de desempenho não financeiras relevantes para as actividades específicas da sociedade, incluindo informações sobre questões ambientais e questões relativas aos trabalhadores.

4. Na apresentação da análise prevista no n.º 2 o relatório da gestão deve, quando adequado, incluir uma referência aos montantes inscritos nas contas do exercício e explicações adicionais relativas a esses montantes.

5. O relatório deve indicar, em especial:

a) A evolução da gestão nos diferentes sectores em que a sociedade exerceu actividade, designadamente no que respeita a condições do mercado, investimentos, custos, proveitos e actividades de investigação e desenvolvimento;

b) Os factos relevantes ocorridos após o termo do exercício;

c) A evolução previsível da sociedade;

d) O número e o valor nominal de quotas ou acções próprias adquiridas ou alienadas durante o exercício, os motivos desses actos e o respectivo preço, bem como o número e valor nominal de todas as quotas e acções próprias detidas no fim do exercício;

e) As autorizações concedidas a negócios entre a sociedade e os seus administradores, nos termos do artigo 397.º;

f) Uma proposta de aplicação de resultados devidamente fundamentada;

g) A existência de sucursais da sociedade;

h) Os objectivos e as políticas da sociedade em matéria de gestão dos riscos financeiros, incluindo as políticas de cobertura de cada uma das principais categorias de transacções previstas para as quais seja utilizada a contabilização de cobertura, e a exposição por parte da sociedade aos riscos de preço, de crédito, de liquidez e de fluxos de caixa, quando materialmente relevantes para a avaliação dos elementos do activo e do passivo, da posição financeira e dos resultados, em relação com a utilização dos instrumentos financeiros.

Nota. A actual redacção introduzida pelo art. 8.º do DL n.º 35/2005, de 17 de Fevereiro. Antes, o preceito havia já sido alterado pelo DL n.º 280/87, de 8 de Julho, pelo art. 1.º do DL n.º 225/92, de 21 de Outubro, e pelo art. 9.º do DL n.º 88/2004, de 20 de Abril.

Art. 67.º (Falta de apresentação das contas e de deliberação sobre elas)

1. Se o relatório de gestão, as contas do exercício e os demais documentos de prestação de contas não forem apresentados nos dois meses seguintes ao termo do prazo fixado no artigo 65.º, n.º 5, pode qualquer sócio requerer ao tribunal que se proceda a inquérito.

2. O juiz, ouvidos os gerentes, administradores ou directores e considerando procedentes as razões invocadas por estes para a falta de apresentação das contas, fixará um prazo adequado, segundo as circunstâncias, para que eles as apresentem; no caso contrário, nomeará um gerente, administrador ou director exclusivamente encarregado de, no prazo que lhe for fixado, elaborar o relatório de gestão, as contas do exercício, e os demais documentos de prestação de contas previstos na lei e de os subme-

ter ao órgão competente da sociedade. Se este órgão for a assembleia geral, pode a pessoa judicialmente nomeada convocá-la.

3. Se as contas do exercício e os demais documentos elaborados pelo gerente, administrador ou director nomeado pelo tribunal não forem aprovados pelo órgão competente da sociedade, pode aquele, ainda nos autos de inquérito, submeter a divergência ao juiz, para decisão final.

4. Quando, sem culpa dos gerentes, administradores ou directores, nada tenha sido deliberado, no prazo referido no n.º 1, sobre as contas e os demais documentos por eles apresentados, pode um deles ou qualquer sócio requerer ao tribunal a convocação da assembleia geral para aquele efeito, embora normalmente seja outro o órgão da sociedade competente para a aprovação das contas.

5. Se na assembleia convocada judicialmente as contas não forem aprovadas ou rejeitadas pelos sócios, pode qualquer interessado requerer que sejam examinadas por um revisor oficial de contas independente; o juiz, não havendo motivos para indeferir o requerimento, nomeará esse revisor e, em face do relatório deste, do mais que dos autos constar e das diligências que ordenar, aprovará as contas ou recusará a sua aprovação.

Art. 68.º (Recusa de aprovação das contas)

1. Não sendo aprovada a proposta dos membros da administração relativa à aprovação das contas, deve a assembleia geral ou o conselho geral deliberar motivadamente que se proceda à elaboração total de novas contas ou à reforma, em pontos concretos, das apresentadas.

2. Os membros da administração, nos oito dias seguintes à deliberação que mande elaborar novas contas ou reformar as apresentadas, podem requerer inquérito judicial, em que se decida sobre a reforma das contas apresentadas, a não ser que a reforma deliberada incida sobre juízos para os quais a lei não imponha critérios.

Art. 69.º (Regime especial de invalidade das deliberações)

1. A violação dos preceitos legais relativos à elaboração do relatório de gestão, das contas do exercício e de demais documentos de prestação de contas torna anuláveis as deliberações tomadas pelos sócios.

2. É igualmente anulável a deliberação que aprove contas em si mesmas irregulares, mas o juiz, em casos de pouca gravidade ou fácil correcção, só decretará a anulação se as contas não forem reformadas no prazo que fixar.

3. Produz, contudo, nulidade a violação dos preceitos legais relativos à constituição, reforço ou utilização da reserva legal, bem como de

preceitos cuja finalidade, exclusiva ou principal, seja a protecção dos credores ou do interesse público.

Nota. A epígrafe e a redacção do n.º 1 foram alteradas pelo DL n.º 280/87, de 8 de Julho.

Art. 70.º (Depósitos)
O relatório de gestão, as contas do exercício e demais documentos de prestação de contas devidamente aprovados devem ser depositados na conservatória do registo comercial, nos termos da lei respectiva.

Nota. Redacção introduzida pelo art. 1.º do DL n.º 328/95, de 9 de Dezembro.

Artigo 70.º-A (Depósitos para as sociedades em nome colectivo e em comandita simples)
1. As sociedades em nome colectivo e as sociedades em comandita simples só estão sujeitas à obrigação prevista no artigo anterior quando:

   a) Todos os sócios de responsabilidade ilimitada sejam sociedades de responsabilidade limitada ou sociedades não sujeitas à legislação de um Estado membro da União Europeia, mas cuja forma jurídica seja igual ou equiparável à das sociedades de responsabilidade limitada;

   b) Todos os sócios de responsabilidade ilimitada se encontrem eles próprios organizados sob a forma de sociedade de responsabilidade limitada ou segundo uma das formas previstas na alínea anterior.

2. A obrigação referida no artigo anterior é dispensada quando as sociedades nela mencionadas não ultrapassem dois dos limites fixados pelo n.º 2 do artigo 262.º, sem prejuízo do disposto no número seguinte.

3. (...).
4. (...).
5. (...).

Nota. Aditado pelo art. 2.º do DL n.º 328/95, de 9 de Dezembro. Os n.ºs 3 a 5 foram revogados pelo art. 6.º do DL n.º 257/96, de 31 de Dezembro.

CAPÍTULO VII. Responsabilidade civil pela constituição, administração e fiscalização da sociedade

Art. 71.º (Responsabilidade quanto à constituição da sociedade)
1. Os fundadores, gerentes, administradores ou directores respondem solidariamente para com a sociedade pela inexactidão e deficiência das indicações e declarações prestadas com vista à constituição daquela, designadamente pelo que respeita à realização das entradas, aquisição de

bens pela sociedade, vantagens especiais e indemnizações ou retribuições devidas pela constituição da sociedade.

2. Ficam exonerados da responsabilidade prevista no número anterior os fundadores, gerentes, administradores ou directores que ignorem, sem culpa, os factos que lhe deram origem.

3. Os fundadores respondem também solidariamente por todos os danos causados à sociedade com a realização das entradas, as aquisições de bens efectuadas antes do registo do contrato de sociedade ou nos termos do artigo 29.º e as despesas de constituição, contanto que tenham procedido com dolo ou culpa grave.

Art. 72.º (Responsabilidade de membros da administração para com a sociedade)

1. Os gerentes, administradores ou directores respondem para com a sociedade pelos danos a esta causados por actos ou omissões praticados com preterição dos deveres legais ou contratuais, salvo se provarem que procederam sem culpa.

2. Não são responsáveis pelos danos resultantes de uma deliberação colegial os gerentes, administradores ou directores que nela não tenham participado ou hajam votado vencidos, podendo neste caso fazer lavrar no prazo de cinco dias a sua declaração de voto, quer no respectivo livro de actas, quer em escrito dirigido ao órgão de fiscalização, se o houver, quer perante notário.

3. O gerente, administrador ou director que não tenha exercido o direito de oposição conferido por lei, quando estava em condições de o exercer, responde solidariamente pelos actos a que poderia ter-se oposto.

4. A responsabilidade dos gerentes, administradores ou directores para com a sociedade não tem lugar quando o acto ou omissão assente em deliberação dos sócios, ainda que anulável.

5. Nas sociedades que tenham órgão de fiscalização o parecer favorável ou o consentimento deste não exoneram de responsabilidade os membros da administração.

Art. 73.º (Solidariedade na responsabilidade)

1. A responsabilidade dos fundadores, gerentes, administradores ou directores é solidária.

2. O direito de regresso existe na medida das respectivas culpas e das consequências que delas advierem, presumindo-se iguais as culpas das pessoas responsáveis.

Art. 74.º (Cláusulas nulas. Renúncia e transacção)
1. É nula a cláusula, inserta ou não em contrato de sociedade, que exclua ou limite a responsabilidade dos fundadores, gerentes, administradores ou directores, ou que subordine o exercício da acção social de responsabilidade, quando intentada nos termos do artigo 77.º, a prévio parecer ou deliberação dos sócios, ou que torne o exercício da acção social dependente de prévia decisão judicial sobre a existência de causa de responsabilidade ou de destituição de responsável.
2. A sociedade só pode renunciar ao seu direito de indemnização ou transigir sobre ele mediante deliberação expressa dos sócios, sem voto contrário de uma minoria que represente pelo menos 10% do capital social; os possíveis responsáveis não podem votar nessa deliberação.
3. A deliberação pela qual a assembleia geral aprove as contas ou a gestão dos gerentes, administradores ou directores não implica renúncia aos direitos de indemnização da sociedade contra estes, salvo se os factos constitutivos da responsabilidade houverem sido expressamente levados ao conhecimento dos sócios antes da aprovação e esta tiver obedecido aos requisitos de voto exigidos pelo número anterior.

Art. 75.º (Acção da sociedade)
1. A acção de responsabilidade proposta pela sociedade depende de deliberação dos sócios, tomada por simples maioria, e deve ser proposta no prazo de seis meses a contar da referida deliberação; para o exercício do direito de indemnização podem os sócios designar representantes especiais.
2. Na assembleia que aprecie as contas de exercício e embora tais assuntos não constem da convocatória, podem ser tomadas deliberações sobre a acção de responsabilidade e sobre a destituição dos gerentes ou administradores que a assembleia considere responsáveis, os quais não podem voltar a ser designados durante a pendência daquela acção.
3. Aqueles cuja responsabilidade estiver em causa não podem votar nas deliberações previstas nos números anteriores.

Art. 76.º (Representantes especiais)
1. Se a sociedade deliberar o exercício do direito de indemnização, o tribunal, a requerimento de um ou mais sócios que possuam, pelo menos, 5% do capital social, nomeará, no respectivo processo, como representante da sociedade pessoa ou pessoas diferentes daquelas a quem cabe normalmente a sua representação, quando os sócios não tenham procedido a tal nomeação ou se justifique a substituição do representante nomeado pelos sócios.

2. Os representantes judiciais nomeados nos termos do número anterior podem exigir da sociedade no mesmo processo, se necessário, o reembolso das despesas que hajam feito e uma remuneração, fixada pelo tribunal.

3. Tendo a sociedade decaído totalmente na acção, a minoria que requerer a nomeação de representantes judiciais é obrigada a reembolsar a sociedade das custas judiciais e das outras despesas provocadas pela referida nomeação.

Art. 77.º (Acção de responsabilidade proposta por sócios)

1. Independentemente do pedido de indemnização dos danos individuais que lhe tenham causado, podem um ou vários sócios que possuam, pelo menos, 5% do capital social propor acção social de responsabilidade contra gerentes, administradores ou directores, com vista à reparação, a favor da sociedade, do prejuízo que esta tenha sofrido, quando a mesma a não haja solicitado.

2. Os sócios podem, no interesse comum, encarregar, à sua custa, um ou alguns deles de os representar para o efeito do exercício do direito social previsto no número anterior.

3. O facto de um ou vários sócios referidos nos números anteriores perderem tal qualidade ou desistirem, no decurso da instância, não obsta ao prosseguimento desta.

4. Quando a acção social de responsabilidade for proposta por um ou vários sócios nos termos dos números anteriores, deve a sociedade ser chamada à causa por intermédio dos seus representantes.

5. Se o réu alegar que o autor propôs a acção prevista neste artigo para prosseguir fundamentalmente interesses diversos dos protegidos por lei, pode requerer que sobre a questão assim suscitada recaia decisão prévia ou que o autor preste caução.

Art. 78.º (Responsabilidade para com os credores sociais)

1. Os gerentes, administradores ou directores respondem para com os credores da sociedade quando, pela inobservância culposa das disposições legais ou contratuais destinados à protecção destes, o património social se torne insuficiente para a satisfação dos respectivos créditos.

2. Sempre que a sociedade ou os sócios o não façam, os credores sociais podem exercer, nos termos dos artigos 606.º a 609.º do Código Civil, o direito de indemnização de que a sociedade seja titular.

3. A obrigação de indemnização não é, relativamente aos credores, excluída pela renúncia ou transacção da sociedade nem pelo facto de o acto ou omissão assentar em deliberação da assembleia geral.

4. No caso de falência da sociedade, os direitos dos credores podem ser exercidos, durante o processo de falência, pela administração da massa falida.

5. Ao direito de indemnização previsto neste artigo é aplicável o disposto nos n.os 2 a 5 do artigo 72.º, no artigo 73.º e no n.º 1 do artigo 74.º

Art. 79.º (Responsabilidade para com os sócios e terceiros)
1. Os gerentes, administradores ou directores respondem também, nos termos gerais, para com os sócios e terceiros pelos danos que directamente lhes causarem no exercício das suas funções.

2. Aos direitos de indemnização previstos neste artigo é aplicável o disposto nos n.os 2 a 5 do artigo 72.º, no artigo 73.º e no n.º 1 do artigo 74.º

Art. 80.º Responsabilidade de outras pessoas com funções de administração)
As disposições respeitantes à responsabilidade dos gerentes, administradores e directores aplicam-se a outras pessoas a quem sejam confiadas funções de administração.

Art. 81.º (Responsabilidade dos membros de órgãos de fiscalização)
1. Os membros de órgãos de fiscalização respondem nos termos aplicáveis das disposições anteriores.

2. Os membros de órgãos de fiscalização respondem solidariamente com os gerentes, administradores ou directores da sociedade por actos ou omissões destes no desempenho dos respectivos cargos quando o dano se não teria produzido se houvessem cumprido as suas obrigações de fiscalização.

Art. 82.º (Responsabilidade dos revisores oficiais de contas)
1. Os revisores oficiais de contas respondem para com a sociedade e os sócios pelos danos que lhes causarem com a sua conduta culposa, sendo-lhes aplicável o artigo 73.º

2. Os revisores oficiais de contas respondem para com os credores da sociedade nos termos previstos no artigo 78.º

Art. 83.º (Responsabilidade solidária do sócio)
1. O sócio que, só por si ou juntamente com outros a quem esteja ligado por acordos parassociais, tenha, por força de disposições do contrato de sociedade, o direito de designar gerente sem que todos os sócios deliberem sobre essa designação responde solidariamente com a pessoa por ele designada, sempre que esta for responsável, nos termos desta lei, para com a sociedade ou os sócios e se verifique culpa na escolha da pessoa designada.
2. O disposto no número anterior é aplicavel também às pessoas colectivas eleitas para cargos sociais, relativamente às pessoas por elas designadas ou que as representem.
3. O sócio que, pelo número de votos de que dispõe, só por si ou por outros a quem esteja ligado por acordos parassociais, tenha a possibilidade de fazer eleger gerente, administrador ou membro do órgão de fiscalização responde solidariamente com a pessoa eleita, havendo culpa na escolha desta, sempre que ela for responsável, nos termos desta lei, para com a sociedade ou os sócios, contanto que a deliberação tenha sido tomada pelos votos desse sócio e dos acima referidos e de menos de metade dos votos dos outros sócios presentes ou representados na assembleia.
4. O sócio que tenha possibilidade, ou por força de disposições contratuais ou pelo número de votos de que dispõe, só por si ou juntamente com pessoas a quem esteja ligado por acordos parassociais, de destituir ou fazer destituir gerente, administrador, director ou membro do órgão de fiscalização e pelo uso da sua influência determine essa pessoa a praticar ou omitir um acto responde solidariamente com ela, caso esta, por tal acto ou omissão, incorra em responsabilidade para com a sociedade ou os sócios, nos termos desta lei.

Art. 84.º (Responsabilidade do sócio único)
1. Sem prejuízo da aplicação do disposto no artigo anterior e também do disposto quanto a sociedades coligadas, se for declarada falida uma sociedade reduzida a um único sócio, este responde ilimitadamente pelas obrigações sociais contraídas no período posterior à concentração das quotas ou das acções, contanto que se prove que nesse período não foram observados os preceitos da lei que estabelecem a afectação do património da sociedade ao cumprimento das respectivas obrigações.
2. O disposto no número anterior é aplicável ao período de duração da referida concentração, caso a falência ocorra depois de ter sido reconstituída a pluralidade de sócios.

CAPÍTULO VIII. Alterações do contrato

SECÇÃO I. Alterações em geral

Art. 85.º (Deliberação de alteração)

1. A alteração do contrato de sociedade, quer por modificação ou supressão de alguma das suas cláusulas quer por introdução de nova cláusula, só pode ser deliberada pelos sócios, salvo quando a lei permita atribuir cumulativamente essa competência a algum outro órgão.

2. A deliberação de alteração do contrato de sociedade será tomada em conformidade com o disposto para cada tipo de sociedade.

3. A alteração do contrato de sociedade deliberada nos termos dos números anteriores deve ser consignada em escritura pública, a não ser que:

a) A deliberação conste de acta lavrada por notário e não respeite a aumento de capital;

b) A deliberação conste de acta lavrada pelo secretário da sociedade e não respeite a alteração do montante do capital ou do objecto da sociedade.

4. Qualquer membro da administração tem o dever de outorgar a escritura exigida pelo número anterior, com a maior brevidade, sem dependência de especial designação pelos sócios.

Nota. A redacção do n.º 3 foi introduzida pelo art. 1.º do DL n.º 36/2000, de 14 de Março.

Art. 86.º (Protecção de sócios)

1. Só por unanimidade pode ser atribuído efeito retroactivo à alteração do contrato de sociedade e apenas nas relações entre sócios.

2. Se a alteração envolver o aumento das prestações impostas pelo contrato aos sócios, esse aumento é ineficaz para os sócios que nele não tenham consentido.

SECÇÃO II. Aumento do capital

Art. 87.º (Requisitos da deliberação)

1. A deliberação de aumento do capital deve mencionar expressamente:

a) A modalidade do aumento do capital;
b) O montante do aumento do capital;
c) O montante nominal das novas participações;
d) A natureza das novas entradas;
e) O ágio, se o houver;

f) Os prazos dentro dos quais as entradas devem ser efectuadas, sem prejuízo do disposto no artigo 89.°;

g) As pessoas que participarão nesse aumento.

2. Para cumprimento do disposto na alínea *g)* do número anterior, bastará, conforme os casos, mencionar que participarão os sócios que exerçam o seu direito de preferência, ou que participarão só os sócios, embora sem aquele direito, ou que será efectuada subscrição pública

3. Não pode ser deliberado aumento de capital na modalidade de novas entradas enquanto não estiver definitivamente registado um aumento anterior nem estiverem vencidas todas as prestações de capital, inicial ou proveniente de anterior aumento.

Art. 88.° (Eficácia interna do aumento de capital)
Para todos os efeitos internos, o capital considera-se aumentado e as participações consideram-se constituídas a partir da celebração da escritura pública.

Art. 89.° (Entradas e aquisição de bens)
1. Aplica-se às entradas nos aumentos de capital o preceituado quanto a entradas da mesma natureza na constituição da sociedade, salvo o disposto nos números seguintes.

2. As entradas em espécie devem ser totalmente efectuadas até à celebração da escritura pública ou nesta, se tal forma for necessária para a transmissão dos bens; neste segundo caso, o transmitente outorgará também a escritura.

3. Se a deliberação for omissa quanto à exigibilidade das entradas em dinheiro que a lei permite diferir, são elas exigíveis a partir do registo definitivo do aumento de capital.

4. A deliberação de aumento de capital caduca ao fim de um ano, caso a escritura não possa ser outorgada nesse prazo por falta de realização das entradas, sem prejuízo da indemnização que for devida pelos subscritores faltosos.

Nota. O DL n.° 280/87, de 8 de Julho, suprimiu o n.° 5, incluído neste artigo, na sua redacção original.

Art. 90.° (Fiscalização)
1. O notário que lavrar a escritura deve verificar, pela acta da deliberação e documentos posteriores, se o aumento de capital foi legalmente deliberado e está a ser executado regularmente.

2. O membro da administração que representar a sociedade na escritura deve declarar, sob sua responsabilidade, quais as entradas já rea-

lizadas e que não é exigida pela lei, pelo contrato ou pela deliberação a realização de outras entradas.

Nota. A redacção do n.º 2 foi introduzida pelo DL n.º 280/87, de 8 de Julho.

Art. 91.º (Aumento por incorporação de reservas)

1. A sociedade pode aumentar o seu capital por incorporação de reservas disponíveis para o efeito.

2. Este aumento de capital só pode ser realizado depois de aprovadas as contas do exercício anterior à deliberação, mas, se já tiverem decorrido mais de seis meses sobre essa aprovação, a existência de reservas a incorporar só pode ser aprovada por um balanço especial, organizado e aprovado nos termos prescritos para o balanço anual.

3. O capital da sociedade não pode ser aumentado por incorporação de reservas enquanto não estiverem vencidas todas as prestações do capital, inicial ou aumentado.

4. A deliberação deve mencionar expressamente:
   a) A modalidade do aumento do capital;
   b) O montante do aumento do capital;
   c) As reservas que serão incorporadas no capital.

Art. 92.º (Aumento das participações dos sócios)

1. Ao aumento do capital por incorporação de reservas corresponderá o aumento da participação de cada sócio, proporcionalmente ao valor nominal dela, salvo se, estando convencionado um diverso critério de atribuição de lucros, o contrato o mandar aplicar à incorporação de reservas ou para esta estipular algum critério especial.

2. As quotas ou acções próprias da sociedade participam nesta modalidade de aumento de capital, salvo deliberação dos sócios em contrário.

3. A deliberação de aumento de capital indicará se são criadas novas quotas ou acções ou se é aumentado o valor nominal das existentes; na falta de indicação será aumentado o valor nominal destas.

4. Havendo participações sociais sujeitas a usufruto, este incidirá nos mesmos termos sobre as novas participações ou sobre as existentes, com o valor nominal aumentado.

Art. 93.º (Fiscalização)

1. A escritura pública de aumento de capital por incorporação de reservas deve ser instruída com o balanço que serviu de base à deliberação,

devendo o órgão de administração e, quando deva existir, o órgão de fiscalização da sociedade declarar, na própria escritura ou em documento a ela anexo, não ter conhecimento de que, desde o dia a que se reporta tal balanço até ao dia da escritura, hajam ocorrido diminuições patrimoniais que obstem ao aumento de capital.

2. Havendo novo balanço, devidamente aprovado antes da escritura ou do requerimento do registo do aumento de capital, deve ele ser apresentado.

3. O órgão de administração e, quando deva existir, o órgão de fiscalização devem fazer, no requerimento de registo do aumento de capital ou em documento com ele apresentado, declaração semelhante à referida no n.º 1, com referência à data da apresentação do requerimento.

Nota. Redacção introduzida pelo DL n.º 280/87, de 8 de Julho.

SECÇÃO III. **Redução do capital**

Art. 94.º (Convocatória da assembleia)
1. A convocatória da assembleia geral para redução do capital deve mencionar:

a) A finalidade da redução, indicando, pelo menos, se esta se destina à cobertura de prejuízos, a libertação de excesso de capital ou a finalidade especial;

b) A forma da redução, mencionando se será reduzido o valor nominal das participações ou se haverá reagrupamento ou extinção de participações.

2. Devem também ser especificadas as participações sobre as quais a operação incidirá, no caso de ela não incidir igualmente sobre todas.

Art. 95.º (Autorizacão judicial)
1. A redução do capital não pode ser consignada em escritura pública nem inscrita no registo comercial sem que primeiro a sociedade obtenha autorização judicial, nos termos do Código de Processo Civil.

2. A autorização judicial não deve ser concedida se a situação líquida da sociedade não ficar excedendo o novo capital em, pelo menos, 20%.

3. A autorização judicial é, porém, dispensada se a redução for apenas destinada à cobertura de perdas.

4. No caso do número anterior:

a) A deliberação de redução deve ser registada e publicada;

b) Os sócios não ficam exonerados das suas obrigações de liberação do capital;

c) Pode qualquer credor social, até 30 dias depois de publicada a deliberação de redução, requerer ao tribunal que a distribuição de reservas disponíveis ou dos lucros de exercício seja proibida ou limitada, durante um período a fixar, a não ser que o crédito do requerente seja satisfeito, se já for exigível, ou adequadamente garantido;

d) Antes de decorrido o prazo concedido aos credores sociais pela alínea anterior, não pode a sociedade efectuar as distribuições nela mencionadas; a mesma proibição vale a partir do conhecimento pela sociedade do requerimento de algum credor.

Art. 96.º (Ressalva do capital mínimo)

1. É permitido deliberar a redução do capital a um montante inferior ao mínimo estabelecido nesta lei para o respectivo tipo de sociedade se tal redução ficar expressamente condicionada à efectivação de aumento do capital para montante igual ou superior àquele mínimo, a realizar nos 60 dias seguintes àquela deliberação.

2. O disposto nesta lei sobre capital mínimo não obsta a que a deliberação de redução seja válida se, simultaneamente, for deliberada a transformação da sociedade para um tipo que possa legalmente ter um capital do montante reduzido.

CAPÍTULO IX. Fusão de sociedades

Art. 97.º (Noção. Modalidades)

1. Duas ou mais sociedades, ainda que de tipo diverso, podem fundir-se mediante a sua reunião numa só.

2. As sociedades dissolvidas podem fundir-se com outras sociedades, dissolvidas ou não, ainda que a liquidação seja feita judicialmente, se preencherem os requisitos de que depende o regresso ao exercício da actividade social.

3. Não é permitido a uma sociedade fundir-se a partir do requerimento para apresentação à falência e convocação de credores, previsto no artigo 1140.º, n.º 1, do Código de Processo Civil, e do requerimento de

declaração de falência ou da participação, previstos no artigo 1177.º do mesmo Código.

4. A fusão pode realizar-se:

a) Mediante a transferência global do património de uma ou mais sociedades para outra e a atribuição aos sócios daquelas de partes, acções ou quotas desta;

b) Mediante a constituição de uma nova sociedade, para a qual se transferem globalmente os patrimónios das sociedades fundidas, sendo aos sócios destas atribuídas partes, acções ou quotas da nova sociedade.

5. Além das partes, acções ou quotas da sociedade incorporante ou da nova sociedade referidas no número anterior, podem ser atribuídas aos sócios da sociedade incorporada ou das sociedades fundidas quantias em dinheiro que não excedam 10% do valor nominal das participações que lhes forem atribuídas.

Nota. Os artigos do Código do Processo Civil citados no n.º 3 foram revogados pelo DL n.º 132/93 de 23 de Abril, que aprovou o Código dos Processos Especiais de Recuperação da Empresa e de Falência. A matéria está hoje regulada no Código da Insolvência e da Recuperação de Empresas, aprovado pelo DL n.º 53/2004, de 18 de Março, e alterado pelo DL n.º 200/2004, de 18 de Agosto.

Art. 98.º (Projecto de fusão)

1. As administrações das sociedades que pretendam fundir-se elaborarão, em conjunto, um projecto de fusão donde constem, além de outros elementos necessários ou convenientes para o perfeito conhecimento da operação visada, tanto no aspecto jurídico, como no aspecto económico:

a) A modalidade, os motivos, as condições e os objectivos da fusão, relativamente a todas as sociedades participantes;

b) A firma, a sede, o montante do capital e o número e data da inscrição do registo comercial de cada uma das sociedades;

c) A participação que alguma das sociedades tenha no capital de outra;

d) Balanços das sociedades intervenientes, especialmente organizados, donde conste designadamente o valor dos elementos do activo e do passivo a transferir para a sociedade incorporante ou para a nova sociedade;

e) As partes, acções ou quotas a atribuir aos sócios da sociedade a incorporar nos termos da alínea *a*) do n.º 4 do artigo anterior ou das sociedades a fundir nos termos da alínea *b*) desse número e, se as houver, as quantias em dinheiro a atribuir aos mesmos sócios, especificando-se a relação de troca das participações sociais;

f) O projecto de alteração a introduzir no contrato da sociedade incorporante ou o projecto de contrato da nova sociedade;

g) As medidas de protecção dos direitos de terceiros não sócios a participar nos lucros da sociedade;

h) As modalidades de protecção dos direitos dos credores;

i) A data a partir da qual as operações da sociedade incorporada ou das sociedades a fundir são consideradas, do ponto de vista contabilístico, como efectuadas por conta da sociedade incorporante ou da nova sociedade;

j) Os direitos assegurados pela sociedade incorporante ou pela nova sociedade a sócios da sociedade incorporada ou das sociedades a fundir que possuem direitos especiais;

l) Quaisquer vantagens especiais atribuídas aos peritos que intervenham na fusão e aos membros dos órgãos de administração ou de fiscalização das sociedades participantes na fusão;

m) Nas fusões em que seja anónima a sociedade incorporante ou a nova sociedade, as modalidades de entrega das acções dessas sociedades e a data a partir da qual estas acções dão direito a lucros, bem como as modalidades desse direito.

2. O projecto ou um anexo a este indicará os critérios de avaliação adoptados, bem como as bases de relação de troca referida na alínea *e)* do número anterior.

Art. 99.º (Fiscalização do projecto)

1. A administração de cada sociedade participante na fusão que tenha um órgão de fiscalização deve comunicar-lhe o projecto de fusão e seus anexos, para que sobre eles seja emitido parecer.

2. Além da comunicação referida no número anterior, ou em substituição dela, se se tratar de sociedade que não tenha órgão de fiscalização, a administração de cada sociedade participante na fusão deve promover o exame do projecto de fusão por um revisor oficial de contas ou por uma sociedade de revisores independente de todas as sociedades intervenientes.

3. Se todas ou algumas das sociedades participantes na fusão assim o desejarem, os exames referidos no número anterior poderão ser feitos, quanto a todas elas ou quanto às que nisso tiverem acordado, pelo mesmo revisor ou sociedade de revisores; neste caso, o revisor ou a sociedade deve ser designado, a solicitação conjunta das sociedades interessadas, pela Câmara dos Revisores Oficiais de Contas.

4. Os revisores elaborarão relatórios donde constará o seu parecer fundamentado sobre a adequação e razoabilidade da relação de troca das participações sociais, indicando, pelo menos:

a) Os métodos seguidos na definição da relação de troca proposta;

b) A justificação da aplicação ao caso concreto dos métodos utilizados pelo órgão de administração das sociedades ou pelos próprios revisores, os valores encontrados através de cada um desses métodos, a importância relativa que lhes foi conferida na determinação dos valores propostos e as dificuldades especiais com que tenham deparado nas avaliações a que procederam.

5. Cada um dos revisores pode exigir das sociedades participantes as informações e documentos que julgue necessários, bem como proceder aos exames indispensáveis ao cumprimento das suas funções.

Art. 100.º (Registo do projecto e convocação da assembleia)

1. O projecto de fusão deve ser registado.

2. O projecto de fusão deve ser submetido a deliberação dos sócios de cada uma das sociedades participantes, em assembleia geral, seja qual for o tipo de sociedade; as assembleias são convocadas, depois de efectuado o registo, para se reunirem decorridos, pelo menos, 30 dias sobre a data da publicação da convocatória, nos termos do n.º 4, ou do anúncio, nos termos do n.º 3, conforme o que ocorrer mais tarde.

3. Pela forma determinada para os anúncios sociais, deve ser publicada notícia de ter sido efectuado o registo do projecto de fusão e de que este e a documentação anexa podem ser consultados, na sede de cada sociedade, pelos respectivos sócios e credores sociais e de quais as datas designadas para as assembleias.

4. Sem prejuízo do disposto no número anterior, a notícia por ele exigida deve constar também da convocatória da assembleia publicada nos termos do n.º 1 do artigo 167.º

Nota. A redacção do n.º 4 foi introduzida pelo art. 17.º do DL n.º 111/2005, de 8 de Julho.

Art. 101.º (Consulta de documentos)

A partir da publicação do aviso exigido pelo artigo anterior, os sócios e credores de qualquer das sociedades participantes na fusão têm o direito de consultar, na sede de cada uma delas, os seguintes documentos e de obter, sem encargos, cópia integral destes:

a) Projecto de fusão;

b) Relatório e pareceres elaborados por órgãos da sociedade e por peritos;

c) Contas, relatórios dos órgãos de administração, relatórios e pareceres dos órgãos de fiscalização e deliberações de assembleias gerais sobre essas contas, relativamente aos três últimos exercícios.

Art. 102.º (Reunião da assembleia)

1. Reunida a assembleia, a administração começará por declarar expressamente se desde a elaboração do projecto de fusão houve mudança relevante nos elementos de facto em que ele se baseou e, no caso afirmativo, quais as modificações do projecto que se tornam necessárias.

2. Tendo havido mudança relevante, nos termos do número anterior, a assembleia delibera se o processo de fusão deve ser renovado ou se prossegue na apreciação da proposta.

3. A proposta apresentada às várias assembleias deve ser rigorosamente idêntica; qualquer modificação introduzida pela assembleia considera-se rejeição da proposta, sem prejuízo da renovação desta.

4. Qualquer sócio pode, na assembleia, exigir as informações sobre as sociedades participantes que forem indispensáveis para se esclarecer acerca da proposta de fusão.

Art. 103.º (Deliberação)

1. A deliberação é tomada, na falta de disposição especial, nos termos prescritos para a alteração do contrato de sociedade.

2. A deliberação só pode ser executada depois de obtido o consentimento dos sócios prejudicados quando:

a) Aumentar as obrigações de todos ou alguns dos sócios;

b) Afectar direitos especiais de que sejam titulares alguns sócios;

c) Alterar a proporção das suas participações sociais em face dos restantes sócios da mesma sociedade, salvo na medida em que tal alteração resulte de pagamentos que lhes sejam exigidos para respeitar disposições legais que imponham valor mínimo ou certo de cada unidade de participação.

3. Se alguma das sociedades participantes tiver várias categorias de acções, a deliberação de fusão da respectiva assembleia geral só é eficaz depois de aprovada pela assembleia especial de cada categoria.

Art. 104.º (Participação de uma sociedade no capital de outra)

1. No caso de alguma das sociedades possuir participação no capital de outra, não pode dispor de número de votos superior à soma dos que competem a todos os outros sócios.

2. Para os efeitos do número anterior, aos votos da sociedade somam-se os votos de outras sociedades que com aquela se encontrem em relação de domínio ou de grupo, bem como os votos de pessoas que actuem em nome próprio, mas por conta de alguma dessas sociedades.

3. Por efeito de fusão por incorporação, a sociedade incorporante não recebe partes, acções ou quotas de si própria em troca de partes, acções ou quotas na sociedade incorporada de que sejam titulares aquela ou esta sociedade ou ainda pessoas que actuem em nome próprio, mas por conta de uma ou de outra dessas sociedades.

Art. 105.º (Direito de exoneração dos sócios)

1. Se a lei ou o contrato de sociedade atribuir ao sócio que tenha votado contra o projecto de fusão o direito de se exonerar, pode o sócio exigir, nos 30 dias subsequentes à data da publicação prescrita no n.º 1 do artigo 107.º, que a sociedade adquira ou faça adquirir a sua participação social.

2. Salvo estipulação diversa do contrato de sociedade ou acordo das partes, a contrapartida da aquisição deve ser calculada nos termos do artigo 1021.º do Código Civil, com referência ao momento da deliberação de fusão, por um revisor oficial de contas designado por mútuo acordo ou, na falta deste, pelo tribunal. É lícito a qualquer das partes requerer segunda avaliação, nos termos do Código de Processo Civil.

3. O disposto na parte final do número anterior é também aplicável quando a sociedade não tiver oferecido uma contrapartida ou a não tiver oferecido regularmente; o prazo começará a contar-se, nestas hipóteses, depois de decorridos vinte dias sobre a data em que o sócio exigir à sociedade a aquisição da sua participação social.

4. O direito de o sócio alienar por outro modo a sua participação social não é afectado pelo estatuído nos números anteriores nem a essa alienação, quando efectuada no prazo aí fixado, obstam as limitações prescritas pelo contrato de sociedade.

Art. 106.º (Escritura de fusão)

1. Aprovada a fusão pelas várias assembleias, compete às administrações das sociedades participantes outorgarem a escritura de fusão.

2. Se a fusão se realizar mediante a constituição de nova sociedade, devem observar-se as disposições que regem essa constituição, salvo se outra coisa resultar da sua própria razão de ser.

Art. 107.º (Publicidade da fusão e oposição dos credores)

1. A administração de cada uma das sociedades participantes deve promover o averbamento ao registo do projecto da deliberação que o aprovar, bem como as publicações desta.

2. Dentro dos 30 dias seguintes à última das publicações ordenadas no número anterior, os credores das sociedades participantes cujos créditos sejam anteriores a essa publicação podem deduzir oposição judicial à fusão, com fundamento no prejuízo que dela derive para a realização dos seus direitos.

3. Os credores referidos no número anterior devem ser avisados do seu direito de oposição na publicação prevista no n.º 1 e, se os seus créditos constarem de livros ou documentos da sociedade ou forem por esta de outro modo conhecidos, por carta registada com aviso de recepção.

Art. 108.º (Efeitos da oposição)

1. A oposição judicial deduzida por qualquer credor impede a inscrição definitiva da fusão no registo comercial até que se verifique algum dos seguintes factos:

   a) Haver sido julgada improcedente, por decisão com trânsito em julgado, ou, no caso de absolvição da instância, não ter o opoente intentado nova acção no prazo de 30 dias;

   b) Ter havido desistência do opoente;

   c) Ter a sociedade satisfeito o opoente ou prestado a caução fixada por acordo ou por decisão judicial;

   d) Haverem os opoentes consentido na inscrição;

   e) Terem sido consignadas em depósito as importâncias devidas aos opoentes.

2. Se julgar procedente a oposição, o tribunal determinará o reembolso do crédito do opoente ou, não podendo este exigi-lo, a prestação de caução.

3. O disposto no artigo anterior e nos n.ºs 1 e 2 do presente artigo não obsta à aplicação das cláusulas contratuais que atribuam ao credor o direito à imediata satisfação do seu crédito, se a sociedade devedora se fundir com outra.

Art. 109.º (Credores obrigacionistas)

1. O disposto nos artigos 107.º e 108.º é aplicável aos credores obrigacionistas, com as alterações estabelecidas nos números seguintes.

2. Deverão efectuar-se assembleias dos credores obrigacionistas de cada sociedade para se pronunciarem sobre a fusão, relativamente aos possíveis prejuízos para esses credores; as deliberações devem ser tomadas por maioria absoluta dos obrigacionistas presentes e representados.
3. Se a assembleia não aprovar a fusão, o direito de oposição deve ser exercido colectivamente através de um representante por ela eleito.
4. Os portadores de obrigações ou outros títulos convertíveis em acções ou obrigações com direito de subscrição de acções gozam, relativamente à fusão, dos direitos que lhes tiverem sido atribuídos para essa hipótese; se nenhum direito específico lhes tiver sido atribuído, gozam do direito de oposição, nos termos deste artigo.

Nota. A redacção do n.º 4 foi introduzida pelo art. 1.º do DL n.º 229-B/88, de 4 de Julho.

Art. 110.º (Portadores de outros títulos)
Os portadores de títulos que não sejam acções, mas aos quais sejam inerentes direitos especiais, devem continuar a gozar de direitos pelo menos equivalentes na sociedade incorporante ou na nova sociedade, salvo se:

a) For deliberado em assembleia especial dos portadores de títulos e por maioria absoluta do número de cada espécie de títulos que os referidos direitos podem ser alterados;

b) Todos os portadores de cada espécie de títulos consentirem individualmente na modificação dos seus direitos, caso não esteja prevista, na lei ou no contrato social, a existência de assembleia especial;

c) O projecto de fusão prever a aquisição desses títulos pela sociedade incorporante ou pela nova sociedade e as condições dessa aquisição forem aprovadas, em assembleia especial, pela maioria dos portadores presentes e representados.

Art. 111.º (Registo de fusão)
Decorrido o prazo previsto no artigo 107.º, n.º 2, sem que tenha sido deduzida oposição ou sem que se tenha verificado algum dos factos referidos no artigo 108.º, n.º 1, e outorgada a escritura de fusão, deve a administração de qualquer das sociedades participantes na fusão ou da nova sociedade pedir a inscrição da fusão no registo comercial.

Art. 112.º (Efeitos do registo)
Com a inscrição da fusão no registo comercial:
 a) Extinguem-se as sociedades incorporadas ou, no caso de constituição de nova sociedade, todas as sociedades fundidas, transmitindo-se os seus direitos e obrigações para a sociedade incorporante ou para a nova sociedade;
 b) Os sócios das sociedades extintas tornam-se sócios da sociedade incorporante ou da nova sociedade.

Nota. No seu Acórdão n.º 5/2004, de 2 de Junho de 2004 (DR n.º 144, I-A, de 21 de Junho de 2004), o Supremo Tribunal de Justiça decidiu:
"A extinção, por fusão, de uma sociedade comercial, com efeitos do artigo 112.º, alíneas a) e b), do Código das Sociedades Comerciais, não extingue o procedimento por contra-ordenações praticada anteriormente à fusão nem a coima que lhe tenha sido aplicada".

Art. 113.º (Condição ou termo)
Se a eficácia da fusão estiver sujeita a condição ou termo suspensivos e ocorreram, antes da verificação destes, mudanças relevantes nos elementos de facto em que as deliberações se basearam, pode a assembleia de qualquer das sociedades deliberar que seja requerida a resolução ou a modificação do contrato, ficando a eficácia deste diferida até ao trânsito em julgado da decisão a proferir no processo.

Art. 114.º (Responsabilidade emergente da fusão)
 1. Os membros do órgão de administração e os membros do órgão de fiscalização de cada uma das sociedades participantes são solidariamente responsáveis pelos danos causados pela fusão à sociedade e aos seus sócios e credores, desde que, na verificação da situação patrimonial das sociedades e na conclusão da fusão, não tenham observado a diligência de um gestor criterioso e ordenado.
 2. A extinção de sociedades ocasionada pela fusão não impede o exercício dos direitos de indemnização previstos no número anterior e, bem assim, dos direitos que resultem da fusão a favor delas ou contra elas, considerando-se essas sociedades existentes para esse efeito.

Art. 115.º (Efectivação de responsabilidade no caso de extinção da sociedade)
 1. Os direitos previstos no artigo anterior, quando relativos às sociedades referidas no seu n.º 2, serão exercidos por um representante especial, cuja nomeação pode ser requerida judicialmente por qualquer sócio ou credor da sociedade em causa.

2. O representante especial deve convidar os sócios e credores da sociedade, mediante aviso publicado pela forma prescrita para os anúncios sociais, a reclamar os seus direitos de indemnização, no prazo por ele fixado, não inferior a 30 dias.

3. A indemnização atribuída à sociedade será utilizada para satisfazer os respectivos credores, na medida em que não tenham sido pagos ou caucionados pela sociedade incorporante ou pela nova sociedade, repartindo-se o excedente entre os sócios, de acordo com as regras aplicáveis à partilha do activo de liquidação.

4. Os sócios e os credores que não tenham reclamado tempestivamente os seus direitos não são abrangidos na repartição ordenada no número precedente.

5. O representante especial tem direito ao reembolso das despesas que razoavelmente tenha feito e a uma remuneração da sua actividade; o tribunal, em seu prudente arbítrio, fixará o montante das depesas e da remuneração, bem como a medida em que elas devem ser suportadas pelos sócios e credores interessados.

Art. 116.º (Incorporação de sociedade totalmente pertencente a outra)

1. O preceituado nos artigos anteriores aplica-se, com as excepções estabelecidas nos números seguintes, à incorporação por uma sociedade de outra de cujas partes, quotas ou acções aquela seja a única titular, directamente ou por pessoas que detenham essas participações por conta dela mas em nome próprio.

2. Não são neste caso aplicáveis as disposições relativas à troca de participações sociais, aos relatórios dos órgãos sociais e de peritos da sociedade incorporada e à responsabilidade desses órgãos e peritos.

3. A escritura de fusão pode ser lavrada sem prévia deliberação de assembleias gerais, desde que se verifiquem cumulativamente os seguintes requisitos:

a) No projecto de fusão seja indicado que a escritura será outorgada, sem prévia deliberação de assembleias gerais, caso a respectiva convocação não seja requerida nos termos previstos na alínea *d)* deste número;

b) Tenha sido efectuada a publicidade exigida pelo artigo 100.º com a antecedência mínima de dois meses relativamente à data da escritura;

c) Os sócios tenham podido tomar conhecimento, na sede social, da documentação referida no artigo 101.º, a partir, pelo menos, do 8.º dia seguinte à publicação do projecto de fusão e disso tenham sido avisados no mesmo projecto ou simultaneamente com a comunicação deste;

d) Até quinze dias antes da data marcada para a escritura não tenha sido requerida, por sócios detentores de 5% do capital social, a convocação da assembleia geral para se pronunciar sobre a fusão.

Art. 117.º (Nulidade da fusão)

1. A nulidade da fusão só pode ser declarada por decisão judicial, com fundamento na falta de escritura pública ou na prévia declaração de nulidade ou anulação de alguma das deliberações das assembleias gerais das sociedades participantes.

2. A acção declarativa da nulidade da fusão só pode ser proposta enquanto não tiverem sido sanados os vícios existentes, mas nunca depois de decorridos seis meses a contar da publicação da fusão definitivamente registada ou da publicação da sentença transitada em julgado que declare nula ou anule alguma das deliberações das referidas assembleias gerais.

3. O tribunal não declarará a nulidade da fusão se o vício que a produz for sanado no prazo que fixar.

4. A declaração judicial da nulidade está sujeita à mesma publicidade exigida para a fusão.

5. Os efeitos dos actos praticados pela sociedade incorporante depois da inscrição da fusão no registo comercial e antes da decisão declarativa da nulidade não são afectados por esta, mas a sociedade incorporada é solidariamente responsável pelas obrigações contraídas pela sociedade incorporante durante esse período; do mesmo modo respondem as sociedades fundidas pelas obrigações contraídas pela nova sociedade, se a fusão for declarada nula.

CAPÍTULO X. Cisão de sociedades

Art. 118.º (Noção. Modalidades)

1. É permitido a uma sociedade:

a) Destacar parte do seu património para com ela constituir outra sociedade;

b) Dissolver-se e dividir o seu património, sendo cada uma das partes resultantes destinada a constituir uma nova sociedade;

c) Destacar partes do seu património ou dissolver-se, dividindo o seu património em duas ou mais partes, para as fundir com sociedades já existentes ou com partes do património de outras sociedades, separadas por idênticos processos e com igual finalidade.

2. As sociedades resultantes da cisão podem ser de tipo diferente do da sociedade cindida.

Art. 119.º (Projecto de cisão)
A administração da sociedade a cindir ou, tratando-se de cisão-fusão, as administrações das sociedades participantes, em conjunto, elaborarão um projecto de cisão, donde constem, além dos demais elementos necessários ou convenientes para o perfeito conhecimento da operação visada, tanto no aspecto jurídico como no aspecto económico:

a) A modalidade, os motivos, as condições e os objectivos da cisão relativamente a todas as sociedades participantes;

b) A firma, a sede, o montante do capital e o número e data da matrícula no registo comercial de cada uma das sociedades;

c) A participação que alguma das sociedades tenha no capital de outra;

d) A enumeração completa dos bens a transmitir para a sociedade incorporante ou para a nova sociedade e os valores que lhes são atribuídos;

e) Tratando-se de cisão-fusão, o balanço de cada uma das sociedades participantes, elaborado nos termos do artigo 98.º, n.º 1, alínea *d)*;

f) As partes, quotas ou acções da sociedade incorporante ou da nova sociedade e, se for caso disso, as quantias em dinheiro que serão atribuídas aos sócios da sociedade a cindir, especificando-se a relação de troca das participações sociais, bem como as bases desta relação.

g) As modalidades de entrega das acções representativas do capital das sociedades resultantes da cisão;

h) A data a partir da qual as novas participações concedem o direito de participar nos lucros, bem como quaisquer particularidades relativas a este direito;

i) A data a partir da qual as operações da sociedade cindida são consideradas, do ponto de vista contabilístico, como efectuadas por conta da ou das sociedades resultantes da cisão;

j) Os direitos assegurados pelas sociedades resultantes da cisão aos sócios da sociedade cindida titulares de direitos especiais;

l) Quaisquer vantagens especiais atribuídas aos peritos que intervenham na cisão e aos membros dos órgãos de administração ou de fiscalização das sociedades participantes na cisão;

m) O projecto de alterações a introduzir no contrato da sociedade incorporante ou o projecto de contrato da nova sociedade;

n) As medidas de protecção dos direitos dos credores;

o) As medidas de protecção do direito de terceiros não sócios a participar nos lucros da sociedade;

p) A atribuição da posição contratual da sociedade ou sociedades intervenientes, decorrente dos contratos de trabalho celebrados com os seus trabalhadores, os quais não se extinguem por força da cisão.

Art. 120.º (Disposições aplicáveis)
É aplicável à cisão de sociedades, com as necessárias adaptações, o disposto relativamente à fusão.

Art. 121.º (Exclusão de novação)
A atribuição de dívidas da sociedade cindida à sociedade incorporante ou à nova sociedade não importa novação.

Art. 122.º (Responsabilidade por dívidas)
1. A sociedade cindida responde solidariamente pelas dívidas que, por força da cisão, tenham sido atribuídas à sociedade incorporante ou à nova sociedade.
2. As sociedades beneficiárias das entradas resultantes da cisão respondem solidariamente, até ao valor dessas entradas, pelas dívidas da sociedade cindida anteriores à inscrição da cisão no registo comercial; pode, todavia, convencionar-se que a responsabilidade é meramente conjunta.
3. A sociedade que, por motivo de solidariedade prescrita nos números anteriores, pague dívidas que não lhe hajam sido atribuídas tem direito de regresso contra a devedora principal.

Art. 123.º (Requisitos da cisão simples)
1. A cisão prevista no artigo 118.º, n.º 1, alínea *a)*, não é possível:
   a) Se o valor do património da sociedade cindida se tornar inferior à soma das importâncias do capital social e da reserva legal e não se proceder, antes da cisão ou juntamente com ela, à correspondente redução do capital social;
   b) Se o capital da sociedade a cindir não estiver inteiramente liberado.
2. Nas sociedades por quotas adicionar-se-á, para os efeitos da alínea *a)* do número anterior, a importância das prestações suplementares efectuadas pelos sócios e ainda não reembolsadas.
3. A verificação das condições exigidas nos números precedentes constará expressamente dos pareceres e relatórios dos órgãos de administração e de fiscalização das sociedades, bem como do revisor oficial de contas ou sociedade de revisores.

Art. 124.º (Activo e passivo destacáveis)

1. Na cisão simples só podem ser destacados para a constituição da nova sociedade os elementos seguintes:

a) Participações noutras sociedades, quer constituam a totalidade quer parte das possuídas pela sociedade a cindir, para a formação de nova sociedade cujo exclusivo objecto consista na gestão de participações sociais;

b) Bens que no património da sociedade a cindir estejam agrupados, de modo a formarem uma unidade económica.

2. No caso da alínea *b)* do número anterior, podem ser atribuídas à nova sociedade dívidas que economicamente se relacionem com a constituição ou o funcionamento da unidade aí referida.

Art. 125.º (Redução do capital da sociedade a cindir)

A redução do capital da sociedade a cindir só fica sujeita ao regime geral na medida em que não se contenha no montante global do capital das novas sociedades.

Art. 126.º (Cisão-dissolução. Extensão)

1. A cisão-dissolução prevista no artigo 118.º, n.º 1, da alínea *b),* deve abranger todo o património da sociedade a cindir.

2. Não tendo a deliberação de cisão estabelecido o critério de atribuição de bens ou de dívidas que não constem do projecto definitivo de cisão, os bens serão repartidos entre as novas sociedades na proporção que resultar do projecto de cisão; pelas dívidas responderão solidariamente as novas sociedades.

Nota. A redacção do n.º 2 foi introduzida pelo DL n.º 280/87, de 8 de Julho.

Art. 127.º (Participação na nova sociedade)

Salvo acordo diverso entre os interessados, os sócios da sociedade dissolvida por cisão-dissolução participarão em cada uma das novas sociedades na proporção que lhes caiba na primeira.

Art. 128.º (Requisitos especiais da cisão-fusão)

Os requisitos a que, por lei ou contrato, esteja submetida a transmissão de certos bens ou direitos não são dispensados no caso de cisão-fusão.

Art. 129.º (Constituição de novas sociedades)
1. Na constituição de novas sociedades, por cisões-fusões simultâneas de duas ou mais sociedades, podem intervir apenas estas.
2. A participação dos sócios da sociedade cindida na formação do capital da nova sociedade não pode ser superior ao valor dos bens destacados, líquido das dívidas que convencionalmente os acompanhem.

CAPÍTULO XI. Transformação de sociedades

Art. 130.º (Noção e modalidades)
1. As sociedades constituídas segundo um dos tipos enumerados no artigo 1.º, n.º 2, podem adoptar posteriormente um outro desses tipos, salvo proibição da lei ou do contrato.
2. As sociedades constituídas nos termos dos artigos 980.º e seguintes do Código Civil podem posteriormente adoptar algum dos tipos enumerados no artigo 1.º, n.º 2, desta lei.
3. A transformação de uma sociedade, nos termos dos números anteriores, não importa a dissolução dela, salvo se assim for deliberado pelos sócios.
4. As disposições deste capítulo são aplicáveis às duas espécies de transformação admitidas pelo número anterior.
5. No caso de ter sido deliberada a dissolução, aplicam-se os preceitos legais ou contratuais que a regulam, se forem mais exigentes do que os preceitos relativos à transformação. A nova sociedade sucede automática e globalmente à sociedade anterior.
6. A sociedade formada por transformação, nos termos do n.º 2, sucede automática e globalmente à sociedade anterior.

Art. 131.º (Impedimentos à transformação)
1. Uma sociedade não pode transformar-se:
a) Se o capital não estiver integralmente liberado ou se não estiverem totalmente realizadas as entradas convencionadas no contrato;
b) Se o balanço da sociedade a transformar mostrar que o valor do seu património é inferior à soma do capital e reserva legal;
c) Se a ela se opuserem sócios titulares de direitos especiais que não possam ser mantidos depois da transformação;

d) Se, tratando-se de uma sociedade anónima, esta tiver emitido obrigações convertíveis em acções ainda não totalmente reembolsadas ou convertidas.

2. A oposição prevista na alínea *c)* do número anterior deve ser deduzida por escrito, no prazo fixado no artigo 137.º, n.º 1, pelos sócios titulares de direitos especiais.

3. Correspondendo direitos especiais a certas categorias de acções, a oposição poderá ser deduzida no dobro do prazo referido no número anterior.

Art. 132.º (Relatório e convocação)

1. A administração da sociedade organizará um relatório justificativo da transformação, o qual será acompanhado:

a) Do balanço da sociedade a transformar, que será ou o balanço do último exercício, devidamente aprovado, encerrado menos de seis meses antes da deliberação de transformação, ou um balanço elaborado especialmente para o efeito;

b) Do projecto do contrato pelo qual a sociedade passará a reger-se.

2. Se for apresentado o balanço do último exercício, a administração assegurará, no relatório, que a situação patrimonial da sociedade não sofreu modificações significativas ou indicará as que tiverem ocorrido.

3. Aplica-se, com as necessárias adaptações, o disposto nos artigos 99.º e 101.º, devendo os documentos estar à disposição dos sócios a partir da data de convocação da assembleia geral.

Art. 133.º (Quórum deliberativo)

1. A transformação da sociedade deve ser deliberada pelos sócios, nos termos prescritos para o respectivo tipo de sociedade, neste Código ou no artigo 982.º do Código Civil.

2. Além dos requisitos exigidos pelo número anterior, as deliberações de transformação que importem para todos ou alguns sócios a assunção de responsabilidade ilimitada só são válidas se forem aprovadas pelos sócios que devam assumir essa responsabilidade.

Art. 134.º (Conteúdo das deliberações)

Devem ser deliberadas separadamente:

a) A aprovação do balanço ou da situação patrimonial, nos termos dos n.ºˢ 1 e 2 do artigo 132.º;

b) A aprovação da transformação;

c) A aprovação do contrato pelo qual a sociedade passará a reger-se.

Art. 135.º (Escritura pública de transformação)

1. A transformação deve ser consignada em escritura pública, outorgada pela administração da sociedade.

2. A escritura mencionará a deliberação de transformação, indicará os sócios que se exoneraram e o montante da liquidação das respectivas partes sociais ou quotas, bem como o valor atribuído a cada acção e o montante global pago aos accionistas exonerados, e reproduzirá o novo contrato, identificando os sócios que se mantêm na sociedade e a participação de cada um deles no capital, consoante o que for determinado pelas regras aplicáveis ao tipo de sociedade adoptado.

3. Os outorgantes da escritura declararão sob a sua responsabilidade que:

   a) Os direitos dos sócios exonerados podem ser satisfeitos sem afectação do capital, nos termos do artigo 32.º;

   b) Não houve oposição nos prazos estabelecidos nos n.ºs 2 e 3 do artigo 131.º.

4. A escritura não poderá ser outorgada se, entretanto, o património da sociedade se tiver tornado inferior ao capital.

Art. 136.º (Participações dos sócios)

1. Salvo acordo de todos os sócios interessados, o montante nominal da participação de cada sócio no capital social e a proporção de cada participação relativamente ao capital não podem ser alterados na transformação.

2. Aos sócios de indústria, sendo caso disso, será atribuída a participação do capital que for convencionada, reduzindo-se proporcionalmente a participação dos restantes.

3. O disposto nos números anteriores não prejudica os preceitos legais que imponham um montante mínimo para as participações dos sócios.

Art. 137.º (Protecção dos sócios discordantes)

1. Os sócios que não tenham votado favoravelmente a deliberação de transformação podem exonerar-se da sociedade, declarando-o por escrito, nos 30 dias seguintes à publicação da deliberação.

2. Os sócios que se exonerarem da sociedade, nos termos do n.º 1, receberão o valor da sua participação calculado nos termos do artigo 105.º

3. Findo o prazo de exercício do direito de exoneração dos sócios, a administração da sociedade verificará se é possível dar cumprimento ao

disposto no número anterior sem afectar o capital social, nos termos do artigo 32.º; não o sendo, convocará novamente a assembleia para deliberar sobre a revogação da transformação ou redução do capital.

4. O sócio discordante só se considera exonerado na data da escritura de transformação.

Art. 138.º (Credores obrigacionistas)

Seja qual for o tipo que a sociedade transformada adopte, os direitos dos obrigacionistas anteriormente existentes mantêm-se e continuam a ser regulados pelas normas aplicáveis a essa espécie de credores.

Art. 139.º (Responsabilidade ilimitada de sócios)

1. A transformação não afecta a responsabilidade pessoal e ilimitada dos sócios pelas dívidas sociais anteriormente contraídas.

2. A responsabilidade pessoal e ilimitada dos sócios, criada pela transformação da sociedade, não abrange as dívidas sociais anteriormente contraídas.

Art. 140.º (Direitos incidentes sobre as participações)

Os direitos reais de gozo ou de garantia que, à data da transformação, incidam sobre participações sociais são mantidos nas novas espécies de participações, bastando a escritura de transformação para se efectuarem os averbamentos e registos que forem necessários.

CAPÍTULO XII. Dissolução da sociedade

Art. 141.º (Casos de dissolução imediata)

1. A sociedade dissolve-se nos casos previstos no contrato e ainda:
   a) Pelo decurso do prazo fixado no contrato;
   b) Por deliberação dos sócios;
   c) Pela realização completa do objecto contratual;
   d) Pela ilicitude superveniente do objecto contratual;
   e) Pela declaração de falência da sociedade;

2. No caso da dissolução imediata prevista nas alíneas a), c) e d) do n.º 1, podem os sócios deliberar, por maioria simples dos votos produzidos em assembleia, o reconhecimento da dissolução e, bem assim, pode qualquer sócio, sucessor de sócio, credor da sociedade ou credor

de sócio de responsabilidade ilimitada promover a justificação notarial da dissolução.

Nota. A redacção deste preceito, que já tinha sofrido uma primeira alteração (art. 1.º do DL n.º 162/2002, de 11 de Julho), foi introduzida pelo art. 1.º do DL n.º 19/2005, de 18 de Janeiro.

Art. 142.º (Causas de dissolução por sentença ou deliberação)

1. Pode ser requerida a dissolução judicial da sociedade com fundamento em facto previsto na lei ou no contrato e ainda:

   a) Quando, por período superior a um ano, o número de sócios for inferior ao mínimo exigido por lei, excepto se um dos sócios for o Estado ou entidade a ele equiparada por lei para esse efeito;

   b) Quando a actividade que constitui o objecto contratual se torne de facto impossível;

   c) Quando a sociedade não tenha exercido qualquer actividade durante cinco anos consecutivos;

   d) Quando a sociedade exerça de facto uma actividade não compreendida no objecto contratual.

2. Se a lei nada disser sobre o efeito de um caso previsto como fundamento de dissolução ou for duvidoso o sentido do contrato, entende-se que a dissolução não é imediata.

3. Nos casos previstos no n.º 1 podem os sócios, por maioria absoluta dos votos expressos na assembleia, dissolver a sociedade, com fundamento no facto ocorrido.

4. A deliberação prevista no número anterior pode ser tomada nos seis meses seguintes à ocorrência da causa de dissolução e, a partir dela ou da escritura exigida pelo artigo 145.º, n.º 1, considera-se a sociedade dissolvida, mas, se a deliberação for judicialmente impugnada, a dissolução ocorre na data do trânsito em julgado da sentença.

Nota. A epígrafe e a redacção do n.º 1, alínea *a)*, foram introduzidas pelo DL n.º 280/87, de 8 de Julho.

Art. 143.º (Redução dos sócios a número inferior ao mínimo legal)

1. No caso previsto na alínea *a)* do n.º 1 do artigo anterior, o sócio ou qualquer dos sócios restantes pode requerer ao tribunal que lhe seja concedido um prazo razoável a fim de regularizar a situação, suspendendo-se entretanto a dissolução da sociedade.

2. O juiz, ouvidos os credores da sociedade e ponderadas as razões alegadas pelo sócio, decidirá, podendo ordenar as providências que se mostrarem adequadas para conservação do património social durante aquele prazo.

Art. 144.º (Regime da dissolução judicial)
1. A acção de dissolução deve ser proposta contra a sociedade por algum sócio, credor social, credor de sócio de responsabilidade ilimitada, ou pelo Ministério Público, no caso da alínea d) do n.º 1 do artigo 142.º e noutros em que a lei lhe atribua legitimidade para isso.
2. No caso previsto na alínea d) do n.º 1 do artigo 142.º, a dissolução não será ordenada se, na pendência da acção, o vício for sanado.
3. A acção de dissolução deve ser proposta no prazo de seis meses a contar da data em que o autor tomou conhecimento da ocorrência do facto previsto no contrato como causa de dissolução, mas não depois de decorridos dois anos sobre a verificação do facto.
4. Quando o autor seja o Ministério Público, a acção pode ser proposta em qualquer tempo.

Art. 145.º (Escritura e registo da dissolução)
1. A dissolução da sociedade não carece de ser consignada em escritura pública, nos casos em que tenha sido deliberada pela assembleia geral e a acta da deliberação tenha sido lavrada por notário ou pelo secretário da sociedade.
2. A administração da sociedade ou os liquidatários devem requerer a inscrição da dissolução no registo comercial e qualquer sócio tem esse direito, a expensas da sociedade.
3. Tendo a dissolução judicial da sociedade sido promovida por credor social ou credor de sócio de responsabilidade ilimitada, pode ele requerer o registo, a expensas da sociedade.

Nota. A redacção do n.º 3 foi introduzida pelo art. 1.º do DL n.º 36/2000, de 14 de Março.

CAPÍTULO XIII. Liquidação da sociedade

Art. 146.º (Regras gerais)
1. Salvo quando a lei disponha diferentemente, a sociedade dissolvida entra imediatamente em liquidação, que obedece aos termos dos artigos seguintes; nas hipóteses de falência e de liquidação judicial, deve observar-se também o preceituado nas leis de processo.
2. A sociedade em liquidação mantém a personalidade jurídica e, salvo quando outra coisa resulte das disposições subsequentes ou da modalidade da liquidação, continuam a ser-lhe aplicáveis, com as necessárias adaptações, as disposições que regem as sociedades não dissolvidas.

3. A partir da dissolução, à firma da sociedade deve ser aditada a menção «sociedade em liquidação» ou «em liquidação».

4. O contrato de sociedade pode estipular que a liquidação seja feita judicialmente; o mesmo podem deliberar os sócios com a maioria que for exigida para a alteração do contrato.

5. O contrato de sociedade e as deliberações dos sócios podem regulamentar a liquidação em tudo quanto não estiver disposto nos artigos seguintes.

Art. 147.º (Partilha imediata)

1. Sem prejuízo do disposto no artigo 148.º, se, à data da dissolução, a sociedade não tiver dívidas, podem os sócios proceder imediatamente à partilha dos haveres sociais, pela forma prescrita no artigo 156.º

2. As dívidas de natureza fiscal ainda não exigíveis à data da dissolução não obstam à partilha nos termos do número anterior, mas por essas dívidas ficam ilimitada e solidariamente responsáveis todos os sócios, embora reservem, por qualquer forma, as importâncias que estimarem para o seu pagamento.

Art. 148.º (Liquidação por transmissão global)

1. O contrato de sociedade ou uma deliberação dos sócios pode determinar que todo o património, activo e passivo, da sociedade dissolvida seja transmitido para algum ou alguns sócios, inteirando-se os outros a dinheiro, contanto que a transmissão seja precedida de acordo escrito de todos os credores da sociedade.

2. É aplicável o disposto no artigo 147.º, n.º 2.

Art. 149.º (Operações preliminares da liquidação)

1. Antes de ser iniciada a liquidação devem ser organizados e aprovados, nos termos desta lei, os documentos de prestação de contas da sociedade, reportados à data da dissolução.

2. A administração deve dar cumprimento ao disposto no número anterior dentro dos 60 dias seguintes à dissolução da sociedade; caso o não faça, esse dever cabe aos liquidatários.

3. A recusa de entregar aos liquidatários todos os livros, documentos e haveres da sociedade constitui impedimento ao exercício do cargo, para os efeitos dos artigos 1500.º e 1501.º do Código de Processo Civil.

Art. 150.º (Duração da liquidação)

1. A liquidação deve estar encerrada e a partilha aprovada no prazo de três anos, a contar da data em que a sociedade se considere dissolvida, sem prejuízo de prazo inferior convencionado no contrato ou fixado por deliberação dos sócios.
2. O prazo estabelecido no número anterior só pode ser prorrogado por deliberação dos sócios e por tempo não superior a dois anos.
3. Não estando a liquidação encerrada e a partilha aprovada nos prazos resultantes dos números anteriores, passam a ser feitas judicialmente.

Art. 151.º (Liquidatários)

1. Salvo cláusula do contrato de sociedade ou deliberação em contrário, os membros da administração da sociedade passam a ser liquidatários desta a partir do momento em que ela se considere dissolvida.
2. Em qualquer momento e sem dependência de justa causa, podem os sócios deliberar a destituição de liquidatários, bem como nomear novos liquidatários, em acréscimo ou em substituição dos existentes.
3. O conselho fiscal, qualquer sócio ou credor da sociedade pode requerer a destituição judicial de liquidatário, com fundamento em justa causa.
4. Não havendo nenhum liquidatário, pode o conselho fiscal, qualquer sócio ou credor da sociedade requerer a nomeação judicial.
5. Uma pessoa colectiva não pode ser nomeada liquidatário, exceptuadas as sociedades de advogados ou de revisores oficiais de contas.
6. Sem prejuízo de cláusula do contrato de sociedade ou de deliberação em contrário, havendo mais de um liquidatário, cada um tem poderes iguais e independentes para os actos de liquidação, salvo quanto aos de alienação de bens da sociedade, para os quais é necessária a intervenção de, pelo menos, dois liquidatários.
7. As deliberações de nomeação ou destituição de liquidatários, e bem assim a concessão de algum dos poderes referidos no artigo 152.º, n.º 2, devem ser inscritos no registo comercial.
8. As funções dos liquidatários terminam com a extinção da sociedade, sem prejuízo, contudo, do disposto nos artigos 162.º a 164.º
9. A remuneração dos liquidatários é fixada por deliberação dos sócios e constitui encargo da liquidação.

Art. 152.º (Deveres, poderes e responsabilidade dos liquidatários)
1. Com ressalva das disposições legais que lhes sejam especialmente aplicáveis e das limitações resultantes da natureza das suas funções, os liquidatários têm, em geral, os deveres, os poderes e a responsabilidade dos membros do órgão de administração da sociedade.
2. Por deliberação dos sócios pode o liquidatário ser autorizado a:
 a) Continuar temporariamente a actividade anterior da sociedade;
 b) Contrair empréstimos necessários à efectivação da liquidação;
 c) Proceder à alienação em globo do património da sociedade;
 d) Proceder ao trespasse do estabelecimento da sociedade.
3. O liquidatário deve:
 a) Ultimar os negócios pendentes;
 b) Cumprir as obrigações da sociedade;
 c) Cobrar os créditos da sociedade;
 d) Reduzir a dinheiro o património residual, salvo o disposto no artigo 156.º, n.º 1;
 e) Propor a partilha dos haveres sociais.

Art. 153.º (Exigibilidade de débitos e créditos da sociedade)
1. Salvo nos casos de falência ou de acordo diverso entre a sociedade e um seu credor, a dissolução da sociedade não torna exigíveis as dívidas desta, mas os liquidatários podem antecipar o pagamento delas, embora os prazos tenham sido estabelecidos em benefício dos credores.
2. Os créditos sobre terceiros e sobre sócios por dívidas não incluídas no número seguinte devem ser reclamados pelos liquidatários, embora os prazos tenham sido estabelecidos em benefício da sociedade.
3. As cláusulas de diferimento da prestação de entradas caducam na data da dissolução da sociedade, mas os liquidatários só poderão exigir dessas dívidas dos sócios as importâncias que forem necessárias para satisfação do passivo da sociedade e das despesas de liquidação, depois de esgotado o activo social, mas sem incluir neste os créditos litigiosos ou considerados incobráveis.

Art. 154.º (Liquidação do passivo social)
1. Os liquidatários devem pagar todas as dívidas da sociedade para as quais seja suficiente o activo social.
2. No caso de se verificarem as circunstâncias previstas no artigo 841.º do Código Civil, devem os liquidatários proceder à consignação em

depósito do objecto da prestação; esta consignação não pode ser revogada pela sociedade, salvo provando que a dívida se extinguiu por outro facto.

3. Relativamente às dívidas litigiosas, os liquidatários devem acautelar os eventuais direitos do credor por meio de caução, prestada nos termos do Código de Processo Civil.

Art. 155.º (Contas anuais dos liquidatários)
1. Os liquidatários devem prestar, nos três primeiros meses de cada ano civil, contas da liquidação, as quais devem ser acompanhadas por um relatório pormenorizado do estado da mesma.

2. O relatório e as contas anuais dos liquidatários devem ser organizados, apreciados e aprovados nos termos prescritos para os documentos de prestação de contas da administração, com as necessárias adaptações.

Art. 156.º (Partilha do activo restante)
1. O activo restante, depois de satisfeitos ou acautelados, nos termos do artigo 154.º, os direitos dos credores da sociedade, pode ser partilhado em espécie, se assim estiver previsto no contrato ou se os sócios unanimemente o deliberarem.

2. O activo restante é destinado em primeiro lugar ao reembolso do montante das entradas efectivamente realizadas; esse montante é a fracção de capital correspondente a cada sócio, sem prejuízo do que dispuser o contrato para o caso de os bens com que o sócio realizou a entrada terem valor superior àquela fracção nominal.

3. Se não puder ser feito o reembolso integral, o activo existente é distribuído pelos sócios, por forma que a diferença para menos recaia em cada um deles na proporção da parte que lhe competir nas perdas da sociedade; para esse efeito, haverá que ter em conta a parte das entradas devida pelos sócios.

4. Se depois de feito o reembolso integral se registar saldo, este deve ser repartido na proporção aplicável à distribuição de lucros.

5. Os liquidatários podem excluir da partilha as importâncias estimadas para encargos da liquidação até à extinção da sociedade.

Art. 157.º (Relatório, contas finais e deliberação dos sócios)
1. As contas finais dos liquidatários devem ser acompanhadas por um relatório completo da liquidação e por um projecto de partilha do activo restante.

2. Os liquidatários devem declarar expressamente no relatório que estão satisfeitos ou acautelados todos os direitos dos credores e que os respectivos recibos e documentos probatórios podem ser examinados pelos sócios.

3. As contas finais devem ser organizadas de modo a discriminar os resultados das operações de liquidação efectuadas pelos liquidatários e o mapa da partilha, segundo o projecto apresentado.

4. O relatório e as contas finais dos liquidatários devem ser submetidos a deliberação dos sócios, os quais designam o depositário dos livros, documentos e demais elementos da escrituração da sociedade, que devem ser conservados pelo prazo de cinco anos.

Art. 158.º (Responsabilidade dos liquidatários para com os credores sociais)

1. Os liquidatários que, com culpa, nos documentos apresentados à assembleia para os efeitos do artigo anterior indicarem falsamente que os direitos de todos os credores da sociedade estão satisfeitos ou acautelados, nos termos desta lei, são pessoalmente responsáveis, se a partilha se efectivar, para com os credores cujos direitos não tenham sido satisfeitos ou acautelados.

2. Os liquidatários cuja responsabilidade tenha sido efectivada, nos termos do número anterior, gozam de direito de regresso contra os antigos sócios, salvo se tiverem agido com dolo.

Art. 159.º (Entrega dos bens partilhados)

1. Depois da deliberação dos sócios e em conformidade com esta, os liquidatários procederão à entrega dos bens que pela partilha ficam cabendo a cada um; se aos sócios forem atribuídos bens para a transmissão dos quais seja necessária escritura pública ou outra formalidade, os liquidatários outorgarão essa escritura ou executarão essas formalidades.

2. É admitida a consignação em depósito, nos termos gerais.

Art. 160.º (Registo comercial)

1. Os liquidatários devem requerer o registo do encerramento da liquidação.

2. A sociedade considera-se extinta, mesmo entre os sócios e sem prejuízo do disposto nos artigos 162.º a 164.º, pelo registo do encerramento da liquidação.

Art. 161.º (Regresso à actividade)
1. Os sócios podem deliberar, observado o disposto neste artigo, que termine a liquidação da sociedade e esta retome a sua actividade.
2. A deliberação deve ser tomada pelo número de votos que a lei ou o contrato de sociedade exija para a deliberação de dissolução, a não ser que se tenha estipulado para este efeito maioria superior ou outros requisitos.
3. A deliberação não pode ser tomada:

   a) Antes de o passivo ter sido liquidado, nos termos do artigo 154.º, exceptuados os créditos cujo reembolso na liquidação for dispensado expressamente pelos respectivos titulares;

   b) Enquanto se mantiver alguma causa de dissolução;

   c) Se o saldo de liquidação não cobrir o capital social, salvo redução deste.
4. Para os efeitos da alínea *b)* do número anterior, a mesma deliberação pode tomar as providências necessárias para fazer cessar alguma causa de dissolução; nos casos previstos nos artigos 142.º, n.º 1, alínea *a)*, e 464.º, n.º 3, a deliberação só se torna eficaz quando efectivamente tiver sido reconstituído o número legal de sócios; no caso de dissolução por morte do sócio não é bastante, mas necessário, o voto concordante dos sucessores na deliberação referida no n.º 1.
5. Se a deliberação for tomada depois de iniciada a partilha pode exonerar-se da sociedade o sócio cuja participação fique relevantemente reduzida em relação à que, no conjunto, anteriormente detinha, recebendo a parte que pela partilha lhe caberia.

Art. 162.º (Acções pendentes)
1. As acções em que a sociedade seja parte continuam após a extinção desta, que se considera substituída pela generalidade dos sócios, representados pelos liquidatários, nos termos dos artigos 163.º, n.ºs 2, 4 e 5, e 164.º, n.ºs 2 e 5.
2. A instância não se suspende nem é necessária habilitação.

Art. 163.º (Passivo superveniente)
1. Encerrada a liquidação e extinta a sociedade, os antigos sócios respondem pelo passivo social não satisfeito ou acautelado, até ao montante que receberam na partilha, sem prejuízo do disposto quanto a sócios de responsabilidade ilimitada.
2. As acções necessárias para os fins referidos no número anterior podem ser propostas contra a generalidade dos sócios, na pessoa dos

liquidatários, que são considerados representantes legais daqueles para este efeito, incluindo a citação; qualquer dos sócios pode intervir como assistente; sem prejuízo das excepções previstas no artigo 341.º do Código de Processo Civil, a sentença proferida relativamente à generalidade dos sócios constitui caso julgado em relação a cada um deles.

3. O antigo sócio que satisfizer alguma dívida, por força do disposto no n.º 1, tem direito de regresso contra os outros, de maneira a ser respeitada a proporção de cada um nos lucros e nas perdas.

4. Os liquidatários darão conhecimento da acção a todos os antigos sócios, pela forma mais rápida que lhes for possível, e podem exigir destes adequada provisão para encargos judiciais.

5. Os liquidatários não podem escusar-se a funções atribuídas neste artigo; tendo eles falecido, tais funções serão exercidas pelos últimos gerentes, administradores ou directores ou, no caso de falecimento destes, pelos sócios, por ordem decrescente da sua participação no capital da sociedade.

Art. 164.º (Activo superveniente)

1. Verificando-se, depois de encerrada a liquidação e extinta a sociedade, a existência de bens não partilhados, compete aos liquidatários propor a partilha adicional pelos antigos sócios, reduzindo os bens a dinheiro, se não for acordada unanimemente a partilha em espécie.

2. As acções para cobrança de créditos da sociedade abrangidos pelo disposto no número anterior podem ser propostas pelos liquidatários, que, para o efeito, são considerados representantes legais da generalidade dos sócios; qualquer destes pode, contudo, propor acção limitada ao seu interesse.

3. A sentença proferida relativamente à generalidade dos sócios constitui caso julgado para cada um deles e pode ser individualmente executada, na medida dos respectivos interesses.

4. É aplicável o disposto no artigo 163.º, n.º 4.

5. No caso de falecimento dos liquidatários, aplica-se o disposto no artigo 163.º, n.º 5.

Art. 165.º (Liquidação no caso de invalidade do contrato)

1. Declarado nulo ou anulado o contrato de sociedade, devem os sócios proceder à liquidação, nos termos dos artigos anteriores, com as seguintes especialidades:

a) Devem ser nomeados liquidatários, excepto se a sociedade não tiver iniciado a sua actividade;

b) O prazo de liquidação extrajudicial é de dois anos, a contar da declaração de nulidade ou anulação do contrato, e só pode ser prorrogado pelo tribunal;

c) As deliberações dos sócios serão tomadas pela forma prescrita para as sociedades em nome colectivo;

d) A partilha será feita de acordo com as regras estipuladas no contrato, salvo se tais regras forem, em si, mesmas, inválidas;

e) Só haverá lugar a registo de qualquer acto se estiver registada a constituição da sociedade.

2. Nos casos previstos no número anterior qualquer sócio, credor da sociedade ou credor de sócio de responsabilidade ilimitada pode requerer a liquidação judicial, antes de ter sido iniciada a liquidação pelos sócios, ou a continuação judicial da liquidação iniciada, se esta não tiver terminado no prazo legal.

CAPÍTULO XIV. Publicidade de actos sociais

Art. 166.º (Actos sujeitos a registo)
Os actos relativos à sociedade estão sujeitos a registo e publicação nos termos da lei respectiva.

Art. 167.º (Publicações obrigatórias)
1. As publicações obrigatórias devem ser feitas, a expensas da sociedade, em sítio na Internet de acesso público, regulado por portaria do Ministro da Justiça, no qual a informação objecto de publicidade possa ser acedida, designadamente por ordem cronológica.

2. Nas sociedades anónimas os avisos, anúncios e convocações dirigidos aos sócios ou a credores, quando a lei ou o contrato mandem publicá-los, devem ser publicados de acordo com o disposto no número anterior e ainda num jornal da localidade da sede da sociedade ou, na falta deste, num dos jornais aí mais lidos.

Notas. 1. A redacção do n.º 1 foi introduzida pelo art. 17.º do DL n.º 111/2005, de 8 de Julho.
2. A redacção do n.º 2 foi introduzida pelo art. 13.º do DL n.º 486/99, de 13 de Novembro, que aprovou o novo Código dos Valores Mobiliários.
3. Cf. a Portaria n.º 590-A/2005, de 14 de Julho.

Art. 168.º (Falta de registo ou publicação)
1. Os terceiros podem prevalecer-se de actos cujo registo e publicação não tenham sido efectuados, salvo se a lei privar esses actos de todos os efeitos ou especificar para que efeitos podem os terceiros prevalecer-se deles.

2. A sociedade não pode opor a terceiros actos cuja publicação seja obrigatória sem que esta esteja efectuada, salvo se a sociedade provar que o acto está registado e que o terceiro tem conhecimento dele.

3. Relativamente a operações efectuadas antes de terem decorrido dezasseis dias sobre a publicação, os actos não são oponíveis pela sociedade a terceiros que provem ter estado, durante esse período, impossibilitados de tomar conhecimento da publicação.

4. Os actos sujeitos a registo, mas que não devam ser obrigatoriamente publicados, não podem ser opostos pela sociedade a terceiros enquanto o registo não for efectuado.

5. As acções de declaração de nulidade ou de anulação de deliberações sociais não podem prosseguir, enquanto não for feita prova de ter sido requerido o registo; nas acções de suspensão das referidas deliberações a decisão não será proferida enquanto aquela prova não for feita.

Art. 169.º (Responsabilidade por discordâncias de publicidade)

1. A sociedade responde pelos prejuízos causados a terceiros pelas discordâncias entre o teor dos actos praticados, o teor do registo e o teor das publicações, quando delas sejam culpados gerentes, administradores, directores, liquidatários ou representantes.

2. As pessoas que têm o dever de requerer o registo e de proceder às publicações devem igualmente tomar as providências necessárias para que sejam sanadas, no mais breve prazo, as discordâncias entre o acto praticado, o registo e as publicações.

3. No caso de discordância entre o teor do acto constante das publicações e o constante do registo, a sociedade não pode opor a terceiros o texto publicado, mas estes podem prevalecer-se dele, salvo se a sociedade provar que o terceiro tinha conhecimento do texto constante do registo.

Art. 170.º (Eficácia de actos para com a sociedade)

A eficácia para com a sociedade de actos que, nos termos da lei, devam ser-lhe notificados ou comunicados não depende de registo ou de publicação.

Art. 171.º (Menções em actos externos)

1. Sem prejuízo de outras menções exigidas por leis especiais, em todos os contratos, correspondência, publicações, anúncios e de um modo geral em toda a actividade externa, as sociedades devem indicar claramente, além da firma, o tipo, a sede, a conservatória do registo comercial onde se encontrem matriculadas, o seu número de matrícula nessa conservatória o seu

número de identificação de pessoa colectiva e, sendo caso disso, a menção de que a sociedade se encontra em liquidação.

2. As sociedades por quotas, anónimas e em comandita por acções devem ainda indicar o capital social, o montante do capital realizado, se for diverso, e o montante do capital próprio segundo o último balanço aprovado, sempre que este for igual ou inferior a metade do capital social.

3. O disposto no n.º 1 é aplicável às sucursais de sociedades com sede no estrangeiro, devendo estas, para além dos elementos aí referidos, indicar ainda a conservatória do registo comercial onde se encontram matriculadas e o respectivo número de matrícula nessa conservatória.

Notas. 1. A redacção do n.º 1 foi introduzida pelo art. 17.º do DL n.º 111/2005, de 8 de Julho.
2. A redacção do n.º 2 foi introduzida pelo art. 1.º do DL n.º 19/2005, de 18 de Janeiro.
3. O n.º 3 foi aditado pelo art. 1.º do DL n.º 225/92, de 21 de Outubro.

CAPÍTULO XV. Fiscalização pelo Ministério Público

Art. 172.º (Requerimento de liquidação judicial)

Se o contrato de sociedade não tiver sido celebrado na forma legal ou o seu objecto for ou se tornar ilícito ou contrário à ordem pública, deve o Ministério Público requerer, sem dependência de acção declarativa, a liquidação judicial da sociedade, se a liquidação não tiver sido iniciada pelos sócios ou não estiver terminada no prazo legal.

Art. 173.º (Regularização da sociedade)

1. Antes de tomar as providências determinadas no artigo anterior, deve o Ministério Público notificar por ofício a sociedade ou os sócios para, em prazo razoável, regularizarem a situação.

2. A situação das sociedades pode ainda ser regularizada até ao trânsito em julgado da sentença proferida na acção proposta pelo Ministério Público.

3. O disposto nos números anteriores não se aplica quanto a sociedades nulas por o seu objecto ser ilícito ou contrário à ordem pública.

CAPÍTULO XVI. Prescrição

Art. 174.º (Prescrição)

1. Os direitos da sociedade contra os fundadores, os sócios, os gerentes, administradores e directores, os membros do conselho fiscal e do conselho geral, os revisores oficiais de contas e os liquidatários, bem como

os direitos destes contra a sociedade, prescrevem no prazo de cinco anos, contados a partir da verificação dos seguintes factos:

a) O início da mora, quanto à obrigação de entrada de capital ou de prestações suplementares;

b) O termo da conduta dolosa ou culposa do fundador, do gerente, administrador, director, membro do conselho fiscal ou do conselho geral, revisor ou liquidatário ou a sua revelação, se aquela houver sido ocultada, e a produção do dano, sem necessidade de que este se tenha integralmente verificado, relativamente à obrigação de indemnizar a sociedade;

c) A data em que a transmissão de quotas ou acções se torne eficaz para com a sociedade quanto à responsabilidade dos transmitentes;

d) O vencimento de qualquer outra obrigação;

e) A prática do acto em relação aos actos praticados em nome de sociedade irregular por falta de forma ou de registo.

2. Prescrevem no prazo de cinco anos, a partir do momento referido no n.º 1, alínea *b*), os direitos dos sócios e de terceiros, por responsabilidade para com eles de fundadores, gerentes, administradores, membros do conselho fiscal ou do conselho geral, liquidatários, revisores oficiais de contas, bem como de sócios, nos casos previstos nos artigos 82.º e 83.º

3. Prescrevem no prazo de cinco anos, a contar do registo da extinção da sociedade, os direitos de crédito de terceiros contra a sociedade, exercíveis contra os antigos sócios e os exigíveis por estes contra terceiros, nos termos dos artigos 163.º e 164.º, se, por força de outros preceitos, não prescreverem antes do fim daquele prazo.

4. Prescrevem no prazo de cinco anos, a contar da data do registo definitivo da fusão, os direitos de indemnização referidos no artigo 114.º

5. Se o facto ilícito de que resulta a obrigação constituir crime para o qual a lei estabeleça prescrição sujeita a prazo mais longo, será este o prazo aplicável.

TÍTULO II. SOCIEDADES EM NOME COLECTIVO

CAPÍTULO I. Características e contrato

Art. 175.º (Características)

1. Na sociedade em nome colectivo o sócio, além de responder individualmente pela sua entrada, responde pelas obrigações sociais subsidiariamente em relação à sociedade e solidariamente com os outros sócios.

2. O sócio não responde pelas obrigações da sociedade contraídas posteriormente à data em que dela sair, mas responde pelas obrigações contraídas anteriormente à data do seu ingresso.

3. O sócio que, por força do disposto nos números anteriores, satisfizer obrigações da sociedade tem direito de regresso contra os outros sócios, na medida em que o pagamento efectuado exceda a importância que lhe caberia suportar segundo as regras aplicáveis à sua participação nas perdas sociais.

4. O disposto no número anterior aplica-se também no caso de um sócio ter satisfeito obrigações da sociedade, a fim de evitar que contra ele seja intentada execução.

Art. 176.º (Conteúdo do contrato)

1. No contrato de sociedade em nome colectivo devem especialmente figurar:

a) A espécie e a caracterização da entrada de cada sócio, em indústria ou bens, assim como o valor atribuído aos bens;

b) O valor atribuído à indústria com que os sócios contribuam, para o efeito da repartição de lucros e perdas;

c) A parte de capital correspondente à entrada com bens de cada sócio.

2. Não podem ser emitidos títulos representativos de partes sociais.

Art. 177.º (Firma)

1. A firma da sociedade em nome colectivo deve, quando não individualizar todos os sócios, conter, pelo menos, o nome ou firma de um deles, com o aditamento, abreviado ou por extenso, «e Companhia» ou qualquer outro que indique a existência de outros sócios.

2. Se alguém que não for sócio da sociedade incluir o seu nome ou firma na firma social, ficará sujeito à responsabilidade imposta aos sócios no artigo 175.º

Art. 178.º (Sócios de indústria)

1. O valor da contribuição em indústria do sócio não é computado no capital social.

2. Os sócios de indústria não respondem, nas relações internas, pelas perdas sociais, salvo cláusula em contrário do contrato de sociedade.

3. Quando, nos termos da parte final do número anterior, o sócio de indústria responder pelas perdas sociais e por esse motivo contribuir com

capital, ser-lhe-á composta, por redução proporcional das outras partes sociais, uma parte de capital correspondente àquela contribuição.

4. No caso previsto no n.º 3, compete a qualquer dos gerentes outorgar a respectiva escritura de alteração do contrato de sociedade.

Art. 179.º (Responsabilidade pelo valor das entradas)

A verificação das entradas em espécie, determinada no artigo 28.º, pode ser substituída por expressa assunção pelos sócios, no contrato de sociedade, de responsabilidade solidária, mas não subsidiária, pelo valor atribuído aos bens.

Art. 180.º (Proibição de concorrência e de participação noutras sociedades)

1. Nenhum sócio pode exercer, por conta própria ou alheia, actividade concorrente com a da sociedade nem ser sócio de responsabilidade ilimitada noutra sociedade, salvo expresso consentimento de todos os outros sócios.

2. O sócio que violar o disposto no número antecedente fica responsável pelos danos que causar à sociedade; em vez de indemnização por aquela responsabilidade, a sociedade pode exigir que os negócios efectuados pelo sócio, de conta própria, sejam considerados como efectuados por conta da sociedade e que o sócio lhe entregue os proventos próprios resultantes dos negócios efectuados por ele, de conta alheia, ou lhe ceda os seus direitos a tais proventos.

3. Entende-se como concorrente qualquer actividade abrangida no objecto da sociedade, embora de facto não esteja a ser exercida por ela.

4. No exercício por conta própria inclui-se a participação de, pelo menos, 20% no capital ou nos lucros de sociedade em que o sócio assuma responsabilidade limitada.

5. O consentimento presume-se no caso de o exercício da actividade ou a participação noutra sociedade serem anteriores à entrada do sócio e todos os outros sócios terem conhecimento desses factos.

Art. 181.º (Direito dos sócios à informação)

1. Os gerentes devem prestar a qualquer sócio que o requeira informação verdadeira, completa e elucidativa sobre a gestão da sociedade, e bem assim facultar-lhe na sede social a consulta da respectiva escrituração, livros e documentos. A informação será dada por escrito, se assim for solicitado.

2. Podem ser pedidas informações sobre actos já praticados ou sobre actos cuja prática seja esperada, quando estes sejam susceptíveis de fazerem incorrer o seu autor em responsabilidade, nos termos da lei.

3. A consulta da escrituração, livros ou documentos deve ser feita pessoalmente pelo sócio, que pode fazer-se assistir de um revisor oficial de contas ou de outro perito, bem como usar da faculdade reconhecida pelo artigo 576.º do Código Civil.

4. O sócio pode inspeccionar os bens sociais nas condições referidas nos números anteriores.

5. O sócio que utilize as informações obtidas de modo a prejudicar injustamente a sociedade ou outros sócios é responsável, nos termos gerais, pelos prejuízos que lhes causar e fica sujeito a exclusão.

6. No caso de ao sócio ser recusado o exercício dos direitos atribuídos nos números anteriores, pode requerer inquérito judicial nos termos previstos no artigo 450.º

Art. 182.º (Transmissão entre vivos de parte social)

1. A parte de um sócio só pode ser transmitida, por acto entre vivos, com o expresso consentimento dos restantes sócios.

2. A transmissão da parte de um sócio efectua-se por escritura pública quando a sociedade tiver bens imóveis.

3. O disposto nos números anteriores aplica-se à constituição dos direitos reais de gozo ou de garantia sobre a parte do sócio.

4. A transmissão da parte do sócio torna-se eficaz para com a sociedade logo que lhe for comunicada por escrito ou por ela reconhecida expressa ou tacitamente.

Nota. Redacção introduzida pelo art. 1.º do DL n.º 237/2001, de 30 de Agosto.

Art. 183.º (Execução sobre a parte do sócio)

1. O credor do sócio não pode executar a parte deste na sociedade, mas apenas o direito aos lucros e à quota de liquidação.

2. Efectuada a penhora dos direitos referidos no número anterior, o credor, nos quinze dias seguintes à notificação desse facto, pode requerer que a sociedade seja notificada para, em prazo razoável, não excedente a 180 dias, proceder à liquidação da parte.

3. Se a sociedade demonstrar que o sócio devedor possui outros bens suficientes para satisfação da dívida exequenda, a execução continuará sobre esses bens.

4. Se a sociedade provar que a parte do sócio não pode ser liquidada,

por força do disposto no artigo 188.º, prosseguirá a execução sobre o direito aos lucros e à quota de liquidação, mas o credor pode requerer que a sociedade seja dissolvida.

5. Na venda ou adjudicação dos direitos referidos no número anterior gozam do direito de preferência os outros sócios e, quando mais de um o desejar exercer, ser-lhe-ão atribuídos na proporção do valor das respectivas partes sociais.

Art. 184.º (Falecimento de um sócio)

1. Ocorrendo o falecimento de um sócio, se o contrato de sociedade nada estipular em contrário, os restantes sócios ou a sociedade devem satisfazer ao sucessor a quem couberem os direitos do falecido o respectivo valor, a não ser que optem pela dissolução da sociedade e o comuniquem ao sucessor, dentro de 90 dias a contar da data em que tomaram conhecimento daquele facto.

2. Os sócios sobrevivos podem também continuar a sociedade com o sucessor do falecido, se ele prestar para tanto o seu expresso consentimento, o qual não pode ser dispensado no contrato de sociedade.

3. Sendo vários os sucessores da parte do falecido, podem livremente dividi-la entre si ou encabeçá-la nalgum ou nalguns deles.

4. Se algum dos sucessores da parte do falecido for incapaz para assumir a qualidade de sócio, podem os restantes sócios deliberar nos 90 dias seguintes ao conhecimento do facto a transformação da sociedade, de modo que o incapaz se torne sócio de responsabilidade limitada.

5. Na falta da deliberação prevista no número anterior os restantes sócios devem tomar nova deliberação nos 90 dias seguintes, optando entre a dissolução da sociedade e a liquidação da parte do sócio falecido.

6. Se os sócios não tomarem nenhuma das deliberações previstas no número anterior, deve o representante do incapaz requerer judicialmente a exoneração do seu representado ou, se esta não for legalmente possível, a dissolução da sociedade.

7. Dissolvida a sociedade ou devendo a parte do sócio falecido ser liquidada, entende-se que a partir da data da morte do sócio se extinguem todos os direitos e obrigações inerentes à parte social, operando-se a sucessão apenas quanto ao direito ao produto de liquidação da referida parte, reportado àquela data e determinado nos termos previstos no artigo 1021.º do Código Civil.

8. O disposto neste artigo é aplicável ao caso de a parte do sócio falecido compor a meação do seu cônjuge.

Art. 185.º (Exoneração do sócio)
1. Todo o sócio tem o direito de se exonerar da sociedade nos casos previstos na lei ou no contrato e ainda:

a) Se não estiver fixada no contrato a duração da sociedade ou se esta tiver sido constituída por toda a vida de um sócio ou por período superior a 30 anos, desde que aquele que se exonerar seja sócio há, pelo menos, dez anos;

b) Quando ocorra justa causa.

2. Entende-se que há justa causa de exoneração de um sócio quando, contra o seu voto expresso:

a) A sociedade não delibere destituir um gerente, havendo justa causa para tanto;

b) A sociedade não delibere excluir um sócio, ocorrendo justa causa de exclusão;

c) O referido sócio for destituído da gerência da sociedade.

3. Quando o sócio pretenda exonerar-se com fundamento na ocorrência de justa causa, deve exercer o seu direito no prazo de 90 dias a contar daquele em que tomou conhecimento do facto que permite a exoneração.

4. A exoneração só se torna efectiva no fim do ano social em que é feita a comunicação respectiva, mas nunca antes de decorridos três meses sobre esta comunicação.

5. O sócio exonerado tem direito ao valor da sua parte social, calculado nos termos previstos no artigo 105.º, n.º 2, com referência ao momento em que a exoneração se torna efectiva.

Art. 186.º (Exclusão do sócio)
1. A sociedade pode excluir um sócio nos casos previstos na lei e no contrato e ainda:

a) Quando lhe seja imputável violação grave das suas obrigações para com a sociedade, designadamente da proibição de concorrência prescrita pelo artigo 180.º, ou quando for destituído da gerência com fundamento em justa causa que consista em facto culposo susceptível de causar prejuízo à sociedade;

b) Em caso de interdição, inabilitação, declaração de falência ou de insolvência;

c) Quando, sendo o sócio de indústria, se impossibilite de prestar à sociedade os serviços a que ficou obrigado.

2. A exclusão deve ser deliberada por três quartos dos votos dos restantes sócios, se o contrato não exigir maioria mais elevada, nos 90

dias seguintes àquele em que algum dos gerentes tomou conhecimento do facto que permite a exclusão.

3. Se a sociedade tiver apenas dois sócios, a exclusão de qualquer deles, com fundamento nalgum dos factos previstos nas alíneas *a*) e *c*) do n.º 1, só pode ser decretada pelo tribunal.

4. O sócio excluído tem direito ao valor da sua parte social, calculado nos termos previstos no artigo 105.º, n.º 2, com referência ao momento da deliberação de exclusão.

5. Se por força do disposto no artigo 188.º não puder a parte social ser liquidada, o sócio retoma o direito aos lucros e à quota de liquidação até lhe ser efectuado o pagamento.

Art. 187.º (Destino da parte social extinta)

1. Se a extinção da parte social não for acompanhada da correspondente redução do capital, o respectivo valor nominal acrescerá às restantes partes, segundo a proporção entre elas existente, devendo os gerentes outorgar a escritura pública da referida alteração do contrato de sociedade.

2. Pode, porém, estipular-se no contrato de sociedade ou podem os sócios deliberar por unanimidade que seja criada uma ou mais partes sociais, cujo valor nominal total seja igual ao da que foi extinta, mas sempre para imediata transmissão a sócios ou a terceiros.

Art. 188.º (Liquidação da parte)

1. Em caso algum é lícita a liquidação da parte em sociedade ainda não dissolvida se a situação líquida da sociedade se tornasse por esse facto inferior ao montante do capital social.

2. A liquidação da parte efectua-se nos termos previstos no artigo 1021.º do Código Civil, sendo a parte avaliada nos termos do artigo 105.º, n.º 2, com referência ao momento da ocorrência ou eficácia do facto determinante da liquidação.

CAPÍTULO II. Deliberações dos sócios e gerência

Art. 189.º (Deliberações dos sócios)

1. Às deliberações dos sócios e à convocação e funcionamento das assembleias gerais aplica-se o disposto para as sociedades por quotas em tudo quanto a lei ou o contrato de sociedade não dispuserem diferentemente.

2. As deliberações são tomadas por maioria simples dos votos expressos, quando a lei ou o contrato não dispuserem diversamente.

3. Além de outros assuntos mencionados na lei ou no contrato, são necessariamente objecto de deliberação dos sócios a apreciação do relatório de gestão e dos documentos de prestação de contas, a aplicação dos resultados, a resolução sobre a proposição, transacção ou desistência de acções da sociedade contra sócios ou gerentes, a nomeação de gerentes de comércio e o consentimento referido no artigo 180.º, n.º 1.

4. Nas assembleias gerais o sócio só pode fazer-se representar pelo seu cônjuge, por ascendente ou descendente ou por outro sócio, bastando para o efeito uma carta dirigida à sociedade.

5. As actas das reuniões das assembleias gerais devem ser assinadas por todos os sócios, ou seus representantes, que nelas participaram.

Art. 190.º (Direito de voto)

1. A cada sócio pertence um voto, salvo se outro critério for determinado no contrato de sociedade, sem, contudo, o direito de voto poder ser suprimido.

2. O sócio de indústria disporá sempre, pelo menos, de votos em número igual ao menor número de votos atribuídos a sócios de capital.

Art. 191.º (Composição da gerência)

1. Não havendo estipulação em contrário e salvo o disposto no n.º 3, são gerentes todos os sócios, quer tenham constituído a sociedade, quer tenham adquirido essa qualidade posteriormente.

2. Por deliberação unânime dos sócios podem ser designadas gerentes pessoas estranhas à sociedade.

3. Uma pessoa colectiva sócia não pode ser gerente, mas, salvo proibição contratual, pode nomear uma pessoa singular para, em nome próprio, exercer esse cargo.

4. O sócio que tiver sido designado gerente por cláusula especial do contrato de sociedade só pode ser destituído da gerência em acção intentada pela sociedade ou por outro sócio, contra ele e contra a sociedade, com fundamento em justa causa.

5. O sócio que exercer a gerência por força do disposto no n.º 1 ou que tiver sido designado gerente por deliberação dos sócios só pode ser destituído da gerência por deliberação dos sócios, com fundamento em justa causa, salvo quando o contrato de sociedade dispuser diferentemente.

6. Os gerentes não sócios podem ser destituídos da gerência por deliberação dos sócios, independentemente de justa causa.

7. Se a sociedade tiver apenas dois sócios, a destituição de qualquer deles da gerência, com fundamento em justa causa, só pelo tribunal pode ser decidida, em acção intentada pelo outro contra a sociedade.

Nota. A epígrafe e a redacção do artigo foram introduzidas pelo DL n.º 280/87, de 8 de Julho.

Art. 192.º (Competência dos gerentes)

1. A administração e a representação da sociedade competem aos gerentes.

2. A competência dos gerentes, tanto para administrar como para representar a sociedade, deve ser sempre exercida dentro dos limites do objecto social e, pelo contrato, pode ficar sujeita a outras limitações ou condicionamentos.

3. A sociedade não pode impugnar negócios celebrados em seu nome, mas com falta de poderes, pelos gerentes, no caso de tais negócios terem sido confirmados, expressa ou tacitamente, por deliberação unânime dos sócios.

4. Os negócios referidos no número anterior, quando não confirmados, são insusceptíveis de impugnação pelos terceiros neles intervenientes que tinham conhecimento da infracção cometida pelo gerente; o registo ou a publicação do contrato não fazem presumir este conhecimento.

5. A gerência presume-se remunerada; o montante da remuneração de cada gerente, quando não excluída pelo contrato, é fixado por deliberação dos sócios.

Nota. Redacção introduzida pelo DL n.º 280/87, de 8 de Julho.

Art. 193.º (Funcionamento da gerência)

1. Salvo convenção em contrário, havendo mais de um gerente, todos têm poderes iguais e independentes para administrar e representar a sociedade, mas qualquer deles pode opor-se aos actos que outro pretenda realizar, cabendo à maioria dos gerentes decidir sobre o mérito da oposição.

2. A oposição referida no número anterior é ineficaz para com terceiros, a não ser que estes tenham tido conhecimento dela.

Nota. A epígrafe e a redacção do artigo foram introduzidas pelo DL n.º 280/87, de 8 de Julho.

CAPÍTULO III. Alterações do contrato

Art. 194.º (Alterações do contrato)
1. Só por unanimidade podem ser introduzidas quaisquer alterações no contrato de sociedade ou pode ser deliberada a fusão, a cisão, a transformação e a dissolução da sociedade, a não ser que o contrato autorize a deliberação por maioria, que não pode ser inferior a três quartos dos votos de todos os sócios.
2. Também só por unanimidade pode ser deliberada a admissão de novo sócio.

CAPÍTULO IV. Dissolução e liquidação da sociedade

Art. 195.º (Dissolução e liquidação)
1. Além dos casos previstos na lei, a sociedade pode ser dissolvida judicialmente:
a) A requerimento do sucessor do sócio falecido, se a liquidação da parte social não puder efectuar-se por força do disposto no artigo 188.º, n.º 1;
b) A requerimento do sócio que pretenda exonerar-se com fundamento no artigo 185.º, n.º 2, alíneas *a)* e *b),* se a parte social não puder ser liquidada por força do disposto no artigo 188.º, n.º 1.
2. Nos termos e para os fins do artigo 153.º, n.º 3, os liquidatários devem reclamar dos sócios, além das dívidas de entradas, as quantias necessárias para satisfação das dívidas sociais, em proporção da parte de cada um nas perdas; se, porém, algum sócio se encontrar insolvente, será a sua parte dividida pelos demais, na mesma proporção.

Nota. O texto do n.º 2 foi rectificado pelo DL n.º 257/96, de 31 de Dezembro.

Art. 196.º (Regresso à actividade. Oposição de credores)
1. O credor de sócio pode opor-se ao regresso à actividade de sociedade em liquidação, contanto que o faça nos 30 dias seguintes à publicação da respectiva deliberação.
2. A oposição efectua-se por notificação judicial avulsa, requerida no prazo fixado no número anterior; recebida a notificação, pode a sociedade, nos 60 dias seguintes, excluir o sócio ou deliberar a continuação da liquidação.

3. Se a sociedade não tomar nenhuma das deliberações previstas na parte final do número anterior, pode o credor exigir judicialmente a liquidação da parte do seu devedor.

TÍTULO III. SOCIEDADES POR QUOTAS

CAPÍTULO I. Características e contrato

Art. 197.º (Características da sociedade)
1. Na sociedade por quotas o capital está dividido em quotas e os sócios são solidariamente responsáveis por todas as entradas convencionadas no contrato social, conforme o disposto no artigo 207.º
2. Os sócios apenas são obrigados a outras prestações quando a lei ou o contrato, autorizado por lei, assim o estabeleçam.
3. Só o património social responde para com os credores pelas dívidas da sociedade, salvo o disposto no artigo seguinte.

Art. 198.º (Responsabilidade directa dos sócios para com os credores sociais)
1. É lícito estipular no contrato que um ou mais sócios, além de responderem para com a sociedade nos termos definidos no n.º 1 do artigo anterior, respondem também perante os credores sociais até determinado montante; essa responsabilidade tanto pode ser solidária com a da sociedade, como subsidiária em relação a esta e a efectivar apenas na fase da liquidação.
2. A responsabilidade regulada no número precedente abrange apenas as obrigações assumidas pela sociedade enquanto o sócio a ela pertencer e não se transmite por morte deste, sem prejuízo da transmissão das obrigações a que o sócio estava anteriormente vinculado.
3. Salvo disposição contratual em contrário, o sócio que pagar dívidas sociais, nos termos deste artigo, tem direito de regresso contra a sociedade pela totalidade do que houver pago, mas não contra os outros sócios.

Art. 199.º (Conteúdo do contrato)
O contrato de sociedade deve especialmente mencionar:
a) O montante de cada quota de capital e a identificação do respectivo titular;

b) O montante das entradas efectuadas por cada sócio no contrato e o montante das entradas diferidas.

Art. 200.º (Firma)

1. A firma destas sociedades deve ser formada, com ou sem sigla, pelo nome ou firma de todos, algum ou alguns dos sócios, ou por uma denominação particular, ou pela reunião de ambos esses elementos, mas em qualquer caso concluirá pela palavra «Limitada» ou pela abreviatura «L.^{da}».

2. Na firma não podem ser incluídas ou mantidas expressões indicativas de um objecto social que não esteja especificamente previsto na respectiva cláusula do contrato de sociedade.

3. No caso de o objecto contratual da sociedade ser alterado, deixando de incluir actividade especificada na firma, a escritura de alteração do objecto não pode ser outorgada sem que se proceda simultaneamente à modificação da firma.

Art. 201.º (Montante do capital)

A sociedade por quotas não pode ser constituída com um capital inferior a 5000 euros nem posteriormente o seu capital pode ser reduzido a importância inferior a essa.

Notas. 1. Redacção introduzida pelo art. 3.º do DL n.º 343/98, de 6 de Novembro.

2. Nos termos do art. único, n.º 1, do DL n.º 235/2001, de 30 de Agosto, "as sociedades que não tenham procedido ao aumento de capital social até aos montantes mínimos previstos nos artigos 201.º e 276.º, n.º 3, do Código das Sociedades Comerciais devem ser dissolvidas a requerimento do Ministério Público, mediante participação do conservador do registo comercial."

3. Cf. o art. 4.º do DL n.º 339-A/2001, de 28 de Dezembro.

CAPÍTULO II. Obrigações e direitos dos sócios

SECÇÃO I. Obrigação de entrada

Art. 202.º (Entradas)

1. Não são admitidas contribuições de indústria.

2. Só pode ser diferida a efectivação de metade das entradas em dinheiro, mas o quantitativo global dos pagamentos feitos por conta destas, juntamente com a soma dos valores nominais das quotas correspondentes às entradas em espécie, deve perfazer o capital mínimo fixado na lei.

3. A soma das entradas em dinheiro já realizadas deve ser depositada em instituição de crédito, antes de celebrado o contrato, numa conta

aberta em nome da futura sociedade, devendo ser exibido ao notário o comprovativo de tal depósito por ocasião da escritura.

4. O depósito exigido pelo número anterior pode ainda ser comprovado por declaração dos sócios, prestada sob sua responsabilidade.

5. Da conta aberta em nome da sociedade só poderão ser efectuados levantamentos:

a) Depois de o contrato estar definitivamente registado;

b) Depois de outorgada a escritura, caso os sócios autorizem os gerentes a efectuá-los para fins determinados;

c) Para liquidação provocada pela inexistência ou nulidade do contrato ou pela falta de registo.

Nota. A redacção dos n.ºs 3 e 4 foi introduzida pelo DL n.º 280/87, de 8 de Julho; a redacção deste último número foi posteriormente alterada pelo art. 1.º do DL n.º 237/2001, de 30 de Agosto, o qual também deu nova redacção ao actual n.º 5.

Art. 203.º (Tempo das entradas)

1. O pagamento das entradas que a lei não mande efectuar no contrato de sociedade ou no acto de aumento de capital só pode ser diferido para datas certas ou ficar dependente de factos certos e determinados; em qualquer caso, a prestação pode ser exigida a partir do momento em que se cumpra o período de cinco anos sobre a celebração do contrato ou a deliberação de aumento de capital ou se encerre prazo equivalente a metade da duração da sociedade, se este limite for inferior.

2. Salvo acordo em contrário, as prestações por conta das quotas dos diferentes sócios devem ser simultâneas e representar fracções iguais do respectivo montante.

3. Não obstante a fixação de prazos no contrato de sociedade, o sócio só entra em mora depois de interpelado pela sociedade para efectuar o pagamento, em prazo que pode variar entre 30 e 60 dias.

Art. 204.º (Aviso ao sócio remisso e exclusão deste)

1. Se o sócio não efectuar, no prazo fixado na interpelação, a prestação a que está obrigado, deve a sociedade avisá-lo por carta registada de que, a partir do 30.º dia seguinte à recepção da carta, fica sujeito a exclusão e a perda total ou parcial da quota.

2. Não sendo o pagamento efectuado no prazo referido no número anterior e deliberando a sociedade excluir o sócio, deve comunicar-lhe, por carta registada, a sua exclusão, com a consequente perda a favor da sociedade da respectiva quota e pagamentos já realizados, salvo se os sócios, por

sua iniciativa ou a pedido do sócio remisso, deliberarem limitar a perda à parte da quota correspondente à prestação não efectuada; neste caso, deverão ser indicados na declaração dirigida ao sócio os valores nominais da parte perdida por este e da parte por ele conservada.

3. A estas partes não é aplicável o disposto no artigo 219.º, n.º 3, não podendo, contudo, cada uma delas ser inferior a 50 euros.

4. Se, nos termos do n.º 2 deste artigo, tiver sido declarada perdida pelo sócio remisso apenas uma parte da quota, é aplicável à venda dessa parte, à responsabilidade do sócio e à dos anteriores titulares da mesma quota, bem como ao destino das quantias obtidas, o disposto nos artigos seguintes.

Nota. Redacção introduzida pelo art. 3.º do DL n.º 343/98, de 6 de Novembro.

Art. 205.º (Venda da quota do sócio excluído)

1. A sociedade pode fazer vender em hasta pública a quota perdida a seu favor, se os sócios não deliberarem que ela seja vendida a terceiros por modo diverso, mas, neste caso, se o preço ajustado for inferior à soma do montante em dívida com a prestação já efectuada por conta da quota, a venda só pode realizar-se com o consentimento do sócio excluído.

2. Os sócios podem ainda deliberar:

a) Que a quota perdida a favor da sociedade seja dividida proporcionalmente às dos restantes sócios, vendendo-se a cada um deles a parte que assim lhe competir; é aplicável neste caso o n.º 3 do artigo 204.º;

b) Que a mesma quota seja vendida indivisa, ou após divisão não proporcional às restantes quotas, a todos, a alguns ou a um dos sócios; esta deliberação deverá obedecer ao disposto no artigo 265.º, n.º 1, e aos demais requisitos que o contrato de sociedade porventura fixar. Qualquer sócio pode, todavia, exigir que lhe seja atribuída uma parte proporcional à sua quota.

3. Nos casos previstos no número anterior, a sociedade deve comunicar por carta registada ao sócio excluído o preço por que os outros sócios pretendem adquirir a quota. Se o preço total oferecido foi inferior à soma do montante em dívida com o já prestado, pode o sócio excluído declarar à sociedade no prazo de 30 dias que se opõe à execução da deliberação, desde que aquele preço não alcance o valor real da quota, calculado nos termos do artigo 1021.º do Código Civil, com referência ao momento em que a deliberação foi tomada.

4. Na hipótese prevista na segunda parte do número anterior, a deliberação não pode ser executada antes de decorrido o prazo fixado a oposição do sócio excluído e, se esta for deduzida, antes de transitada em julgado a decisão que, a requerimento de qualquer sócio, declare tal oposição ineficaz.

Art. 206.º (Responsabilidade do sócio e dos anteriores titulares da quota)

1. O sócio excluído e os anteriores titulares da quota são solidariamente responsáveis, perante a sociedade, pela diferença entre o produto da venda e a parte da entrada em dívida. Contra o crédito da sociedade não é permitida compensação.

2. O titular anterior que pagar à sociedade ou a um sócio sub-rogado nos termos do artigo seguinte tem o direito de haver do sócio excluído e de qualquer dos antecessores deste o reembolso da importância paga, depois de deduzida a parte que lhe competir. A obrigação de que trata este número é conjunta.

Art. 207.º (Responsabilidade dos outros sócios)

1. Excluído um sócio, ou declarada perdida a favor da sociedade parte da sua quota, são os outros sócios obrigados solidariamente a pagar a parte da entrada que estiver em dívida, quer a quota tenha sido ou não já vendida nos termos dos artigos anteriores; nas relações internas esses sócios respondem proporcionalmente às suas quotas.

2. No caso de aumento do capital, os antigos sócios são obrigados, nos termos do número anterior, a pagar as prestações em dívida respeitantes às novas quotas, e os novos sócios a pagar as prestações em dívida relativas às quotas antigas, mas o antigo sócio, que tiver liberado a sua quota pode desobrigar-se, pondo-a à disposição da sociedade, nos 30 dias seguintes à interpelação para o pagamento. Este direito não pode ser excluído nem limitado no contrato de sociedade.

3. O sócio que tiver efectuado algum pagamento nos termos deste artigo pode sub-rogar-se no direito que assiste à sociedade contra o excluído e seus antecessores, segundo o disposto no artigo 206.º, a fim de obter o reembolso da quantia paga.

4. Se a sociedade não fizer qualquer das declarações a que alude o n.º 2 do artigo 204.º e, por via de execução contra o sócio remisso, não for possível obter o montante em dívida, vale, quanto aos sócios, o disposto na parte aplicável do n.º 1 do presente artigo.

5. Para determinar os outros sócios responsáveis atender-se-á ao tempo da deliberação prevista no n.º 1, e à data da proposição da acção executiva prevista no n.º 4.

Art. 208.º (Aplicação das quantias obtidas na venda da quota)

1. As quantias provenientes da venda da quota do sócio excluído,

deduzidas as despesas correspondentes, pertencem à sociedade até ao limite da importância da entrada em dívida.

2. Pelas forças do excedente, se o houver, deve a sociedade restituir aos outros sócios as quantias por eles desembolsadas, na proporção dos pagamentos feitos; o restante será entregue ao sócio excluído até ao limite da parte da entrada por ele prestada. O remanescente pertence à sociedade.

SECÇÃO II. **Obrigações de prestações acessórias**

Art. 209.º (Obrigações de prestações acessórias)

1. O contrato de sociedade pode impor a todos ou a alguns sócios a obrigação de efectuarem prestações além das entradas, desde que fixe os elementos essenciais desta obrigação e especifique se as prestações devem ser efectuadas onerosa ou gratuitamente. Quando o conteúdo da obrigação corresponder ao de um contrato típico, aplica-se a regulamentação legal própria desse tipo de contrato.

2. Se as prestações estipuladas forem não pecuniárias, o direito da sociedade é intransmissível.

3. No caso de se convencionar a onerosidade, a contraprestação pode ser paga independentemente da existência de lucros de exercício.

4. Salvo disposição contratual em contrário, a falta de cumprimento das obrigações acessórias não afecta a situação do sócio como tal.

5. As obrigações acessórias extinguem-se com a dissolução da sociedade.

SECÇÃO III. **Prestações suplementares**

Art. 210.º (Obrigações de prestações suplementares)

1. Se o contrato de sociedade assim o permitir, podem os sócios deliberar que lhes sejam exigidas prestações suplementares.

2. As prestações suplementares têm sempre dinheiro por objecto.

3. O contrato de sociedade que permita prestações suplementares fixará:

a) O montante global das prestações suplementares;

b) Os sócios que ficam obrigados a efectuar tais prestações;

c) O critério de repartição das prestações suplementares entre os sócios a elas obrigados.

4. A menção referida na alínea *a)* do número anterior é sempre essencial; faltando a menção referida na alínea *b)*, todos os sócios são obrigados a efectuar prestações suplementares; faltando a menção referida na alínea *c)*, a obrigação de cada sócio é proporcional à sua quota de capital.
5. As prestações suplementares não vencem juros.

Art. 211.º (Exigibilidade da obrigação)
1. A exigibilidade das prestações suplementares depende sempre de deliberação dos sócios que fixe o montante tornado exigível e o prazo de prestação, o qual não pode ser inferior a 30 dias a contar da comunicação aos sócios.
2. A deliberação referida no número anterior não pode ser tomada antes de interpelados todos os sócios para integral liberação das suas quotas de capital.
3. Não podem ser exigidas prestações suplementares depois de a sociedade ter sido dissolvida por qualquer causa.

Art. 212.º (Regime da obrigação de efectuar prestações suplementares)
1. É aplicável à obrigação de efectuar prestações suplementares o disposto nos artigos 204.º e 205.º
2. Ao crédito da sociedade por prestações suplementares não pode opor-se compensação.
3. A sociedade não pode exonerar os sócios da obrigação de efectuar prestações suplementares, estejam ou não estas já exigidas.
4. O direito a exigir prestações suplementares é intransmissível e nele não podem sub-rogar-se os credores da sociedade.

Art. 213.º (Restituição das prestações suplementares)
1. As prestações suplementares só podem ser restituídas aos sócios desde que a situação líquida não fique inferior à soma do capital e da reserva legal e o respectivo sócio já tenha liberado a sua quota.
2. A restituição das prestações suplementares depende de deliberação dos sócios.
3. As prestações suplementares não podem ser restituídas depois de declarada a falência da sociedade.
4. A restituição das prestações suplementares deve respeitar a igualdade entre os sócios que as tenham efectuado, sem prejuízo do disposto no n.º 1 deste artigo.

5. Para o cálculo do montante da obrigação vigente de efectuar prestações suplementares não serão computadas as prestações restituídas.

SECÇÃO IV. **Direito à informação**

Art. 214.º (Direito dos sócios à informação)

1. Os gerentes devem prestar a qualquer sócio que o requeira informação verdadeira, completa e elucidativa sobre a gestão da sociedade, e bem assim facultar-lhe na sede social a consulta da respectiva escrituração, livros e documentos. A informação será dada por escrito, se assim for solicitado.

2. O direito à informação pode ser regulamentado no contrato de sociedade, contanto que não seja impedido o seu exercício efectivo ou injustificadamente limitado o seu âmbito; designadamente, não pode ser excluído esse direito quando, para o seu exercício, for invocada suspeita de práticas susceptíveis de fazerem incorrer o seu autor em responsabilidade, nos termos da lei, ou quando a consulta tiver por fim julgar da exactidão dos documentos de prestação de contas ou habilitar o sócio a votar em assembleia geral já convocada.

3. Podem ser pedidas informações sobre actos já praticados ou sobre actos cuja prática seja esperada, quando estes sejam susceptíveis de fazerem incorrer o seu autor em responsabilidade, nos termos da lei.

4. A consulta da escrituração, livros ou documentos deve ser feita pessoalmente pelo sócio, que pode fazer-se assistir de um revisor oficial de contas ou de outro perito, bem como usar da faculdade reconhecida pelo artigo 576.º do Código Civil.

5. O sócio pode inspeccionar os bens sociais nas condições referidas nos números anteriores.

6. O sócio que utilize as informações obtidas de modo a prejudicar injustamente a sociedade ou outros sócios é responsável, nos termos gerais, pelos prejuízos que lhes causar e fica sujeito a exclusão.

7. À prestação de informações em assembleia geral é aplicável o disposto no artigo 290.º

8. O direito à informação conferido nesta secção compete também ao usufrutuário quando, por lei ou convenção, lhe caiba exercer o direito de voto.

Art. 215.º (Impedimento ao exercício do direito do sócio)
1. Salvo disposição diversa do contrato de sociedade, lícita nos termos do artigo 214.º, n.º 2, a informação, a consulta ou a inspecção só podem ser recusadas pelos gerentes quando for de recear que o sócio as utilize para fins estranhos à sociedade e com prejuízo desta e, bem assim, quando a prestação ocasionar violação de segredo imposto por lei no interesse de terceiros.
2. Em caso de recusa de informação ou de prestação de informação presumivelmente falsa, incompleta ou não elucidativa, pode o sócio interessado provocar deliberação dos sócios para que a informação lhe seja prestada ou seja corrigida.

Art. 216.º (Inquérito judicial)
1. O sócio a quem tenha sido recusada a informação ou que tenha recebido informação presumivelmente falsa, incompleta ou não elucidativa pode requerer ao tribunal inquérito à sociedade.
2. O inquérito é regulado pelo disposto nos n.ºs 2 e seguintes do artigo 292.º

SECÇÃO V. **Direito aos lucros**

Art. 217.º (Direito aos lucros do exercício)
1. Salvo diferente cláusula contratual ou deliberação tomada por maioria de três quartos dos votos correspondentes ao capital social em assembleia geral para o efeito convocada, não pode deixar de ser distribuído aos sócios metade do lucro do exercício que, nos termos desta lei, seja distribuível.
2. O crédito do sócio à sua parte dos lucros vence-se decorridos 30 dias sobre a deliberação de atribuição de lucros, salvo diferimento consentido pelo sócio; os sócios podem, contudo, deliberar, com fundamento em situação excepcional da sociedade, a extensão daquele prazo até mais 60 dias.
3. Se, pelo contrato de sociedade, os gerentes ou fiscais tiverem direito a uma participação nos lucros, esta só pode ser paga depois de postos a pagamento os lucros dos sócios.

Nota. Redacção introduzida pelo DL n.º 280/87, de 8 de Julho.

Art. 218.º (Reserva legal)
1. É obrigatória a constituição de um reserva legal.
2. É aplicável o disposto nos artigos 295.º e 296.º, salvo quanto ao limite mínimo de reserva legal, que nunca será inferior a 2 500 euros.

Nota. Redacção introduzida pelo art. 3.º do DL n.º 343/98, de 6 de Novembro.

CAPÍTULO III. Quotas

SECÇÃO I. Unidade, montante e divisão da quota

Art. 219.º (Unidade e montante da quota)
1. Na constituição da sociedade a cada sócio apenas fica a pertencer uma quota, que corresponde à sua entrada.
2. Em caso de divisão de quotas ou de aumento de capital, a cada sócio só pode caber uma nova quota. Na última hipótese, todavia, podem ser atribuídas ao sócio tantas quotas quantas as que já possuía.
3. Os valores nominais das quotas podem ser diversos, mas nenhum pode ser inferior a 100 euros, salvo quando a lei o permitir.
4. A quota primitiva de um sócio e as que posteriormente adquirir são independentes. O titular pode, porém, unificá-las, desde que estejam integralmente liberadas e lhes não correspondam, segundo o contrato de sociedade, direitos e obrigações diversos.
5. A unificação deve ser efectuada por documento particular e deve ser registada e comunicada à sociedade.
6. A medida dos direitos e obrigações inerentes a cada quota determina-se segundo a proporção entre o valor nominal desta e o do capital, salvo se por força da lei ou do contrato houver de ser diversa.
7. Não podem ser emitidos títulos representativos de quotas.

Nota. A actual redacção foi introduzida pelo art. 1.º do DL n.º 257/96, de 31 de Dezembro, pelo art. 3.º do DL n.º 343/98, de 6 de Novembro, e pelo art. 1.º do DL n.º 237/2001, de 30 de Agosto.

Art. 220.º (Aquisição de quotas próprias)
1. A sociedade não pode adquirir quotas próprias não integralmente liberadas, salvo o caso de perda a favor da sociedade, previsto no artigo 204.º
2. As quotas próprias só podem ser adquiridas pela sociedade a título gratuito, ou em acção executiva movida contra o sócio, ou se,

para esse efeito, ela dispuser de reservas livres em montante não inferior ao dobro do contravalor a prestar.

3. São nulas as aquisições de quotas próprias com infracção do disposto neste artigo.

4. É aplicável às quotas próprias o disposto no artigo 324.°

Art. 221.° (Divisão de quotas)
1. Uma quota só pode ser dividida mediante amortização parcial, transmissão parcelada ou parcial, partilha ou divisão entre contitulares, devendo cada uma das quotas resultantes da divisão ter um valor nominal de harmonia com o disposto no artigo 219.°, n.° 3.

2. Os actos que importem divisão de quota devem constar de escritura pública, excepto a partilha ou divisão entre contitulares, que pode constar de documento particular.

3. O contrato pode proibir a divisão de quotas, contanto que da proibição não resulte impedimento à partilha ou divisão entre contitulares por período superior a cinco anos.

4. No caso de divisão mediante transmissão parcelada ou parcial e salvo disposição diversa do contrato de sociedade, a divisão de quotas não produz efeitos para com a sociedade enquanto esta não prestar o seu consentimento; no caso de cessão de parte de quota, o consentimento reporta-se simultaneamente à cessão e à divisão.

5. É aplicável à divisão o disposto na parte final do n.° 2 do artigo 228.°

6. O consentimento para a divisão deve ser dado por deliberação dos sócios.

7. Se o contrato de sociedade for alterado no sentido de a divisão ser excluída ou dificultada, a alteração só é eficaz com o consentimento de todos os sócios por ela afectados.

8. A quota pode também ser dividida mediante deliberação da sociedade, tomada nos termos do artigo 204.°, n.° 2.

Nota. A redacção do n.° 2 foi introduzida pelo art. 1.° do DL n.° 237/2001, de 30 de Agosto.

SECÇÃO II. **Contitularidade da quota**

Art. 222.° (Direitos e obrigações inerentes a quota indivisa)
1. Os contitulares de quota devem exercer os direitos a ela inerentes através de representante comum.

2. As comunicações e declarações da sociedade que interessem aos

contitulares devem ser dirigidas ao representante comum e, na falta deste, a um dos contitulares.

3. Os contitulares respondem solidariamente pelas obrigações legais ou contratuais inerentes à quota.

4. Nos impedimentos do representante comum ou se este puder ser nomeado pelo tribunal, nos termos do artigo 223.°, n.° 3, mas ainda o não tiver sido, quando se apresenta mais de um titular para exercer o direito de voto e não haja acordo entre eles sobre o sentido de voto, prevalecerá a opinião da maioria dos contitulares presentes, desde que representem, pelo menos, metade do valor total da quota e para o caso não seja necessário o consentimento de todos os contitulares, nos termos do n.° 1 do artigo 224.°

Art. 223.° (**Representante comum**)
1. O representante comum, quando não for designado por lei ou disposição testamentária, é nomeado e pode ser destituído pelos contitulares. A respectiva deliberação é tomada por maioria, nos termos do artigo 1407.°, n.° 1, do Código Civil, salvo se outra regra se convencionar e for comunicada à sociedade.

2. Os contitulares podem designar um de entre eles ou o cônjuge de um deles como representante comum; a designação só pode recair sobre um estranho se o contrato de sociedade o autorizar expressamente ou permitir que os sócios se façam representar por estranho nas deliberações sociais.

3. Não podendo obter-se, em conformidade com o disposto nos números anteriores, a nomeação do representante comum, é lícito a qualquer dos contitulares pedi-la ao tribunal da comarca da sede da sociedade; ao mesmo tribunal pode qualquer contitular pedir a destituição, com fundamento em justa causa, do representante comum que não seja directamente designado pela lei.

4. A nomeação e a destituição devem ser comunicadas por escrito à sociedade, a qual pode, mesmo tacitamente, dispensar a comunicação.

5. O representante comum pode exercer perante a sociedade todos os poderes inerentes à quota indivisa, salvo o disposto no número seguinte; qualquer redução desses poderes só é oponível à sociedade se lhe for comunicada por escrito.

6. Excepto quando a lei, o testamento, todos os contitulares ou o tribunal atribuírem ao representante comum poderes de disposição, não lhe é lícito praticar actos que importem extinção, alienação ou oneração da quota, aumento de obrigações e renúncia ou redução dos direitos dos sócios. A atribuição de tais poderes pelos contitulares deve ser comunicada por escrito à sociedade.

Art. 224.º (Deliberação dos contitulares)
1. A deliberação dos contitulares sobre o exercício dos seus direitos pode ser tomada por maioria, nos termos do artigo 1407.º, n.º 1, do Código Civil, salvo se tiver por objecto a extinção, alienação ou oneração da quota, aumento de obrigações, renúncia ou redução dos direitos dos sócios; nestes casos, é exigido o consentimento de todos os contitulares.
2. A deliberação prevista na primeira parte do número anterior não produz efeitos em relação à sociedade, apenas vinculando os contitulares entre si e, para com estes, o representante comum.

SECÇÃO III. **Transmissão da quota**

Art. 225.º (Transmissão por morte)
1. O contrato de sociedade pode estabelecer que, falecendo um sócio, a respectiva quota não se transmitirá aos sucessores do falecido, bem como pode condicionar a transmissão a certos requisitos, mas sempre com observância do disposto nos números seguintes.
2. Quando, por força de disposições contratuais, a quota não for transmitida para os sucessores do sócio falecido, deve a sociedade amortizá-la, adquiri-la ou fazê-la adquirir por sócio ou terceiro; se nenhuma destas medidas for efectivada nos 90 dias subsequentes ao conhecimento da morte do sócio por algum dos gerentes, a quota considera-se transmitida.
3. No caso de se optar pela aquisição da quota, outorgarão na respectiva escritura apenas o representante da sociedade e o adquirente, se for sócio ou terceiro.
4. Salvo estipulação do contrato de sociedade em sentido diferente, à determinação e ao pagamento da contrapartida devida pelo adquirente aplicam-se as correspondentes disposições legais ou contratuais relativas à amortização, mas os efeitos da alienação da quota ficam suspensos enquanto aquela contrapartida não for paga.
5. Na falta de pagamento tempestivo da contrapartida os interessados poderão escolher entre a efectivação do seu crédito e a ineficácia da alienação, considerando-se neste último caso transmitida a quota para os sucessores do sócio falecido a quem tenha cabido o direito àquela contrapartida.

Art. 226.º (Transmissão dependente da vontade dos sucessores)
1. Quando o contrato atribuir aos sucessores do sócio falecido o direito de exigir a amortização da quota ou por algum modo condicionar

a transmissão da quota à vontade dos sucessores e estes não aceitem a transmissão, devem declará-lo por escrito à sociedade, nos 90 dias seguintes ao conhecimento do óbito.

2. Recebida a declaração prevista no número anterior, a sociedade deve, no prazo de 30 dias, amortizar a quota, adquiri-la ou fazê-la adquirir por sócio ou terceiro, sob pena de o sucessor do sócio falecido poder requerer a dissolução judicial da sociedade.

3. É aplicável o disposto no n.º 4 do artigo anterior e no n.º 5 do artigo 240.º

Art. 227.º (Pendência da amortização ou aquisição)

1. A amortização ou a aquisição da quota do sócio falecido efectuada de acordo com o prescrito nos artigos anteriores retrotrai os seus efeitos à data do óbito.

2. Os direitos e obrigações inerentes à quota ficam suspensos enquanto não se efectivar a amortização ou aquisição dela nos termos previstos nos artigos anteriores ou enquanto não decorrerem os prazos ali estabelecidos.

3. Durante a suspensão, os sucessores poderão, contudo, exercer todos os direitos necessários à tutela da sua posição jurídica, nomeadamente votar em deliberações sobre alteração do contrato ou dissolução da sociedade.

Art. 228.º (Transmissão entre vivos e cessão de quotas. Regime geral)

1. A transmissão de quotas entre vivos deve constar de escritura pública, excepto quando ocorrer em processo judicial.

2. A cessão de quotas não produz efeitos para com a sociedade enquanto não for consentida por esta, a não ser que se trate de cessão entre cônjuges, entre ascendentes e descendentes ou entre sócios.

3. A transmissão de quota entre vivos torna-se eficaz para com a sociedade logo que lhe for comunicada por escrito ou por ela reconhecida, expressa ou tacitamente.

Art. 229.º (Cláusulas contratuais)

1. São válidas as cláusulas que proíbam a cessão de quotas, mas os sócios terão, nesse caso, direito à exoneração, uma vez decorridos dez anos sobre o seu ingresso na sociedade.

2. O contrato de sociedade pode dispensar o consentimento desta, quer em geral, quer para determinadas situações.

3. O contrato de sociedade pode exigir o consentimento desta para todas ou algumas das cessões referidas no artigo 228.º, n.º 2, parte final.

4. A eficácia da deliberação de alteração do contrato de sociedade que proíba ou dificulte a cessão de quotas depende do consentimento de todos os sócios por ela afectados.

5. O contrato de sociedade não pode subordinar os efeitos da cessão a requisito diferente do consentimento da sociedade, mas pode condicionar esse consentimento a requisitos específicos, contanto que a cessão não fique dependente:

a) Da vontade individual de um ou mais sócios ou de pessoa estranha, salvo tratando-se de credor e para cumprimento de cláusula de contrato onde lhe seja assegurada a permanência de certos sócios;

b) De quaisquer prestações a efectuar pelo cedente ou pelo cessionário em proveito da sociedade ou de sócios;

c) Da assunção pelo cessionário de obrigações não previstas para a generalidade dos sócios.

6. O contrato de sociedade pode cominar penalidades para o caso de a cessão ser efectuada sem prévio consentimento da sociedade.

Art. 230.º (Pedido e prestação do consentimento)

1. O consentimento da sociedade é pedido por escrito, com indicação do cessionário e de todas as condições da cessão.

2. O consentimento expresso é dado por deliberação dos sócios.

3. O consentimento não pode ser subordinado a condições, sendo irrelevantes as que se estipularem.

4. Se a sociedade não tomar a deliberação sobre o pedido de consentimento nos 60 dias seguintes à sua recepção, a eficácia de cessão deixa de depender dele.

5. O consentimento dado a uma cessão posterior a outra não consentida torna esta eficaz, na medida necessária para assegurar a legitimidade do cedente.

6. Considera-se prestado o consentimento da sociedade quando o cessionário tenha participado em deliberação dos sócios e nenhum deles a impugnar com esse fundamento; para efeitos de registo da cessão, o consentimento tácito prova-se pela acta da deliberação e por certidão do registo comercial donde conste não ter sido intentada em devido tempo a referida impugnação judicial.

Art. 231.º (Recusa do consentimento)

1. Se a sociedade recusar o consentimento, a respectiva comunicação dirigida ao sócio incluirá uma proposta de amortização ou de aquisição da quota; se o cedente não aceitar a proposta no prazo de quinze dias, fica esta sem efeito, mantendo-se a recusa do consentimento.

2. A cessão para a qual o consentimento foi pedido torna-se livre:

a) Se for omitida a proposta referida no número anterior;

b) Se o negócio proposto não for efectivado dentro dos 60 dias seguintes à aceitação;

c) Se a proposta não abranger todas as quotas para cuja cessão o sócio tenha simultaneamente pedido o consentimento da sociedade;

d) Se a proposta não oferecer uma contrapartida em dinheiro igual ao valor resultante do negócio encarado pelo cedente, salvo se a cessão for gratuita ou a sociedade provar ter havido simulação de valor, caso em que deverá propor o valor real da quota, calculado nos termos previstos no artigo 1021.º do Código Civil, com referência ao momento da deliberação;

e) Se a proposta comportar diferimento do pagamento e não for no mesmo acto oferecida garantia adequada.

3. O disposto nos números anteriores só é aplicável se a quota estiver há mais de três anos na titularidade do cedente, do seu cônjuge ou de pessoa a quem tenham, um ou outro, sucedido por morte.

4. Se a sociedade deliberar a aquisição da quota, o direito a adquiri-la é atribuído aos sócios que declarem pretendê-la no momento da respectiva deliberação, proporcionalmente às quotas que então possuírem; se os sócios não exercerem esse direito, pertencerá ele à sociedade.

SECÇÃO IV. **Amortização da quota**

Art. 232.º (Amortização da quota)

1. A amortização de quotas, quando permitida pela lei ou pelo contrato de sociedade, pode ser efectuada nos termos previstos nesta secção.

2. A amortização tem por efeito a extinção da quota, sem prejuízo, porém, dos direitos já adquiridos e das obrigações já vencidas.

3. Salvo no caso de redução do capital, a sociedade não pode amortizar quotas que não estejam totalmente liberadas.

4. Se o contrato de sociedade atribuir ao sócio o direito à amortização da quota, aplica-se o disposto sobre exoneração de sócios.

5. Se a sociedade tiver o direito de amortizar a quota pode, em vez disso, adquiri-la ou fazê-la adquirir por sócio ou terceiro.

6. No caso de se optar pela aquisição, aplica-se o disposto nos n.ºs 3 e 4 e na primeira parte do n.º 5 do artigo 225.º

Art. 233.º (Pressupostos da amortização)

1. Sem prejuízo de disposição legal em contrário, a sociedade só pode amortizar uma quota sem o consentimento do respectivo titular quanto tenha ocorrido um facto que o contrato social considere fundamento de amortização compulsiva.

2. A amortização de uma quota só é permitida se o facto permissivo já figurava no contrato de sociedade ao tempo da aquisição dessa quota pelo seu actual titular ou pela pessoa a quem este sucedeu por morte ou se a introdução desse facto no contrato foi unanimemente deliberada pelos sócios.

3. A amortização pode ser consentida pelo sócio ou na própria deliberação ou por documento anterior ou posterior a esta.

4. Se sobre a quota amortizada incidir direito de usufruto ou de penhor, o consentimento deve também ser dado pelo titular desse direito.

5. Só com consentimento do sócio pode uma quota ser parcialmente amortizada, salvo nos casos previstos na lei.

Art. 234.º (Forma e prazo de amortização)

1. A amortização efectua-se por deliberação dos sócios, baseada na verificação dos respectivos pressupostos legais e contratuais, e torna-se eficaz mediante comunicação dirigida ao sócio por ela afectado.

2. A deliberação deve ser tomada no prazo de 90 dias, contados do conhecimento por algum gerente da sociedade do facto que permite a amortização.

Art. 235.º (Contrapartida da amortização)

1. Salvo estipulação contrária do contrato de sociedade ou acordo das partes, valem as disposições seguintes:

a) A contrapartida da amortização é o valor de liquidação da quota, determinado nos termos do artigo 105.º, n.º 2, com referência ao momento da deliberação.

b) O pagamento da contrapartida é fraccionado em duas prestações, a efectuar dentro de seis meses e um ano, respectivamente, após a fixação definitiva da contrapartida.

2. Se a amortização recair sobre quotas arroladas, arrestadas, penhoradas ou incluídas em massa falida ou insolvente, a determinação e o pagamento da contrapartida obedecerão aos termos previstos nas alíneas *a*) e *b*) do número anterior, salvo se os estipulados no contrato forem menos favoráveis para a sociedade.

3. Na falta de pagamento tempestivo da contrapartida e fora da hipótese prevista no n.º 1 do artigo 236.º, pode o interessado escolher entre a efectivação do seu crédito e a aplicação da regra estabelecida na primeira parte do n.º 4 do mesmo artigo.

Art. 236.º (Ressalva do capital)

1. A sociedade só pode amortizar quotas quando, à data da deliberação, a sua situação líquida, depois de satisfeita a contrapartida da amortização, não ficar inferior à soma do capital e da reserva legal, a não ser que simultaneamente delibere a redução do seu capital.

2. A deliberação de amortização deve mencionar expressamente a verificação do requisito exigido pelo número anterior.

3. Se ao tempo do vencimento da obrigação de pagar a contrapartida da amortização se verificar que, depois de feito este pagamento, a situação líquida da sociedade passaria a ser inferior à soma do capital e da reserva legal, a amortização fica sem efeito e o interessado deve restituir à sociedade as quantias porventura já recebidas.

4. No caso previsto no número anterior, o interessado pode, todavia, optar pela amortização parcial da quota, em proporção do que já recebeu, e sem prejuízo do montante legal mínimo da quota. Pode também optar pela espera do pagamento até que se verifiquem as condições requeridas pelo número anterior, mantendo-se nesta hipótese a amortização.

5. A opção a que se refere o número precedente tem de ser declarada por escrito à sociedade, nos 30 dias seguintes àquele em que ao sócio seja comunicada a impossibilidade do pagamento pelo referido motivo.

Art. 237.º (Efeitos internos e externos quanto ao capital)

1. Se a amortização de uma quota não for acompanhada da correspondente redução de capital, as quotas dos outros sócios serão proporcionalmente aumentadas.

2. Os sócios devem fixar por deliberação o novo valor nominal das quotas, e os gerentes outorgarão a correspondente escritura pública, salvo se a acta daquela deliberação for lavrada por notário.

3. O contrato de sociedade pode, porém, estipular que a quota figure no balanço como quota amortizada, e bem assim permitir que, posteriormente e por deliberação dos sócios, em vez da quota amortizada, sejam criadas uma ou várias quotas, destinadas a serem alienadas a um ou a alguns sócios ou a terceiros.

Art. 238.º (Contitularidade e amortização)
1. Verificando-se, relativamente a um dos contitulares da quota, facto que constitua fundamento de amortização pela sociedade, podem os sócios deliberar que a quota seja dividida, em conformidade com o título donde tenha resultado a contitularidade, desde que o valor nominal das quotas, depois da divisão, não seja inferior a 50 euros.
2. Dividida a quota, a amortização recairá sobre a quota do contitular relativamente ao qual o fundamento da amortização tenha ocorrido; na falta de divisão, não pode ser amortizada toda a quota.

Nota. Redacção do n.º 1 foi introduzida pelo art. 3.º do DL n.º 343/98, de 6 de Novembro.

SECÇÃO V. **Execução da quota**

Art. 239.º (Execução da quota)
1. A penhora de uma quota abrange os direitos patrimoniais a ela inerentes, com ressalva do direito a lucros já atribuídos por deliberação dos sócios à data da penhora e sem prejuízo da penhora deste crédito; o direito de voto continua a ser exercido pelo titular da quota penhorada.
2. A transmissão de quotas em processo executivo ou de liquidação de patrimónios não pode ser proibida ou limitada pelo contrato de sociedade nem está dependente do consentimento desta. Todavia, o contrato pode atribuir à sociedade o direito de amortizar quotas em caso de penhora.
3. A sociedade ou o sócio que satisfaça o exequente fica sub-rogado no crédito, nos termos do artigo 593.º do Código Civil.
4. A decisão judicial que determine a venda da quota em processo de execução, falência ou insolvência do sócio deve ser oficiosamente notificada à sociedade.
5. Na venda ou na adjudicação judicial terão preferência em primeiro lugar os sócios e, depois, a sociedade ou uma pessoa por esta designada.

SECÇÃO VI. **Exoneração e exclusão de sócios**

Art. 240.º (Exoneração de sócio)

1. Um sócio pode exonerar-se da sociedade nos casos previstos na lei e no contrato e ainda quando, contra o voto expresso daquele:

a) A sociedade deliberar um aumento de capital a subscrever total ou parcialmente por terceiros, a mudança do objecto social, a prorrogação da sociedade, a transferência da sede para o estrangeiro, o regresso à actividade da sociedade dissolvida;

b) Havendo justa causa de exclusão de um sócio, a sociedade não deliberar excluí-lo ou não promover a sua exclusão judicial.

2. A exoneração só pode ter lugar se estiverem inteiramente liberadas todas as quotas do sócio.

3. O sócio que queira usar da faculdade atribuída pelo n.º 1 deve, nos 90 dias seguintes ao conhecimento do facto que lhe atribua tal faculdade, declarar por escrito à sociedade a sua intenção de se exonerar. Recebida a declaração do sócio, a sociedade deve, no prazo de 30 dias, amortizar a quota, adquiri-la ou fazê-la adquirir por sócio ou terceiro, sob pena de o sócio poder requerer a dissolução judicial da sociedade.

4. A contrapartida a pagar ao sócio é calculada nos termos do artigo 105.º, n.º 2, com referência à data em que o sócio declare à sociedade a intenção de se exonerar; ao pagamento da contrapartida é aplicável o disposto no artigo 235.º, n.º 1, alínea *b*).

5. Se a contrapartida não puder ser paga em virtude do disposto no artigo 236.º, n.º 1, e o sócio não optar pela espera do pagamento, tem ele direito a requerer a dissolução judicial da sociedade. A mesma faculdade tem o sócio no caso de o adquirente da quota não pagar tempestivamente a contrapartida, sem prejuízo de a sociedade se substituir, o que só poderá fazer observando o disposto no artigo 236.º, n.º 1.

6. O contrato de sociedade não pode, directamente ou pelo estabelecimento de algum critério, fixar valor inferior ao resultante do preceituado no n.º 4 para os casos de exoneração previstos na lei nem admitir a exoneração pela vontade arbitrária do sócio.

Art. 241.º (Exclusão de sócio)

1. Um sócio pode ser excluído da sociedade nos casos e termos previstos na presente lei, bem como nos casos respeitantes à sua pessoa ou ao seu comportamento fixados no contrato.

2. Quando houver lugar à exclusão por força do contrato, são aplicáveis os preceitos relativos à amortização de quotas.

3. O contrato de sociedade pode fixar, para o caso de exclusão, um valor ou um critério para a determinação do valor da quota diferente do preceituado para os casos de amortização de quotas.

Art. 242.º (Exclusão judicial de sócio)

1. Pode ser excluído por decisão judicial o sócio que, com o seu comportamento desleal ou gravemente perturbador do funcionamento da sociedade, lhe tenha causado ou possa vir a causar-lhe prejuízos relevantes.

2. A proposição da acção de exclusão deve ser deliberada pelos sócios, que poderão nomear representantes especiais para esse efeito.

3. Dentro dos 30 dias posteriores ao trânsito em julgado da sentença de exclusão deve a sociedade amortizar a quota do sócio, adquiri-la ou fazê-la adquirir, sob pena de a exclusão ficar sem efeito.

4. Na falta de cláusula do contrato de sociedade em sentido diverso, o sócio excluído por sentença tem direito ao valor da sua quota, calculado com referência à data da proposição da acção e pago nos termos prescritos para a amortização de quotas.

5. No caso de se optar pela aquisição da quota, aplica-se o disposto nos n.ᵒˢ 3 e 4 e na primeira parte do n.º 5 do artigo 225.º

CAPÍTULO IV. Contrato de suprimento

Art. 243.º (Contrato de suprimento)

1. Considera-se contrato de suprimento o contrato pelo qual o sócio empresta à sociedade dinheiro ou outra coisa fungível, ficando aquela obrigada a restituir outro tanto do mesmo género e qualidade, ou pelo qual o sócio convenciona com a sociedade o diferimento do vencimento de créditos seus sobre ela, desde que, em qualquer dos casos, o crédito fique tendo carácter de permanência.

2. Constitui índice do carácter de permanência a estipulação de um prazo de reembolso superior a um ano, quer tal estipulação seja contemporânea da constituição do crédito quer seja posterior a esta. No caso de diferimento do vencimento de um crédito, computa-se nesse prazo o tempo decorrido desde a constituição do crédito até ao negócio de diferimento.

3. É igualmente índice do carácter de permanência a não utilização da faculdade de exigir o reembolso devido pela sociedade durante um ano,

contado da constituição do crédito, quer não tenha sido estipulado prazo, quer tenha sido convencionado prazo inferior; tratando-se de lucros distribuídos e não levantados, o prazo de um ano conta-se da data da deliberação que aprovou a distribuição.

4. Os credores sociais podem provar o carácter de permanência, embora o reembolso tenha sido efectuado antes de decorrido o prazo de um ano referido nos números anteriores. Os sócios interessados podem ilidir a presunção de permanência estabelecida nos números anteriores, demonstrando que o diferimento de créditos corresponde a circunstâncias relativas a negócios celebrados com a sociedade, independentemente da qualidade de sócio.

5. Fica sujeito ao regime de crédito de suprimento o crédito de terceiro contra a sociedade que o sócio adquira por negócio entre vivos, desde que no momento da aquisição se verifique alguma das circunstâncias previstas nos n.ºs 2 e 3.

6. Não depende de forma especial a validade do contrato de suprimento ou de negócio sobre adiantamento de fundos pelo sócio à sociedade ou de convenção de diferimento de créditos de sócios.

Art. 244.º (Obrigação e permissão de suprimentos)

1. À obrigação de efectuar suprimentos estipulada no contrato de sociedade aplica-se o disposto no artigo 209.º quanto a obrigações acessórias.

2. A referida obrigação pode também ser constituída por deliberação dos sócios votada por aqueles que a assumam.

3. A celebração de contratos de suprimentos não depende de prévia deliberação dos sócios, salvo disposição contratual em contrário.

Art. 245.º (Regime do contrato de suprimento)

1. Não tendo sido estipulado prazo para o reembolso dos suprimentos, é aplicável o disposto no n.º 2 do artigo 777.º do Código Civil; na fixação do prazo, o tribunal terá, porém, em conta as consequências que o reembolso acarretará para a sociedade, podendo, designadamente, determinar que o pagamento seja fraccionado em certo número de prestações.

2. Os credores por suprimentos não podem requerer, por esses créditos, a falência da sociedade. Todavia, a concordata concluída no processo de falência produz efeitos a favor dos credores de suprimentos e contra eles.

3. Decretada a falência ou dissolvida por qualquer causa a sociedade:

a) Os suprimentos só podem ser reembolsados aos seus credores depois de inteiramente satisfeitas as dívidas daquela para com terceiros;

b) Não é admissível compensação de créditos da sociedade com créditos de suprimentos.

4. A prioridade de reembolso de créditos de terceiros estabelecida na alínea *a)* do número anterior pode ser estipulada em concordata concluída no processo de falência da sociedade.

5. O reembolso de suprimentos efectuado no ano anterior à sentença declaratória da falência é resolúvel nos termos dos artigos 1200.°, 1203.° e 1204.° do Código de Processo Civil.

6. São nulas as garantias reais prestadas pela sociedade relativas a obrigações de reembolso de suprimentos e extinguem-se as de outras obrigações, quando estas ficarem sujeitas ao regime de suprimentos.

Nota. Os artigos do Código de Processo Civil citados no n.° 5 foram revogados pelo DL n.° 132/93 de 23 de Abril, que aprovou o Código dos Processos Especiais de Recuperação da Empresa e de Falência.

CAPÍTULO V. **Deliberações dos sócios**

Art. 246.° (Competência dos sócios)

1. Dependem de deliberação dos sócios os seguintes actos, além de outros que a lei ou o contrato indicarem;

a) A chamada e a restituição de prestações suplementares;

b) A amortização de quotas, a aquisição, a alienação e a oneração de quotas próprias e o consentimento para a divisão ou cessão de quotas;

c) A exclusão de sócios;

d) A destituição de gerentes e de membros do órgão de fiscalização;

e) A aprovação do relatório de gestão e das contas do exercício, a atribuição de lucros e o tratamento dos prejuízos;

f) A exoneração de responsabilidade dos gerentes ou membros do órgão de fiscalização;

g) A proposição de acções pela sociedade contra gerentes, sócios ou membros do órgão de fiscalização, e bem assim a desistência e transacção nessas acções;

h) A alteração do contrato de sociedade;

i) A fusão, cisão, transformação e dissolução da sociedade e o regresso de sociedade dissolvida à actividade.

2. Se o contrato social não dispuser diversamente, compete também aos sócios deliberar sobre:

a) A designação de gerentes;

b) A designação de membros do órgão de fiscalização;

c) A alienação ou oneração de bens imóveis, a alienação, a oneração e a locação de estabelecimento;

d) A subscrição ou aquisição de participações noutras sociedades e a sua alienação ou oneração.

Art. 247.º (Formas de deliberação)

1. Além de deliberações tomadas nos termos do artigo 54.º, os sócios podem tomar deliberações por voto escrito e deliberações em assembleia geral.

2. Não havendo disposição de lei ou cláusula contratual que o proíba, é lícito aos sócios acordar, nos termos dos números seguintes, que a deliberação seja tomada por voto escrito.

3. A consulta dirigida aos sócios pelos gerentes para os efeitos previstos na parte final do número anterior deve ser feita por carta registada, em que se indicará o objecto da deliberação a tomar e se avisará o destinatário de que a falta de resposta dentro dos quinze dias seguintes à expedição da carta será tida como assentimento à dispensa da assembleia.

4. Quando, em conformidade com o número anterior, se possa proceder a votação por escrito, o gerente enviará a todos os sócios a proposta concreta de deliberação, acompanhada pelos elementos necessários para a esclarecer, e fixará para o voto prazo não inferior a dez dias.

5. O voto escrito deve identificar a proposta e conter a aprovação ou rejeição desta; qualquer modificação da proposta ou condicionamento do voto implica rejeição da proposta.

6. O gerente lavrará acta, em que mencionará a verificação das circunstâncias que permitem a deliberação por voto escrito, transcreverá a proposta e o voto de cada sócio, declarará a deliberação tomada e enviará cópia desta acta a todos os sócios.

7. A deliberação considera-se tomada no dia em que for recebida a última resposta ou no fim do prazo marcado, caso algum sócio não responda.

8. Não pode ser tomada deliberação por voto escrito quando algum sócio esteja impedido de votar, em geral ou no caso de espécie.

Nota. A redacção do n.º 7 foi introduzida pelo DL n.º 280/87, de 8 de Julho.

Art. 248.º (Assembleias gerais)

1. Às assembleias gerais das sociedades por quotas aplica-se o disposto sobre assembleias gerais das sociedades anónimas, em tudo o que não estiver especificamente regulado para aquelas.

2. Os direitos atribuídos nas sociedades anónimas a uma minoria de accionistas quanto à convocação e à inclusão de assuntos na ordem do dia podem ser sempre exercidos por qualquer sócio de sociedades por quotas.

3. A convocação das assembleias gerais compete a qualquer dos gerentes e deve ser feita por meio de carta registada, expedida com a antecedência mínima de quinze dias, a não ser que a lei ou o contrato de sociedade exijam outras formalidades ou estabeleçam prazo mais longo.

4. Salvo disposição diversa do contrato de sociedade, a presidência de cada assembleia geral pertence ao sócio nela presente que possuir ou representar maior fracção de capital, preferindo-se, em igualdade de circunstâncias, o mais velho.

5. Nenhum sócio pode ser privado, nem sequer por disposição do contrato, de participar na assembleia, ainda que esteja impedido de exercer o direito de voto.

6. As actas das assembleias gerais devem ser assinadas por todos os sócios que nelas tenham participado.

Nota. A redacção do n.º 3 foi introduzida pelo DL n.º 280/87, de 8 de Julho.

Art. 249.º (Representação em deliberação de sócios)

1. Não é permitida a representação voluntária em deliberações por voto escrito.

2. Os instrumentos de representação voluntária que não mencionem as formas de deliberação abrangidas são válidos apenas para deliberações a tomar em assembleias gerais regularmente convocadas.

3. Os instrumentos de representação voluntária que não mencionem a duração dos poderes conferidos são válidos apenas para o ano civil respectivo.

4. Para a representação em determinada assembleia geral, quer esta reúna em primeira ou segunda data, é bastante uma carta dirigida ao respectivo presidente.

5. A representação voluntária do sócio só pode ser conferida ao seu cônjuge, a um seu ascendente ou descendente ou a outro sócio, a não ser que o contrato de sociedade permita expressamente outros representantes.

Art. 250.º (Votos)

1. Conta-se um voto por cada cêntimo do valor nominal da quota.

2. É, no entanto, permitido que o contrato de sociedade atribua, como direito especial, dois votos por cada cêntimo do valor nominal da

quota ou quotas de sócios que, no total, não correspondam a mais de 20% do capital.

3. Salvo disposição diversa da lei ou do contrato, as deliberações consideram-se tomadas se obtiverem a maioria dos votos emitidos, não se considerando como tal as abstenções.

Nota. A actual redacção foi introduzida pelo art. 1.º do DL n.º 257/96, de 31 de Dezembro, e pelo art. 3.º do DL n.º 343/98, de 6 de Novembro.

Art. 251.º (Impedimento de voto)

1. O sócio não pode votar nem por si, nem por representante, nem em representação de outrem, quando, relativamente à matéria da deliberação, se encontre em situação de conflito de interesses com a sociedade. Entende-se que a referida situação de conflito de interesses se verifica designadamente quando se tratar de deliberação que recaia sobre:

 a) Liberação de uma obrigação ou responsabilidade própria do sócio, quer nessa qualidade quer como gerente ou membro do órgão de fiscalização;

 b) Litígio sobre pretensão da sociedade contra o sócio ou deste contra aquela, em qualquer das qualidades referidas na alínea anterior, tanto antes como depois do recurso a tribunal;

 c) Perda pelo sócio de parte da sua quota, na hipótese prevista no artigo 204.º, n.º 2;

 d) Exclusão do sócio;

 e) Consentimento previsto no artigo 254.º, n.º 1;

 f) Destituição, por justa causa, da gerência que estiver exercendo ou de membro do órgão de fiscalização;

 g) Qualquer relação, estabelecida ou a estabelecer, entre a sociedade e o sócio estranha ao contrato de sociedade.

2. O disposto nas alíneas do número anterior não pode ser preterido no contrato de sociedade.

CAPÍTULO VI. Gerência e fiscalização

Art. 252.º (Composição da gerência)

1. A sociedade é administrada e representada por um ou mais gerentes, que podem ser escolhidos de entre estranhos à sociedade e devem ser pessoas singulares com capacidade jurídica plena.

2. Os gerentes são designados no contrato de sociedade ou eleitos posteriormente por deliberação dos sócios, se não estiver prevista no contrato outra forma de designação.

3. A gerência atribuída no contrato a todos os sócios não se entende conferida aos que só posteriormente adquiram esta qualidade.

4. A gerência não é transmissível por acto entre vivos ou por morte, nem isolada, nem juntamente com a quota.

5. Os gerentes não podem fazer-se representar no exercício do seu cargo, sem prejuízo do disposto no n.º 2 do artigo 261.º

6. O disposto nos números anteriores não exclui a faculdade de a gerência nomear mandatários ou procuradores da sociedade para a prática de determinados actos ou categorias de actos, sem necessidade de cláusula contratual expressa.

Art. 253.º (Substituição de gerentes)

1. Se faltarem definitivamente todos os gerentes, todos os sócios assumem por força da lei os poderes de gerência, até que sejam designados os gerentes.

2. O disposto no número anterior é também aplicável no caso de falta temporária de todos os gerentes, tratando-se de acto que não possa esperar pela cessação da falta.

3. Faltando definitivamente um gerente cuja intervenção seja necessária por força do contrato para a representação da sociedade, considera-se caduca a cláusula do contrato, caso a exigência tenha sido nominal; no caso contrário, não tendo a vaga sido preenchida no prazo de 30 dias, pode qualquer sócio ou gerente requerer ao tribunal a nomeação de um gerente até a situação ser regularizada, nos termos do contrato ou da lei.

4. Os gerentes judicialmente nomeados têm direito à indemnização das despesas razoáveis que fizerem e à remuneração da sua actividade; na falta de acordo com a sociedade, a indemnização e a remuneração são fixadas pelo tribunal.

Art. 254.º (Proibição de concorrência)

1. Os gerentes não podem, sem consentimento dos sócios, exercer, por conta própria ou alheia, actividade concorrente com a da sociedade.

2. Entende-se como concorrente com a da sociedade qualquer actividade abrangida no objecto desta, desde que esteja a ser exercida por ela ou o seu exercício tenha sido deliberado pelos sócios.

3. No exercício por conta própria inclui-se a participação, por si ou por interposta pessoa, em sociedade que implique assunção de responsabilidade ilimitada pelo gerente, bem como a participação de, pelo menos, 20% no capital ou nos lucros de sociedade em que ele assuma responsabilidade limitada.

4. O consentimento presume-se no caso de o exercício da actividade ser anterior à nomeação do gerente e conhecido de sócios que disponham da maioria do capital, e bem assim quando, existindo tal conhecimento da actividade do gerente, este continuar a exercer as suas funções decorridos mais de 90 dias depois de ter sido deliberada nova actividade da sociedade com a qual concorre a que vinha sendo exercida por ele.

5. A infracção do disposto no n.º 1, além de constituir justa causa de destituição, obriga o gerente a indemnizar a sociedade pelos prejuízos que esta sofra.

6. Os direitos da sociedade mencionados no número anterior prescrevem no prazo de 90 dias a contar do momento em que todos os sócios tenham conhecimento da actividade exercida pelo gerente ou, em qualquer caso, no prazo de cinco anos contados do início dessa actividade.

Art. 255.º (Remuneração)

1. Salvo disposição do contrato de sociedade em contrário, o gerente tem direito a uma remuneração, a fixar pelos sócios.

2. As remunerações dos sócios gerentes podem ser reduzidas pelo tribunal, a requerimento de qualquer sócio, em processo de inquérito judicial, quando forem gravemente desproporcionadas quer ao trabalho prestado quer à situação da sociedade.

3. Salvo cláusula expressa do contrato de sociedade, a remuneração dos gerentes não pode consistir, total ou parcialmente, em participação nos lucros da sociedade.

Art. 256.º (Duração da gerência)

As funções dos gerentes subsistem enquanto não terminarem por destituição ou renúncia, sem prejuízo de o contrato de sociedade ou o acto de designação poder fixar a duração delas.

Art. 257.º (Destituição de gerentes)

1. Os sócios podem deliberar a todo o tempo a destituição de gerentes.

2. O contrato de sociedade pode exigir para a deliberação de destituição uma maioria qualificada ou outros requisitos; se, porém,

a destituição se fundar em justa causa, pode ser sempre deliberada por maioria simples.

3. A cláusula do contrato de sociedade que atribui a um sócio um direito especial à gerência não pode ser alterada sem consentimento do mesmo sócio. Podem, todavia, os sócios deliberar que a sociedade requeira a suspensão e destituição judicial do gerente por justa causa e designar para tanto um representante especial.

4. Existindo justa causa, pode qualquer sócio requerer a suspensão e a destituição do gerente, em acção intentada contra a sociedade.

5. Se a sociedade tiver apenas dois sócios, a destituição da gerência com fundamento em justa causa só pelo tribunal pode ser decidida em acção intentada pelo outro.

6. Constituem justa causa de destituição, designadamente, a violação grave dos deveres do gerente e a sua incapacidade para o exercício normal das respectivas funções.

7. Não havendo indemnização contratual estipulada, o gerente destituído sem justa causa tem direito a ser indemnizado dos prejuízos sofridos, entendendo-se, porém, que ele não se manteria no cargo ainda por mais de quatro anos ou do tempo que faltar para perfazer o prazo por que fora designado.

Art. 258.º (Renúncia de gerentes)

1. A renúncia de gerentes deve ser comunicada por escrito à sociedade e torna-se efectiva oito dias depois de recebida a comunicação.

2. A renúncia sem justa causa obriga o renunciante a indemnizar a sociedade pelos prejuízos causados, salvo se esta for avisada com a antecedência conveniente.

Art. 259.º (Competência da gerência)

Os gerentes devem praticar os actos que forem necessários ou convenientes para a realização do objecto social, com respeito pelas deliberações dos sócios.

Art. 260.º (Vinculação da sociedade)

1. Os actos praticados pelos gerentes, em nome da sociedade e dentro dos poderes que a lei lhes confere, vinculam-na para com terceiros, não obstante as limitações constantes do contrato social ou resultantes de deliberações dos sócios.

2. A sociedade pode, no entanto, opor a terceiros as limitações de poderes resultantes do seu objecto social, se provar que o terceiro sabia ou

não podia ignorar, tendo em conta as circunstâncias que o acto praticado não respeitava essa cláusula e se, entretanto, a sociedade o não assumiu, por deliberação expressa ou tácita dos sócios.

3. O conhecimento referido no número anterior não pode ser provado apenas pela publicidade dada ao contrato de sociedade.

4. Os gerentes vinculam a sociedade, em actos escritos, apondo a sua assinatura com indicação dessa qualidade.

5. As notificações ou declarações de um gerente cujo destinatário seja a sociedade devem ser dirigidas a outro gerente, ou, se não houver outro gerente, ao órgão de fiscalização, ou, não o havendo, a qualquer sócio.

Notas. 1. A redacção do n.º 2 foi introduzida pelo DL n.º 280/87, de 8 de Julho.
2. Cf. a Jurisprudência n.º 1/2002 do STJ, de 6 de Dezembro de 2001 (DR n.º 20, I Série-A, de 24-1-2002), que decidiu: "A indicação da qualidade de gerente prescrita no n.º 4 do artigo 260.º do Código das Sociedades Comerciais pode ser deduzida, nos termos do artigo 217.º do Código Civil, de factos que, com toda a probabilidade a revelem."

Art. 261.º (Funcionamento da gerência plural)

1. Quando haja vários gerentes e salvo cláusula do contrato de sociedade que disponha de modo diverso, os respectivos poderes são exercidos conjuntamente, considerando-se válidas as deliberações que reúnam os votos da maioria e a sociedade vinculada pelos negócios jurídicos concluídos pela maioria dos gerentes ou por ela ratificados.

2. O disposto no número anterior não impede que os gerentes deleguem nalgum ou nalguns deles competência para determinados negócios ou espécie de negócio, mas, mesmo nesses negócios, os gerentes delegados só vinculam a sociedade se a delegação lhes atribuir expressamente tal poder.

3. As notificações ou declarações de terceiros à sociedade podem ser dirigidas a qualquer dos gerentes, sendo nula toda a disposição em contrário do contrato de sociedade.

Art. 262.º (Fiscalização)

1. O contrato de sociedade pode determinar que a sociedade tenha um conselho fiscal, que se rege pelo disposto a esse respeito para as sociedades anónimas.

2. As sociedades que não tiverem conselho fiscal devem designar um revisor oficial de contas para proceder à revisão legal desde que, durante dois anos consecutivos, sejam ultrapassados dois dos três seguintes limites:

 a) Total do balanço: 1 500 000 euros [1];
 b) Total das vendas líquidas e outros proveitos: 3 000 000 euros [1];

---
[1] Valores fixados pelo art. 3.º do DL n.º 343/98, de 6 de Novembro.

c) Número de trabalhadores empregados em média durante o exercício: 50.

3. A designação do revisor oficial de contas só deixa de ser necessária se a sociedade passar a ter conselho fiscal ou se dois dos três requisitos fixados no número anterior não se verificarem durante dois anos consecutivos.

4. Compete aos sócios deliberar a designação do revisor oficial de contas, sendo aplicável, na falta de designação, o disposto nos artigos 416.º a 418.º

5. São aplicáveis ao revisor oficial de contas as incompatibilidades estabelecidas para os membros do conselho fiscal.

6. Ao exame pelo revisor e ao relatório deste aplica-se o disposto a esse respeito quanto a sociedades anónimas, conforme tenham ou não conselho fiscal.

7. Os montantes e o número referidos nas três alíneas do n.º 2 podem ser modificados por portaria dos Ministros das Finanças e da Justiça.

Art. 262.º-A (Dever de prevenção)

1. Nas sociedades por quotas em que haja revisor oficial de contas ou conselho fiscal compete ao revisor oficial de contas ou a qualquer membro do conselho fiscal comunicar imediatamente, por carta registada, os factos que considere reveladores de graves dificuldades na prossecução do objecto da sociedade.

2. A gerência deve, nos 30 dias seguintes à recepção da carta, responder pela mesma via.

3. Na falta da resposta ou se esta não for satisfatória, o revisor oficial de contas deve requerer a convocação de uma assembleia geral.

4. Ao dever de prevenção nas sociedades por quotas aplica-se o disposto sobre o dever de vigilância nas sociedades anónimas em tudo o que não estiver especificamente regulado para aquelas.

Nota. Aditado pelo art. 4.º do DL n.º 257/96, de 31 de Dezembro.

CAPÍTULO VII. Apreciação anual da situação da sociedade

Art. 263.º (Relatório de gestão e contas de exercício)

1. O relatório de gestão e os documentos de prestação de contas devem estar patentes aos sócios, nas condições previstas no artigo 214.º,

n.º 4, na sede da sociedade e durante as horas de expediente, a partir do dia em que seja expedida a convocação para a assembleia destinada a apreciá-los; os sócios serão avisados deste facto na própria convocação.

2. É desnecessária outra forma de apreciação ou deliberação quando todos os sócios sejam gerentes e todos eles assinem, sem reservas, o relatório de gestão, as contas e a proposta sobre aplicação de lucros e tratamento de perdas, salvo quanto a sociedades abrangidas pelos n.ᵒˢ 5 e 6 deste artigo.

3. Verificando-se empate na votação sobre aprovação de contas ou sobre atribuição de lucros, pode qualquer sócio requerer a convocação judicial da assembleia para nova apreciação daqueles. O juiz designará para presidir a essa assembleia uma pessoa idónea, estranha à sociedade, de preferência um revisor oficial de contas, a quem atribuirá o poder de desempatar, se voltar a verificar-se o empate, e fixará os encargos ocasionados pela designação, os quais são de conta da sociedade.

4. A pessoa designada pode exigir da gerência ou do órgão de fiscalização que lhe sejam facultados os documentos sociais cuja consulta considere necessária, e bem assim que lhe sejam prestadas as informações de que careça.

5. Nas sociedades sujeitas a revisão legal nos termos do artigo 262.º, n.º 2, os documentos de prestação de contas e o relatório de gestão devem ser submetidos a deliberação dos sócios, acompanhados de certificação legal das contas e do relatório do revisor oficial de contas.

6. Ao exame das contas pelo conselho fiscal e respectivo relatório aplica-se o disposto para as sociedades anónimas.

Nota. O texto do n.º 2 foi rectificado pelo DL n.º 257/96, de 31 de Dezembro.

Art. 264.º (Publicidade das contas)

Nota. Revogado pelo art. 6.º do DL n.º 257/96, de 31 de Dezembro.

CAPÍTULO VIII. Alterações do contrato

Art. 265.º (Maioria necessária)

1. As deliberações de alteração do contrato só podem ser tomadas por maioria de três quartos dos votos correspondentes ao capital social ou por número ainda mais elevado de votos exigido pelo contrato de sociedade.

2. É permitido estipular no contrato de sociedade que este só pode ser alterado, no todo ou em parte, com o voto favorável de um determinado sócio, enquanto este se mantiver na sociedade.

3. O disposto no n.º 1 deste artigo aplica-se à deliberação de fusão, de cisão e de transformação da sociedade.

Art. 266.º (Direito de preferência)

1. Os sócios gozam de preferência nos aumentos de capital a realizar em dinheiro.

2. Entre sócios, o cálculo da repartição do aumento de capital será feito:

a) Atribuindo a cada sócio a importância proporcional à quota de que for titular na referida data ou da importância inferior a essa que o sócio tenha pedido;

b) Satisfazendo os pedidos superiores à importância referida na primeira parte da alínea *a)*, na medida que resultar de um ou mais rateios das importâncias sobrantes, em proporção do excesso das importâncias pedidas.

3. A parte do aumento que, relativamente a cada sócio, não for bastante para formar uma nova quota, acrescerá ao valor nominal da quota antiga.

4. O direito de preferência conferido por este artigo só pode ser limitado ou suprimido em conformidade com o disposto no artigo 460.º

5. Os sócios devem exercer o direito referido no n.º 1 no prazo de dez dias a contar da data da deliberação de aumento de capital ou da recepção da comunicação que para esse efeito os gerentes lhes devem fazer, conforme tenham ou não estado presentes ou representados na assembleia.

Art. 267.º (Alienação do direito de participar no aumento de capital)

1. O direito de participar preferencialmente num aumento de capital pode ser alienado, com o consentimento da sociedade.

2. O consentimento exigido no número anterior é dispensado, concedido ou recusado nos termos prescritos para o consentimento de cessão de quotas, mas a deliberação de aumento de capital pode conceder o referido consentimento para todo esse aumento.

3. No caso de o consentimento ser expressamente recusado, a sociedade deve apresentar proposta de aquisição do direito por sócio ou estranho, aplicando-se, com as necessárias adaptações, o disposto no artigo 231.º

Art. 268.º (Obrigações e direitos de antigos e novos sócios em aumento de capital)

1. Os sócios que aprovarem a deliberação de aumento de capital a realizar por eles próprios ficam, sem mais, obrigados a efectuar as respectivas entradas na proporção do seu inicial direito de preferência, se nesse caso o tiverem.

2. Sendo o aumento de capital destinado à admissão de novos sócios, estes outorgarão também a escritura, nela declarando que aceitam associar-se nas condições do contrato vigente e da deliberação de aumento de capital.

3. Efectuada a entrada em espécie ou em dinheiro, pode o interessado notificar, por carta registada, a sociedade para celebrar a escritura em prazo não inferior a 30 dias, decorrido o qual poderá exigir a restituição da entrada efectuada e a indemnização que no caso couber.

4. A deliberação de aumento de capital caduca se a sociedade não tiver celebrado a escritura na hipótese prevista no número anterior ou se o interessado não cumprir o disposto no n.º 2 deste artigo, na data que a sociedade lhe tenha marcado, por carta registada, com a antecedência mínima de 30 dias.

Art. 269.º (Aumento de capital e direito de usufruto)

1. Se a quota estiver sujeita a usufruto, o direito de participar no aumento do capital será exercido pelo titular da raiz ou pelo usufrutuário ou por ambos, nos termos que entre si acordarem.

2. Na falta de acordo, o direito de participar no aumento de capital pertence ao titular da raiz, mas, se este não declarar que pretende subscrever a nova quota em prazo igual a metade do fixado no n.º 5 do artigo 266.º, o referido direito devolve-se ao usufrutuário.

3. A comunicação prescrita pelo n.º 5 do artigo 266.º deve ser enviada ao titular da raiz e ao usufrutuário.

4. A nova quota fica a pertencer em propriedade plena àquele que tiver exercido o direito de participar no aumento do capital, salvo se os interessados tiverem acordado em que ela fique também sujeita a usufruto.

5. Se o titular da raiz e o usufrutuário acordarem na alienação do direito de preferência e a sociedade nela consentir, a quantia obtida será repartida entre eles, na proporção dos valores que nesse momento tiverem os respectivos direitos.

CAPÍTULO IX. Dissolução da sociedade

Art. 270.º (Dissolução da sociedade)
1. A deliberação de dissolução da sociedade deve ser tomada por maioria de três quartos dos votos correspondentes ao capital social, a não ser que o contrato exija maioria mais elevada ou outros requisitos.
2. A simples vontade de sócio ou sócios, quando não manifestada na deliberação prevista no número anterior, não pode constituir causa contratual de dissolução.

CAPÍTULO X. Sociedades unipessoais por quotas [1]

Art. 270.º-A (Constituição)
1. A sociedade unipessoal por quotas é constituída por um sócio único, pessoa singular ou colectiva, que é o titular da totalidade do capital social.
2. A sociedade unipessoal por quotas pode resultar da concentração na titularidade de um único sócio das quotas de uma sociedade por quotas, independentemente da causa da concentração.
3. A transformação prevista no número anterior efectua-se mediante declaração do sócio único da sua vontade de transformar a sociedade em sociedade unipessoal por quotas, a qual deve constar

a) Da própria escritura de cessão de quotas por força da qual passe a ser o titular da totalidade do capital social;

b) De escritura autónoma, sendo, no entanto, suficiente documento particular se da sociedade não fizeram parte bens para cuja transmissão seja necessário a referida forma solene.

4. A constituição originária da sociedade unipessoal por quotas deve ser celebrada por escritura pública, sendo suficiente documento particular se não forem efectuadas entradas em bens diferentes de dinheiro para cuja transmissão seja necessária aquela forma.
5. Por força da transformação prevista no n.º 3 deixam de ser aplicáveis todas as disposições do contrato de sociedade que pressuponham a pluralidade de sócios.
6. O estabelecimento individual de responsabilidade limitada pode, a todo o tempo, transformar-se em sociedade unipessoal por quotas, me-

---

[1] Os arts. 270.º-A a 270.º-G, que constituem o capítulo X do Título III do CSC, foram introduzidos pelo art. 2.º do DL n.º 257/96, de 31 de Dezembro.

diante escritura pública, salvo se do seu património não fizerem parte bens para cuja transmissão seja necessária aquela forma, caso em que é suficiente documento particular.

7. As transformações previstas nos n.ºs 3 e 6 do presente artigo, que sejam tituladas por documento particular, bem como a constituição originária da sociedade unipessoal por quotas por documento da mesma natureza, nos casos em que esta forma é considerada suficiente, não produzem quaisquer efeitos antes de efectuado o registo e respectiva publicação.

Nota. A redacção dos n.ºs 3, 4 e 5 foi introduzida pelo art. 1.º do DL n.º 36/2000, de 14 de Março, que também aditou os n.ºs 6 e 7.

Art. 270.º-B (Firma)

A firma destas sociedades deve ser formada pela expressão "sociedade unipessoal" ou pela palavra "unipessoal" antes da palavra "Limitada" ou da abreviatura "L.^{da}".

Art. 270.º-C (Efeitos da unipessoalidade)

1. Uma pessoa singular só pode ser sócia de uma única sociedade unipessoal por quotas.

2. Uma sociedade por quotas não pode ter como sócio único uma sociedade unipessoal por quotas.

3. No caso de violação das disposições dos números anteriores qualquer interessado pode requerer a dissolução das sociedades.

4. O tribunal pode conceder um prazo até seis meses para a regularização da situação.

Art. 270.º-D (Pluralidade de sócios)

1. O sócio único de uma sociedade unipessoal por quotas pode modificar esta sociedade em sociedade por quotas plural através de divisão e cessão da quota ou de aumento de capital social por entrada de um novo sócio, devendo, nesse caso, ser eliminada da firma a expressão "sociedade unipessoal", ou a palavra "unipessoal", que nela se contenha.

2. A escritura de divisão e cessão de quota ou de aumento de capital é título bastante para registo de modificação.

3. Se a sociedade tiver adoptado antes o tipo de sociedade por quotas, passará a reger-se pelas disposições do contrato de sociedade que, nos termos do n.º 4 do artigo 270.º-A, lhe eram inaplicáveis em consequência da unipessoalidade.

4. No caso de concentração previsto no n.º 2 do artigo 270.º-A, o sócio único pode evitar a unipessoalidade se, no prazo legal, restabelecer a pluralidade de sócios.

Nota. A redacção do n.º 2 foi introduzida pelo DL n.º 36/2000, de 14 de Março.

Art. 270.º-E (Decisões do sócio)

1. Nas sociedades unipessoais por quotas o sócio único exerce as competências das assembleias gerais, podendo, designadamente, nomear gerentes.

2. As decisões do sócio de natureza igual às deliberações da assembleia geral devem ser registadas em acta por ele assinada.

Art. 270.º-F (Contrato do sócio com a sociedade unipessoal)

1. Os negócios jurídicos celebrados entre o sócio único e a sociedade devem servir a prossecução do objecto da sociedade e a respectiva autorização tem de constar da escritura de constituição da sociedade ou da escritura de alteração do contrato de sociedade ou da de aumento do capital social.

2. Os negócios jurídicos entre o sócio único e a sociedade obedecem à forma legalmente prescrita e, em todos os casos, devem observar a forma escrita.

3. Os documentos de que constam os negócios jurídicos celebrados pelo sócio único e a sociedade devem ser patenteados conjuntamente com o relatório de gestão e os documentos de prestação de contas; qualquer interessado pode, a todo o tempo, consultá-los na sede da sociedade.

4. A violação do disposto nos números anteriores implica a nulidade dos negócios jurídicos celebrados e responsabiliza ilimitadamente o sócio.

Art. 270.º-G (Disposições subsidiárias)

Às sociedades unipessoais por quotas aplicam-se as normas que regulam as sociedades por quotas, salvo as que pressupõem a pluralidade de sócios.

TÍTULO IV. SOCIEDADES ANÓNIMAS

CAPÍTULO I. Características e contrato

Art. 271.º (Características)

Na sociedade anónima o capital é dividido em acções e cada sócio limita a sua responsabilidade ao valor das acções que subscreveu.

Art. 272.° (Conteúdo obrigatório do contrato)
Do contrato de sociedade devem especialmente constar:

a) O valor nominal e o número das acções;

b) As condições particulares, se as houver, a que fica sujeita a transmissão de acções;

c) As categorias de acções que porventura sejam criadas, com indicação expressa do número de acções e dos direitos atribuídos a cada categoria;

d) Se as acções são nominativas ou ao portador e as regras para as suas eventuais conversões;

e) O montante do capital realizado e os prazos de realização do capital apenas subscrito;

f) A autorização, se for dada, para a emissão de obrigações;

g) A estrutura adoptada para a administração e fiscalização da sociedade.

Art. 273.° (Número de accionistas)
1. A sociedade anónima não pode ser constituída por um número de sócios inferior a cinco, salvo quando a lei o dispense.

2. Do disposto no n.° 1 exceptuam-se as sociedades em que o Estado, directamente ou por intermédio de empresas públicas ou outras entidades equiparadas por lei para este efeito, fique a deter a maioria do capital, as quais podem constituir-se apenas com dois sócios.

Art. 274.° (Aquisição da qualidade de sócio)
A qualidade de sócio não depende da emissão e entrega do título de acção; surge com a outorga do contrato de sociedade ou da escritura de aumento do capital.

Art. 275.° (Firma)
1. A firma destas sociedades será formada, com ou sem sigla, pelo nome ou firma de um ou alguns dos sócios ou por uma denominação particular, ou pela reunião de ambos esses elementos, mas em qualquer caso concluirá pela expressão «sociedade anónima» ou pela abreviatura «S.A.».

2. Na firma não podem ser incluídas ou mantidas expressões indicativas de um objecto social que não esteja especificamente previsto na respectiva cláusula do contrato de sociedade.

3. No caso de o objecto contratual da sociedade ser alterado, deixando de incluir actividade especificada na firma, a escritura de alte-

ração do objecto não poderá ser outorgada sem que se proceda simultaneamente à modificação da firma.

Art. 276.º (Valor nominal do capital e das acções)
1. O capital social e as acções devem ser expressos num valor nominal.
2. Todas as acções têm o mesmo valor nominal, com um mínimo de um cêntimo.
3. O valor nominal mínimo do capital é de 50 000 euros.
4. A acção é indivisível.

Notas. 1. A redacção dos n.ᵒˢ 2 e 3 foi introduzida pelo art. 3.º do DL n.º 343/98, de 6 de Novembro.

2. Nos termos do art. único, n.º 1, do DL n.º 235/2001, de 30 de Agosto, "as sociedades que não tenham procedido ao aumento do capital social até aos montantes mínimos previstos nos artigos 201.º e 276.º, n.º 3, do Código das Sociedades Comerciais devem ser dissolvidas a requerimento do Ministério Público, mediante participação do conservador do registo comercial."

3. Cf. os arts. 2.º e 4.º do DL n.º 339-A/2001, de 28 de Dezembro

Art. 277.º (Entradas)
1. Não são admitidas contribuições de indústria.
2. Nas entradas em dinheiro só pode ser diferida a realização de 70% do valor nominal das acções; não pode ser diferido o pagamento do prémio de emissão, quando previsto.
3. A soma das entradas em dinheiro já realizadas deve ser depositada em instituição de crédito, antes de celebrado o contrato, numa conta aberta em nome da futura sociedade, devendo ser exibido ao notário o comprovativo de tal depósito por ocasião da escritura.
4. O depósito exigido pelo número anterior pode ainda ser comprovado por declaração dos sócios, sob sua responsabilidade.
5. Da conta aberta em nome da sociedade só poderão ser efectuados levantamentos:

a) Depois de o contrato estar definitivamente registado;

b) Depois de outorgada a escritura, caso os accionistas autorizem os administradores ou directores a efectuá-los para fins determinados;

c) Para liquidação provocada pela inexistência ou nulidade do contrato ou pela falta do registo;

d) Para a restituição prevista nos artigos 279.º, n.º 6, alínea *h*), e 280.º

Nota. A redacção dos n.ᵒˢ 2, 3 e 4 foi introduzida pelo DL n.º 280/87, de 8 de Julho; a redacção deste último número foi posteriormente alterada pelo art. 1.º do DL n.º 237/2001, de 30 de Agosto, o qual também deu nova redacção ao actual n.º 5.

Art. 278.º (Estrutura da administração e da fiscalização)

1. A administração e a fiscalização da sociedade podem ser estruturadas segundo uma de duas modalidades:

   a) Conselho de administração e conselho fiscal;
   b) Direcção, conselho geral e revisor oficial de contas.

2. Nos casos previstos na lei, em vez de conselho de administração ou de direcção poderá haver um só administrador ou director e em vez de conselho fiscal poderá haver um fiscal único.

3. Em qualquer momento pode o contrato ser alterado para a adopção de outra estrutura admitida pelos números anteriores.

Art. 279.º (Constituição com apelo a subscrição pública)

1. A constituição de sociedade anónima com apelo a subscrição pública de acções deve ser promovida por uma ou mais pessoas que assumem a responsabilidade estabelecida nesta lei.

2. Os promotores devem subscrever e realizar integralmente acções cujos valores nominais somem, pelo menos, o capital mínimo prescrito no artigo 276.º, n.º 3; essas acções são inalienáveis durante dois anos a contar do registo definitivo da sociedade e os negócios obrigacionais celebrados durante esse tempo sobre alienação ou oneração de tais acções são nulos.

3. Os promotores devem elaborar o projecto completo de contrato de sociedade e requerer o seu registo provisório.

4. O projecto especificará o número de acções ainda não subscritas destinadas, respectivamente, a subscrição particular e a subscrição pública.

5. O objecto da sociedade deve consistir numa ou mais actividades perfeitamente especificadas.

6. Depois de efectuado o registo provisório, os promotores colocarão as acções destinadas à subscrição particular e elaborarão oferta de acções destinadas à subscrição pública, assinada por todos eles, donde constarão obrigatoriamente:

   a) O projecto do contrato provisoriamente registado;
   b) Qualquer vantagem que, nos limites da lei, seja atribuída aos promotores;
   c) O prazo, lugar e formalidades de subscrição;
   d) O prazo dentro do qual se reunirá a assembleia constitutiva;
   e) Um relatório técnico, económico e financeiro sobre as perspectivas da sociedade, organizado com base em dados verdadeiros e completos e em previsões justificadas pelas circunstâncias conhecidas nessa

data, contendo as informações necessárias para cabal esclarecimento dos eventuais interessados na subscrição;

f) As regras a que obedecerá o rateio da subscrição, se este for necessário;

g) A indicação de que a constituição definitiva da sociedade ficará dependente da subscrição total das acções ou das condições em que é admitida aquela constituição, se a subscrição não for completa;

h) O montante da entrada a efectuar na altura da subscrição, o prazo e o modo da restituição dessa importância, no caso de não chegar a constituir-se a sociedade.

7. As entradas em dinheiro efectuadas por todos os subscritores serão directamente depositadas por estes na conta aberta pelos promotores e referida no n.º 3 do artigo 277.º

8. Aos promotores não pode ser atribuída outra vantagem além da reserva de uma percentagem não superior a um décimo dos lucros líquidos da sociedade, por tempo não excedente a um terço da duração desta e nunca superior a cinco anos, a qual não poderá ser paga sem se acharem aprovadas as contas anuais.

9. (...)

Nota. O n.º 9 foi revogado pelo art. 15.º, n.º 1, alínea *d)*, do DL n.º 486/99, de 13 de Novembro, que aprovou o novo Código dos Valores Mobiliários.

Art. 280.º (Subscrição incompleta)

1. Não sendo subscritas pelo público todas as acções a ele destinadas e não sendo aplicável o disposto no n.º 3 deste artigo, devem os promotores requerer o cancelamento do registo provisório e publicar um anúncio em que informem os subscritores de que devem levantar as suas entradas. Segundo anúncio deve ser publicado, decorrido um mês, se, entretanto, não tiverem sido levantadas todas as entradas.

2. A instituição de crédito onde for aberta a conta referida no artigo 277.º, n.º 3, só restitui importâncias depositadas mediante a apresentação do documento de subscrição e depósito e depois de o registo provisório ter sido cancelado ou ter caducado.

3. O programa da oferta de acções à subscrição pública pode especificar que, no caso de subscrição incompleta, é facultado à assembleia constitutiva deliberar a constituição da sociedade, contanto que tenham sido subscritos pelo menos três quartos das acções destinadas ao público.

4. Não chegando a sociedade a constituir-se, todas as despesas efectuadas são suportadas pelos promotores.

Art. 281.º (Assembleia constitutiva)

1. Terminada a subscrição e podendo ser constituída a sociedade, os promotores devem convocar uma assembleia de todos os subscritores.

2. A convocação é efectuada nos termos prescritos para as assembleias gerais de sociedades anónimas e a assembleia é presidida por um dos promotores.

3. Todos os documentos relativos às subscrições e, de um modo geral, à constituição da sociedade devem estar patentes a todos os subscritores a partir da publicação da convocatória, a qual deve mencionar esse facto, indicando o local onde podem ser consultados.

4. Na assembleia, cada promotor e cada subscritor tem um voto, seja qual for o número das acções subscritas.

5. Na primeira data fixada a assembleia só pode reunir-se estando presente ou representada metade dos subscritores, não incluindo os promotores; neste caso as deliberações são tomadas por maioria dos votos, incluindo os dos promotores.

6. Se na segunda data fixada não estiver presente ou representada metade dos subscritores, não incluindo os promotores, as deliberações são tomadas por dois terços dos votos, incluindo os dos promotores.

7. A assembleia delibera:

a) Sobre a constituição da sociedade, nos precisos termos do projecto registado;

b) Sobre as designações para os órgãos sociais.

8. Com o voto unânime de todos os promotores e subscritores podem ser introduzidas alterações no projecto de contrato de sociedade.

9. Havendo subscrição particular, com entradas que não consistam em dinheiro, a eficácia da deliberação de constituição da sociedade fica dependente da efectivação daquelas entradas na escritura do contrato.

10. No caso previsto no artigo 280.º, n.º 3, a deliberação ali referida deve fixar o montante do capital e o número das acções, em conformidade com as subscrições efectuadas.

11. A acta deve ser assinada pelos promotores e por todos os subscritores que tenham aprovado a constituição da sociedade.

Art. 282.º (Regime especial de invalidade da deliberação)

1. A deliberação de constituir a sociedade e as deliberações complementares desta podem ser declaradas nulas, nos termos gerais, ou podem ser anuladas a requerimento de subscritor que não as tenha aprovado, no caso de elas próprias, o contrato aprovado ou o processo desde o registo provisório violarem preceitos legais.

2. A anulação pode também ser requerida com fundamento em falsidade relevante dos dados ou erro grave de previsões referidos no artigo 279.º, n.º 6, alínea *e*).

3. Aplicam-se as disposições legais sobre suspensão e anulação de deliberações sociais.

Art. 283.º (Escritura do contrato de sociedade)

1. A escritura do contrato de sociedade deve ser outorgada por dois promotores e pelos subscritores que entrem com bens diferentes de dinheiro.

2. Toda a documentação, incluindo a acta da assembleia constitutiva, é exibida ao notário e mencionada na escritura e fica arquivada na conservatória do registo comercial, onde deve ser entregue juntamente com o requerimento de conversão do registo em definitivo.

Art. 284.º (Sociedades com subscrição pública)

Notas. 1. Revogado pelo art. 15.º, n.º 1, alínea *d*), do DL n.º 486/99, de 13 de Novembro, que aprovou o novo Código dos Valores Mobiliários.

2. Sobre o conceito de "sociedade com o capital aberto ao investimento do público", cfr. o art. 13.º do novo Código dos Valores Mobiliários.

CAPÍTULO II. Obrigações e direitos dos accionistas

SECÇÃO I. **Obrigação de entrada**

Art. 285.º (Realização das entradas)

1. O contrato de sociedade não pode diferir a realização das entradas em dinheiro por mais de cinco anos.

2. Não obstante a fixação de prazos no contrato de sociedade, o accionista só entra em mora depois de interpelado pela sociedade para efectuar o pagamento.

3. A interpelação pode ser feita por meio de anúncio e fixará um prazo entre 30 e 60 dias para o pagamento, a partir do qual se inicia a mora.

4. Os administradores ou directores podem avisar, por carta registada, os accionistas que se encontrem em mora de que lhes é concedido um novo prazo, não inferior a 90 dias, para efectuarem o pagamento da importância em dívida, acrescida de juros, sob pena de perderem a favor da sociedade as acções em relação às quais a mora se verifique e os pagamentos efectuados quanto a essas acções; o aviso será repetido durante o segundo dos referidos meses.

5. As perdas referidas no número anterior devem ser comunicadas, por carta registada, aos interessados; além disso, deve ser publicado anúncio donde constem, sem referência aos titulares, os números das acções perdidas a favor da sociedade e a data da perda.

Nota. O DL n.º 280/87, de 8 de Julho, suprimiu o n.º 6, incluído neste artigo, na sua redacção original.

Art. 286.º (Responsabilidade dos antecessores)
1. Todos aqueles que antecederem na titularidade de uma acção o accionista em mora são responsáveis, solidariamente entre si e com aquele accionista, pelas importâncias em dívida e respectivos juros, à data da perda da acção a favor da sociedade.
2. Depois de anunciada a perda da acção a favor da sociedade, os referidos antecessores cuja responsabilidade não esteja prescrita serão notificados, por carta registada, de que podem adquirir a acção mediante o pagamento da importância em dívida e dos juros, em prazo não inferior a três meses. A notificação será repetida durante o segundo desses meses.
3. Apresentando-se mais de um antecessor para adquirir a acção, atender-se-á à ordem da sua proximidade relativamente ao último titular.
4. Não sendo a importância em dívida e os juros satisfeitos por nenhum dos antecessores, a sociedade deve proceder com a maior urgência à venda da acção, por intermédio de corretor, em Bolsa ou em hasta pública.
5. Não bastando o preço da venda para cobrir a importância da dívida, juros e despesas efectuadas, a sociedade deve exigir a diferença ao último titular e a cada um dos seus antecessores; se o preço obtido exceder aquela importância, o excesso pertencerá ao último titular.
6. A sociedade tomará cada uma das providências permitidas por lei ou pelo contrato simultaneamente para todas as acções do mesmo accionista em relação às quais a mora se verifique.

SECÇÃO II. **Obrigação de prestações acessórias**

Art. 287.º (Obrigação de prestações acessórias) [1]
1. O contrato de sociedade pode impor a todos ou a alguns accionistas a obrigação de efectuarem prestações além das entradas, desde que fixe os elementos essenciais desta obrigação e especifique se as prestações

---

[1] O texto da epígrafe foi rectificado pelo DL n.º 257/96, de 31 de Dezembro.

devem ser efectuadas onerosa ou gratuitamente. Quando o conteúdo da obrigação corresponder ao de um contrato típico, aplicar-se-á a regulamentação legal própria desse contrato.

2. Se as prestações estipuladas não forem pecuniárias, o direito da sociedade é intransmissível.

3. No caso de se convencionar a onerosidade, a contraprestação pode ser paga independentemente da existência de lucros do exercício, mas não pode exceder o valor da prestação respectiva.

4. Salvo disposição contratual em contrário, a falta de cumprimento das obrigações acessórias não afecta a situação do sócio como tal.

5. As obrigações acessórias extinguem-se com a dissolução da sociedade.

SECÇÃO III. **Direito à informação**

Art. 288.° (Direito mínimo à informação)

1. Qualquer accionista que possua acções correspondentes a, pelo menos, 1% do capital social pode consultar, desde que alegue motivo justificado, na sede da sociedade:

a) Os relatórios de gestão e os documentos de prestação de contas previstos na lei, relativos aos três últimos exercícios, incluindo os pareceres do conselho fiscal ou do conselho geral, bem como os relatórios do revisor oficial de contas sujeitos a publicidade, nos termos da lei;

b) As convocatórias, as actas e as listas de presença das reuniões das assembleias gerais e especiais de accionistas e das assembleias de obrigacionistas realizadas nos últimos três anos;

c) Os montantes globais das remunerações pagas, relativamente a cada um dos últimos três anos, aos membros do órgão de administração e do órgão de fiscalização;

d) Os montantes globais das quantias pagas, relativamente a cada um dos últimos três anos, aos dez ou aos cinco empregados da sociedade que recebam as remunerações mais elevadas, consoante os efectivos do pessoal excedam ou não o número de 200;

e) O livro de registo de acções.

2. A exactidão dos elementos referidos nas alíneas *c)* e *d)* do número anterior deve ser certificada pelo revisor oficial de contas, se o accionista o requerer.

3. A consulta pode ser feita pessoalmente pelo accionista ou por pessoa que possa representá-lo na assembleia geral, sendo-lhe permitido

fazer-se assistir de um revisor oficial de contas ou de outro perito, bem como usar da faculdade reconhecida pelo artigo 576.º do Código Civil.

Nota. A redacção do n.º 1 foi introduzida pelo DL n.º 280/87, de 8 de Julho.

Art. 289.º (Informações preparatórias da assembleia geral)

1. Durante os 15 dias anteriores à data da assembleia geral devem ser facultados à consulta dos accionistas, na sede da sociedade:

a) Os nomes completos dos membros dos órgãos de administração e de fiscalização, bem como da mesa da assembleia geral;

b) A indicação de outras sociedades em que os membros dos órgãos sociais exerçam cargos sociais, com excepção das sociedades de profissionais;

c) As propostas de deliberação a apresentar à assembleia pelo órgão de administração, bem como os relatórios ou justificação que as devam acompanhar;

d) Quando estiver incluída na ordem do dia a eleição de membros dos órgãos sociais, os nomes das pessoas a propor para o órgão de administração, as suas qualificações profissionais, a indicação das actividades profissionais exercidas nos últimos cinco anos, designadamente no que respeita a funções exercidas noutras empresas ou na própria sociedade, e do número de acções da sociedade de que são titulares;

e) Quando se tratar da assembleia geral anual prevista no artigo 376.º, n.º 1, o relatório de gestão, as contas do exercício e demais documentos de prestação de contas, incluindo a certificação legal das contas e o parecer do conselho fiscal, ou o relatório anual do conselho geral, conforme o caso.

2. Devem igualmente ser facultados à consulta dos accionistas, na sede da sociedade, os requerimentos de inclusão de assuntos na ordem do dia, previstos no artigo 378.º

3. Os documentos referidos nos números anteriores devem ser enviados, no prazo de oito dias, aos titulares de acções nominativas ou de acções registadas ao portador correspondentes a, pelo menos, 1% do capital social, quando esses accionistas o requeiram.

Nota. A actual redacção foi introduzida pelo art. 1.º do DL n.º 328/95, de 9 de Dezembro.

Art. 290.º (Informações em assembleia geral)

1. Na assembleia geral o accionista pode requerer que lhe sejam prestadas informações verdadeiras, completas e elucidativas que lhe permitam formar opinião fundamentada sobre os assuntos sujeitos a deliberação. O dever de informação abrange as relações entre a sociedade e outras sociedades com ela coligadas.

2. As informações abrangidas pelo número anterior devem ser prestadas pelo órgão da sociedade que para tal esteja habilitado e só podem ser recusadas se a sua prestação puder ocasionar grave prejuízo à sociedade ou a outra sociedade com ela coligada ou violação de segredo imposto por lei.

3. A recusa injustificada das informações é causa de anulabilidade da deliberação.

Art. 291.º (Direito colectivo à informação)

1. Accionistas cujas acções atinjam 10% do capital social podem solicitar, por escrito, ao conselho de administração ou à direcção que lhes sejam prestadas, também por escrito, informações sobre assuntos sociais.

2. O conselho de administração ou a direcção não pode recusar as informações se no pedido for mencionado que se destinam a apurar responsabilidades de membros daquele órgão, do conselho fiscal ou do conselho geral, a não ser que, pelo seu conteúdo ou outras circunstâncias, seja patente não ser esse o fim visado pelo pedido de informação.

3. Podem ser pedidas informações sobre factos já praticados ou, quando deles possa resultar a responsabilidade referida no n.º 2 deste artigo, de actos cuja prática seja esperada.

4. Fora do caso mencionado no n.º 2, a informação pedida nos termos gerais só pode ser recusada:

a) Quando for de recear que o accionista a utilize para fins estranhos à sociedade e com prejuízo desta ou de algum accionista;

b) Quando a divulgação, embora sem os fins referidos na alínea anterior, seja susceptível de prejudicar relevantemente a sociedade ou os accionistas;

c) Quando ocasione violação de segredo imposto por lei.

5. As informações consideram-se recusadas se não forem prestadas nos quinze dias seguintes à recepção do pedido.

6. O accionista que utilize as informações obtidas de modo a causar à sociedade ou a outros accionistas um dano injusto é responsável, nos termos gerais.

7. As informações prestadas, voluntariamente ou por decisão judicial, ficarão à disposição de todos os outros accionistas, na sede da sociedade.

Art. 292.º (Inquérito judicial)

1. O accionista a quem tenha sido recusada informação pedida ao abrigo dos artigos 288.º e 291.º ou que tenha recebido informação presumivelmente falsa, incompleta ou não elucidativa pode requerer ao tribunal inquérito à sociedade.

2. O juiz pode determinar que a informação pedida seja prestada ou pode, conforme o disposto no Código de Processo Civil, ordenar:

a) A destituição de pessoas cuja responsabilidade por actos praticados no exercício de cargos sociais tenha sido apurada;

b) A nomeação de um administrador ou director;

c) A dissolução da sociedade, se forem apurados factos que constituam causa de dissolução, nos termos da lei ou do contrato, e ela tenha sido requerida.

3. Ao administrador ou director nomeados nos termos previstos na alínea anterior compete, conforme for determinado pelo tribunal:

a) Propor e seguir, em nome da sociedade, acções de responsabilidade, baseadas em factos apurados no processo;

b) Assegurar a gestão da sociedade, se, por causa de destituições fundadas na alínea *a)* do número anterior, for o caso disso;

c) Praticar os actos indispensáveis para reposição da legalidade.

4. No caso previsto na alínea *c)* do número anterior, o juiz pode suspender os restantes administradores ou directores que se mantenham em funções ou proibi-los de interferir nas tarefas confiadas à pessoa nomeada.

5. As funções do administrador ou director nomeado ao abrigo do disposto no n.º 2, alínea *b)* terminam:

a) Nos casos previstos nas alíneas *a)* e *c)* do n.º 3, quando, ouvidos os interessados, o juiz considere desnecessária a sua continuação;

b) No caso previsto na alínea *b)* do n.º 3, quando forem eleitos os novos administradores ou directores.

6. O inquérito pode ser requerido sem precedência de pedido de informações à sociedade se as circunstâncias do caso fizerem presumir que a informação não será prestada ao accionista, nos termos da lei.

Art. 293.º (Outros titulares do direito à informação)

O direito à informação conferido nesta secção compete também ao representante comum de obrigacionistas e ainda ao usufrutuário e ao credor pignoratício de acções quando, por lei ou convenção, lhes caiba exercer o direito de voto.

SECÇÃO IV. **Direito aos lucros**

Art. 294.º (Direito aos lucros do exercício)

1. Salvo diferente cláusula contratual ou deliberação tomada por maioria de três quartos dos votos correspondentes ao capital social em

assembleia geral para o efeito convocada, não pode deixar de ser distribuído aos accionistas metade do lucro do exercício que, nos termos desta lei, seja distribuível.

2. O crédito do accionista à sua parte nos lucros vence-se decorridos que sejam 30 dias sobre a deliberação de atribuição de lucros, salvo diferimento consentido pelo sócio e sem prejuízo de disposições legais que proíbam o pagamento antes de observadas certas formalidades; pode ser deliberada, com fundamento em situação excepcional da sociedade, a extensão daquele prazo até mais 60 dias, se as acções não estiverem cotadas em bolsa.

3. Se, pelo contrato de sociedade, membros dos respectivos órgãos tiverem direito a participação nos lucros, esta só pode ser paga depois de postos a pagamento os lucros dos accionistas.

Nota. A epígrafe e a redacção dos n.os 1 e 2 foram alteradas pelo DL n.º 280/87, de 8 de Julho.

Art. 295.º (Reserva legal)

1. Uma percentagem não inferior à vigésima parte dos lucros da sociedade é destinada à constituição da reserva legal e, sendo caso disso, à sua reintegração, até que aquela represente a quinta parte do capital social. No contrato de sociedade podem fixar-se percentagem e montante mínimo mais elevados para a reserva legal.

2. Ficam sujeitas ao regime da reserva legal as reservas constituídas pelos seguintes valores:

a) Ágios obtidos na emissão de acções, obrigações com direito a subscrição de acções, ou obrigações convertíveis em acções, em troca destas por acções e em entradas em espécie;

b) Saldos positivos de reavaliações monetárias que forem consentidas por lei, na medida em que não forem necessários para cobrir prejuízos já acusados no balanço;

c) Importâncias correspondentes a bens obtidos a título gratuito, quando não lhes tenha sido imposto destino diferente, bem como acessões e prémios que venham a ser atribuídos a títulos pertencentes à sociedade.

3. Os ágios a que se refere a alínea *a)* do número anterior consistem:

a) Quanto à emissão de acções, na diferença para mais entre o valor nominal e a quantia que os accionistas tiverem desembolsado para as adquirir;

b) Quanto à emissão de obrigações com direito de subscrição de acções ou de obrigações convertíveis, na diferença para mais entre o valor de emissão e o valor por que tiverem sido reembolsadas;

c) Quanto à troca de obrigações com direito de subscrição de acções ou de obrigações convertíveis em acções, na diferença para mais entre o valor da emissão daquelas e o valor nominal destas;

d) Quanto às entradas em espécie, na diferença para mais entre o valor atribuído aos bens em que a entrada consiste e o valor nominal das acções correspondentes.

4. Por portaria dos Ministros das Finanças e da Justiça podem ser dispensadas, no todo ou em parte, do regime estabelecido no n.º 2, as reservas constituídas pelos valores referidos na alínea *a)* daquele número.

Notas. 1. A redacção da alínea *a)* do n.º 1 e das alíneas *b)* e *c)* do n.º 2 foi introduzida pelo art. 1.º do DL n.º 229-B/88, de 4 de Julho. O n.º 4 foi aditado pelo art. 3.º do DL n.º 343/98, de 6 de Novembro.

2. Cf. a Portaria n.º 160/2003, de 19 de Fevereiro.

Art. 296.º (Utilização da reserva legal)

A reserva legal só pode ser utilizada:

a) Para cobrir a parte do prejuízo acusado no balanço do exercício que não possa ser coberto pela utilização de outras reservas;

b) Para cobrir a parte dos prejuízos transitados do exercício anterior que não possa ser coberto pelo lucro do exercício nem pela utilização de outras reservas;

c) Para incorporação no capital.

Art. 297.º (Adiantamentos sobre lucros no decurso do exercício)

1. O contrato de sociedade pode autorizar que, no decurso de um exercício, sejam feitos aos accionistas adiantamentos sobre lucros, desde que observadas as seguintes regras:

a) O conselho de administração ou a direcção, com o consentimento do conselho fiscal ou do conselho geral, resolva o adiantamento;

b) A resolução do conselho de administração ou de direcção seja precedida de um balanço intercalar, elaborado com a antecedência máxima de 30 dias e certificado pelo revisor oficial de contas, que demonstre a existência nessa ocasião de importâncias disponíveis para os aludidos adiantamentos, que deverão observar, no que for aplicável, as regras dos artigos 32.º e 33.º, tendo em conta os resultados verificados durante a parte já decorrida do exercício em que o adiantamento é efectuado;

c) Seja efectuado um só adiantamento no decurso de cada exercício e sempre na segunda metade deste;

d) As importâncias a atribuir como adiantamento não excedam metade das que seriam distribuíveis, referidas na alínea *b*).

2. Se o contrato de sociedade for alterado para nele ser concedida a autorização prevista no número anterior, o primeiro adiantamento apenas pode ser efectuado no exercício seguinte àquele em que ocorrer a alteração contratual.

Nota. A epígrafe e a redacção deste artigo foram introduzidas pelo DL n.º 280/87, de 8 de Julho. O texto do n.º 1, alínea *b*), foi rectificado pelo DL n.º 257/96, de 31 de Dezembro.

CAPÍTULO III. Acções

SECÇÃO I. **Generalidades**

Art. 298.º (Valor de emissão das acções)

1. As acções não podem ser emitidas por valor inferior ao seu valor nominal.

2. O disposto no número anterior não impede que no valor de uma emissão de acções sejam descontadas as despesas de colocação firme por uma instituição de crédito ou outra equiparada por lei para esse efeito.

Art. 299.º (Acções nominativas e ao portador)

1. Salvo disposição diferente da lei ou dos estatutos, as acções podem ser nominativas ou ao portador.

2. As acções devem ser nominativas:

a) Enquanto não estiverem integralmente liberadas;

b) Quando, segundo o contrato de sociedade, não puderem ser transmitidas sem o consentimento da sociedade ou houver alguma outra restrição à sua transmissibilidade;

c) Quando se tratar de acções cujo titular esteja obrigado, segundo o contrato de sociedade, a efectuar prestações acessórias à sociedade.

Art. 300.º (Conversão)

Nota. Revogado pelo art. 15.º, n.º 1, alínea *d*), do DL n.º 486/99, de 13 de Novembro, que aprovou o novo Código dos Valores Mobiliários.

Tít. IV. Sociedades Anónimas

Art. 301.º (Cupões)
As acções, ao portador ou nominativas, podem ser munidas de cupões destinados à cobrança dos dividendos.

Art. 302.º (Categorias de acções)
1. Podem ser diversos, nomeadamente quanto à atribuição de dividendos e quanto à partilha do activo resultante da liquidação, os direitos inerentes às acções emitidas pela mesma sociedade.
2. As acções que compreendem direitos iguais formam uma categoria.

Art. 303.º (Contitularidade da acção)
1. Os contitulares de uma acção devem exercer os direitos a ela inerentes por meio de um representante comum.
2. As comunicações e declarações da sociedade devem ser dirigidas ao representante comum e, na falta deste, a um dos contitulares.
3. Os contitulares respondem solidariamente para com a sociedade pelas obrigações legais ou contratuais inerentes à acção.
4. A esta contitularidade aplicam-se os artigos 223.º e 224.º

Art. 304.º (Títulos provisórios e emissão de títulos definitivos)
1. Antes da emissão dos títulos definitivos, pode a sociedade entregar ao accionista um título provisório nominativo.
2. Os títulos provisórios substituem, para todos os efeitos, os títulos definitivos, enquanto estes não forem emitidos e devem conter as indicações exigidas para os segundos.
3. Os títulos definitivos devem ser entregues aos accionistas nos seis meses seguintes ao registo definitivo do contrato de sociedade ou do aumento de capital.
4. Os títulos de acções, quer definitivos, quer provisórios, podem incorporar mais de uma acção, conforme o estabelecido no contrato de sociedade; neste caso, o accionista pode exigir a divisão ou a concentração de títulos, suportando os respectivos encargos.
5. Os títulos definitivos e provisórios são assinados por um ou mais administradores ou directores, podendo as assinaturas ser de chancela por eles autorizada ou por mandatários da sociedade para o efeito designados, e contêm:
   a) A firma e a sede da sociedade;
   b) A data e o cartório notarial da escritura de constituição, a data da publicação e o número de pessoa colectiva da sociedade;

c) O montante do capital social;
d) O valor nominal de cada acção e o montante da liberação;
e) O número de acções incorporadas no título e o seu valor nominal global.

6. Os títulos provisórios ou definitivos não podem ser emitidos ou negociados antes da inscrição definitiva do contrato de sociedade ou do acto de aumento de capital no registo comercial.

7. As acções continuam negociáveis depois da dissolução da sociedade, até ao encerramento da liquidação.

8. Os documentos comprovativos da subscrição de acções não constituem, por si só, títulos provisórios, não lhes sendo aplicáveis os preceitos para estes previstos.

Nota. A epígrafe e a redacção dos n.ᵒˢ 5 e 8 foram alteradas pelo DL n.º 280/87, de 8 de Julho.

Art. 305.º (Livro de registo de acções)

Nota. Revogado pelo art. 15.º, n.º 1, alínea *d*), do DL n.º 486/99, de 13 de Novembro, que aprovou o novo Código dos Valores Mobiliários.

SECÇÃO II. **Oferta pública de aquisição de acções**

Art. 306.º (Destinatários e condicionamentos da oferta)

Nota. Revogado pelo art. 3.º, n.º 2, do DL n.º 261/95, de 3 de Outubro, que alterou o Código de MVM, aprovado pelo DL n.º 142-A/91, de 10 de Abril.

Art. 307.º (Autoridade fiscalizadora)

Nota. Revogado pelo art. 24.º do DL n.º 142-A/91, de 10 de Abril, que aprovou o Código de MVM.

Art. 308.º (Lançamento da oferta pública)

Nota. Revogado pelo art. 3.º, n.º 2, do DL n.º 261/95, de 3 de Outubro.

Art. 309.º (Conteúdo da oferta pública)

Nota. Revogado pelo art. 3.º, n.º 2, do DL n.º 261/95, de 3 de Outubro.

Art. 310.º (Contrapartida da oferta pública)

Nota. Revogado pelo art. 3.º, n.º 2, do DL n.º 261/95, de 3 de Outubro.

Art. 311.º (Aquisição durante o período da oferta)

Nota. Revogado pelo art. 3.º, n.º 2, do DL n.º 261/95, de 3 de Outubro.

Art. 312.º (Dever de confidencialidade)

Nota. Revogado pelo art. 3.º, n.º 2, do DL n.º 261/95, de 3 de Outubro.

Art. 313.º (Oferta pública como forma obrigatória de aquisição)

Nota. Revogado pelo art. 3.º, n.º 2, do DL n.º 261/95, de 3 de Outubro.

Art. 314.º (Acções contadas como de um oferente)

Nota. Revogado pelo art. 3.º, n.º 2, do DL n.º 261/95, de 3 de Outubro.

Art. 315.º (Ofertas públicas de aquisição de obrigações convertíveis ou obrigações com direito de subscrição de acções)

Nota. Revogado pelo art. 3.º, n.º 2, do DL n.º 261/95, de 3 de Outubro.

SECÇÃO III. Acções próprias

Art. 316.º (Subscrição. Intervenção de terceiros)

1. Uma sociedade não pode subscrever acções próprias, e, por outra causa, só pode adquirir e deter acções próprias nos casos e nas condições previstos na lei.

2. Uma sociedade não pode encarregar outrem de, em nome deste mas por conta da sociedade, subscrever ou adquirir acções dela própria.

3. As acções subscritas ou adquiridas com violação do disposto no número anterior pertencem para todos os efeitos, incluindo a obrigação de as liberar, à pessoa que as subscreveu ou adquiriu.

4. A sociedade não pode renunciar ao reembolso das importâncias que tenha adiantado a alguém para o fim mencionado no n.º 2 nem deixar de proceder com toda a diligência para que tal reembolso se efective.

5. Sem prejuízo da sua responsabilidade, nos termos gerais, os administradores ou directores intervenientes nas operações proibidas pelo n.º 2 são pessoal e solidariamente responsáveis pela liberação das acções.

6. São nulos os actos pelos quais uma sociedade adquira acções referidas no n.º 2 às pessoas ali mencionadas, excepto em execução de crédito e se o devedor não tiver outros bens suficientes.

Art. 317.º (Casos de aquisição lícita de acções próprias)

1. O contrato de sociedade pode proibir totalmente a aquisição de acções próprias ou reduzir os casos em que ela é permitida por esta lei.

2. Salvo o disposto no número seguinte e noutros preceitos legais, uma sociedade não pode adquirir e deter acções próprias representativas de mais de 10% do seu capital.

3. Uma sociedade pode adquirir acções próprias que ultrapassem o montante estabelecido no número anterior quando:

a) A aquisição resulte do cumprimento pela sociedade de disposições da lei;

b) A aquisição vise executar uma deliberação de redução de capital;

c) Seja adquirido um património, a título universal;

d) A aquisição seja feita a título gratuito;

e) A aquisição seja feita em processo executivo para cobrança de dívidas de terceiros ou por transacção em acção declarativa proposta para o mesmo fim;

f) A aquisição decorra de processo estabelecido na lei ou no contrato de sociedade para a falta de liberação de acções pelos seus subscritores.

4. Como contrapartida da aquisição de acções próprias, uma sociedade só pode entregar bens que, nos termos dos artigos 32.º e 33.º, possam ser distribuídos aos sócios, devendo o valor dos bens distribuíveis ser, pelo menos, igual ao dobro do valor a pagar por elas.

Nota. A redacção do n.º 4 foi introduzido pelo DL n.º 280/87, de 8 de Julho.

Art. 318.º (Acções próprias não liberadas)

1. A sociedade só pode adquirir acções próprias inteiramente liberadas, excepto nos casos das alíneas *b*), *c*), *e*) e *f*) do n.º 3 do artigo anterior.

2. As aquisições que violem o disposto no número anterior são nulas.

Art. 319.º (Deliberação de aquisição)

1. A aquisição de acções próprias depende, salvo o disposto no n.º 3

deste artigo, de deliberação da assembleia geral, da qual obrigatoriamente devem constar:

a) O número máximo e, se o houver, o número mínimo de acções a adquirir;

b) O prazo, não excedente a dezoito meses a contar da data da deliberação, durante o qual a aquisição pode ser efectuada;

c) As pessoas a quem as acções devem ser adquiridas, quando a deliberação não ordenar que elas sejam adquiridas na Bolsa e seja lícita a aquisição a accionistas determinados;

d) As contrapartidas mínima e máxima, nas aquisições a título oneroso.

2. Os administradores ou os directores não podem executar ou continuar a executar as deliberações da assembleia geral se, no momento da aquisição das acções, não se verificarem os requisitos exigidos pelos artigos 317.°, n.ºs 2, 3 e 4, e 318.°, n.° 1.

3. A aquisição de acções próprias pode ser decidida pelo conselho de administração ou pela direcção apenas se, por meio dela, for evitado um prejuízo grave e iminente para a sociedade, o qual se presume existir nos casos previstos no artigo 317.°, n.° 3, alíneas *a)* e *e)*.

4. Efectuadas aquisições nos termos do número anterior, devem os administradores ou os directores, na primeira assembleia geral seguinte, expor os motivos e as condições das operações efectuadas.

Art. 320.° (Deliberação de alienação)

1. A alienação de acções próprias depende, salvo o disposto no n.° 2 deste artigo, de deliberação da assembleia geral, da qual obrigatoriamente deve constar:

a) O número mínimo e, se o houver, o número máximo de acções a alienar;

b) O prazo, não excedente a dezoito meses, a contar da data da deliberação, durante o qual a alienação pode ser efectuada;

c) A modalidade da alienação;

d) O preço mínimo ou outra contrapartida das alienações a título oneroso.

2. A alienação de acções próprias pode ser decidida pelo conselho de administração ou pela direcção, se for imposta por lei.

3. No caso do número anterior, devem os administradores ou directores, na primeira assembleia geral seguinte, expor os motivos e todas as condições da operação efectuada.

Art. 321.º (Igualdade de tratamento dos accionistas)
As aquisições e as alienações de acções próprias devem respeitar o princípio do igual tratamento dos accionistas, salvo se a tanto obstar a própria natureza do caso.

Art. 322.º (Empréstimos e garantias para aquisição de acções próprias)
1. Uma sociedade não pode conceder empréstimos ou por qualquer forma fornecer fundos ou prestar garantias para que um terceiro subscreva ou por outro meio adquira acções representativas do seu capital.

2. O disposto no n.º 1 não se aplica às transacções que se enquadrem nas operações correntes dos bancos ou de outras instituições financeiras, nem às operações efectuadas com vista à aquisição de acções pelo ou para o pessoal da sociedade ou de uma sociedade com ela coligada; todavia, de tais transacções e operações não pode resultar que o activo líquido da sociedade se torne inferior ao montante do capital subscrito acrescido das reservas que a lei ou o contrato de sociedade não permitam distribuir.

3. Os contratos ou actos unilaterais da sociedade que violem o disposto no n.º 1 ou na parte final do n.º 2 são nulos.

Nota. O texto do n.º 3 foi rectificado pelo DL n.º 257/96, de 31 de Dezembro.

Art. 323.º (Tempo de detenção das acções)
1. Sem prejuízo de outros prazos ou providências estabelecidos na lei, a sociedade não pode deter por mais de três anos um número de acções superior ao montante estabelecido no artigo 317.º, n.º 2, ainda que tenham sido licitamente adquiridas.

2. As acções ilicitamente adquiridas pela sociedade devem ser alienadas dentro do ano seguinte à aquisição, quando a lei não decretar a nulidade desta.

3. Não tendo sido oportunamente efectuadas as alienações previstas nos números anteriores, deve proceder-se à anulação das acções que houvessem de ser alienadas; relativamente a acções cuja aquisição tenha sido lícita, a anulação deve recair sobre as mais recentemente adquiridas.

4. Os administradores ou directores são responsáveis, nos termos gerais, pelos prejuízos sofridos pela sociedade, seus credores ou terceiros por causa da aquisição ilícita de acções, da anulação de acções prescrita neste artigo ou da falta de anulação de acções.

Art. 324.º (Regime das acções próprias)
1. Enquanto as acções pertencerem à sociedade, devem:

a) Considerar-se suspensos todos os direitos inerentes às acções, excepto o de o seu titular receber novas acções no caso de aumento de capital por incorporação de reservas;

b) Tornar-se indisponível uma reserva de montante igual àquele por que elas estejam contabilizadas.

2. No relatório anual do conselho de administração ou da direcção devem ser claramente indicados:

a) O número de acções próprias adquiridas durante o exercício, os motivos das aquisições efectuadas e os desembolsos da sociedade;

b) O número de acções próprias alienadas durante o exercício, os motivos das alienações efectuadas e os embolsos da sociedade;

c) O número de acções próprias da sociedade por ela detidas no fim do exercício.

Art. 325.º (Penhor e caução de acções próprias)
1. As acções próprias que uma sociedade receba em penhor ou caução são contadas para o limite estabelecido no artigo 317.º, n.º 2, exceptuadas aquelas que se destinarem a caucionar responsabilidades pelo exercício de cargos sociais.

2. Os administradores ou os directores que aceitarem para a sociedade acções próprias desta em penhor ou caução, quer esteja quer não esteja excedido o limite estabelecido no artigo 317.º, n.º 2, são responsáveis, conforme o disposto no artigo 323.º, n.º 4, se as acções vierem a ser adquiridas pela sociedade.

Art. 325.º-A (Subscrição, aquisição e detenção de acções)
1. As acções de uma sociedade anónima subscritas, adquiridas ou detidas por uma sociedade daquela dependente, directa ou indirectamente nos termos do artigo 486.º, consideram-se, para todos os efeitos, acções próprias da sociedade dominante.

2. Não estão compreendidas no número anterior a subscrição, a aquisição e a detenção de acções da sociedade anónima pela sociedade dela dependente, directa ou indirectamente, mas por conta de um terceiro que não seja a sociedade anónima referida no número anterior, nem outra em que a sociedade anónima exerça influência dominante.

3. A equiparação prevista no n.º 1 aplica-se ainda que a sociedade dependente tenha a sede efectiva ou a sede estatutária no estrangeiro, desde que a sociedade dominante esteja sujeita à lei portuguesa.

Nota. Aditado pelo art. 2.º do DL n.º 328/95, de 9 de Dezembro.

Art. 325.º-B (Regime da subscrição, aquisição e detenção de acções)

1. À subscrição, aquisição e detenção de acções nos termos do n.º 1 do artigo anterior aplica-se o regime estabelecido nos artigos 316.º a 319.º e 321.º a 325.º, com as devidas adaptações.

2. A aquisição de acções da sociedade anónima pela sociedade dependente está sujeita apenas a deliberação da assembleia geral daquela sociedade, mas não a deliberação da assembleia geral desta última.

3. Enquanto as acções pertencerem à sociedade dependente, consideram-se suspensos os direitos de voto e os direitos de conteúdo patrimonial incompatíveis com o n.º 1 do artigo 316.º

Nota. Aditado pelo art. 2.º do DL n.º 328/95, de 9 de Dezembro.

SECÇÃO IV. Transmissão de acções

Subsecção I. Formas de transmissão

Art. 326.º (Transmissão de acções nominativas)

Nota. Revogado pelo art. 15.º, n.º 1, alínea d), do DL n.º 486/99, de 13 de Novembro, que aprovou o novo Código dos Valores Mobiliários.

Art. 327.º (Transmissão de acções ao portador)

Nota. Revogado pelo art. 15.º, n.º 1, alínea d), do DL n.º 486/99, de 13 de Novembro, que aprovou o novo Código dos Valores Mobiliários.

Subsecção II. Limitações à transmissão

Art. 328.º (Limitações à transmissão de acções)

1. O contrato de sociedade não pode excluir a transmissibilidade das acções nem limitá-la além do que a lei permitir.

2. O contrato de sociedade pode:

a) Subordinar a transmissão das acções nominativas ao consentimento da sociedade;

b) Estabelecer um direito de preferência dos outros accionistas e as condições do respectivo exercício, no caso de alienação de acções nominativas;

c) Subordinar a transmissão de acções nominativas e a constituição de penhor ou usufruto sobre elas à existência de determinados requisitos, subjectivos ou objectivos, que estejam de acordo com o interesse social.

3. As limitações previstas no número anterior só podem ser introduzidas por alteração do contrato de sociedade com o consentimento de todos os accionistas cujas acções sejam por elas afectadas, mas podem ser atenuadas ou extintas mediante alteração do contrato, nos termos gerais; as limitações podem respeitar apenas a acções correspondentes a certo aumento de capital, contanto que sejam deliberadas simultaneamente com este.

4. As cláusulas previstas neste artigo devem ser transcritas nos títulos ou nas contas de registo das acções, sob pena de serem inoponíveis a adquirentes de boa fé.

5. As cláusulas previstas nas alíneas *a)* e *c)* do n.º 2 não podem ser invocadas em processo executivo ou de liquidação de patrimónios.

Nota. A redacção do n.º 2, alínea *a)*, foi introduzida pelo DL n.º 280/87, de 8 de Julho, e a do n.º 4 foi introduzida pelo art. 13.º, n.º 2, do DL n.º 486/99, de 13 de Novembro, que aprovou o novo Código dos Valores Mobiliários.

Art. 329.º (Concessão e recusa do consentimento)

1. A concessão ou recusa do consentimento para a transmissão de acções nominativas compete à assembleia geral, se o contrato de sociedade não atribuir essa competência a outro órgão.

2. Quando o contrato não especificar os motivos de recusa do consentimento, é lícito recusá-lo com fundamento em qualquer interesse relevante da sociedade, devendo indicar-se sempre na deliberação o motivo da recusa.

3. O contrato de sociedade, sob pena de nulidade da cláusula que exija o consentimento, deve conter:

a) A fixação de prazo, não superior a 60 dias, para a sociedade se pronunciar sobre o pedido de consentimento;

b) A estipulação de que é livre a transmissão das acções, se a sociedade não se pronunciar dentro do prazo referido no número anterior;

c) A obrigação de a sociedade, no caso de recusar licitamente o consentimento, fazer adquirir as acções por outra pessoa nas condições de preço e pagamento do negócio para que foi solicitado o consentimento; tratando-se de transmissão a título gratuito, ou provando a sociedade que naquele negócio houve simulação de preço, a aquisição far-se-á pelo valor real, determinado nos termos previstos no artigo 105.º, n.º 2.

Subsecção III. Regime de registo e regime de depósito

Art. 330.º (Primeiro registo)

Nota. Revogado pelo art. 15.º, n.º 1, alínea *d*), do DL n.º 486/99, de 13 de Novembro, que aprovou o novo Código dos Valores Mobiliários.

Art. 331.º (Regime de registo ou de depósito)

Nota. Revogado pelo art. 15.º, n.º 1, alínea *d*), do DL n.º 486/99, de 13 de Novembro, que aprovou o novo Código dos Valores Mobiliários.

Art. 332.º (Passagem do regime de registo ao de depósito)

Nota. Revogado pelo art. 15.º, n.º 1, alínea *d*), do DL n.º 486/99, de 13 de Novembro, que aprovou o novo Código dos Valores Mobiliários.

Art. 333.º (Passagem do regime de depósito ao de registo)

Nota. Revogado pelo art. 15.º, n.º 1, alínea *d*), do DL n.º 486/99, de 13 de Novembro, que aprovou o novo Código dos Valores Mobiliários.

Art. 334.º (Registo de transmissão)

Nota. Revogado pelo art. 15.º, n.º 1, alínea *d*), do DL n.º 486/99, de 13 de Novembro, que aprovou o novo Código dos Valores Mobiliários.

Art. 335.º (Prazos e encargos)

Nota. Revogado pelo art. 15.º, n.º 1, alínea *d*), do DL n.º 486/99, de 13 de Novembro, que aprovou o novo Código dos Valores Mobiliários.

Art. 336.º (Transmissão de acções nominativas)

Nota. Revogado pelo art. 15.º, n.º 1, alínea *d*), do DL n.º 486/99, de 13 de Novembro, que aprovou o novo Código dos Valores Mobiliários.

Art. 337.º (Declaração de transmissão)

Nota. Revogado pelo art. 15.º, n.º 1, alínea *d*), do DL n.º 486/99, de 13 de Novembro, que aprovou o novo Código dos Valores Mobiliários.

Art. 338.º (Prova da posse e data dos efeitos da transmissão)

Nota. Revogado pelo art. 15.º, n.º 1, alínea *d*), do DL n.º 486/99, de 13 de Novembro, que aprovou o novo Código dos Valores Mobiliários.

Art. 339.º (Transmissão por morte)

Nota. Revogado pelo art. 15.º, n.º 1, alínea *d*), do DL n.º 486/99, de 13 de Novembro, que aprovou o novo Código dos Valores Mobiliários.

Art. 340.º (Registo de ónus ou encargos)

Nota. Revogado pelo art. 15.º, n.º 1, alínea *d*), do DL n.º 486/99, de 13 de Novembro, que aprovou o novo Código dos Valores Mobiliários.

SECÇÃO V. **Acções preferenciais sem voto**

Art. 341.º (Emissão e direitos dos accionistas)

1. O contrato de sociedade pode autorizar a emissão de acções preferenciais sem voto até ao montante representativo de metade do capital.

2. As acções referidas no n.º 1 conferem direito a um dividendo prioritário, não inferior a 5% do respectivo valor nominal, retirado dos lucros que, nos termos dos artigos 32.º e 33.º, podem ser distribuídos aos accionistas e ao reembolso prioritário do seu valor nominal na liquidação da sociedade.

3. As acções preferenciais sem voto conferem, além dos direitos previstos no número anterior, todos os direitos inerentes às acções ordinárias, excepto o direito de voto.

4. As acções referidas no n.º 1 não contam para a determinação da representação do capital, exigida na lei ou no contrato de sociedade para as deliberações dos accionistas.

Art. 342.º (Falta de pagamento do dividendo prioritário)

1. Se os lucros distribuíveis ou o activo de liquidação não forem suficientes para satisfazer o pagamento do dividendo ou do valor nominal das acções, nos termos previstos no artigo 341.º, n.º 2, serão repartidos proporcionalmente pelas acções preferenciais sem voto.

2. O dividendo prioritário que não for pago num exercício social deve ser pago nos três exercícios seguintes, antes do dividendo relativo a estes, desde que haja lucros distribuíveis.

3. Se o dividendo prioritário não for integralmente pago durante dois exercícios sociais, as acções preferenciais passam a conferir o direito de voto, nos mesmos termos que as acções ordinárias, e só o perdem no exercício seguinte àquele em que tiverem sido pagos os dividendos prioritários em atraso. Enquanto as acções preferenciais gozarem do direito de voto, não se aplica o disposto no artigo 341.º, n.º 4.

Art. 343.º (Participação na assembleia geral)
1. Se o contrato de sociedade não permitir que os accionistas sem direito de voto participem na assembleia geral, os titulares de acções preferenciais sem voto de uma mesma emissão são representados na assembleia por um deles.

2. À designação e destituição do representante comum aplica-se, com as necessárias adaptações, o disposto no artigo 358.º

Art. 344.º (Conversão de acções)
1. As acções ordinárias podem ser convertidas em acções preferenciais sem voto, mediante deliberação da assembleia geral, observando-se o disposto nos artigos 24.º, 341.º, n.º 1, e 389.º A deliberação deve ser publicada.

2. A conversão prevista no n.º 1 faz-se a requerimento dos accionistas interessados, no período fixado pela deliberação, não inferior a 90 dias a contar da publicação desta, respeitando-se na sua execução o princípio da igualdade de tratamento.

SECÇÃO VI. **Acções preferenciais remíveis**

Art. 345.º (Acções preferenciais remíveis)
1. Se o contrato de sociedade o autorizar, as acções que beneficiem de algum privilégio patrimonial podem, na sua emissão, ficar sujeitas a remição em data fixa ou quando a assembleia geral o deliberar.

2. As referidas acções deverão ser remidas em conformidade com as disposições do contrato, sem prejuízo das regras impostas nos números seguintes.

3. As acções devem estar inteiramente liberadas antes de serem remidas.

4. A remição é feita pelo valor nominal das acções, salvo se o contrato de sociedade prever a concessão de um prémio.

5. A contrapartida da remição de acções, incluindo o prémio, só pode ser retirada de fundos que, nos termos dos artigos 32.° e 33.°, possam ser distribuídos aos accionistas.

6. A partir da remição, uma importância igual ao valor nominal das acções remidas deve ser levada a uma reserva especial, que só pode ser utilizada para incorporação no capital social, sem prejuízo da sua eliminação no caso de o capital ser reduzido.

7. A remição de acções não importa redução do capital e, salvo disposição contrária do contrato de sociedade, podem ser emitidas por deliberação da assembleia geral novas acções da mesma espécie em substituição das acções remidas.

8. A deliberação de remição de acções está sujeita a registo e publicação.

9. O contrato de sociedade pode prever sanções para o incumprimento pela sociedade da obrigação de remir na data nele fixada; na falta de disposição contratual, qualquer titular dessas acções pode requerer judicialmente a dissolução da sociedade, depois de passado um ano sobre aquela data sem a remição ter sido efectuada.

SECÇÃO VII. **Amortização de acções**

Art. 346.° (**Amortização de acções sem redução de capital**)

1. A assembleia geral pode deliberar, pela maioria exigida para alteração do contrato de sociedade, que o capital seja reembolsado, no todo ou em parte, recebendo os accionistas o valor nominal de cada acção, ou parte dele, desde que para o efeito sejam utilizados apenas fundos que, nos termos dos artigos 32.° e 33.°, possam ser distribuídos aos accionistas.

2. O reembolso nos termos deste artigo não acarreta redução do capital.

3. O reembolso parcial do valor nominal deve ser feito por igual, relativamente a todas as acções existentes à data; sem prejuízo do disposto quanto a acções remíveis, o reembolso do valor nominal de certas acções só pode ser efectuado por sorteio, se o contrato de sociedade o permitir.

4. Depois do reembolso, os direitos patrimoniais inerentes às acções são modificados nos termos seguintes:

a) Essas acções só compartilham dos lucros de exercício, juntamente com as outras, depois de a estas ter sido atribuído um dividendo, cujo máximo é fixado no contrato de sociedade ou, na falta dessa estipulação, é igual à taxa de juro legal; as acções só parcialmente reembolsadas têm direito proporcional àquele dividendo;

b) Tais acções só compartilham do produto da liquidação da sociedade, juntamente com as outras, depois de a estas ter sido reembolsado o valor nominal; as acções só parcialmente reembolsadas têm direito proporcional a essa primeira partilha.

5. As acções totalmente reembolsadas passam a denominar-se acções de fruição, constituem uma categoria e esse facto deve constar do título ou do registo das acções.

6. O reembolso é definitivo, mas as acções de fruição podem ser convertidas em acções de capital, mediante deliberações da assembleia geral e da assembleia especial dos respectivos titulares, tomadas pela maioria exigida para alteração do contrato de sociedade.

7. A conversão prevista no número anterior é efectuada por meio de retenção dos lucros que, num ou mais exercícios, caberiam às acções de fruição, salvo se as referidas assembleias autorizarem que ela se efectue por meio de entradas oferecidas pelos accionistas interessados.

8. O disposto nos dois números anteriores é aplicável à reconstituição de acções parcialmente reembolsadas.

9. A conversão considera-se efectuada no momento em que os dividendos retidos atinjam o montante dos reembolsos efectuados ou, no caso de entradas pelos accionistas, no fim do exercício em que estas tenham sido realizadas.

10. As deliberações de amortização e de conversão estão sujeitas a registo e publicação.

Nota. A redacção do n.º 5 foi introduzida pelo art. 13.º, n.º 3, do DL n.º 486/99, de 13 de Novembro, que aprovou o novo Código dos Valores Mobiliários.

Art. 347.º (Amortização de acções com redução do capital)
1. O contrato de sociedade pode impor ou permitir que, em certos casos e sem consentimento dos seus titulares, sejam amortizadas acções.

2. A amortização de acções nos termos deste artigo implica sempre redução do capital da sociedade; as acções amortizadas extinguem-se na data da escritura de redução do capital.

3. Os factos que imponham ou permitam a amortização devem ser concretamente definidos no contrato de sociedade.

4. No caso de a amortização ser imposta pelo contrato de sociedade, deve este fixar todas as condições essenciais para que a operação possa ser

efectuada, competindo ao conselho de administração ou à direcção apenas declarar, nos 90 dias posteriores ao conhecimento que tenha do facto, que as acções são amortizadas nos termos do contrato e dar execução ao que para o caso estiver disposto.

5. No caso de a amortização ser permitida pelo contrato de sociedade, compete à assembleia geral deliberar a amortização e fixar as condições necessárias para que a operação seja efectuada na parte que não constar do contrato.

6. Sendo a amortização permitida pelo contrato de sociedade, pode este fixar um prazo, não superior a um ano, para a deliberação ser tomada; na falta de disposição contratual, esse prazo será de seis meses, a contar da ocorrência do facto que fundamenta a amortização.

7. À redução de capital por amortização de acções nos termos deste artigo aplica-se o disposto no artigo 95.°, excepto:

a) Se forem amortizadas acções inteiramente liberadas, postas à disposição da sociedade, a título gratuito;

b) Se para a amortização de acções inteiramente liberadas forem unicamente utilizados fundos que, nos termos dos artigos 32.° e 33.°, possam ser distribuídos aos accionistas; neste caso, deve ser criada uma reserva sujeita ao regime de reserva legal, de montante equivalente à soma do valor nominal das acções amortizadas.

CAPÍTULO IV. Obrigações

SECÇÃO I. Obrigações em geral

Art. 348.° **(Emissão de obrigações)**

1. As sociedades anónimas podem, obtidas as autorizações administrativas eventualmente necessárias, emitir títulos negociáveis que, numa mesma emissão, conferem direitos de crédito iguais para o mesmo valor nominal e que se denominam obrigações.

2. Só podem emitir obrigações as sociedades cujo contrato esteja definitivamente registado há mais de dois anos e cujos dois últimos balanços estejam regularmente aprovados ou que tenham resultado da fusão ou cisão de sociedades das quais uma, pelo menos, se encontre nestas condições, a não ser que o Estado ou entidade pública a ele equiparada por lei para este efeito possua a maior parte das acções ou que a emissão seja especialmente autorizada pelo Estado ou garantida pelo Estado ou

por aquela outra entidade ou ainda por meio de títulos de crédito sobre o Estado ou aquelas entidades.

3. Por portaria dos Ministros das Finanças e da Justiça podem ser dispensados, no todo ou em parte, os requisitos previstos no número anterior.

4. As obrigações não podem ser emitidas antes de o capital estar inteiramente liberado ou de, pelo menos, estarem colocados em mora todos os accionistas que não hajam liberado oportunamente as suas acções.

Nota. A redacção do n.º 3 foi introduzida pelo DL n.º 280/87, de 8 de Julho.

Art. 349.º (Limite de emissão de obrigações)

1. As sociedades anónimas não podem emitir obrigações que excedam a importância do capital realizado e existente, nos termos do último balanço aprovado, acrescido do montante do capital aumentado e realizado depois da data de encerramento daquele balanço.

2. O limite referido no número anterior calcula-se adicionando o valor nominal de todas as obrigações emitidas pela sociedade que não tenham sido amortizadas na data da deliberação de emissão de novas obrigações.

3. O limite referido no n.º 1 pode ser ampliado, mediante portaria dos Ministros da Justiça e das Finanças, nos seguintes casos:

   a) Quando a situação financeira da sociedade o justifique, até ao montante da reserva legal existente;

   b) Quando a emissão se destine ao funcionamento de empreendimentos de grande interesse nacional que exijam imobilizações excepcionalmente vultosas, desde que se encontre devidamente assegurado o equilíbrio da empresa, nomeadamente através de uma adequada participação de capitais próprios no investimento;

   c) Quando as obrigações apresentem juro e plano de reembolso variáveis em função dos lucros da sociedade.

4. A portaria a que se refere o número anterior será publicada no *Diário da República* e a sociedade fará inscrever no registo comercial a autorização concedida.

5. Salvo por motivo de perdas, a sociedade devedora de obrigações não pode reduzir o seu capital a montante inferior ao da sua dívida para com os obrigacionistas, embora a emissão tenha beneficiado de ampliação, nos termos do n.º 3 deste artigo ou de lei especial.

6. Reduzido o capital por motivo de perdas a montante inferior ao da dívida da sociedade para com os obrigacionistas, todos os lucros distribuíveis serão aplicados a reforço da reserva legal até que a soma desta com

o novo capital iguale o montante da referida dívida ou, tendo havido a ampliação prevista no n.º 3 deste artigo ou em lei especial, seja atingida a proporção de início estabelecida entre o capital e o montante das obrigações emitidas.

Art. 350.º (Deliberação)

1. A emissão de obrigações deve ser deliberada pelos accionistas, salvo se o contrato de sociedade autorizar que ela seja deliberada pelo conselho de administração.

2. Não pode ser tomada deliberação de emissão de obrigações enquanto não estiver subscrita e realizada uma emissão anterior.

3. Os accionistas podem autorizar que uma emissão de obrigações por eles deliberada seja efectuada parcelarmente em séries, fixadas por eles ou pelo conselho de administração, mas tal autorização caduca ao fim de cinco anos, no que toca às séries ainda não emitidas.

4. Não pode ser lançada uma nova série enquanto não estiverem subscritas e realizadas as obrigações da série anterior.

Nota. A epígrafe e a redacção dos n.os 1 e 3 foram alteradas pelo DL n.º 280/87, de 8 de Julho.

Art. 351.º (Registo)

1. Estão sujeitas a registo comercial a emissão de obrigações e a emissão de cada uma das suas séries, quando realizadas através de oferta particular.

2. Enquanto a emissão de obrigações ou de série não estiver definitivamente registada, não podem ser emitidos os respectivos títulos; a falta de registo não torna os títulos inválidos, mas sujeita os administradores a responsabilidade.

Nota. A redacção do n.º 1 foi introduzida pelo art. 1.º do DL n.º 107/2003, de 4 de Junho.

Art. 352.º (Títulos de obrigações)

1. Os títulos de obrigações emitidos por uma sociedade devem mencionar:

   a) Os elementos referidos no artigo 171.º;
   b) A data da deliberação da emissão;
   c) As autorizações que no caso tenham sido necessárias;
   d) A data do registo definitivo da emissão;
   e) O montante total das obrigações dessa emissão, o número de obrigações emitidas, o valor nominal de cada uma, a taxa e o modo de pagamento dos juros, os prazos e as condições do reembolso, bem como quaisquer outras características particulares da emissão;

f) O número de ordem da obrigação;
g) As garantias especiais da obrigação, se as houver;
h) A modalidade, nominativa ou ao portador, da obrigação;
i) A série, se disso for caso.

2. O título de obrigação deve ser assinado por um ou mais administradores ou directores, podendo as assinaturas ser de chancela por eles autorizada, ou por mandatários da sociedade para o efeito designados.

3. O valor nominal da obrigação deve ser expresso em moeda com curso legal em Portugal, salvo se, nos termos da legislação em vigor, for autorizado o pagamento em moeda diversa.

Nota. A redacção do n.º 2 foi introduzida pelo DL n.º 280/87, de 8 de Julho. A redacção do n.º 3 foi introduzida pelo art. 3.º do DL n.º 343/98, de 6 de Novembro.

Art. 353.º (Subscrição pública incompleta)

1. Efectuada subscrição pública para uma emissão de obrigações e sendo apenas subscrita parte dela durante o prazo previsto na deliberação, a essas obrigações se limitará a emissão.

2. Os administradores devem promover o averbamento no registo comercial do montante efectivo da emissão.

Art. 354.º (Obrigações próprias)

1. A sociedade só pode adquirir obrigações próprias nas mesmas circunstâncias em que poderia adquirir acções próprias ou para conversão ou amortização.

2. Enquanto as obrigações pertencerem à sociedade emitente são suspensos os respectivos direitos, mas podem elas ser convertidas ou amortizadas nos termos gerais.

Art. 355.º (Assembleia de obrigacionistas)

1. Os credores de uma mesma emissão de obrigações podem reunir-se em assembleia de obrigacionistas.

2. A assembleia de obrigacionistas é convocada e presidida pelo representante comum dos obrigacionistas ou, enquanto este não for eleito ou quando se recusar a convocá-la, pelo presidente da mesa da assembleia geral dos accionistas, sendo de conta da sociedade as despesas de convocação. A convocação é feita nos termos prescritos na lei para a assembleia geral dos accionistas.

3. Se o representante comum dos obrigacionistas e o presidente da assembleia geral dos accionistas se recusarem a convocar a assembleia dos obrigacionistas, podem os titulares de 5% das obrigações da emissão requerer a convocação judicial da assembleia, que elegerá o seu presidente.

4. A assembleia dos obrigacionistas delibera sobre todos os assuntos que por lei lhe são atribuídos ou que sejam de interesse comum dos obrigacionistas e nomeadamente sobre:

a) Nomeação, remuneração e destituição do representante comum dos obrigacionistas;

b) Modificação das condições dos créditos dos obrigacionistas;

c) Propostas de concordata e de acordo de credores;

d) Reclamação de créditos dos obrigacionistas em acções executivas, salvo o caso de urgência;

e) Constituição de um fundo para as despesas necessárias à tutela dos interesses comuns e sobre a prestação das respectivas contas;

f) Autorização do representante comum para a proposição de acções judiciais.

5. A cada obrigação corresponde um voto.

6. Podem estar presentes na assembleia os membros dos órgãos de administração e de fiscalização da sociedade e os representantes comuns dos titulares de obrigações de outras emissões.

7. As deliberações são tomadas por maioria dos votos emitidos; as modificações das condições dos créditos dos obrigacionistas devem, porém, ser aprovadas, na primeira data fixada, por metade dos votos correspondentes a todos os obrigacionistas e, na segunda data fixada, por dois terços dos votos emitidos.

8. As deliberações tomadas pela assembleia vinculam os obrigacionistas ausentes ou discordantes.

9. É vedado à assembleia deliberar o aumento de encargos dos obrigacionistas ou quaisquer medidas que impliquem o tratamento desigual destes.

10. O obrigacionista pode fazer-se representar na assembleia por mandatário constituído por simples carta dirigida ao presidente da assembleia, com a assinatura reconhecida por notário.

Art. 356.º (Invalidade das deliberações)

1. Às deliberações da assembleia de obrigacionistas aplicam-se os preceitos relativos à invalidade das deliberações de accionistas, com as

necessárias adaptações, reportando-se a anulabilidade à violação das condições do empréstimo.

2. A acção declarativa de nulidade e a acção de anulação devem ser propostas contra o conjunto de obrigacionistas que tenham aprovado a deliberação, na pessoa do representante comum; na falta de representante comum ou não tendo este aprovado a deliberação, o autor requererá, na petição, que de entre os obrigacionistas cujos votos fizeram vencimento seja nomeado um representante especial.

Art. 357.º (Representante comum dos obrigacionistas)

1. Para cada emissão de obrigações haverá um representante comum dos respectivos titulares.

2. O representante comum deve ser uma sociedade de advogados, uma sociedade de revisores de contas ou uma pessoa singular dotada de capacidade jurídica plena, embora não seja obrigacionista.

3. Podem ser nomeados um ou mais representantes comuns substitutos.

4. Aplicam-se ao representante comum dos obrigacionistas as incompatibilidades estabelecidas no artigo 414.º, n.º 3, alíneas *a)* a *g)*.

5. A remuneração do representante comum constitui encargo da sociedade; discordando esta da remuneração fixada por deliberação dos obrigacionistas, cabe ao tribunal decidir, a requerimento da sociedade ou do representante comum.

Art. 358.º (Designação e destituição do representante comum)

1. O representante comum é designado e destituído por deliberação dos obrigacionistas, que especificará a duração, definida ou indefinida, das suas funções.

2. Na falta de representante comum, designado nos termos do número anterior, pode qualquer obrigacionista ou a sociedade requerer que o tribunal o nomeie, até que os obrigacionistas façam a designação.

3. Pode também qualquer obrigacionista requerer que o tribunal destitua, com fundamento em justa causa, o representante comum.

4. A designação e a destituição do representante comum devem ser comunicadas por escrito à sociedade e ser inscritas no registo comercial por iniciativa da sociedade ou do próprio representante.

Nota. A redacção do n.º 2 foi introduzida pelo DL n.º 280/87, de 8 de Julho.

Art. 359.º (Atribuições e responsabilidade do representante comum)

1. O representante comum deve praticar, em nome de todos os obrigacionistas, os actos de gestão destinados à defesa dos interesses comuns destes, competindo-lhe nomeadamente:

a) Representar o conjunto dos obrigacionistas nas suas relações com a sociedade;

b) Representar em juízo o conjunto dos obrigacionistas, nomeadamente em acções movidas contra a sociedade e em processos de execução ou de liquidação do património desta;

c) Assistir às assembleias gerais dos accionistas;

d) Receber e examinar toda a documentação da sociedade, enviada ou tornada patente aos accionistas, nas mesmas condições estabelecidas para estes;

e) Assistir aos sorteios para reembolso de obrigações;

f) Convocar a assembleia de obrigacionistas e assumir a respectiva presidência, nos termos desta lei.

2. O representante comum deve prestar aos obrigacionistas as informações que lhe forem solicitadas sobre factos relevantes para os interesses comuns.

3. O representante comum responde, nos termos gerais, pelos actos ou omissões violadores da lei e das deliberações da assembleia de obrigacionistas.

4. A assembleia de obrigacionistas pode aprovar um regulamento das funções de representante comum.

5. Não é permitido ao representante comum receber juros ou quaisquer importâncias devidas pela sociedade aos obrigacionistas, individualmente considerados.

SECÇÃO II. **Modalidades de obrigações**

Art. 360.º (Modalidades de obrigações)

Podem, nomeadamente, ser emitidas obrigações que:

a) Além de conferirem aos seus titulares o direito a um juro fixo, os habilitem a um juro suplementar ou a um prémio de reembolso, quer fixo quer dependente dos lucros realizados pela sociedade;

b) Apresentem juro e plano de reembolso, dependentes e variáveis em função dos lucros;

c) Sejam convertíveis em acções;

d) Confiram o direito a subscrever uma ou várias acções;
e) Apresentem prémios de emissão.

Nota. A alínea *d)* foi aditada pelo DL n.º 280/87, de 8 de Julho, que também deu nova redacção ao proémio do artigo. A actual redacção da referida alínea foi introduzida pelo art. 1.º do DL n.º 229-B/88, de 4 de Julho; o texto actual da alínea *e)* era o da anterior alínea *d).*

Art. 361.º (Juro suplementar ou prémio de reembolso)

1. Nas obrigações com juro suplementar ou prémio de reembolso, estes poderão:

a) Ser estabelecidos como percentagem fixa do lucro de cada exercício, independentemente do montante deste e das oscilações que registe durante o período de vida do empréstimo;

b) Ser fixados nos termos da alínea anterior, mas apenas para a hipótese de o lucro exceder um limite mínimo que se estipulará na emissão, aplicando-se a percentagem estabelecida a todo o lucro apurado ou somente à parte que exceder o limite referido;

c) Ser determinados por qualquer das formas previstas nas alíneas precedentes, mas com base numa percentagem variável em função do volume dos lucros produzidos em cada exercício ou dos lucros a considerar para além do limite estipulado nos termos da alínea *b);*

d) Ser apurados nos termos das alíneas anteriores, mas com imputação dos lucros a accionistas e obrigacionistas na proporção do valor nominal dos títulos existentes, corrigindo-se ou não essa proporção com base em coeficiente estipulado na emissão;

e) Ser calculados por qualquer outra forma similar, aprovada pelo Ministro das Finanças, a requerimento da sociedade interessada.

2. Registando a sociedade prejuízos ou lucros inferiores ao limite de que dependa a participação estabelecida, os obrigacionistas terão direito apenas ao juro fixo.

Art. 362.º (Lucros a considerar)

1. O lucro a considerar para os efeitos previstos no artigo 361.º, n.º 1, alíneas *a)* e *b),* será o que corresponder aos resultados líquidos do exercício, deduzidos das importâncias a levar à reserva legal ou reservas obrigatórias e não se considerando como custo as amortizações e provisões efectuadas para além dos máximos legalmente admitidos para efeitos de contribuição industrial.

2. O apuramento feito pela sociedade do lucro que deve servir de base à determinação das importâncias destinadas aos obrigacionistas, e bem assim o cálculo dessas importâncias, serão obrigatoriamente submetidos, conjuntamente com o relatório e contas de cada exercício, ao parecer de revisor oficial de contas.

3. O revisor oficial de contas referido no número anterior será designado pela assembleia de obrigacionistas, no prazo de 60 dias a contar do termo da primeira subscrição das obrigações ou da vacatura do cargo.

4. Aplicam-se a este revisor oficial de contas as incompatibilidades estabelecidas para os membros do conselho fiscal no artigo 414.°, n.° 3, alíneas *a)* a *g)*.

5. O lucro a considerar em cada um dos anos de vida do empréstimo com vista ao apuramento das importâncias destinadas a juro suplementar ou a prémio de reembolso, será o referente ao exercício anterior.

6. Se no próprio ano da emissão e de acordo com as condições desta houver lugar à distribuição de juro suplementar ou à afectação de qualquer importância a prémio de reembolso, o montante respectivo calcular-se-á com base nos critérios para o efeito estabelecidos na emissão.

Art. 363.° (Deliberação de emissão)

1. Para as obrigações referidas no artigo 361.°, n.° 1, alíneas *a)* e *b)*, a proposta de deliberação da assembleia geral dos accionistas definirá as seguintes condições:

a) O quantitativo global da emissão e os motivos que a justificam, o valor nominal das obrigações, o preço por que são emitidas e reembolsadas ou o modo de o determinar;

b) A taxa de juro e, conforme os casos, a forma de cálculo da dotação para pagamento de juro e reembolso ou a taxa de juro fixo, o critério de apuramento de juro suplementar ou do prémio de reembolso;

c) O plano de amortização do empréstimo;

d) A identificação dos subscritores e o número de obrigações a subscrever por cada um, quando a sociedade não recorra a subscrição pública.

2. A deliberação poderá reservar aos accionistas ou obrigacionistas, total ou parcialmente, as obrigações a emitir.

Art. 364.° (Pagamento do juro suplementar e do prémio de reembolso)

1. O juro suplementar respeitante a cada ano será pago por uma ou mais vezes, separadamente ou em conjunto com o juro fixo, conforme se estabelecer na emissão.

2. No caso de a amortização de uma obrigação ocorrer antes da data do vencimento do juro suplementar, deve a sociedade emitente fornecer ao respectivo titular documento que lhe permita exercer o seu direito a eventual juro suplementar.

3. O prémio de reembolso será integralmente pago na data da amortização das obrigações, a qual não poderá ser fixada para momento anterior à data limite para a aprovação das contas anuais.

4. Pode estipular-se a capitalização dos montantes anualmente apuráveis a título de prémios de reembolso, nos termos e para o efeito estabelecidos nas condições de emissão.

Art. 365.º (Obrigações convertíveis em acções)

Só podem emitir obrigações convertíveis em acções as sociedades cujas acções estejam cotadas numa das Bolsas de Valores de Lisboa ou Porto.

Art. 366.º (Deliberação de emissão)

1. A deliberação de emissão de obrigações convertíveis em acções deve ser tomada pela maioria que o contrato de sociedade especifique, mas não poderá ser inferior à exigida para a deliberação de aumento de capital por novas entradas.

2. A proposta de deliberação deve indicar especificadamente:

a) O quantitativo global da emissão e os motivos que a justificam, o valor nominal das obrigações e o preço por que serão emitidas e reembolsadas ou o modo de o determinar, a taxa de juro e o plano de amortização do empréstimo;

b) As bases e os termos da conversão;

c) Se aos accionistas deve ser retirado o direito previsto no n.º 1 do artigo seguinte e as razões de tal medida;

d) A identificação dos subscritores e o número de obrigações a subscrever por cada um, quando a sociedade não recorra a subscrição pública.

3. A deliberação de emissão de obrigações convertíveis em acções implica a aprovação do aumento do capital da sociedade no montante e nas condições que vierem a ser necessários para satisfazer os pedidos de conversão.

4. As condições fixadas pela deliberação da assembleia geral dos accionistas para a emissão de obrigações convertíveis só podem ser alteradas, sem o consentimento dos obrigacionistas desde que da alteração não resulte para estes qualquer redução das respectivas vantagens ou direitos ou aumento dos seus encargos.

Art. 367.º (Direito de preferência dos accionistas)

1. Os accionistas têm direito de preferência na subscrição das obrigações convertíveis, aplicando-se o disposto no artigo 458.º

2. Não pode tomar parte na votação que suprima ou limite o direito de preferência dos accionistas na subscrição de obrigações convertíveis todo aquele que puder beneficiar especificamente com tal supressão ou limitação, nem as suas acções serão tidas em consideração no cálculo do número de presenças necessárias para a reunião da assembleia geral e da maioria exigida para a deliberação.

Art. 368.º (Proibição de alterações na sociedade)

1. A partir da data da deliberação da emissão de obrigações convertíveis em acções, e enquanto for possível a qualquer obrigacionista exercer o direito de conversão, é vedado à sociedade emitente alterar as condições de repartição de lucros fixadas no contrato de sociedade, distribuir aos accionistas acções próprias, a qualquer título, amortizar acções ou reduzir o capital mediante reembolso e atribuir privilégios às acções existentes.

2. Se o capital for reduzido em consequência de perdas, os direitos dos obrigacionistas que optem pela conversão reduzir-se-ão correlativamente, como se esses obrigacionistas tivessem sido accionistas a partir da emissão das obrigações.

3. Durante o período de tempo referido no n.º 1 deste artigo, a sociedade só poderá emitir novas obrigações convertíveis em acções, alterar o valor nominal das suas acções, distribuir reservas aos accionistas, aumentar o capital social mediante novas entradas ou por incorporação de reservas e praticar qualquer outro acto que possa afectar os direitos dos obrigacionistas que venham a optar pela conversão desde que sejam assegurados direitos iguais aos dos accionistas.

4. Os direitos referidos na parte final do número anterior não abrangem o de receber quaisquer rendimentos dos títulos ou de participar em distribuição das reservas em causa relativamente a período anterior à data em que a conversão vier a produzir os seus efeitos.

Art. 369.º (Atribuição de juros e de dividendos)

1. Os obrigacionistas têm direito aos juros das respectivas obrigações até ao momento da conversão, o qual, para este efeito, se reporta sempre ao termo do trimestre em que o pedido de conversão é apresentado.

2. Das condições de emissão constará sempre o regime de atribuição de dividendos que será aplicado às acções em que as obrigações se converterem no exercício durante o qual a conversão tiver lugar.

Art. 370.º (Escritura e registo do aumento do capital)

1. O aumento do capital social resultante da conversão de obrigações em acções será objecto de escritura pública a lavrar:

a) Dentro dos 30 dias posteriores ao termo do prazo para a apresentação do pedido de conversão, quando, nos termos da emissão, a conversão houver de ser feita de uma só vez e em determinado momento;

b) Dentro dos 30 dias posteriores ao termo de cada prazo para a apresentação do pedido de conversão, quando, nos termos da emissão, a conversão puder ser feita em mais do que um momento.

2. Fixando a deliberação da emissão apenas um momento a partir do qual o direito de conversão pode ser exercido, serão, logo que ele ocorrer, lavradas escrituras de aumento de capital, em Julho e Janeiro de cada ano, abrangendo cada escritura o aumento resultante das conversões pedidas no decurso do semestre imediatamente anterior.

3. A conversão considera-se, para todos os efeitos, como efectuada:

a) Nos casos previstos no n.º 1, no último dia do prazo para apresentação do respectivo pedido;

b) No caso previsto no n.º 2, no último dia do mês imediatamente anterior àquele em que for lavrada a escritura de aumento de capital que abranja essa conversão.

4. A inscrição deste aumento de capital no registo comercial deve ser feita dentro de 90 dias a contar da outorga das respectivas escrituras.

Nota. A epígrafe e a redacção do artigo foram alteradas pelo DL n.º 280/87, de 8 de Julho.

Art. 371.º (Emissão de acções para conversão de obrigações)

1. A administração da sociedade deve:

a) Em relação a acções tituladas, emitir os títulos das novas acções e entregá-los aos seus titulares no prazo de 180 dias a contar da escritura do aumento do capital resultante da emissão,

b) Em relação a acções escriturais, proceder ao registo em conta das novas acções imediatamente após o registo comercial do aumento do capital resultante da emissão.

2. Não será necessário proceder à emissão a que se refere o número anterior quando os pedidos de conversão possam ser satisfeitos com acções já emitidas e que se encontrem disponíveis para o efeito.

Nota. Redacção introduzida pelo DL n.º 280/87, de 8 de Julho, e pelo art. 13.º, n.º 4, do DL n.º 486/99, de 13 de Novembro, que aprovou o novo Código dos Valores Mobiliários.

Art. 372.º (Concordata com credores e dissolução da sociedade)

1. Se a sociedade emitente de obrigações convertíveis em acções fizer concordata com os seus credores, o direito de conversão pode ser exercido logo que a concordata for homologada e nas condições por ela estabelecidas.

2. Se a sociedade que tiver emitido obrigações convertíveis em acções se dissolver, sem que isso resulte de fusão, podem os obrigacionistas, na falta de caução idónea, exigir o reembolso antecipado, o qual, todavia, lhes não pode ser imposto pela sociedade.

Art. 372.º-A (Obrigações com direito de subscrição de acções)

As obrigações referidas na alínea d) do artigo 360.º só podem ser emitidas desde que se encontrem cotadas em bolsa de valores as acções da sociedade emitente daquelas que poderão ser adquiridas pelo exercício do direito de subscrição.

Nota. Aditado pelo art. 2.º do DL n.º 229-B/88, de 4 de Julho.

Art. 372.º-B (Regime)

1. Sem prejuízo do disposto no número seguinte, as obrigações mencionadas no artigo anterior conferem o direito à subscrição de uma ou várias acções a emitir pela sociedade em prazo determinado e pelo preço e demais condições previstos no momento da emissão.

2. Uma sociedade pode emitir obrigações que confiram o direito de subscrição de acções a emitir pela sociedade que, directa ou indirectamente, detenha uma participação maioritária no capital social da sociedade emitente das obrigações, devendo, neste caso, a emissão das obrigações ser também aprovada pela assembleia geral daquela sociedade, aplicando--se o disposto no artigo 366.º

3. O período de exercício do direito de subscrição não pode ultrapassar em mais de três meses a data em que deveria encontrar-se amortizado todo o empréstimo.

4. Salvo se o contrário tiver sido estabelecido nas condições da emissão, os direitos de subscrição podem ser alienados ou negociados independentemente das obrigações.

5. Sem prejuízo do disposto nos números anteriores, às obrigações de que trata o presente artigo são aplicáveis, com as necessárias adaptações, os artigos 366.º, 367.º, 368.º, 369.º, n.º 2, 370.º, 371.º e 372.º

Nota. Aditado pelo art. 2.º do DL n.º 229-B/88, de 4 de Julho.

CAPÍTULO V. Deliberações dos accionistas

Art. 373.º (Forma e âmbito das deliberações)

1. Os accionistas deliberam ou nos termos do artigo 54.º ou em assembleias gerais regularmente convocadas e reunidas.

2. Os accionistas deliberam sobre as matérias que lhes são especialmente atribuídas pela lei ou pelo contrato e sobre as que não estejam compreendidas nas atribuições de outros órgãos da sociedade.

3. Sobre matérias de gestão da sociedade, os accionistas só podem deliberar a pedido do órgão de administração.

Art. 374.º (Mesa da assembleia geral)

1. A mesa da assembleia geral é constituída, pelo menos, por um presidente e um secretário.

2. O contrato de sociedade pode determinar que o presidente, o vice-presidente e os secretários da mesa da assembleia geral sejam eleitos por esta, por período não superior a quatro anos, de entre accionistas ou outras pessoas.

3. No silêncio do contrato, na falta de pessoas eleitas nos termos do número anterior ou no caso de não comparência destas, servirá de presidente da mesa da assembleia geral o presidente do conselho fiscal ou do conselho geral e de secretário um accionista presente, escolhido por aquele.

4. Na falta ou não comparência do presidente do conselho fiscal ou do conselho geral, presidirá à mesa da assembleia geral um accionista, por ordem do número de acções de que sejam titulares; em igualdade de número de acções, atender-se-á, sucessivamente, à maior antiguidade como accionista e à idade.

Art. 375.º (**Assembleias gerais de accionistas**)
    1. As assembleias gerais de accionistas devem ser convocadas sempre que a lei o determine ou o conselho de administração, a direcção, o conselho fiscal ou o conselho geral entenda conveniente.
    2. A assembleia geral deve ser convocada quando o requererem um ou mais accionistas que possuam acções correspondentes a, pelo menos, 5% do capital social.
    3. O requerimento referido no número anterior deve ser feito por escrito e dirigido ao presidente da mesa da assembleia geral, indicando com precisão os assuntos a incluir na ordem do dia e justificando a necessidade da reunião da assembleia.
    4. O presidente da mesa da assembleia geral deve promover a publicação da convocatória nos 15 dias seguintes à recepção do requerimento; a assembleia deve reunir antes de decorridos 45 dias, a contar da publicação da convocatória.
    5. O presidente da mesa da assembleia geral, quando não defira o requerimento dos accionistas ou não convoque a assembleia nos termos do n.º 4, deve justificar por escrito a sua decisão, dentro do referido prazo de quinze dias.
    6. Os accionistas cujos requerimentos não forem deferidos podem requerer a convocação judicial da assembleia.
    7. Constituem encargo da sociedade as despesas ocasionadas pela convocação e reunião da assembleia, bem como as custas judiciais, nos casos previstos no número anterior, se o tribunal julgar procedente o requerimento.

Nota. A redacção do n.º 2 foi introduzida pelo DL n.º 280/87, de 8 de Julho.

Art. 376.º (**Assembleia geral anual**)
    1. A assembleia geral dos accionistas deve reunir no prazo de três meses a contar da data do encerramento do exercício ou no prazo de cinco meses a contar da mesma data quando se tratar de sociedades que devam apresentar contas consolidadas ou apliquem o método da equivalência patrimonial para:
    a) Deliberar sobre o relatório de gestão e as contas do exercício, quando a assembleia seja o órgão competente para isso;
    b) Deliberar sobre a proposta de aplicação de resultados;
    c) Proceder à apreciação geral da administração e fiscalização da sociedade e, se disso for caso e embora esses assuntos não constem da ordem do dia, proceder à destituição, dentro da sua competência, ou manifestar a sua desconfiança quanto a administradores ou directores;

d) Proceder às eleições que sejam da sua competência.

2. O conselho de administração ou a direcção deve pedir a convocação da assembleia geral referida no número anterior e apresentar as propostas e documentação necessárias para que as deliberações sejam tomadas.

3. A violação do dever estabelecido pelo número anterior não impede a convocação posterior da assembleia, mas sujeita os infractores às sanções cominadas na lei.

Nota. A redacção introduzida pelo art. 1.º do DL n.º 328/95, de 9 de Dezembro.

Art. 377.º (Convocação da assembleia)

1. As assembleias gerais são convocadas pelo presidente da mesa ou, nos casos especiais previstos na lei, pelo conselho geral, pelo conselho fiscal ou pelo tribunal.

2. A convocatória deve ser publicada.

3. O contrato de sociedade pode exigir outras formas de comunicação aos accionistas e pode substituir as publicações por cartas registadas, quando sejam nominativas todas as acções da sociedade.

4. Entre a última publicação e a data da reunião da assembleia deve mediar, pelo menos, um mês; entre a expedição das cartas registadas referidas no n.º 3 e a data da reunião da assembleia, devem mediar, pelo menos, 21 dias.

5. A convocatória, quer publicada quer enviada por carta, deve conter, pelo menos:

a) As menções exigidas pelo artigo 171.º;
b) O lugar, o dia e a hora da reunião;
c) A indicação da espécie, geral ou especial, da assembleia;
d) Os requisitos a que porventura estejam subordinados a participação e o exercício do direito de voto;
e) A ordem do dia.

6. As assembleias devem ser efectuadas na sede da sociedade; o presidente da mesa pode escolher outro local, dentro da comarca judicial onde se encontra a sede, desde que as instalações desta não permitam a reunião em condições satisfatórias.

7. O conselho fiscal ou o conselho geral só pode convocar a assembleia geral dos accionistas depois de ter, sem resultado, requerido a convocação ao presidente da mesa da assembleia geral; fazendo essa convocação, o conselho fixa a ordem do dia e pode, se ocorrerem motivos

que o justifiquem, escolher um local de reunião diverso da sede, dentro da comarca judicial onde esta se situe.

8. O aviso convocatório deve mencionar claramente o assunto sobre o qual a deliberação será tomada. Quando este assunto for a alteração do contrato, deve mencionar as cláusulas a modificar, suprimir ou aditar e o texto integral das cláusulas propostas ou a indicação de que tal texto fica à disposição dos accionistas na sede social, a partir da data da publicação, sem prejuízo de na assembleia serem propostas pelos sócios redacções diferentes para as mesmas cláusulas ou serem deliberadas alterações de outras cláusulas que forem necessárias em consequência de alterações relativas a cláusulas mencionadas no aviso.

Art. 378.º (Inclusão de assuntos na ordem do dia)

1. O accionista ou accionistas que satisfaçam as condições exigidas pelo artigo 375.º, n.º 2, podem requerer que na ordem do dia de uma assembleia geral já convocada ou a convocar sejam incluídos determinados assuntos.

2. O requerimento referido no número anterior deve ser dirigido, por escrito, ao presidente da mesa da assembleia geral nos cinco dias seguintes à última publicação da convocatória respectiva.

3. Os assuntos incluídos na ordem do dia por força do disposto nos números anteriores devem ser comunicados aos accionistas pela mesma forma usada para a convocação até cinco dias ou dez dias antes da data da assembleia, conforme se trate de carta registada ou de publicação.

4. Não sendo satisfeito o requerimento, podem os interessados requerer judicialmente a convocação de nova assembleia para deliberar sobre os assuntos mencionados, aplicando-se o disposto no artigo 375.º, n.º 7.

Art. 379.º (Participação na assembleia)

1. Têm o direito de estar presentes na assembleia geral e aí discutir e votar os accionistas que, segundo a lei e o contrato, tiverem direito a, pelo menos, um voto.

2. Os accionistas sem direito de voto e os obrigacionistas podem assistir às assembleias gerais e participar na discussão dos assuntos indicados na ordem do dia, se o contrato de sociedade não determinar o contrário.

3. Podem ainda estar presentes nas assembleias gerais de accionistas os representantes comuns de titulares de acções preferenciais sem voto e de obrigacionistas.

4. Devem estar presentes nas assembleias gerais de accionistas os administradores ou directores, os membros do conselho fiscal ou do con-

selho geral e, na assembleia anual, os revisores oficiais de contas que tenham examinado as contas.

5. Sempre que o contrato de sociedade exija a posse de um certo número de acções para conferir voto, poderão os accionistas possuidores de menor número de acções agrupar-se de forma a completarem o número exigido ou um número superior e fazer-se representar por um dos agrupados.

6. A presença na assembleia geral de qualquer pessoa não indicada nos números anteriores depende de autorização do presidente da mesa, mas a assembleia pode revogar essa autorização.

Art. 380.º (Representação de accionistas)
1. O contrato de sociedade não pode proibir que um accionista se faça representar na assembleia geral, contanto que o representante seja um membro do conselho de administração ou da direcção da sociedade, o cônjuge, ascendente ou descendente do accionista ou outro accionista.

2. Como instrumento de representação voluntária basta uma carta, com assinatura, dirigida ao presidente da mesa; tais cartas ficarão arquivadas na sociedade pelo período de conservação obrigatória de documentos.

Art. 381.º (Pedido de representação)
1. Se alguém solicitar representações de mais de cinco accionistas para votar em assembleia geral, deve observar se o disposto nas alíneas e números seguintes:

a) A representação é concedida apenas para uma assembleia especificada, mas valerá quer ela se efectue em primeira quer em segunda convocação;

b) A concessão de representação é revogável, importando revogação a presença do representado na assembleia;

c) O pedido de representação deve conter, pelo menos: a especificação da assembleia, pela indicação do lugar, dia, hora da reunião e ordem do dia; as indicações sobre consultas de documentos por accionistas; a indicação precisa da pessoa ou pessoas que são oferecidas como representantes; o sentido em que o representante exercerá o voto na falta de instruções do representado; a menção de que, caso surjam circunstâncias imprevistas, o representante votará no sentido que julgue satisfazer melhor os interesses do representado.

2. A sociedade não pode, nem por si, nem por pessoa interposta, solicitar representações a favor de quem quer que seja; os membros do

conselho fiscal ou do conselho geral não podem solicitá-las nem ser indicados como representantes.

3. Só podem ser indicadas como representantes pessoas que, por si ou como representantes de accionistas, possam exercer o direito de voto ou sejam administradores ou directores da sociedade.

4. No caso de o accionista solicitado conceder a representação e dar instruções quanto ao voto, pode o solicitante não aceitar a representação, mas deverá comunicar urgentemente esse facto àquele accionista.

5. Do mesmo modo devem ser comunicados aos representados, com as devidas explicações, os votos emitidos no caso previsto na parte final da alínea c) do n.º 1.

6. O solicitante da representação deve enviar, à sua custa, ao accionista representado cópia da acta da assembleia.

7. Se não for observado o disposto nos números anteriores, um accionista não pode representar mais do que cinco outros.

Art. 382.º (Lista de presenças)

1. O presidente da mesa da assembleia geral deve mandar organizar a lista dos accionistas que estiverem presentes e representados no início da reunião.

2. A lista de presenças deve indicar:

a) O nome e o domicílio de cada um dos accionistas presentes;

b) O nome e o domicílio de cada um dos accionistas representados e dos seus representantes;

c) O número, a categoria e o valor nominal das acções pertencentes a cada accionista presente ou representado.

3. Os accionistas presentes e os representantes de accionistas devem rubricar a lista de presenças, no lugar respectivo.

4. A lista de presenças deve ficar arquivada na sociedade; pode ser consultada por qualquer accionista e dela será fornecida cópia aos accionistas que a solicitem.

Art. 383.º (Quórum)

1. A assembleia geral pode deliberar, em primeira convocação, qualquer que seja o número de accionistas presentes ou representados, salvo o disposto no número seguinte ou no contrato.

2. Para que a assembleia geral possa deliberar, em primeira convocação, sobre a alteração do contrato de sociedade, fusão, cisão, trans-

formação, dissolução da sociedade ou outros assuntos para os quais a lei exija maioria qualificada, sem a especificar, devem estar presentes ou representados accionistas que detenham, pelo menos, acções correspondentes a um terço do capital social.

3. Em segunda convocação, a assembleia pode deliberar seja qual for o número de accionistas presentes ou representados e o capital por eles representado.

4. Na convocatória de uma assembleia pode logo ser fixada uma segunda data de reunião para o caso de a assembleia não poder reunir-se na primeira data marcada, por falta de representação do capital exigido pela lei ou pelo contrato, contanto que entre as duas datas medeiem mais de quinze dias; ao funcionamento da assembleia que reúna na segunda data fixada aplicam-se as regras relativas à assembleia da segunda convocação.

Art. 384.º (Votos)

1. Na falta de diferente cláusula contratual, a cada acção corresponde um voto.

2. O contrato de sociedade pode:

a) Fazer corresponder um só voto a um certo número de acções, contanto que sejam abrangidas todas as acções emitidas pela sociedade e fique cabendo um voto, pelo menos, a cada 1000 euros de capital;

b) Estabelecer que não sejam contados votos acima de certo número, quando emitidos por um só accionista, em nome próprio ou também como representante de outro.

3. A limitação de votos permitida pelo n.º 2, alínea *b*), pode ser estabelecida para todas as acções ou apenas para acções de uma ou mais categorias, mas não para accionistas determinados, e não vale em relação aos votos que pertençam ao Estado ou a entidades a ele equiparadas por lei para este efeito.

4. A partir da mora na realização de entradas de capital e enquanto esta durar, o accionista não pode exercer o direito de voto.

5. É proibido estabelecer no contrato voto plural.

6. Um accionista não pode votar, nem por si, nem por representante, nem em representação de outrem, quando a lei expressamente o proíba e ainda quando a deliberação incida sobre:

a) Liberação de uma obrigação ou responsabilidade própria do accionista, quer nessa qualidade quer na de membro de órgão de administração ou de fiscalização;

b) Litígio sobre pretensão da sociedade contra o accionista ou deste contra aquela, quer antes quer depois do recurso a tribunal;

c) Destituição, por justa causa, do cargo de administrador ou desconfiança no director;

d) Qualquer relação, estabelecida ou a estabelecer, entre a sociedade e o accionista, estranha ao contrato de sociedade.

7. O disposto no número anterior não pode ser preterido pelo contrato de sociedade.

8. A forma de exercício do voto pode ser determinada pelo contrato, por deliberação dos sócios ou por decisão do presidente da assembleia.

Nota. A redacção do n.º 2 foi introduzida pelo DL n.º 280/87, de 8 de Julho, e pelo art. 3.º do DL n.º 343/98, de 6 de Novembro.

Art. 385.º (Unidade de voto)

1. Um accionista que disponha de mais de um voto não pode fraccionar os seus votos para votar em sentidos diversos sobre a mesma proposta ou para deixar de votar com todas as suas acções providas de direito de voto.

2. Um accionista que represente outros pode votar em sentidos diversos com as suas acções e as dos representados e bem assim deixar de votar com as suas acções ou com as dos representados.

3. O disposto no número anterior é aplicável ao exercício de direito de voto como usufrutuário, credor pignoratício ou representante de contitulares de acções, e bem assim como representante de uma associação ou sociedade cujos sócios tenham deliberado votar em sentidos diversos, segundo determinado critério.

4. A violação do disposto no n.º 1 deste artigo importa a nulidade de todos os votos emitidos pelo accionista.

Art. 386.º (Maioria)

1. A assembleia geral delibera por maioria dos votos emitidos, seja qual for a percentagem do capital social nela representado, salvo disposição diversa da lei ou do contrato; as abstenções não são contadas.

2. Na deliberação sobre a designação de titulares de órgãos sociais ou de revisores ou sociedades de revisores oficiais de contas, se houver várias propostas, fará vencimento aquela que tiver a seu favor maior número de votos.

3. A deliberação sobre algum dos assuntos referidos no n.º 2 do artigo 383.º deve ser aprovada por dois terços dos votos emitidos, quer a assembleia reúna em primeira quer em segunda convocação.

4. Se, na assembleia reunida em segunda convocação, estiverem presentes ou representados accionistas detentores de, pelo menos, metade do capital social, a deliberação sobre algum dos assuntos referidos no n.º 2 do artigo 383.º pode ser tomada pela maioria dos votos emitidos.

5. Quando a lei ou o contrato exijam uma maioria qualificada, determinada em função do capital da sociedade, não são tidas em conta para o cálculo dessa maioria as acções cujos titulares estejam legalmente impedidos de votar, quer em geral quer no caso concreto, nem funcionam, a não ser que o contrato disponha diferentemente, as limitações de voto permitidas pelo artigo 384.º, n.º 2, alínea *b*).

Art. 387.º (Suspensão da sessão)
1. Além das suspensões normais determinadas pelo presidente da mesa, a assembleia pode deliberar suspender os seus trabalhos.
2. O recomeço dos trabalhos deve ser logo fixado para data que não diste mais de 90 dias.
3. A assembleia só pode deliberar suspender a mesma sessão duas vezes.

Nota. A redacção do n.º 2 foi introduzida pelo DL n.º 280/87, de 8 de Julho.

Art. 388.º (Actas)
1. Deve ser lavrada uma acta de cada reunião da assembleia geral.
2. As actas das reuniões da assembleia geral devem ser redigidas e assinadas por quem nelas tenha servido como presidente e secretário.
3. A assembleia pode, contudo, deliberar que a acta seja submetida à sua aprovação antes de assinada nos termos do número anterior.

Art. 389.º (Assembleias especiais de accionistas)
1. As assembleias especiais de titulares de acções de certa categoria são convocadas, reúnem-se e funcionam nos termos prescritos pela lei e pelo contrato de sociedade para as assembleias gerais.
2. Quando a lei exija maioria qualificada para uma deliberação da assembleia geral, igual maioria é exigida para a deliberação das assembleias especiais sobre o mesmo assunto.
3. Não há assembleias especiais de titulares de acções ordinárias.

CAPÍTULO VI. Administração, fiscalização e secretário da sociedade[1]

SECÇÃO I. Conselho de administração

Art. 390.º (Composição)

1. O conselho de administração é composto por um número ímpar de membros, fixado no contrato de sociedade.

2. O contrato de sociedade pode dispor que a sociedade tenha um só administrador, desde que o capital social não exceda 200 000 euros; aplicam-se ao administrador único as disposições relativas ao conselho de administração que não pressuponham a pluralidade de administradores.

3. Os administradores podem não ser accionistas, mas devem ser pessoas singulares com capacidade jurídica plena.

4. Se uma pessoa colectiva for designada administrador, deve nomear uma pessoa singular para excercer o cargo em nome próprio; a pessoa colectiva responde solidariamente com a pessoa designada pelos actos desta.

5. O contrato de sociedade pode autorizar a eleição de administradores suplentes, até número igual a um terço do número de administradores efectivos.

Nota. A redacção do n.º 2 foi introduzida pelo art. 1.º do DL n.º 257/96, de 31 de Dezembro, e pelo art. 3.º do DL n.º 343/98, de 6 de Novembro.

Art. 391.º (Designação)

1. Os administradores podem ser designados no contrato de sociedade ou eleitos pela assembleia geral ou constitutiva.

2. No contrato de sociedade pode estipular-se que a eleição dos administradores deve ser aprovada por votos correspondentes a determinada percentagem do capital ou que a eleição de alguns deles, em número não superior a um terço do total, deve ser também aprovada pela maioria dos votos conferidos a certas acções, mas não pode ser atribuído a certas categorias de acções o direito de designação de administradores.

3. Os administradores são designados por um período fixado no contrato de sociedade, não excedente a quatro anos civis, contando-se como completo o ano civil em que os administradores forem designados; na falta

---

[1] Redacção introduzida pelo art. 3.º do DL n.º 257/96, de 31 de Dezembro.

de indicação do contrato, entende-se que a designação é feita por quatro anos civis, sendo permitida a reeleição.

4. Embora designados por prazo certo, os administradores mantêm-se em funções até nova designação, sem prejuízo do disposto nos artigos 394.º, 403.º e 404.º.

5. A aceitação do cargo pela pessoa designada pode ser manifestada expressa ou tacitamente.

6. Não é permitido aos administradores fazerem-se representar no exercício do seu cargo, a não ser no caso previsto pelo artigo 410.º, n.º 5, e sem prejuízo da possibilidade de delegação de poderes nos casos previstos na lei.

7. O disposto no número anterior não exclui a faculdade de a sociedade, por intermédio dos administradores que a representam, nomear mandatários ou procuradores para a prática de determinados actos ou categorias de actos, sem necessidade de cláusula contratual expressa.

Art. 392.º (Regras especiais de eleição)

1. O contrato de sociedade pode estabelecer que, para um número de administradores não excedente a um, dois ou três, conforme o número total for de três, cinco, ou mais de cinco, se proceda a eleição isolada, entre pessoas propostas em listas subscritas por grupos de accionistas, contanto que nenhum desses grupos possua acções representativas de mais de 20% e de menos de 10% do capital social.

2. Cada lista referida no número anterior deve propor pelo menos duas pessoas elegíveis por cada um dos cargos a preencher.

3. O mesmo accionista não pode subscrever mais de uma lista.

4. Se numa eleição isolada forem apresentadas listas por mais de um grupo, a votação incide sobre o conjunto dessas listas.

5. A assembleia geral não pode proceder à eleição de outros administradores enquanto não tiver sido eleito, de harmonia com o n.º 1 deste artigo, o número de administradores para o efeito fixado no contrato, salvo se não forem apresentadas as referidas listas.

6. O contrato de sociedade pode ainda estabelecer que uma minoria de accionistas que tenha votado contra a proposta que fez vencimento na eleição dos administradores tem o direito de designar, pelo menos, um administrador, contanto que essa minoria represente, pelo menos, 10% do capital social.

7. Para execução do disposto no número anterior; a eleição será feita por votação entre os accionistas da referida minoria, na mesma assem-

bleia, e o administrador assim eleito substitui automaticamente a pessoa menos votada da lista vencedora ou, em caso de igualdade de votos, aquela que figurar em último lugar na mesma lista.

8. Nas sociedades com subscrição pública, ou concessionárias do Estado ou de entidade a este equiparada por lei, é obrigatória a inclusão no contrato de algum dos sistemas previstos neste artigo; sendo o contrato omisso, aplica-se o disposto nos precedentes n.ᵒˢ 6 e 7.

9. A alteração do contrato de sociedade para inclusão de algum dos sistemas previstos no presente artigo pode ser deliberada por maioria simples dos votos emitidos na assembleia.

10. Permitindo o contrato a eleição de administradores suplentes, aplica-se o disposto nos números anteriores à eleição de tantos suplentes quantos os administradores a quem aquelas regras tenham sido aplicadas.

11. Os administradores por parte do Estado ou de entidade pública a ele equiparada por lei para este efeito são nomeados nos termos da respectiva legislação.

Art. 393.º (Substituição de administradores)

1. Faltando definitivamente algum administrador, procede-se à sua substituição, nos termos seguintes:

a) Pela chamada de suplentes efectuada pelo presidente, conforme a ordem por que figurem na lista submetida à assembleia geral dos accionistas;

b) Não havendo suplentes, por cooptação, salvo se os administradores em exercício não forem em número suficiente para o conselho poder funcionar;

c) Não tendo havido cooptação dentro de 60 dias a contar da falta, o conselho fiscal pode designar o substituto;

d) Por eleição de novo administrador.

2. A cooptação e a designação pelo conselho fiscal devem ser submetidas a ratificação, na primeira assembleia geral seguinte.

3. As substituições efectuadas nos termos do n.º 1 duram até ao fim do período para o qual os administradores foram eleitos.

4. Só haverá substituições temporárias no caso de suspensão de administradores, aplicando-se então o disposto no n.º 1.

5. Faltando administrador eleito ao abrigo das regras especiais estabelecidas no artigo 392.º, chama-se o respectivo suplente e, não o havendo, procede-se a nova eleição, à qual se aplicam, com as necessárias adaptações, aquelas regras especiais.

Art. 394.º (Nomeação judicial)
1. Quando durante mais de 60 dias não tenha sido possível reunir o conselho de administração, por não haver bastantes administradores efectivos e não se ter procedido às substituições previstas no artigo 393.º, e, bem assim, quando tenham decorrido mais de 180 dias sobre o termo do prazo por que foram eleitos os administradores sem se ter efectuado nova eleição, qualquer accionista pode requerer a nomeação judicial de um administrador, até se proceder à eleição daquele conselho.
2. O administrador nomeado judicialmente é equiparado ao administrador único, permitido pelo artigo 390.º, n.º 2.
3. Nos casos previstos no n.º 1, os administradores ainda existentes terminam as suas funções na data da nomeação judicial de administrador.

Art. 395.º (Presidente do conselho de administração)
1. O contrato de sociedade pode estabelecer que a assembleia geral que eleger o conselho de administração designe o respectivo presidente.
2. Na falta de cláusula contratual prevista no número anterior, o conselho de administração escolherá o seu presidente, podendo substituí-lo em qualquer tempo.
3. O contrato de sociedade pode atribuir ao presidente voto de qualidade nas deliberações do conselho.

Art. 396.º (Caução)
1. A responsabilidade de cada administrador deve ser caucionada por alguma das formas admitidas por lei, na importância que for fixada pelo contrato de sociedade, mas não inferior a 5000 euros.
2. A caução pode ser substituída por um contrato de seguro, a favor da sociedade, cujos encargos não podem ser suportados por esta, salvo na parte em que a indemnização exceda o mínimo fixado no número anterior.
3. Excepto nas sociedades com subscrição pública, a caução pode ser dispensada por deliberação da assembleia geral ou constitutiva que eleja o conselho de administração ou um administrador e ainda quando a designação tenha sido feita no contrato de sociedade, por disposição deste.
4. A responsabilidade deve ser caucionada nos 30 dias seguintes à designação ou eleição e a caução deve manter-se até ao fim do ano civil

seguinte àquele em que o administrador cesse as suas funções por qualquer causa, sob pena de cessação imediata de funções.

Nota. A redacção do n.º 1 foi introduzida pelo art. 3.º do DL n.º 343/98, de 6 de Novembro.

Art. 397.º (Negócios com a sociedade)

1. É proibido à sociedade conceder empréstimos ou crédito a administradores, efectuar pagamentos por conta deles, prestar garantias a obrigações por eles contraídas e facultar-lhes adiantamentos de remunerações superiores a um mês.

2. São nulos os contratos celebrados entre a sociedade e os seus administradores, directamente ou por pessoa interposta, se não tiverem sido previamente autorizados por deliberação do conselho de administração, na qual o interessado não pode votar, e com o parecer favorável do conselho fiscal.

3. O disposto nos números anteriores é extensivo a actos ou contratos celebrados com sociedades que estejam em relação de domínio ou de grupo com aquela de que o contraente é administrador.

4. No seu relatório anual, o conselho de administração deve especificar as autorizações que tenha concedido ao abrigo do n.º 2 e o relatório do conselho fiscal deve mencionar os pareceres proferidos sobre essas autorizações.

5. O disposto nos n.ºˢ 2, 3 e 4 não se aplica quando se trate de acto compreendido no próprio comércio da sociedade e nenhuma vantagem especial seja concedida ao contraente administrador.

Art. 398.º (Exercício de outras actividades)

1. Durante o período para o qual foram designados, os administradores não podem exercer, na sociedade ou em sociedades que com esta estejam em relação de domínio ou de grupo, quaisquer funções temporárias ou permanentes ao abrigo de contrato de trabalho, subordinado ou autónomo, nem podem celebrar quaisquer desses contratos que visem uma prestação de serviços quando cessarem as funções de administrador.

2. Quando for designada administrador uma pessoa que, na sociedade ou em sociedades referidas no número anterior, exerça qualquer das funções mencionadas no mesmo número, os contratos relativos a tais funções extinguem-se, se tiverem sido celebrados há menos de um ano antes da designação, ou suspendem-se, caso tenham durado mais do que esse ano.

3. Os administradores não podem, sem autorização da assembleia geral, exercer, por conta própria ou alheia, actividade concorrente com a da sociedade.

4. Aplica-se o disposto nos n.ᵒˢ 2 a 6 do artigo 254.º

Art. 399.º (Remuneração)

1. Compete à assembleia geral dos accionistas ou a uma comissão de accionistas por aquela nomeada fixar as remunerações de cada um dos administradores, tendo em conta as funções desempenhadas e a situação económica da sociedade.

2. A remuneração pode ser certa ou consistir parcialmente numa percentagem dos lucros do exercício, mas a percentagem global destinada aos administradores deve ser autorizada por cláusula do contrato de sociedade.

3. A percentagem referida no número anterior não incide sobre distribuições de reservas nem sobre qualquer parte do lucro do exercício que não pudesse, por lei, ser distribuída aos accionistas.

Art. 400.º (Suspensão de administradores)

1. O conselho fiscal pode suspender administradores quando:

a) As suas condições de saúde os impossibilitem temporariamente de exercer as funções;

b) Outras circunstâncias pessoais obstem a que exerçam as suas funções por tempo presumivelmente superior a 60 dias e solicitem ao conselho fiscal a suspensão temporária ou este entenda que o interesse da sociedade a exige.

2. O contrato de sociedade pode regulamentar a situação dos administradores durante o tempo de suspensão; na falta dessa regulamentação, suspendem-se todos os seus poderes, direitos e deveres, excepto os deveres que não pressuponham o exercício efectivo de funções.

Art. 401.º (Incapacidade superveniente)

Caso, ocorra, posteriormente à designação do administrador, alguma incapacidade ou incompatibilidade que constituísse impedimento a essa designação e o administrador não deixe de exercer o cargo, pode o conselho fiscal declarar o termo das funções.

Art. 402.º (Reforma dos administradores)

1. O contrato de sociedade pode estabelecer um regime de reforma por velhice ou invalidez dos administradores, a cargo da sociedade.

2. É permitido à sociedade atribuir aos administradores complementos de pensões de reforma, contanto que não seja excedida a remuneração em cada momento percebida por um administrador efectivo ou, havendo remunerações diferentes, a maior delas.

3. O direito dos administradores a pensões de reforma ou complementares cessa no momento em que a sociedade se extinguir, podendo, no entanto, esta realizar à sua custa contratos de seguro contra este risco, no interesse dos beneficiários.

4. O regulamento de execução do disposto nos números anteriores deve ser aprovado pela assembleia geral.

Art. 403.º (Destituição)

1. Qualquer membro do conselho de administração que não tenha sido nomeado pelo Estado ou entidade a ele equiparada por lei para este efeito pode ser destituído por deliberação da assembleia geral, em qualquer momento.

2. A deliberação de destituição sem justa causa do administrador eleito ao abrigo das regras especiais estabelecidas no artigo 392.º não produz quaisquer efeitos se contra ela tiverem votado accionistas que representem, pelo menos, 20% do capital social.

3. Um ou mais accionistas titulares de acções correspondentes, pelo menos, a 10% do capital social podem, enquanto não tiver sido convocada a assembleia geral para deliberar sobre o assunto, requerer a destituição judicial de um administrador, com fundamento em justa causa.

4. Relativamente a administradores nomeados pelo Estado ou entidades a ele equiparadas por lei para este efeito, pode a assembleia geral, na apreciação anual da sociedade, manifestar a sua desconfiança, devendo a deliberação ser transmitida pelo presidente da mesa ao ministro competente.

Art. 404.º (Renúncia)

1. O administrador pode renunciar ao seu cargo, mediante carta dirigida ao presidente do conselho de administração ou, sendo este o renunciante ou não o havendo, ao conselho fiscal.

2. A renúncia só produz efeito no final do mês seguinte àquele em que tiver sido comunicada, salvo se entretanto for designado ou eleito o substituto.

Art. 405.º (Competência do conselho de administração)
1. Compete ao conselho de administração gerir as actividades da sociedade, devendo subordinar-se às deliberações dos accionistas ou às intervenções do conselho fiscal apenas nos casos em que a lei ou o contrato de sociedade o determinarem.
2. O conselho de administração tem exclusivos e plenos poderes de representação da sociedade.

Nota. A redacção do n.º 1 foi introduzida pelo DL n.º 280/87, de 8 de Julho.

Art. 406.º (Poderes de gestão)
Compete ao conselho de administração deliberar sobre qualquer assunto de administração da sociedade, nomeadamente sobre:
 a) Escolha do seu presidente, sem prejuízo do disposto no artigo 395.º;
 b) Cooptação de administradores;
 c) Pedido de convocação de assembleias gerais;
 d) Relatórios e contas anuais;
 e) Aquisição, alienação e oneração de bens imóveis;
 f) Prestação de cauções e garantias pessoais ou reais pela sociedade;
 g) Abertura ou encerramento de estabelecimentos ou de partes importantes destes;
 h) Extensões ou reduções importantes da actividade da sociedade;
 i) Modificações importantes na organização da empresa;
 j) Estabelecimento ou cessação de cooperação duradoura e importante com outras empresas;
 l) Mudança de sede e aumentos de capital, nos termos previstos no contrato de sociedade;
 m) Projectos de fusão, de cisão e de transformação da sociedade;
 n) Qualquer outro assunto sobre o qual algum administrador requeira deliberação do conselho.

Art. 407.º (Delegação de poderes de gestão)
1. A não ser que o contrato de sociedade o proíba, pode o conselho encarregar especialmente algum ou alguns administradores de se ocuparem de certas matérias de administração.
2. O encargo especial referido no número anterior não pode abranger as matérias previstas nas alíneas a) a m) do artigo 406.º e não exclui a competência normal dos outros administradores ou do conselho nem a responsabilidade daqueles, nos termos da lei.

3. O contrato de sociedade pode autorizar o conselho de administração a delegar num ou mais administradores ou numa comissão executiva, formada por um número ímpar de administradores, a gestão corrente da sociedade.

4. A deliberação do conselho deve fixar os limites da delegação, na qual não podem ser incluídas as matérias previstas nas alíneas *a*) a *d*), *f*), *l*) e *m*) do artigo 406.º e, no caso de criar uma comissão, deve estabelecer a composição e o modo de funcionamento desta.

5. A delegação prevista nos n.ᵒˢ 3 e 4 não exclui a competência do conselho para tomar resoluções sobre os mesmos assuntos; os outros administradores são responsáveis, nos termos da lei, pela vigilância geral da actuação do administrador ou administradores delegados ou da comissão executiva e, bem assim, pelos prejuízos causados por actos ou omissões destes, quando, tendo conhecimento de tais actos ou omissões ou do propósito de os praticar, não provoquem a intervenção do conselho para tomar as medidas adequadas.

Art. 408.º (Representação)

1. Os poderes de representação do conselho de administração são exercidos conjuntamente pelos administradores, ficando a sociedade vinculada pelos negócios jurídicos concluídos pela maioria dos administradores ou por eles ratificados, ou por número menor destes fixado no contrato de sociedade.

2. O contrato de sociedade pode dispor que esta fique também vinculada pelos negócios celebrados por um ou mais administradores delegados, dentro dos limites da delegação do conselho.

3. As notificações ou declarações de terceiros à sociedade podem ser dirigidas a qualquer dos administradores, sendo nula toda a disposição em contrário do contrato de sociedade.

4. As notificações ou declarações de um administrador cujo destinatário seja a sociedade devem ser dirigidas ao presidente do conselho de administração ou, sendo ele o autor ou não havendo presidente, ao conselho fiscal.

Art. 409.º (Vinculação da sociedade)

1. Os actos praticados pelos administradores, em nome da sociedade e dentro dos poderes que a lei lhes confere, vinculam-na para com terceiros, não obstante as limitações constantes do contrato de sociedade ou resultantes de deliberações dos accionistas, mesmo que tais limitações estejam publicadas.

2. A sociedade pode, no entanto, opor a terceiros as limitações de poderes resultantes do seu objecto social, se provar que o terceiro sabia ou não podia ignorar, tendo em conta as circunstâncias, que o acto praticado não respeitava essa cláusula e se, entretanto, a sociedade o não assumiu, por deliberação expressa ou tácita dos accionistas.

3. O conhecimento referido no número anterior não pode ser provado apenas pela publicidade dada ao contrato de sociedade.

4. Os administradores obrigam a sociedade, apondo a sua assinatura, com a indicação dessa qualidade.

Nota. A epígrafe e a redacção do n.º 2 foram alteradas pelo DL n.º 280/87, de 8 de Julho.

Art. 410.º (Reuniões e deliberações do conselho)

1. O conselho de administração reúne sempre que for convocado pelo presidente ou por outros dois administradores.

2. O conselho deve reunir, pelo menos, uma vez em cada mês, salvo disposição diversa do contrato de sociedade.

3. Os administradores devem ser convocados por escrito, com a antecedência adequada, salvo quando o contrato de sociedade preveja a reunião em datas prefixadas ou outra forma de convocação.

4. O conselho não pode deliberar sem que esteja presente ou representada a maioria dos seus membros.

5. O contrato de sociedade pode permitir que qualquer administrador se faça representar numa reunião por outro administrador, mediante carta dirigida ao presidente, mas cada instrumento de representação não pode ser utilizado mais do que uma vez.

6. O administrador não pode votar sobre assuntos em que tenha, por conta própria ou de terceiro, um interesse em conflito com o da sociedade; em caso de conflito, o administrador deve informar o presidente sobre ele.

7. As deliberações são tomadas por maioria dos votos dos administradores presentes ou representados e dos que, caso o contrato de sociedade o permita, votem por correspondência.

8. De cada reunião deve ser lavrada acta no livro respectivo, assinada por todos os que nela tenham participado.

Art. 411.º (Invalidade de deliberações)

1. São nulas as deliberações do conselho de administração:

a) Tomadas em conselho não convocado, salvo se todos os administradores tiverem estado presentes ou representados, ou, caso o contrato o permita, tiverem votado por correspondência;

b) Cujo conteúdo não esteja, por natureza, sujeito a deliberação do conselho de administração;

c) Cujo conteúdo seja ofensivo dos bons costumes ou de preceitos legais imperativos.

2. É aplicável, com as necessárias adaptações, o disposto nos n.ºs 2 e 3 do artigo 56.°

3. São anuláveis as deliberações que violem disposições quer da lei, quando ao caso não caiba a nulidade, quer do contrato de sociedade.

Art. 412.° (Arguição da invalidade de deliberações)

1. O próprio conselho ou a assembleia geral pode declarar a nulidade ou anular deliberações do conselho viciadas, a requerimento de qualquer administrador, do conselho fiscal ou de qualquer accionista com direito de voto, dentro do prazo de um ano a partir do conhecimento da irregularidade, mas não depois de decorridos três anos a contar da data da deliberação.

2. Os prazos referidos no número anterior não se aplicam quando se trate de apreciação pela assembleia geral de actos de administradores, podendo então a assembleia deliberar sobre a declaração de nulidade ou anulação, mesmo que o assunto não conste da convocatória.

3. A assembleia geral dos accionistas pode, contudo, ratificar qualquer deliberação anulável do conselho de administração ou substituir por uma deliberação sua a deliberação nula, desde que esta não verse sobre matéria da exclusiva competência do conselho de administração.

4. Os administradores não devem executar ou consentir que sejam executadas deliberações nulas.

SECÇÃO II. Fiscalização [1]

Art. 413.° (Composição do órgão de fiscalização)

1. A fiscalização da sociedade compete a um fiscal único, que deve ser revisor oficial de contas ou sociedade de revisores oficiais de contas, ou a um conselho fiscal.

---

[1] Redacção introduzida pelo art. 3.° do DL n.° 257/96, de 31 de Dezembro.

2. O fiscal único terá sempre um suplente, que será igualmente revisor oficial de contas ou sociedade de revisores oficiais de contas.

3. O conselho fiscal é composto por três membros efectivos; o contrato de sociedade pode aumentar esse número para cinco.

4. Sendo três os membros efectivos do conselho fiscal, haverá um ou dois suplentes; sendo cinco, haverá dois suplentes.

5. O fiscal único rege-se pelas disposições legais respeitantes ao revisor oficial de contas e subsidiariamente, na parte aplicável, pelo disposto quanto ao conselho fiscal e aos seus membros.

Nota. Redacção introduzida pelo art. 1.º do DL n.º 257/96, de 31 de Dezembro.

Art. 414.º (Requisitos e incompatibilidades)

1. O fiscal único e o suplente ou, no caso de existência de conselho fiscal, um membro efectivo e um dos suplentes têm de ser revisores oficiais de contas ou sociedades de revisores oficiais de contas e não podem ser accionistas.

2. Os restantes membros do conselho fiscal podem não ser accionistas, mas devem ser pessoas singulares com capacidade jurídica plena, excepto se forem sociedades de advogados ou sociedades de revisores oficiais de contas.

3. Não podem ser eleitos ou designados membros do conselho fiscal ou fiscal único:

a) Os beneficiários de vantagens particulares da própria sociedade;

b) Os que exercem funções de administração da própria sociedade ou as exerceram nos últimos três anos;

c) Os membros dos órgãos de administracão de sociedade que se encontre em relação de domínio ou de grupo com a sociedade fiscalizada;

d) O sócio de sociedade em nome colectivo que se encontre em relação de domínio com a sociedade fiscalizada;

e) Os que prestem serviços remunerados com carácter permanente à sociedade fiscalizada ou sociedade que com esta se encontre em relação de domínio ou de grupo;

f) Os que exerçam funções em empresa concorrente;

g) Os cônjuges, parentes e afins na linha recta e até ao terceiro grau, inclusive, na linha colateral, de pessoas impedidas por força do disposto nas alíneas *a)*, *b)*, *c)*, *d)* e *f)*, bem como os cônjuges das pessoas abrangidas pelo disposto na alínea *e)*;

h) Os que exerçam funções de administração ou de fiscalização em cinco sociedades, exceptuando as sociedades de advogados, as sociedades de revisores oficiais de contas e os revisores oficiais de contas, aplicando-se a estes o regime do artigo 9.º do Decreto-Lei n.º 519-L2/79, de 29 de Dezembro;

i) Os revisores oficiais de contas em relação aos quais se verifiquem outras incompatibilidades previstas na respectiva legislação;

j) Os interditos, os inabilitados, os insolventes, os falidos e os condenados a pena que implique a inibição, ainda que temporária, do exercício de funções públicas.

4. A superveniência de algum dos motivos indicados no número anterior importa caducidade da designação.

5. É nula a designação de pessoa relativamente à qual se verifique alguma das incompatibilidades estabelecidas no n.º 3 ou que não possua a capacidade exigida pelo n.º 2.

6. A sociedade de revisores oficiais de contas que fizer parte do conselho fiscal deve designar até dois dos seus revisores para assistir às reuniões dos órgãos de fiscalização e de administração e da assembleia geral da sociedade fiscalizada.

7. A sociedade de advogados que fizer parte do conselho fiscal deve, para os efeitos do número anterior, designar um dos seus sócios.

8. Os revisores designados nos termos do n.º 6 e os sócios de sociedades de advogados, designados nos termos do n.º 7, ficam sujeitos às incompatibilidades previstas no n.º 3.

Nota. A redacção do n.º 3, alínea *h*), foi introduzida pelo DL n.º 280/87, de 8 de Julho; a do n.º 3, alínea *c*), foi introduzida pelo DL n.º 238/91, de 2 de Julho, e a dos n.ºˢ 1, 2 e 5 foi introduzida pelo art. 1.º do DL n.º 257/96, de 31 de Dezembro.

Art. 415.º (Designação e substituição)

1. Os membros efectivos do conselho fiscal, os suplentes e o fiscal único são eleitos pela assembleia geral, pelo período estabelecido no contrato de sociedade, mas não superior a quatro anos, podendo a primeira designação ser feita no contrato de sociedade ou pela assembleia constitutiva; na falta de indicação do período por que foram eleitos, entende-se que a nomeação é feita por quatro anos, sendo reelegíveis.

2. O contrato ou a assembleia geral designam aquele dos membros efectivos que servirá como presidente; se o presidente cessar as suas funções antes de terminado o período para que foi designado ou eleito, os outros membros escolherão um deles para desempenhar aquelas funções até ao termo do referido período.

3. Os membros efectivos do conselho fiscal que se encontrem temporariamente impedidos ou cujas funções tenham cessado são substituídos

pelos suplentes, mas o suplente que for revisor oficial de contas substituirá o membro efectivo que tiver a mesma qualificação.

4. Os suplentes que substituam membros efectivos cujas funções tenham cessado mantêm-se no cargo até à primeira assembleia anual, que procederá ao preenchimento das vagas.

5. Não sendo possível preencher uma vaga de membro efectivo por faltarem suplentes eleitos, os cargos vagos, tanto de membros efectivos como de suplentes, são preenchidos por nova eleição.

Nota. A redacção do n.º 1 foi introduzida pelo DL n.º 280/87, de 8 de Julho.

Art. 416.º (Nomeação oficiosa do revisor oficial de contas)

1. A falta de designação do revisor oficial de contas pelo órgão social competente, no prazo legal, deve ser comunicada à Câmara dos Revisores Oficiais de Contas, nos quinze dias seguintes, por qualquer sócio ou membro dos órgãos sociais.

2. No prazo de quinze dias a contar da comunicação referida no número anterior, a Câmara dos Revisores Oficiais de Contas deve nomear oficiosamente um revisor oficial de contas para a sociedade, podendo a assembleia geral confirmar a designação ou eleger outro revisor oficial de contas para completar o respectivo período de funções.

3. Aplica-se ao revisor oficial de contas nomeado nos termos do n.º 2 o disposto no artigo 414.º

Nota. O n.º 3 foi aditado pelo DL n.º 280/87, de 8 de Julho. A redacção do n.º 1 foi introduzida pelo art. 1.º do DL 257/96, de 31 de Dezembro.

Art. 417.º (Nomeação judicial a requerimento da administração ou de accionista)

1. Se a assembleia geral não eleger os membros do conselho fiscal, ou o fiscal único, efectivos e suplentes, não referidos no artigo anterior, deve a administração da sociedade e pode qualquer accionista requerer a sua nomeacão judicial.

2. Os membros judicialmente nomeados têm direito à remuneração que o tribunal fixar em seu prudente arbítrio e cessam as suas funções logo que a assembleia geral proceda à eleição.

3. Constituem encargos da sociedade as custas judiciais e o pagamento das remunerações a que se refere o número anterior.

Art. 418.º (Nomeação judicial a requerimento de minorias)

1. A requerimento de accionistas titulares de acções representativas

de um décimo, pelo menos, do capital social, apresentado nos 30 dias seguintes à assembleia geral que tenha elegido os membros do conselho de administração e do conselho fiscal, pode o tribunal nomear mais um membro efectivo e um suplente para o conselho fiscal, desde que os accionistas requerentes tenham votado contra as propostas que fizeram vencimento e tenham feito consignar na acta o seu voto; se a eleição dos membros do conselho de administração e do conselho fiscal foram efectuadas em assembleias diferentes, o prazo começa a correr da data em que foi realizada a última assembleia.

2. Havendo várias minorias que exerçam o direito conferido no número anterior, o tribunal pode designar até dois membros efectivos e os respectivos suplentes, apensando-se as acções que correrem simultaneamente; no caso de fiscal único, só pode designar outro e o respectivo suplente.

3. Os membros judicialmente nomeados cessam as suas funções com o termo normal de funções dos membros eleitos; podem cessá-las em data anterior, se o tribunal deferir o requerimento que com esse fim lhe seja apresentado pelos accionistas que requereram a nomeação.

4. O conselho fiscal pode, com fundamento em justa causa, requerer ao tribunal a substituição do membro judicialmente nomeado; a mesma faculdade têm os accionistas que requereram a nomeação e o conselho de administração da sociedade, se esta não tiver conselho fiscal.

5. Para o efeito do n.º 1 deste artigo, apenas contam as acções de que os accionistas já fossem titulares três meses antes, pelo menos, da data em que se tiverem realizado as assembleias gerais.

Art. 419.º (Destituição)
1. A assembleia geral pode destituir, desde que ocorra justa causa, os membros do conselho fiscal ou o fiscal único que não tenham sido nomeados judicialmente.

2. Antes de ser tomada a deliberação, as pessoas visadas devem ser ouvidas na assembleia sobre os factos que lhes são imputados.

3. A pedido da administração ou daqueles que tiverem requerido a nomeação, pode o tribunal destituir os membros do conselho fiscal ou o fiscal único judicialmente nomeados, caso para isso haja justa causa; se o tribunal ordenar a destituição, deve proceder-se a nova nomeação judicial.

4. Os membros do conselho fiscal e os fiscais destituídos são obrigados a apresentar ao presidente da mesa da assembleia geral, no prazo de 30 dias, um relatório sobre a fiscalização exercida até ao termo das respectivas funções.

5. Apresentado o relatório, deve o presidente da mesa da assembleia geral facultar, desde logo, cópias à administração e ao conselho fiscal e submetê-lo oportunamente à apreciação da assembleia.

Art. 420.º (Competência do fiscal único e do conselho fiscal)

1. Compete ao fiscal único ou conselho fiscal:

a) Fiscalizar a administração da sociedade;

b) Vigiar pela observância da lei e do contrato de sociedade;

c) Verificar a regularidade dos livros, registos contabilísticos e documentos que lhe servem de suporte;

d) Verificar, quando o julgue conveniente e pela forma que entenda adequada, a extensão da caixa e as existências de qualquer espécie dos bens ou valores pertencentes à sociedade ou por ela recebidos em garantia, depósito ou outro título;

e) Verificar a exactidão do balanço e da demonstração dos resultados;

f) Verificar se os critérios valorimétricos adoptados pela sociedade conduzem a uma correcta avaliação do património e dos resultados;

g) Elaborar anualmente relatório sobre a sua acção fiscalizadora e dar parecer sobre o relatório, contas e propostas apresentados pela administração;

h) Convocar a assembleia geral, quando o presidente da respectiva mesa o não faça, devendo fazê-lo;

i) Cumprir as demais atribuições constantes da lei ou do contrato de sociedade.

2. O fiscal único ou qualquer membro do conselho fiscal, quando este exista, devem proceder, conjunta ou separadamente e em qualquer época do ano, a todos os actos de verificação e inspecção que considere convenientes para cumprimento das suas obrigações de fiscalização.

3. O revisor oficial de contas membro do conselho fiscal tem, especialmente e sem prejuízo da actuação dos outros membros, o dever de proceder a todos os exames e verificações necessários à revisão e certificação legais das contas, nos termos previstos em lei especial, e bem assim os outros deveres especiais que esta lei lhe imponha.

Nota. A redacção do n.º 2 foi introduzida pelo art. 1.º do DL n.º 257/96, de 31 de Dezembro.

Art. 420.º-A (Dever de vigilância)

1. Compete ao revisor oficial de contas comunicar, imediatamente,

por carta registada, ao presidente do conselho de administração ou da direcção os factos de que tenha conhecimento e que considere revelarem graves dificuldades na prossecução do objecto da sociedade, designadamente reiteradas faltas de pagamento a fornecedores, protestos de títulos de crédito, emissão de cheques sem provisão, falta de pagamento de quotizações para a segurança social ou de impostos.

2. O presidente do conselho de administração ou da direcção deve, nos trinta dias seguintes à recepção da carta, responder pela mesma via.

3. Se o presidente não responder ou a resposta não for considerada satisfatória pelo revisor oficial de contas, este requer ao presidente, nos quinze dias seguintes ao termo do prazo previsto no n.º 2, que convoque o conselho de administração ou a direcção para reunirem, com a sua presença, nos quinze dias seguintes, com vista a apreciar os factos e a tomar as deliberações adequadas.

4. Se a reunião prevista no n.º 3 não se realizar ou se as medidas adoptadas não forem consideradas adequadas à salvaguarda do interesse da sociedade, o revisor oficial de contas, nos oito dias seguintes ao termo do prazo previsto no n.º 3 ou à data da reunião, requer, por carta registada, que seja convocada uma assembleia geral para apreciar e deliberar sobre os factos constantes das cartas referidas nos n.os 1 e 2 e da acta da reunião referida no n.º 3.

5. O revisor oficial de contas que não cumpra o disposto nos n.os 1, 3 e 4 é solidariamente responsável com os membros do conselho de administração ou da direcção pelos prejuízos decorrentes para a sociedade.

6. O revisor oficial de contas não incorre em responsabilidade civil pelos factos referidos nos n.os 1, 3 e 4.

7. Qualquer membro do conselho fiscal, quando este exista, deve, sempre que se aperceba de factos que revelem dificuldades na prossecução normal do objecto social, comunicá-los imediatamente ao revisor oficial de contas, por carta registada.

Nota. Aditado pelo art. 4.º do DL n.º 257/96, de 31 de Dezembro.

Art. 421.º (Poderes do fiscal único e dos membros do conselho fiscal)

1. Para o desempenho das suas funções, pode o fiscal único ou qualquer membro do conselho fiscal, conjunta ou separadamente:

a) Obter da administração a apresentação, para exame e verificação, dos livros, registos e documentos da sociedade, bem como verificar as existências de qualquer classe de valores, designadamente dinheiro, títulos e mercadorias;

b) Obter da administração ou de qualquer dos administradores informações ou esclarecimentos sobre o curso das operações ou actividades da sociedade ou sobre qualquer dos seus negócios;

c) Obter de terceiros que tenham realizado operações por conta da sociedade as informações de que careçam para o conveniente esclarecimento de tais operações;

d) Assistir às reuniões da administração, sempre que o entendam conveniente.

2. O disposto na alínea *c)* do n.º 1 não abrange a comunicação de documentos ou contratos detidos por terceiros, salvo se for judicialmente autorizada ou solicitada pelo revisor oficial de contas, no uso dos poderes que lhe são conferidos pela legislação que rege a sua actividade. Ao direito conferido pela mesma alínea não pode ser oposto segredo profissional que não pudesse ser também oposto à administração da sociedade.

Nota. A redacção do n.º 1 foi introduzida pelo art. 1.º do DL n.º 257/96 de 31 de Dezembro.

Art. 422.º (Deveres do fiscal único e dos membros do conselho fiscal)

1. O fiscal único ou os membros do conselho fiscal, quando exista, têm o dever de:

a) Participar nas reuniões do conselho e assistir às assembleias gerais e bem assim às reuniões da administração para que o presidente da mesma os convoque ou em que se apreciem as contas do exercício;

b) Exercer uma fiscalização consciensiosa e imparcial;

c) Guardar segredo dos factos e informações de que tiverem conhecimento em razão das suas funções, sem prejuízo do dever enunciado no n.º 3 deste artigo;

d) Dar conhecimento à administração das verificações, fiscalizações e diligências que tenham feito e do resultado das mesmas;

e) Informar, na primeira assembleia que se realize, de todas as irregularidades e inexactidões por eles verificadas, e bem assim se obtiveram os esclarecimentos de que necessitaram para o desempenho das suas funções.

2. O fiscal único e os membros do conselho fiscal não podem aproveitar-se, salvo autorização expressa e por escrito, de segredos comerciais ou industriais de que tenham tomado conhecimento no desempenho das suas funções.

3. O fiscal único e os membros do conselho fiscal devem participar ao Ministério Público os factos delituosos de que tenham tomado conhecimento e que constituam crimes públicos.

4. Perdem o seu cargo o fiscal único e os membros do conselho fiscal que, sem motivo justificado, não assistam, durante o exercício social, a duas reuniões do conselho ou não compareçam a uma assembleia geral ou a duas reuniões da administração previstas na alínea *a*) do n.º 1 deste artigo.

Nota. Redacção introduzida pelo art. 1.º do DL n.º 257/96, de 31 de Dezembro.

Art. 423.º (Reuniões e deliberações)

1. O conselho fiscal deve reunir, pelo menos, todos os trimestres.

2. As deliberações do conselho fiscal são tomadas por maioria, devendo os membros que com elas não concordarem fazer inserir na acta os motivos da sua discordância.

3. O revisor oficial de contas ou a sociedade de revisores oficiais de contas têm voto de qualidade, em caso de empate nas deliberações.

4. De cada reunião deve ser lavrada a acta no livro respectivo ou nas folhas soltas, assinada por todos os que nela tenham participado.

5. Das actas deve constar sempre a menção dos membros presentes à reunião, bem como um resumo das verificações mais relevantes a que procedam o conselho fiscal ou qualquer dos seus membros e das deliberações tomadas.

Nota. Redacção introduzida pelo art. 1.º do DL n.º 257/96, de 31 de Dezembro.

Art. 423.º-A (Norma de remissão)

Não havendo conselho fiscal, todas as referências que lhe são feitas devem considerar-se referidas ao fiscal único, desde que não pressuponham a pluralidade de membros.

Nota. Aditado pelo art. 4.º do DL n.º 257/96, de 31 de Dezembro.

SECÇÃO III. Direcção

Art. 424.º (Composição da direcção)

1. A direcção, a que se refere a alínea *b*) do n.º 1 do artigo 278.º, é composta por um número ímpar de directores, no máximo de cinco.

2. O contrato de sociedade deve fixar o número de directores, mas a sociedade só pode ter um único director quando o seu capital não exceda 200 000 euros.

Nota. A redacção do n.º 2 foi introduzida pelo art. 3.º do DL n.º 343/98, de 6 de Novembro.

Art. 425.º (Designação)

1. Os directores são designados no contrato de sociedade ou pelo conselho geral, por um período fixado no contrato de sociedade, não excedente a quatro anos civis, contando-se como completo o ano civil em que a direcção for nomeada; na falta de indicação do contrato, entende-se que a designação é feita por quatro anos civis.

2. Embora designados por prazo certo, os directores mantêm-se em funções até nova designação a não ser nos casos de destituição ou renúncia, e são reelegíveis.

3. Compete ao conselho geral providenciar quanto à substituição de directores, em caso de falta definitiva ou de impedimento temporário.

4. Os directores não podem fazer-se representar no exercício do seu cargo, sendo-lhe aplicável, todavia, o disposto no n.º 7 do artigo 391.º

5. Os directores podem não ser accionistas, mas não podem ser:

  a) Pessoas colectivas;

  b) Membros do conselho geral, sem prejuízo do disposto nos n.ºs 2 e 3 do artigo 437.º;

  c) Membros dos órgãos de fiscalização de sociedades que estejam em relação de domínio ou de grupo com a sociedade considerada;

  d) Cônjuges, parentes e afins na linha recta e até ao 2.º grau, inclusive, na linha colateral, das pessoas referidas na alínea *c*);

  e) Pessoas que não sejam dotadas de capacidade jurídica plena.

6. As designações feitas contra o disposto no número anterior são nulas e a superveniência de alguma das circunstâncias previstas nas alíneas *c*), *d*) e *e*) do número anterior determina a imediata cessação de funções.

Nota. A redacção dos n.ºs 3, 4 e 5, alínea *d*), foi introduzida pelo DL n.º 280/87, de 8 de Julho.

Art. 426.º (Nomeação judicial)

Aplica-se à nomeação judicial de directores o disposto no artigo 394.º, com as necessárias adaptações.

Art. 427.º (Presidente e director do trabalho)

1. O presidente da direcção é designado e destituído pelo conselho geral.

2. No acto de designação do presidente, o conselho geral pode conceder-lhe voto de qualidade nas deliberações da direcção.

3. Quando haja vários directores, o conselho geral deve designar o director do trabalho, especialmente encarregado das relações com os trabalhadores.

Art. 428.º (Exercício de outras actividades)
1. Os directores não podem, sem autorização do conselho geral, exercer qualquer outra actividade comercial, por conta própria ou alheia, ou ser membros de órgão de administração ou de fiscalização de qualquer sociedade, sem prejuízo do disposto na alínea c) do n.º 5 do artigo 425.º
2. A autorização do conselho geral deve ser dada para cada caso e só pode ser concedida para o exercício de funções em mais duas sociedades.
3. Quando a actividade exercida pelo director, sem autorização do conselho geral, for concorrente com a da sociedade, deve aquele indemnizar os prejuízos sofridos por esta, os quais se consideram, pelo menos, de montante igual aos lucros ou proventos auferidos pelo director.
4. Aplica-se aos directores o disposto no artigo 397.º, competindo ao conselho geral a autorização ali referida.

Art. 429.º (Remuneração)
1. A remuneração dos directores é estabelecida pelo conselho geral, tendo em conta as funções desempenhadas e a situação económica da sociedade.
2. À remuneração fixa pode acrescer uma percentagem dos lucros do exercício, se o contrato de sociedade o autorizar; neste caso, o contrato estabelecerá a percentagem máxima.
3. A percentagem referida no número anterior não incide sobre distribuições de reservas nem sobre qualquer parte do lucro do exercício que não pudesse, por lei, ser distribuída aos accionistas.

Art. 430.º (Destituição)
1. O conselho geral pode destituir qualquer director, com fundamento em justa causa.
2. Constituem, designadamente, justa causa de destituição a violação grave dos deveres do director, a sua incapacidade para o exercício normal das respectivas funções e a retirada de confiança pela assembleia geral.
3. Se a destituição não se fundar em justa causa, o director tem direito a indemnização pelos danos sofridos, pelo modo estipulado no contrato com ele celebrado ou nos termos gerais de direito, sem que a

indemnização possa exceder o montante das remunerações que presumivelmente receberia até ao final do período para que foi eleito.

Art. 431.º (Competência da direcção)

1. Compete à direcção gerir as actividades da sociedade, sem prejuízo do disposto no artigo 442.º, n.º 1.

2. A direcção tem plenos poderes de representação da sociedade perante terceiros, sem prejuízo do disposto no artigo 441.º, alínea c).

3. Aos poderes de gestão e de representação dos directores é aplicável o disposto nos artigos 406.º a 409.º, com as modificações determinadas pela competência atribuída na lei ao conselho geral.

Art. 432.º (Relações da direcção com o conselho geral)

1. A direcção deve comunicar ao conselho geral:

a) Pelo menos uma vez por ano, a política de gestão que tenciona seguir, bem como os factos e questões que fundamentalmente determinaram as suas opções;

b) Trimestralmente, antes da reunião daquele conselho, a situação da sociedade e a evolução dos negócios, indicando designadamente o volume de vendas e prestações de serviços;

c) Na época determinada pela lei, o relatório completo da gestão, relativo ao exercício anterior.

2. A direcção deve informar, em tempo útil, o presidente do conselho geral sobre qualquer negócio que possa ter influência significativa na rentabilidade ou liquidez da sociedade e, de modo geral, sobre qualquer situação anormal ou por outro motivo importante.

3. Nas informações previstas nos números anteriores incluem-se as ocorrências relativas a sociedades em relação de domínio ou de grupo, quando possam reflectir-se na situação da sociedade considerada.

4. Além da fiscalização exercida pela comissão referida no artigo 444.º, n.º 2, pode o presidente do conselho geral exigir da direcção as informações que entenda convenientes ou que lhe sejam solicitadas por outro membro do conselho.

5. O direito de assistir às reuniões da direcção é limitado ao presidente do conselho geral ou a um membro delegado para o efeito.

6. Todas as informações recebidas da direcção, nalguma das circunstâncias previstas nos n.ºs 2, 3 e 4, devem ser transmitidas a todos os outros membros do conselho geral, em tempo útil, e o mais tardar na primeira reunião deste.

Art. 433.º (Remissões)

1. Às deliberações da direcção aplica-se o disposto nos artigos 411.º e 412.º, n.º 1, com as seguintes modificações:

   a) À declaração de nulidade compete ao conselho geral;

   b) O pedido de declaração de nulidade pode ser formulado por qualquer director ou membro do conselho geral.

2. À caução a prestar pelos directores aplica-se o disposto no artigo 396.º, mas a dispensa de caução compete ao conselho geral.

3. À reforma dos directores aplica-se o disposto no artigo 402.º, mas a aprovação do regulamento compete ao conselho geral.

4. À renúncia do director aplica-se, com as necessárias adaptações, o disposto no artigo 404.º

SECÇÃO IV. **Conselho geral**

Art. 434.º (Composição do conselho geral)

1. O conselho geral, a que se refere a alínea b) do n.º 1 do artigo 278.º, é composto por um número ímpar de membros, a fixar no contrato de sociedade, mas sempre superior ao número de directores e não superior a quinze.

2. Os membros do conselho geral devem ser accionistas titulares de acções nominativas ou ao portador registadas ou depositadas, em número fixado no contrato de sociedade, não inferior ao necessário para conferir um voto na assembleia geral; a alienação das acções importa a cessação de funções.

3. Aplica-se o disposto na segunda parte do n.º 3 e nos n.ºs 4 e 5 do artigo 390.º

Art. 435.º (Designação)

1. Os membros do conselho geral são designados no contrato de sociedade ou eleitos pela assembleia geral ou constitutiva.

2. À designação dos membros do conselho geral aplica-se o disposto nos n.ºs 2, 3, 4 e 5 do artigo 391.º

3. Aplicam-se ainda à eleição dos membros do conselho geral as regras especiais estabelecidas pelo artigo 392.º, mas no caso previsto no n.º 1 desse artigo o número de membros do conselho geral a escolher em eleição isolada não deve exceder um terço do total.

Art. 436.º (Presidência do conselho geral)

O conselho geral designa aquele dos seus membros que servirá de presidente.

Art. 437.º (Incompatibilidade entre funções de director e de membro do conselho geral)

1. Não pode ser designado membro do conselho geral quem seja director da sociedade ou membro do órgão de administração de sociedade que com aquela se encontre em relação de domínio ou de grupo.

2. Pode, contudo, o conselho geral nomear um dos seus membros para substituir, por período inferior a um ano, um director temporariamente impedido.

3. O membro do conselho geral nomeado para substituir um director, nos termos do número anterior não pode simultaneamente exercer funções no conselho geral.

Art. 438.º (Substituição)

1. Na falta definitiva de um membro do conselho geral, deve ser chamado um suplente, conforme a ordem por que figurem na lista submetida à assembleia geral dos accionistas.

2. Não havendo suplentes, a substituição efectua-se por eleição da assembleia geral.

3. As substituições efectuadas nos termos dos números antecedentes duram até ao fim do período para o qual o conselho geral foi eleito.

Art. 439.º (Nomeação judicial)

1. Se já não fizer parte do conselho geral o número de membros necessário para ele poder reunir-se, o tribunal pode preencher esse número, a requerimento da direcção, de um membro do conselho geral ou de um accionista.

2. A direcção deve apresentar o requerimento previsto no número anterior logo que tenha conhecimento da referida situação.

3. As nomeações efectuadas pelo tribunal caducam logo que as vagas forem preenchidas, nos termos da lei ou do contrato de sociedade.

4. Os membros nomeados pelo juiz têm os direitos e deveres dos outros membros do conselho geral.

Art. 440.º (Remuneração)

1. As funções de membro do conselho geral não são necessariamente remuneradas, mas, se o contrato mandar remunerá-las, o montante é fixado pela assembleia geral ou por uma comissão nomeada por esta, tendo em conta as funções desempenhadas e a situação económica da sociedade.

2. A remuneração deve consistir numa quantia fixa e a assembleia geral pode, em qualquer tempo, reduzi-la ou aumentá-la, tendo em conta os factores referidos no número anterior.

Art. 441.º (Competência do conselho geral)

Compete ao conselho geral:

a) Nomear e destituir os directores;

b) Designar o director que servirá de presidente e destituí-lo;

c) Representar a sociedade nas relações com os directores;

d) Fiscalizar as actividades da direcção;

e) Verificar, quando o julgue conveniente e pela forma que entenda adequada, a regularidade dos livros, registos contabilísticos e documentos que lhes servem de suporte, assim como a situação de quaisquer bens ou valores possuídos pela sociedade a qualquer título;

f) Aprovar o relatório e as contas elaborados pela direcção;

g) Elaborar anualmente um relatório sobre a sua actividade e apresentá-lo à assembleia geral;

h) Conceder ou negar o consentimento à transmissão de acções, quando este for exigido pelo contrato;

i) Convocar a assembleia geral, quando entenda conveniente;

j) Exercer as demais funções que lhe sejam atribuídas por lei ou pelo contrato de sociedade.

Art. 442.º (Poderes de gestão)

1. O conselho geral não tem poderes de gestão das actividades da sociedade, mas a lei, o contrato de sociedade e o próprio conselho podem estabelecer que a direcção deve obter prévio consentimento do conselho geral para a prática de determinadas categorias de actos.

2. Sendo recusado o consentimento previsto no número anterior, a direcção pode submeter a divergência a deliberação da assembleia geral. A deliberação pela qual a assembleia dê o seu consentimento deve ser tomada pela maioria de dois terços dos votos emitidos, se o contrato de sociedade não exigir maioria mais elevada ou outros requisitos.

Art. 443.º (Poderes de representação)
1. Nas relações da sociedade com os seus directores a sociedade é obrigada pelos dois membros do conselho geral por este designados.
2. O conselho geral pode requerer actos de registo comercial relativos aos seus próprios membros.

Art. 444.º (Comissões do conselho geral)
1. O conselho geral pode nomear, de entre os seus membros, uma ou mais comissões para preparar as suas deliberações ou para fiscalizar a execução destas.
2. No primeiro mês após a sua eleição, deve o conselho nomear uma comissão especialmente encarregada de exercer permanentemente as funções de fiscalização da direcção, previstas no artigo 441.º, alíneas *d*) e *e*).

Art. 445.º (Remissões)
1. Aos negócios celebrados entre membros do conselho geral e a sociedade aplica-se, com as necessárias adaptações, o disposto no artigo 397.º
2. Às reuniões e às deliberações do conselho geral aplica-se o disposto nos artigos 410.º a 412.º, com as seguintes adaptações:

a) O conselho geral deve reunir, pelo menos, uma vez em cada trimestre;

b) A convocação pode ser feita pela direcção, se o presidente do conselho geral não o tiver convocado para reunir dentro dos quinze dias seguintes à recepção do pedido por aquela formulado;

c) O pedido de declaração de nulidade de deliberação tomada pela direcção pode ser formulado por qualquer director ou membro do conselho geral.

SECÇÃO V. **Revisor oficial de contas**

Art. 446.º (Designação)
1. Nas sociedades com a estrutura referida na alínea *b*) do n.º 1 do artigo 278.º a assembleia geral deve designar um revisor oficial de contas ou uma sociedade de revisores oficiais de contas para proceder ao exame das contas da sociedade.
2. A designação é feita por tempo não superior a três anos.
3. Aplica-se a este revisor oficial de contas e à sociedade de revisores oficiais de contas o disposto no artigo 414.º, 416.º e 419.º
4. O revisor oficial de contas designado tem os poderes e deveres atribuídos por esta lei ao conselho fiscal e aos seus membros.

SECÇÃO VI. **Secretário da sociedade** [1]

Art. 446.º-A (Designação)

1. As sociedades cotadas em bolsa de valores devem designar um secretário da sociedade e um suplente.

2. O secretário e o seu suplente devem ser designados pelos sócios fundadores no acto de constituição da sociedade ou pelo conselho de administração ou pela direcção por deliberação registada em acta.

3. As funções de secretário são exercidas por pessoa com curso superior adequado ao desempenho das funções ou solicitador, não podendo exercê-las em mais de sete sociedades, salvo nas que se encontrem nas situações previstas no título VI deste Código.

4. Em caso de falta ou impedimento do secretário, as suas funções são exercidas pelo suplente.

Art. 446.º-B (Competência)

1. Para além de outras funções estabelecidas pelo contrato social, compete ao secretário da sociedade:

a) Secretariar as reuniões da assembleia geral, da administração, da direcção e do conselho geral;

b) Lavrar as actas e assiná-las conjuntamente com os membros dos órgãos sociais respectivos e o presidente da mesa da assembleia geral, quando desta se trate;

c) Conservar, guardar e manter em ordem os livros e folhas de actas, as listas de presenças, o livro de registo de acções, bem como o expediente a eles relativo;

d) Proceder à expedição das convocatórias legais para as reuniões de todos os órgãos sociais;

e) Certificar as assinaturas dos membros dos órgãos sociais apostas nos documentos da sociedade;

f) Certificar que todas as cópias ou transcrições extraídas dos livros da sociedade ou dos documentos arquivados são verdadeiras, completas e actuais;

g) Satisfazer, no âmbito da sua competência, as solicitações formuladas pelos accionistas no exercício do direito à informação;

h) Certificar o conteúdo, total ou parcial, do contrato de sociedade em vigor, bem como a identidade dos membros dos diversos órgãos da sociedade e quais os poderes de que são titulares;

---

[1] Os arts. 446.º-A a 446.º-F, que constituem a Secção VI do Capítulo VI do Título IV do CSC, foram introduzidos pelo art. 3.º do DL 257/96, de 31 de Dezembro.

i) Certificar as cópias actualizadas dos estatutos, das deliberações dos sócios e da administração e dos lançamentos em vigor constantes dos livros sociais, bem como assegurar que elas sejam entregues ou enviadas aos titulares de acções que as tenham requerido e que tenham pago o respectivo custo;

j) Autenticar com a sua rubrica toda a documentação submetida à assembleia geral e referida nas respectivas actas;

l) Requerer a inscrição no registo comercial dos actos sociais a ele sujeitos.

2. As funções referidas nas alíneas *e)*, *f)* e *h)* do n.º 1 deste artigo são exercidas sem prejuízo da competência de verificação da conformidade de tais poderes para o acto que caibam às entidades públicas e, em especial, aos notários e aos conservadores.

3. As certificações feitas pelo secretário referidas nas alíneas *e)*, *f)* e *h)* do n.º 1 deste artigo substituem, para todos os efeitos legais, a certidão de registo comercial.

Art. 446.º-C (Período de duração das funções)

A duração das funções do secretário coincide com a do mandato dos órgãos sociais que o designarem, podendo renovar-se por uma ou mais vezes.

Art. 446.º-D (Regime facultativo de designação do secretário)

1. As sociedades anónimas relativamente às quais se não verifique o requisito previsto no n.º 1 do artigo 446.º-A, bem como as sociedades por quotas, podem designar um secretário da sociedade.

2. Nas sociedades por quotas compete à assembleia geral designar o secretário da sociedade.

Art. 446.º-E (Registo do cargo)

1. A designação e cessação de funções, por qualquer causa que não seja o decurso do tempo, do secretário está sujeita a registo, nos termos do Código do Registo Comercial.

2. A inscrição inicial dos actos de registo previstos no número anterior fica isenta do pagamento de emolumentos.

Art. 446.º-F (Responsabilidade)

O secretário é responsável civil e criminalmente pelos actos que praticar no exercício das suas funções.

CAPÍTULO VII. Publicidade de participações e abuso de informações

Art. 447.º (Publicidade de participações dos membros de órgãos de administração e fiscalização)

1. Os membros dos órgãos de administração e de fiscalização de uma sociedade anónima devem comunicar à sociedade o número de acções e de obrigações da sociedade de que são titulares, e bem assim todas as suas aquisições, onerações ou cessações de titularidade, por qualquer causa, de acções e de obrigações da mesma sociedade e de sociedades com as quais aquela esteja em relação de domínio ou de grupo.

2. O disposto no número anterior é extensivo às acções e obrigações:

a) Do cônjuge não separado judicialmente, seja qual for o regime matrimonial de bens;

b) Dos descendentes de menor idade;

c) Das pessoas em cujo nome as acções ou obrigações se encontrem, tendo sido adquiridas por conta das pessoas referidas no n.º 1 e nas alíneas *a)* e *b)* deste número;

d) Pertencentes a sociedade de que as pessoas referidas no n.º 1 e nas alíneas *a)* e *b)* deste número sejam sócios de responsabilidade ilimitada, exerçam a gerência ou algum dos cargos referidos no n.º 1 ou possuam, isoladamente ou em conjunto com pessoas referidas nas alíneas *a)*, *b)* e *c)* deste número, pelo menos metade do capital social ou dos votos correspondentes a este.

3. Às aquisições ou alienações referidas nos números anteriores equiparam-se os contratos de promessa, de opção, de reporte ou outros que produzam efeitos semelhantes.

4. A comunicação deve ser feita:

a) Relativamente a acções e obrigações possuídas à data da designação ou eleição, nos 30 dias seguintes a este facto;

b) Nos 30 dias seguintes a algum dos factos referidos nos n.ºs 1 e 3 deste artigo, mas sempre a tempo de ser dado cumprimento ao disposto no n.º 5.

5. Em anexo ao relatório anual do órgão de administração, será apresentada, relativamente a cada uma das pessoas referidas no n.º 1, a lista das suas acções e obrigações abrangidas pelos n.ºs 1 e 2, com menção dos factos enumerados nesses mesmos números e no n.º 3, ocorridos durante o exercício a que o relatório respeita, especificando o montante das acções

ou obrigações negociadas ou oneradas, a data do facto e a contrapartida paga ou recebida.

6. São abrangidas pelo disposto neste artigo as aquisições e alienações em bolsa e as que porventura estejam sujeitas a termo ou condição suspensiva.

7. As comunicações são feitas, por escrito, ao órgão de administração e ao órgão de fiscalização.

8. A falta culposa de cumprimento do disposto nos n.ºs 1 e 2 deste artigo constitui justa causa de destituição.

Nota. O texto do n.º 1 foi rectificado pelo DL n.º 257/96, de 31 de Dezembro.

Art. 448.º (Publicidade de participações de accionistas)

1. O accionista que for titular de acções ao portador não registadas representativas de, pelo menos, um décimo, um terço ou metade do capital de uma sociedade deve comunicar à sociedade o número de acções de que for titular, aplicando-se para este efeito o disposto no artigo 447.º, n.º 2.

2. A informação prevista no número anterior deve ser também comunicada à sociedade quando o accionista, por qualquer motivo, deixar de ser titular de um número de acções ao portador não registadas representativo de um décimo, um terço ou metade do capital da mesma sociedade.

3. As comunicações previstas nos números anteriores são feitas, por escrito, ao órgão de administração e ao órgão de fiscalização, nos 30 dias seguintes à verificação dos factos neles previstos.

4. Em anexo ao relatório anual do órgão de administração será apresentada a lista dos accionistas que, na data do encerramento do exercício social e segundo os registos da sociedade e as informações prestadas, sejam titulares de, pelo menos, um décimo, um terço ou metade do capital, bem como dos accionistas que tenham deixado de ser titulares das referidas fracções do capital.

Art. 449.º (Abuso de informação)

1. O membro do órgão de administração ou do órgão de fiscalização de uma sociedade anónima, bem como a pessoa que, por motivo ou ocasião de serviço permanente ou temporário prestado à sociedade, ou no exercício de função pública, tome conhecimento de factos relativos à sociedade aos quais não tenha sido dada publicidade e sejam susceptíveis de influenciarem o valor dos títulos por ela emitidos e adquira ou aliene acções ou obrigações da referida sociedade ou de outra que com ela esteja em relação de domínio ou de grupo, por esse modo conseguindo um lucro ou evitando uma perda, deve indemnizar os prejudicados, pagando-lhes quantia equivalente ao mon-

tante da vantagem patrimonial realizada; não sendo possível identificar os prejudicados, deve o infractor pagar a referida indemnização à sociedade.

2. Respondem nos termos previstos no número anterior as pessoas nele indicadas que culposamente revelem a terceiro os factos relativos à sociedade, ali descritos, bem como o terceiro que, conhecendo a natureza confidencial dos factos revelados, adquira ou aliene acções ou obrigações da sociedade ou de outra que com ela esteja em relação de domínio ou de grupo, por esse modo conseguindo um lucro ou evitando uma perda.

3. Se os factos referidos no n.º 1 respeitarem à fusão de sociedades, o disposto nos números anteriores aplica-se às acções e obrigações das sociedades participantes e das sociedades que com elas estejam em relação de domínio ou de grupo.

4. O membro do órgão de administração ou do órgão de fiscalização que pratique alguns dos factos sancionados no n.º 1 ou no n.º 2 pode ainda ser destituído judicialmente, a requerimento de qualquer accionista.

5. Os membros do órgão de administração devem zelar para que outras pessoas que, no exercício de profissão ou actividade exteriores à sociedade, tomem conhecimento de factos referidos no n.º 1 não se aproveitem deles nem os divulguem.

Art. 450.º (Inquérito judicial)

1. Para os efeitos dos n.ºs 1 e 2 do artigo anterior, qualquer accionista pode requerer inquérito, em cujo processo será ordenada a destituição do infractor, se disso for caso.

2. No mesmo processo pode o infractor ser condenado a indemnizar os prejudicados, nos termos previstos no artigo anterior.

3. O inquérito pode ser requerido até seis meses depois da publicação do relatório anual da administração ou direcção de cujo anexo conste a aquisição ou alienação.

4. Durante cinco anos a contar da prática dos factos justificativos da destituição, as pessoas destituídas não podem desempenhar cargos na mesma sociedade ou noutra que com ela esteja em relação de domínio ou de grupo.

CAPÍTULO VIII. Apreciação anual da situação da sociedade

Art. 451.º (Exame das contas nas sociedades com conselho fiscal)

1. Até 30 dias antes da data da assembleia geral convocada para apreciar os documentos de prestação de contas, o conselho de adminis-

tração deve apresentar ao conselho fiscal o relatório da gestão e as contas do exercício.

2. O membro do conselho fiscal que for revisor oficial de contas deve apreciar o relatório de gestão, completar o exame das contas com vista à sua certificação legal e elaborar relatório anual sobre a fiscalização efectuada.

3. Em consequência do exame das contas, o revisor oficial de contas deve emitir documento de certificação legal das contas, o qual deve incluir:

a) Uma introdução que identifique, pelo menos, as contas do exercício que são objecto da revisão legal, bem como a estrutura de relato financeiro utilizada na sua elaboração;

b) Uma descrição do âmbito da revisão legal das contas que identifique, pelo menos, as normas segundo as quais a revisão foi realizada;

c) Um parecer sobre as contas do exercício dão uma imagem verdadeira e apropriada de acordo com a estrutura do relato financeiro e, quando apropriado, se as contas do exercício estão em conformidade com os requisitos legais aplicáveis, sendo que o parecer de revisão pode traduzir uma opinião sem ou com reservas, uma opinião adversa ou, se o revisor oficial de contas não estiver em condições de expressar uma opinião, revestir a forma de escusa de opinião de revisão;

d) Uma referência a quaisquer questões para as quais o revisor oficial de contas chame a atenção mediante ênfases, sem qualificar a opinião de revisão;

e) Um parecer em que se indique se o relatório de gestaõ é ou não concordante com as contas do exercício;

f) Data e assinatura do revisor oficial de contas.

4. O relatório anual do revisor oficial de contas sobre a fiscalização efectuada deve ter o conteúdo exigido pela lei respectiva.

Nota. Redacção introduzida pelo art. 8.° do DL n.° 35/2005, de 17 de Fevereiro. Antes, o preceito havia já sido alterado pelo art. 1.° do DL n.° 328/95, de 9 de Dezembro.

Art. 452.° (Apreciação pelo conselho fiscal)

1. O conselho fiscal deve apreciar o relatório de gestão, as contas do exercício, o relatório anual do revisor oficial de contas e a certificação legal das contas ou a declaração de impossibilidade de certificação.

2. Se o conselho concordar com a certificação legal das contas ou com a declaração de impossibilidade de certificação, deve declará-lo expressamente no seu relatório.

3. Se discordar do documento referido no número anterior, o conselho deve consignar no relatório as razões da sua discordância, sem prejuízo do declarado pelo revisor oficial de contas.

4. O relatório e parecer do conselho fiscal devem ser remetidos ao conselho de administração, no prazo de 15 dias a contar da data em que tiver recebido os referidos documentos de prestação de contas.

Nota. Redacção introduzida pelo art. 1.º do DL n.º 328/95, de 9 de Dezembro, e pelo art. 1.º do DL n.º 257/96, de 31 de Dezembro.

Art. 453.º (Exame das contas nas sociedades com conselho geral)

1. Até 30 dias antes da data da assembleia geral convocada para apreciação geral da administração e fiscalização, a direcção deve apresentar ao revisor oficial de contas o relatório de gestão e as contas do exercício.

2. O revisor oficial de contas deve apreciar o relatório de gestão, completar o exame das contas do exercício, elaborar o relatório anual e emitir o documento de certificação legal das contas, com ou sem reservas, certificação adversa, ou declaração de impossibilidade de certificação, apresentando-os ao conselho geral e, se o entender, pode também apresentar à assembleia geral o seu relatório anual.

3. O disposto no n.º 3 do artigo 451.º aplica-se ao documento de certificação legal das contas elaborado nos termos do presente artigo.

Nota. Redacção introduzida pelo art. 8.º do DL n.º 35/2005, de 17 de Fevereiro. Antes, o preceito havia sido alterado pelo art. 1.º do DL n.º 328/95, de 9 de Dezembro.

Art. 454.º (Deliberação do conselho geral)

1. O conselho geral deve apreciar o relatório anual do revisor oficial de contas e a certificação legal das contas, deliberar sobre o relatório e as contas do exercício apresentados pela direcção e elaborar um relatório anual sobre a sua actividade, que será apresentado à assembleia geral.

2. A deliberação do conselho geral que aprove sem reservas as contas do exercício pode ser declarada nula pelo tribunal a requerimento de qualquer accionista ou, verificando-se ofensa de normas destinadas a proteger interesses de credores, também a requerimento destes, no prazo de três anos.

3. Se o conselho geral, de acordo com a certificação legal das contas ou com a declaração de impossibilidade de certificação legal das contas do revisor oficial de contas, não aprovar as contas ou as aprovar com reservas, a sua deliberação é definitiva.

4. Se o conselho geral, em desacordo com tal certificação do revisor oficial de contas, não aprovar as contas ou as aprovar com reservas diferentes, a divergência deve ser submetida à assembleia geral que delibera sobre os pontos de discordância entre as contas apresentadas pela direc-

ção, a certificação ou declaração do revisor oficial de contas e a deliberação do conselho geral.

Nota. Redacção introduzida pelo art. 1.º do DL n.º 328/95, de 9 de Dezembro.

Art. 455.º (Apreciação geral da administração e da fiscalização)
  1. A assembleia geral referida no artigo 376.º deve proceder à apreciação geral da administração e fiscalização da sociedade.
  2. Essa apreciação deve concluir por uma deliberação de confiança em todos ou alguns dos órgãos de administração e de fiscalização e respectivos membros ou por destituição de algum ou alguns destes, podendo, nas sociedades com conselho geral ou com administradores nomeados pelo Governo, a assembleia votar a desconfiança em directores ou nesses administradores.
  3. As destituições e votos de confiança previstos no número anterior podem ser deliberados independentemente de menção na convocatória da assembleia.

Nota. Redacção introduzida pelo art. 1.º do DL n.º 328/95, de 9 de Dezembro.

CAPÍTULO IX. Aumento e redução do capital

Art. 456.º (Aumento do capital deliberado pelo órgão de administração)
  1. O contrato de sociedade pode autorizar o órgão de administração a aumentar o capital, uma ou mais vezes, por entradas em dinheiro.
  2. O contrato de sociedade estabelecerá as condições para o exercício da competência conferida em harmonia com o número anterior, devendo:
  a) Fixar o limite máximo do aumento;
  b) Fixar o prazo, não excedente a cinco anos, durante o qual aquela competência pode ser exercida; na falta de indicação, o prazo é de cinco anos;
  c) Mencionar os direitos atribuídos às acções a emitir; na falta de menção, apenas é autorizada a emissão de acções ordinárias.
  3. O projecto da deliberação do órgão de administração é submetido ao conselho fiscal ou ao conselho geral; se este não der parecer favorável, o órgão de administração pode submeter a divergência a deliberação da assembleia geral.
  4. A assembleia geral, deliberando com a maioria exigida para a alteração do contrato, pode renovar os poderes conferidos ao órgão de administração.
  5. O órgão de administração ou um dos seus membros para o efeito designado, outorgará a escritura de alteração do contrato para fixação de novo capital.

Art. 457.º (Subscrição incompleta)
1. Não sendo totalmente subscrito um aumento de capital, considera-se a deliberação da assembleia ou do conselho sem efeito, salvo se ela própria tiver previsto que em tal caso o aumento fica limitado às subscrições recolhidas.
2. O anúncio de aumento do capital, referido no artigo 459.º, n.º 1, deve indicar o regime que vigora para a subscrição incompleta.
3. Ficando a deliberação de aumento sem efeito, por ter sido incompleta a subscrição, o órgão de administração avisará desse facto os subscritores nos quinze dias seguintes ao encerramento da subscrição e restituirá imediatamente as importâncias recebidas.

Art. 458.º (Direito de preferência)
1. Em cada aumento de capital por entradas em dinheiro, as pessoas que, à data da deliberação de aumento de capital, forem accionistas podem subscrever as novas acções, com preferência relativamente a quem não for accionista.
2. As novas acções serão repartidas entre os accionistas que exerçam a preferência pelo modo seguinte:
 a) Atribui-se a cada accionista o número de acções proporcional àquelas de que for titular na referida data ou o número inferior a esse que o accionista tenha declarado querer subscrever;
 b) Satisfazem-se os pedidos superiores ao número referido na primeira parte da alínea *a)*, na medida que resultar de um ou mais rateios excedentários.
3. Não tendo havido alienação dos respectivos direitos de subscrição, caduca o direito de preferência das acções antigas às quais não caiba número certo de acções novas; aquelas que, por esse motivo, não tiverem sido subscritas são sorteadas uma só vez, para subscrição, entre todos os accionistas.
4. Havendo numa sociedade várias categorias de acções, todos os accionistas têm igual direito de preferência na subscrição das novas acções, quer ordinárias, quer de qualquer categoria especial, mas se as novas acções forem iguais às de alguma categoria especial já existente, a preferência pertence primeiro aos titulares de acções dessa categoria e só quanto a acções não subscritas por estes gozam de preferência os outros accionistas.

Art. 459.º (Aviso e prazo para o exercício da preferência)
1. Os accionistas devem ser avisados, por anúncio, do prazo e demais condições de exercício do direito de subscrição.

2. O contrato de sociedade pode prever comunicações adicionais aos accionistas e, no caso de todas as acções emitidas pela sociedade serem nominativas, pode o anúncio ser substituído por carta registada.

3. O prazo fixado para o exercício do direito de preferência não pode ser inferior a 15 dias, contados da publicação do anúncio, ou a 21 dias, contados da expedição da carta, dirigida aos titulares de acções nominativas.

Art. 460.º (Limitação ou supressão do direito de preferência)

1. O direito legal de preferência na subscrição de acções não pode ser limitado nem suprimido, a não ser nas condições dos números seguintes.

2. A assembleia geral que deliberar o aumento de capital pode, para esse aumento, limitar ou suprimir o direito de preferência dos accionistas, desde que o interesse social o justifique.

3. A assembleia geral pode também limitar ou suprimir, pela mesma razão, o direito de preferência dos accionistas relativamente a um aumento de capital deliberado ou a deliberar pelo órgão de administração, nos termos do artigo 456.º

4. As deliberações das assembleias gerais previstas nos números anteriores devem ser tomadas em separado de qualquer outra deliberação, pela maioria exigida para o aumento de capital.

5. Sendo por ele apresentada uma proposta de limitação ou supressão do direito de preferência, o órgão de administração deve submeter à assembleia um relatório escrito, donde constem a justificação da proposta, o modo de atribuição das novas acções, as condições da sua liberação, o preço de emissão e os critérios utilizados para a determinação deste preço.

Art. 461.º (Subscrição indirecta)

1. A assembleia geral que deliberar o aumento de capital pode também deliberar que as novas acções sejam subscritas por uma instituição financeira, a qual assumirá a obrigação de as oferecer aos accionistas ou a terceiros, nas condições estabelecidas entre a sociedade e a instituição, mas sempre com respeito pelo disposto nos artigos anteriores.

2. O disposto no número anterior é aplicável aos aumentos de capital deliberados pelo órgão de administração.

3. Os accionistas serão avisados pela sociedade, por meio de anúncio, da deliberação tomada, de harmonia com os números antecedentes.

4. O disposto no artigo 459.º aplica-se à instituição financeira subscritora das novas acções nos termos previstos no n.º 1 deste artigo.

Art. 462.º (Aumento de capital e direito de usufruto)
1. Se a acção estiver sujeita a usufruto, o direito de participar no aumento do capital é exercido pelo titular da raiz ou pelo usufrutuário ou por ambos, nos termos que entre si acordarem.
2. Na falta de acordo, o direito de participar no aumento do capital pertence ao titular da raiz, mas se este não o exercer no prazo de oito ou de dez dias, contados, respectivamente, do anúncio ou da comunicação escrita referidos no n.º 3 do artigo 459.º, o referido direito devolve-se ao usufrutuário.
3. Quando houver de efectuar-se a comunicação prescrita pelo n.º 3 do artigo 459.º, deve ela ser enviada ao titular da raiz e ao usufrutuário.
4. A nova acção fica a pertencer em propriedade plena àquele que tiver exercido o direito de participar no aumento do capital, salvo se os interessados tiverem acordado em que ela fique também sujeita a usufruto.
5. Se nem o titular da raiz, nem o usufrutuário quiserem exercer a preferência no aumento, pode qualquer deles vender os respectivos direitos, devendo ser repartida entre eles a quantia obtida, na proporção do valor que nesse momento tiver o direito de cada um.

Art. 463.º (Redução do capital por extinção de acções próprias)
1. A assembleia geral pode deliberar que o capital da sociedade seja reduzido por meio de extinção de acções próprias.
2. À redução do capital aplica-se o disposto no artigo 95.º, excepto:
a) Se forem extintas acções inteiramente liberadas, adquiridas a título gratuito depois da deliberação da assembleia geral;
b) Se forem extintas acções inteiramente liberadas, adquiridas depois da deliberação da assembleia geral, unicamente por meio de bens que, nos termos dos artigos 32.º e 33.º, pudessem ser distribuídos aos accionistas; neste caso, deve ser levada a reserva especial, sujeita ao regime da reserva legal, quantia equivalente ao valor nominal total das acções extintas.

CAPÍTULO X. Dissolução da sociedade

Art. 464.º (Dissolução)
1. A deliberação de dissolução da sociedade deve ser tomada nos termos previstos no artigo 383.º, n.ºs 2 e 3, e no artigo 386.º, n.ºs 3, 4 e 5, podendo o contrato exigir uma maioria mais elevada ou outros requisitos.

2. A simples vontade de sócio ou sócios, quando não manifestada na deliberação prevista no número anterior, não pode constituir causa contratual de dissolução.

3. As sociedades anónimas podem ser judicialmente dissolvidas quando, por período superior a um ano o número de accionistas for inferior ao mínimo exigido por lei, excepto se um dos accionistas for o Estado ou entidade a ele equiparada por lei para esse efeito.

4. No caso previsto no número anterior, e até ao fim do prazo nele referido, qualquer accionista pode requerer ao tribunal que lhe seja concedido um prazo razoável a fim de regularizar a situação, suspendendo-se, entretanto, a dissolução da sociedade.

Nota. A redacção dos n.os 3 e 4 foi introduzida pelo DL n.º 280/87, de 8 de Julho.

TÍTULO V. SOCIEDADES EM COMANDITA

CAPÍTULO I. Disposições comuns

Art. 465.º (Noção)
1. Na sociedade em comandita cada um dos sócios comanditários responde apenas pela sua entrada; os sócios comanditados respondem pelas dívidas da sociedade nos mesmos termos que os sócios da sociedade em nome colectivo.

2. Uma sociedade por quotas ou uma sociedade anónima podem ser sócios comanditados.

3. Na sociedade em comandita simples não há representação do capital por acções; na sociedade em comandita por acções só as participações dos sócios comanditários são representadas por acções.

Art. 466.º (Contrato de sociedade)
1. No contrato de sociedade devem ser indicados distintamente os sócios comanditários e os sócios comanditados.

2. O contrato deve especificar se a sociedade é constituída como comandita simples ou como comandita por acções.

Art. 467.º (Firma)

1. A firma da sociedade é formada pelo nome ou firma de um, pelo menos, dos sócios comanditados e o aditamento «em Comandita» ou «& Comandita», «em Comandita por Acções» ou «& Comandita por Acções».

2. Os nomes dos sócios comanditários não podem figurar na firma da sociedade sem o seu consentimento expresso e, neste caso, aplica-se o disposto nos números seguintes.

3. Se o sócio comanditário ou alguém estranho à sociedade consentir que o seu nome ou firma figure na firma social fica sujeito, perante terceiros, à responsabilidade imposta aos sócios comanditados, em relação aos actos outorgados com aquela firma, salvo se demonstrar que tais terceiros sabiam que ele não era sócio comanditado.

4. O sócio comanditário, ou o estranho à sociedade, responde em iguais circunstâncias pelos actos praticados em nome da sociedade sem uso expresso daquela firma irregular, excepto se demonstrar que a inclusão do seu nome na firma social não era conhecida dos terceiros interessados ou que, sendo-o, estes sabiam que ele não era sócio comanditado.

5. Ficam sujeitos à mesma responsabilidade, nos termos previstos nos números antecedentes, todos os que agirem em nome da sociedade cuja firma contenha a referida irregularidade, a não ser que demonstrem que a desconheciam e não tinham o dever de a conhecer.

Art. 468.º (Entrada de sócio comanditário)

A entrada de sócio comanditário não pode consistir em indústria.

Art. 469.º (Transmissão de partes de sócios comanditados)

1. A transmissão entre vivos da parte de um sócio comanditado só é eficaz se for consentida por deliberação dos sócios, salvo disposição contratual diversa.

2. À transmissão por morte da parte de um sócio comanditado é aplicável o disposto a respeito da transmissão de partes de sócios de sociedades em nome colectivo.

Art. 470.º (Gerência)

1. Só os sócios comanditados podem ser gerentes, salvo se o contrato de sociedade permitir a atribuição da gerência a sócios comanditários.

2. Pode, porém, a gerência, quando o contrato o autorize, delegar os seus poderes em sócio comanditário ou em pessoa estranha à sociedade.

3. O delegado deve mencionar esta qualidade em todos os actos em que intervenha.

4. No caso de impedimento ou falta dos gerentes efectivos, pode qualquer sócio, mesmo comanditário, praticar actos urgentes e de mero expediente, mas deve declarar a qualidade em que age e, no caso de ter praticado actos urgentes, convocar imediatamente a assembleia geral para que esta ratifique os seus actos e o confirme na gerência provisória ou nomeie outros gerentes.

5. Os actos praticados nos termos do número anterior mantêm os seus efeitos para com terceiros, embora não ratificados, mas a falta de ratificação torna o autor desses actos responsável, nos termos gerais, para com a sociedade.

Art. 471.º (Destituição de sócios gerentes)
1. O sócio comanditado que exerça a gerência só pode ser destituído desta, sem haver justa causa, por deliberação que reúna dois terços dos votos que cabem aos sócios comanditados e dois terços dos votos que cabem aos sócios comanditários.

2. Havendo justa causa, o sócio comanditado é destituído da gerência por deliberação tomada por maioria simples dos votos apurados na assembleia.

3. O sócio comanditário é destituído da gerência por deliberação que reúna a maioria simples dos votos apurados na assembleia.

Art. 472.º (Deliberações dos sócios)
1. As deliberações dos sócios são tomadas ou unanimemente, nos termos do artigo 54.º, ou em assembleia geral.

2. O contrato de sociedade deve regular, em função do capital, a atribuição de votos aos sócios, mas os sócios comanditados, em conjunto, não podem ter menos de metade dos votos pertencentes aos sócios comanditários, também em conjunto.

3. Ao voto de sócios de indústria aplica-se o disposto no artigo 190.º, n.º 2.

Art. 473.º (Dissolução)
1. A deliberação de dissolução da sociedade é tomada por maioria que reúna dois terços dos votos que cabem aos sócios comanditados e dois terços dos votos que cabem aos sócios comanditários.

2. Constitui fundamento especial de dissolução das sociedades em comandita o desaparecimento de todos os sócios comanditados ou de todos os sócios comanditários.

3. Se faltarem todos os sócios comanditários, a sociedade pode ser dissolvida judicialmente.

4. Se faltarem todos os sócios comanditados e nos 90 dias seguintes a situação não tiver sido regularizada, a sociedade dissolve-se imediatamente.

CAPÍTULO II. Sociedades em comandita simples

Art. 474.º (Direito subsidiário)

Às sociedades em comandita simples aplicam-se as disposições relativas às sociedades em nome colectivo, na medida em que forem compatíveis com as normas do capítulo anterior e do presente.

Art. 475.º (Transmissão de partes de sócios comanditários)

À transmissão entre vivos ou por morte da parte de um sócio comanditário aplica-se o preceituado a respeito da transmissão de quotas de sociedade por quotas.

Art. 476.º (Alteração e outros factos relativos ao contrato)

As deliberações sobre a alteração do contrato de sociedade, fusão, cisão ou transformação devem ser tomadas unanimemente pelos sócios comanditados e por sócios comanditários que representem, pelo menos, dois terços do capital possuído por estes, a não ser que o contrato de sociedade prescinda da referida unanimidade ou aumente a mencionada maioria.

Art. 477.º (Proibição de concorrência)

Os sócios comanditados são obrigados a não fazer concorrência à sociedade, nos termos prescritos para os sócios de sociedades em nome colectivo.

CAPÍTULO III. Sociedades em comandita por acções

Art. 478.º (Direito subsidiário)
Às sociedades em comandita por acções aplicam-se as disposições relativas às sociedades anónimas, na medida em que forem compatíveis com as normas do capítulo I e do presente.

Art. 479.º (Número de sócios)
A sociedade em comandita por acções não pode constituir-se com menos de cinco sócios comanditários.

Art. 480.º (Direito de fiscalização e de informação)
Os sócios comanditados possuem sempre o direito de fiscalização atribuído a sócios de sociedades em nome colectivo.

TÍTULO VI. SOCIEDADES COLIGADAS

CAPÍTULO I. Disposições gerais

Art. 481.º (Âmbito de aplicação deste título)
1. O presente título aplica-se a relações que entre si estabeleçam sociedades por quotas, sociedades anónimas e sociedades em comandita por acções.

2. O presente título aplica-se apenas a sociedades com sede em Portugal, salvo quanto ao seguinte:

a) A proibição estabelecida no artigo 487.º aplica-se à aquisição de participações de sociedades com sede no estrangeiro que, segundo os critérios estabelecidos pela presente lei, sejam consideradas dominantes;

b) Os deveres de publicação e declaração de participações por sociedades com sede em Portugal abrangem as participações delas em sociedades com sede no estrangeiro e destas naquelas;

c) A sociedade com sede no estrangeiro que, segundo os critérios estabelecidos pela presente lei, seja considerada dominante de uma sociedade com sede em Portugal é responsável para com esta sociedade e os seus sócios, nos termos do artigo 83.º e, se for caso disso, do artigo 84.º

Art. 482.º (Sociedades coligadas)
Para os efeitos desta lei, consideram-se sociedades coligadas:
 a) As sociedades em relação de simples participação;
 b) As sociedades em relação de participações recíprocas;
 c) As sociedades em relação de domínio;
 d) As sociedades em relação de grupo.

CAPÍTULO II. Sociedades em relação de simples participação, de participações recíprocas e de domínio

Art. 483.º (Sociedades em relação de simples participação)
1. Considera-se que uma sociedade está em relação de simples participação com outra quando uma delas é titular de quotas ou acções da outra em montante igual ou superior a 10% do capital desta, mas entre ambas não existe nenhuma das outras relações previstas no artigo 482.º

2. À titularidade de quotas ou acções por uma sociedade equipara-se, para efeito do montante referido no número anterior, a titularidade de quotas ou acções por uma outra sociedade que dela seja dependente, directa ou indirectamente, ou com ela esteja em relação de grupo, e de acções de que uma pessoa seja titular por conta de qualquer dessas sociedades.

Art. 484.º (Dever de comunicação)
1. Sem prejuízo dos deveres de declaração e de publicidade de participações sociais na apresentação de contas, uma sociedade deve comunicar, por escrito, a outra sociedade todas as aquisições e alienações de quotas ou acções desta que tenha efectuado, a partir do momento em que se estabeleça uma relação de simples participação e enquanto o montante da participação não se tornar inferior àquele que determinar essa relação.

2. A comunicação ordenada pelo número anterior é independente da comunicação de aquisição de quotas exigida pelo artigo 228.º, n.º 3, e do registo de aquisição de acções, referido nos artigos 330.º e seguintes, mas a sociedade participada não pode alegar desconhecimento do montante da participação que nela tenha outra sociedade, relativamente às aquisições de quotas que lhe tiverem sido comunicadas e às aquisições de acções que tiverem sido registadas, nos termos acima referidos.

Art. 485.º (Sociedades em relação de participações recíprocas)
1. As sociedades que estiverem em relação de participações recíprocas ficam sujeitas aos deveres e restrições constantes dos números seguintes, a partir do momento em que ambas as participações atinjam 10% do capital da participada.
2. A sociedade que mais tardiamente tenha efectuado a comunicação exigida pelo artigo 484.º, n.º 1, donde resulte o conhecimento do montante da participação referido no número anterior, não pode adquirir novas quotas ou acções na outra sociedade.
3. As aquisições efectuadas com violação do disposto no número anterior não são nulas, mas a sociedade adquirente não pode exercer os direitos inerentes a essas quotas ou acções na parte que exceda 10% do capital, exceptuado o direito à partilha do produto da liquidação, embora esteja sujeita às respectivas obrigações, e os seus administradores são responsáveis, nos termos gerais, pelos prejuízos que a sociedade sofra pela criação e manutenção de tal situação.
4. Cumulando-se as relações, o disposto no artigo 487.º, n.º 2, prevalece sobre o n.º 3 deste artigo.
5. Sempre que a lei imponha a publicação ou declaração de participações, deve ser mencionado se existem participações recíprocas, o seu montante e as quotas ou acções cujos direitos não podem ser exercidos por uma ou por outra das sociedades.

Art. 486.º (Sociedades em relação de domínio)
1. Considera-se que duas sociedades estão em relação de domínio quando uma delas, dita dominante, pode exercer, directamente ou por sociedades ou pessoas que preencham os requisitos indicados no artigo 483.º, n.º 2, sobre a outra, dita dependente, uma influência dominante.
2. Presume-se que uma sociedade é dependente de uma outra se esta, directa ou indirectamente:
   a) Detém uma participação maioritária no capital;
   b) Dispõe de mais de metade dos votos;
   c) Tem a possibilidade de designar mais de metade dos membros do órgão de administração ou do órgão de fiscalização.
3. Sempre que a lei imponha a publicação ou declaração de participações, deve ser mencionado, tanto pela sociedade presumivelmente dominante, como pela sociedade presumivelmente dependente, se se verifica alguma das situações referidas nas alíneas do n.º 2 deste artigo.

Art. 487.º (Proibição de aquisição de participações)

1. É proibido a uma sociedade adquirir quotas ou acções das sociedades que, directamente ou por sociedades ou pessoas que preencham os requisitos indicados no artigo 483.º, n.º 2, a dominem, a não ser aquisições a título gratuito, por adjudicação em acção executiva movida contra devedores ou em partilha de sociedades de que seja sócia.

2. Os actos de aquisição de quotas ou acções que violem o disposto no número anterior são nulos, excepto se forem compras em Bolsa, mas neste caso aplica-se a todas as acções assim adquiridas o disposto no artigo 485.º, n.º 3.

CAPÍTULO III. Sociedades em relação de grupo

SECÇÃO I. Grupos constituídos por domínio total

Art. 488.º (Domínio total inicial)

1. Uma sociedade pode constituir, mediante escritura por ela outorgada, uma sociedade anónima de cujas acções ela seja inicialmente a única titular.

2. Devem ser observados todos os demais requisitos da constituição de sociedades anónimas.

3. Ao grupo assim constituído aplica-se o disposto nos n.ºs 4, 5, e 6 do artigo 489.º

Nota. A redacção do n.º 1 foi introduzida pelo DL n.º 280/87, de 8 de Julho.

Art. 489.º (Domínio total superveniente)

1. A sociedade que, directamente ou por outras sociedades ou pessoas que preencham os requisitos indicados no artigo 483.º, n.º 2, domine totalmente uma outra sociedade, por não haver outros sócios, forma um grupo com esta última, por força da lei, salvo se a assembleia geral da primeira tomar alguma das deliberações previstas nas alíneas *a*) e *b*) do número seguinte.

2. Nos seis meses seguintes à ocorrência dos pressupostos acima referidos, a administração da sociedade dominante deve convocar a assembleia geral desta para deliberar em alternativa, sobre:

   a) Dissolução da sociedade dependente;

b) Alienação de quotas ou acções da sociedade dependente;
c) Manutenção da situação existente.

3. Tomada a deliberação prevista na alínea *c)* do número anterior ou enquanto não for tomada alguma deliberação, a sociedade dependente considera-se em relação de grupo com a sociedade dominante e não se dissolve, ainda que tenha apenas um sócio.

4. A relação de grupo termina:
a) Se a sociedade dominante ou a sociedade dependente deixar de ter a sua sede em Portugal;
b) Se a sociedade dominante for dissolvida;
c) Se mais de 10% do capital da sociedade dependente deixar de pertencer à sociedade dominante ou às sociedades e pessoas referidas no artigo 483.º, n.º 2.

5. Na hipótese prevista na alínea *c)* do número anterior, a sociedade dominante deve comunicar esse facto, imediatamente e por escrito, à sociedade dependente.

6. A administração da sociedade dependente deve pedir o registo da deliberação referida na alínea *c)* do n.º 2, bem como do termo da relação de grupo.

Art. 490.º (Aquisições tendentes ao domínio total)

1. Uma sociedade que, por si ou conjuntamente com outras sociedades ou pessoas mencionadas no artigo 483.º, n.º 2, disponha de quotas ou acções correspondentes a, pelo menos, 90% do capital de outra sociedade, deve comunicar o facto a esta nos 30 dias seguintes àquele em que for atingida a referida participação.

2. Nos seis meses seguintes à data da comunicação, a sociedade dominante pode fazer uma oferta de aquisição das participações dos restantes sócios, mediante uma contrapartida em dinheiro ou nas suas próprias quotas, acções ou obrigações, justificada por relatório elaborado por revisor oficial de contas independente das sociedades interessadas, que será depositado no registo e patenteado aos interessados nas sedes das duas sociedades.

3. A sociedade dominante pode tornar-se titular das acções ou quotas pertencentes aos sócios livres da sociedade dependente, se assim o declarar na proposta e, nos 60 dias seguintes, fizer lavrar escritura pública em que seja declarada a aquisição por ela das participações. A aquisição está sujeita a registo e publicação.

4. A escritura só pode ser lavrada se a sociedade tiver consignado em depósito a contrapartida, em dinheiro, acções ou obrigações, das par-

ticipações adquiridas, calculada de acordo com os valores mais altos constantes do relatório do revisor.

5. Se a sociedade dominante não fizer oportunamente a oferta permitida pelo n.º 2 deste artigo, cada sócio ou accionista livre pode, em qualquer altura, exigir por escrito que a sociedade dominante lhe faça, em prazo não inferior a 30 dias, oferta de aquisição das suas quotas ou acções, mediante contrapartida em dinheiro, quotas ou acções das sociedades dominantes.

6. Na falta da oferta ou sendo esta considerada insatisfatória, o sócio livre pode requerer ao tribunal que declare as acções ou quotas como adquiridas pela sociedade dominante desde a proposição da acção, fixe o seu valor em dinheiro e condene a sociedade dominante a pagar-lho. A acção deve ser proposta nos 30 dias seguintes ao termo do prazo referido no número anterior ou à recepção da oferta, conforme for o caso.

7. A aquisição tendente ao domínio total da sociedade com o capital social aberto ao investimento do público rege-se pelo disposto no Código dos Valores Mobiliários.

Nota. O texto do n.º 5 foi rectificado pelo DL n.º 257/96, de 31 de Dezembro; o n.º 7 foi aditado pelo art. 13.º, n.º 5, do DL n.º 486/99, de 13 de Novembro, que aprovou o novo Código dos Valores Mobiliários.

Art. 491.º (Remissão)

Aos grupos constituídos por domínio total aplicam-se as disposições dos artigos 501.º a 504.º e as que por força destes forem aplicáveis.

SECÇÃO II. **Contrato de grupo paritário**

Art. 492.º (Regime do contrato)

1. Duas ou mais sociedades que não sejam dependentes nem entre si nem de outras sociedades podem constituir um grupo de sociedades, mediante contrato pelo qual aceitem submeter-se a uma direcção unitária e comum.

2. O contrato e as suas alterações e prorrogações devem ser celebrados por escritura pública e precedidos de deliberações de todas as sociedades intervenientes, tomadas sobre proposta das suas administrações e pareceres dos seus órgãos de fiscalização, pela maioria que a lei ou os contratos de sociedade exijam para a fusão.

3. O contrato não pode ser estipulado por tempo indeterminado, mas pode ser prorrogado.

4. O contrato não pode modificar a estrutura legal da administração e fiscalização das sociedades. Quando o contrato instituir um órgão comum de direcção ou coordenação, todas as sociedades devem participar nele igualmente.

5. Ao termo do contrato aplica-se o disposto no artigo 506.º

6. Ficam ressalvadas as normas legais disciplinadoras da concorrência entre empresas.

SECÇÃO III. **Contrato de subordinação**

Art. 493.º (Noção)

1. Uma sociedade pode, por contrato, subordinar a gestão da sua própria actividade à direcção de uma outra sociedade, quer seja sua dominante, quer não.

2. A sociedade directora forma um grupo com todas as sociedades por ela dirigidas, mediante contrato de subordinação, e com todas as sociedades por ela integralmente dominadas, directa ou indirectamente.

Art. 494.º (Obrigações essenciais da sociedade directora)

1. No contrato de subordinação é essencial que a sociedade directora se comprometa:

a) A adquirir as quotas ou acções dos sócios livres da sociedade subordinada, mediante uma contrapartida fixada ou por acordo ou nos termos do artigo 497.º;

b) A garantir os lucros dos sócios livres da sociedade subordinada, nos termos do artigo 499.º

2. Sócios livres são todos os sócios ou accionistas da sociedade subordinada, exceptuados:

a) A sociedade directora;

b) As sociedades ou pessoas relacionadas com a sociedade directora, nos termos do artigo 483.º, n.º 2, ou as sociedades que estejam em relação de grupo com a sociedade directora;

c) A sociedade dominante da sociedade directora;

d) As pessoas que possuam mais de 10% do capital das sociedades referidas nas alíneas anteriores;

e) A sociedade subordinada;

f) As sociedades dominadas pela sociedade subordinada.

Art. 495.º (Projecto de contrato de subordinação)

As administrações das sociedades que pretendam celebrar contrato de subordinação devem elaborar, em conjunto, um projecto donde constem, além de outros elementos necessários ou convenientes para o perfeito conhecimento da operação visada, tanto no aspecto jurídico como no económico:

a) Os motivos, as condições e os objectivos do contrato relativamente às duas sociedades intervenientes;

b) A firma, a sede, o montante do capital, o número e data da matrícula no registo comercial de cada uma delas, bem como os textos actualizados dos respectivos contratos de sociedade;

c) A participação de alguma das sociedades no capital da outra;

d) O valor em dinheiro atribuído às quotas ou acções da sociedade que, pelo contrato, ficará a ser dirigida pela outra;

e) A natureza da contrapartida que uma sociedade oferece aos sócios da outra, no caso de estes aceitarem a proposta de aquisição das suas quotas ou acções pela oferente.

f) No caso de a contrapartida mencionada na alínea anterior consistir em acções ou obrigações, o valor dessas acções ou obrigações e a relação de troca;

g) A duração do contrato de subordinação;

h) O prazo, a contar da celebração do contrato, dentro do qual os sócios livres da sociedade que ficará a ser dirigida poderão exigir a aquisição das suas quotas ou acções pela outra sociedade;

i) A importância que a sociedade que ficará a ser directora deverá entregar anualmente à outra sociedade para manutenção de distribuição de lucros ou o modo de calcular essa importância;

j) A convenção de atribuição de lucros, se a houver.

Art. 496.º (Remissão)

1. À fiscalização do projecto, à convocação das assembleias, à consulta dos documentos, à reunião das assembleias e aos requisitos das deliberações destas aplica-se, sempre que possível, o disposto quanto à fusão de sociedades.

2. Quando se tratar da celebração ou da modificação de contrato celebrado entre uma sociedade dominante e uma sociedade dependente, exige-se ainda que não tenha votado contra a respectiva proposta mais de metade dos sócios livres da sociedade dependente.

3. As deliberações das duas sociedades são comunicadas aos respectivos sócios por meio de carta registada, tratando-se de sócios de sociedades por quotas ou de titulares de acções nominativas; nos outros casos, a comunicação é feita por meio de anúncio.

Art. 497.º (Posição dos sócios livres)

1. Nos 90 dias seguintes à última das publicações do anúncio das deliberações ou à recepção da carta registada pode o sócio livre opor-se ao contrato de subordinação, com fundamento em violação do disposto nesta lei ou em insuficiência da contrapartida oferecida.

2. A oposição realiza-se pela forma prevista para a oposição de credores, em casos de fusão de sociedades; o juiz ordenará sempre que a sociedade directora informe o montante das contrapartidas pagas a outros sócios livres ou acordadas com eles.

3. É vedado às administrações das sociedades celebrarem o contrato de subordinação antes de decorrido o prazo referido no n.º 1 deste artigo ou antes de terem sido decididas as oposições de que, por qualquer forma, tenham conhecimento.

4. A fixação judicial da contrapartida da aquisição pela sociedade directora ou dos lucros garantidos por esta aproveita a todos os sócios livres, tenham ou não deduzido oposição.

Art. 498.º (Celebração e registo do contrato)

O contrato de subordinação deve ser celebrado por escritura pública, outorgada por administradores das duas sociedades, inscrito no registo das duas sociedades e publicado.

Art. 499.º (Direitos dos sócios livres)

1. Os sócios livres que não tenham deduzido oposição ao contrato de subordinação têm direito de optar entre a alienação das suas quotas ou acções e a garantia de lucro, contanto que o comuniquem, por escrito, às duas sociedades dentro do prazo fixado para a oposição.

2. Igual direito têm os sócios livres que tenham deduzido oposição nos três meses seguintes ao trânsito em julgado das respectivas sentenças.

3. A sociedade que pelo contrato seria directora pode, mediante comunicação escrita à outra sociedade, efectuada nos 30 dias seguintes ao trânsito em julgado da última das sentenças sobre oposições deduzidas, desistir da celebração do contrato.

Art. 500.º (Garantia de lucros)
1. Pelo contrato de subordinação, a sociedade directora assume a obrigação de pagar aos sócios livres da sociedade subordinada a diferença entre o lucro efectivamente realizado e a mais elevada das importâncias seguintes:

a) A média dos lucros auferidos pelos sócios livres nos três exercícios anteriores ao contrato de subordinação, calculada em percentagem relativamente ao capital social;

b) O lucro que seria auferido por quotas ou acções da sociedade directora, no caso de terem sido por elas trocadas as quotas ou acções daqueles sócios.

2. A garantia conferida no número anterior permanece enquanto o contrato de grupo vigorar e mantém-se nos cinco exercícios seguintes ao termo deste contrato.

Art. 501.º (Responsabilidade para com os credores da sociedade subordinada)
1. A sociedade directora é responsável pelas obrigações da sociedade subordinada, constituídas antes ou depois da celebração do contrato de subordinação, até ao termo deste.

2. A responsabilidade da sociedade directora não pode ser exigida antes de decorridos 30 dias sobre a constituição em mora da sociedade subordinada.

3. Não pode mover-se execução contra a sociedade directora com base em título exequível contra a sociedade subordinada.

Art. 502.º (Responsabilidade por perdas da sociedade subordinada)
1. A sociedade subordinada tem o direito de exigir que a sociedade directora compense as perdas anuais que, por qualquer razão, se verifiquem durante a vigência do contrato de subordinação, sempre que estas não forem compensadas pelas reservas constituídas durante o mesmo período.

2. A responsabilidade prevista no número anterior só é exigível após o termo do contrato de subordinação, mas torna-se exigível durante a vigência do contrato, se a sociedade subordinada for declarada falida.

Art. 503.º (Direito de dar instruções)
1. A partir da publicação do contrato de subordinação, a sociedade directora tem o direito de dar à administração da sociedade subordinada instruções vinculantes.

2. Se o contrato não dispuser o contrário, podem ser dadas instruções desvantajosas para a sociedade subordinada, se tais instruções servi-

rem os interesses da sociedade directora ou das outras sociedades do mesmo grupo. Em caso algum serão lícitas instruções para a prática de actos que em si mesmos sejam proibidos por disposições legais não respeitantes ao funcionamento de sociedades.

3. Se forem dadas instruções para a administração da sociedade subordinada efectuar um negócio que, por lei ou pelo contrato de sociedade, dependa de parecer ou consentimento de outro órgão da sociedade subordinada e este não for dado, devem as instruções ser acatadas se, verificada a recusa, elas forem repetidas, acompanhadas do consentimento ou parecer favorável do órgão correspondente da sociedade directora, caso esta o tenha.

4. É proibido à sociedade directora determinar a transferência de bens do activo da sociedade subordinada para outras sociedades do grupo sem justa contrapartida, a não ser no caso do artigo 502.º

Art. 504.º (Deveres e responsabilidades)

1. Os membros do órgão de administração da sociedade directora devem adoptar, relativamente ao grupo, a diligência exigida por lei quanto à administração da sua própria sociedade.

2. Os membros do órgão de administração da sociedade directora são responsáveis também para com a sociedade subordinada, nos termos dos artigos 72.º a 77.º desta lei, com as necessárias adaptações; a acção de responsabilidade pode ser proposta por qualquer sócio ou accionista livre da sociedade subordinada, em nome desta.

3. Os membros do órgão de administração da sociedade subordinada não são responsáveis pelos actos ou omissões praticados na execução de instruções lícitas recebidas.

Art. 505.º (Modificação do contrato)

As modificações do contrato de subordinação são deliberadas pelas assembleias gerais das duas sociedades, nos termos exigidos para a celebração do contrato, e devem constar de escritura pública.

Art. 506.º (Termo do contrato)

1. As duas sociedades podem resolver, por acordo, o contrato de subordinação, depois de este ter vigorado um exercício completo.

2. A resolução por acordo é deliberada pelas assembleias gerais das duas sociedades, nos termos exigidos para a celebração do contrato.

3. O contrato de subordinação termina:

a) Pela dissolução de alguma das duas sociedades;

b) Pelo fim do prazo estipulado;

c) Por sentença judicial, em acção proposta por alguma das sociedades com fundamento em justa causa;

d) Por denúncia de alguma das sociedades, nos termos do número seguinte, se o contrato não tiver duração determinada.

4. A denúncia por alguma das sociedades não pode ter lugar antes de o contrato ter vigorado cinco anos; deve ser autorizada por deliberação da assembleia geral, nos termos do n.º 2, é comunicada à outra sociedade, por carta registada, e só produz efeitos no fim do exercício seguinte.

5. A denúncia prevista no n.º 3, alínea a, é autorizada por deliberação tomada nos termos do n.º 2.

Art. 507.º (Aquisição do domínio total)

1. Quando por força do disposto no artigo 499.º ou de aquisições efectuadas durante a vigência do contrato de subordinação a sociedade directora possua, só por si ou por sociedades ou pessoas que preencham os requisitos indicados no artigo 483.º, n.º 2, o domínio total da sociedade subordinada, passa a ser aplicável o regime respectivo, caducando as deliberações tomadas ou terminando o contrato, conforme o caso.

2. A existência de projecto ou de contrato de subordinação não obsta à aplicação do artigo 490.º

Art. 508.º (Convenção de atribuição de lucros)

1. O contrato de subordinação pode incluir uma convenção pela qual a sociedade subordinada se obriga a atribuir os seus lucros anuais à sociedade directora ou a outra sociedade do grupo.

2. Os lucros a considerar para o efeito do número anterior não podem exceder os lucros do exercício, apurados nos termos da lei, deduzidos das importâncias necessárias para a cobertura de perdas de exercícios anteriores e para atribuição a reserva legal.

CAPÍTULO IV. Apreciação anual da situação de sociedades obrigadas à consolidação de contas [1]

Art. 508.º-A (Obrigação de consolidação de contas)

1. Os gerentes, administradores ou directores de uma sociedade obrigada por lei à consolidação de contas devem elaborar e submeter aos

---

[1] Os arts. 508.º-A a 508.º-E, que constituem o Capítulo IV do Título VI do CSC, foram introduzidos pelo art. 5.º, n.º 2, do DL n.º 238/91, de 2 de Julho.

órgãos competentes o relatório consolidado de gestão, as contas consolidadas do exercício e os demais documentos de prestação de contas consolidadas.

2. Os documentos de prestações de contas referidos no número anterior devem ser apresentados e apreciados pelos órgãos competentes no prazo de cinco meses a contar da data de encerramento do exercício.

3. Os gerentes, administradores ou directores de cada sociedade a incluir na consolidação que seja empresa filial ou associada devem, em tempo útil, enviar à sociedade consolidante o seu relatório e contas e a respectiva certificação legal ou declaração de impossibilidade de certificação a submeter à respectiva assembleia geral, bem como prestar as demais informações necessárias à consolidação de contas.

Nota. Redacção introduzida pelo art. 1.º do DL n.º 328/95, de 9 de Dezembro.

Art. 508.º-B (Princípios gerais sobre a elaboração das contas consolidadas)

1. A elaboração do relatório consolidado de gestão, das contas consolidadas do exercício e dos demais documentos de prestação de contas consolidadas deve obedecer ao disposto na lei, podendo o contrato de sociedade e os contratos entre empresas a consolidar complementar, mas não derrogar, as disposições legais aplicáveis.

2. É aplicável à elaboração das contas consolidadas, com as necessárias adaptações, o disposto nos artigos 65.º, n.ºs 3 e 4, 67.º, 68.º e 69.º.

Nota. Redacção introduzida pelo art. 1.º do DL n.º 328/95, de 9 de Dezembro.

Art. 508.º-C (Relatório consolidado de gestão)

1. O relatório consolidado de gestão deve conter, pelo menos, uma exposição fiel e clara da evolução dos negócios, do desempenho e da posição das empresas compreendidas na consolidação, consideradas no seu conjunto, bem como uma descrição dos principais riscos e incertezas com que se defrontam.

2. A exposição prevista no número anterior deve incluir uma análise equilibrada e global da evolução dos negócios, do desempenho e da posição das empresas compreendidas na consolidação, consideradas no seu conjunto, conforme com a dimensão e complexidade da sua actividade.

3. Na medida do necessário para a compreensão da evolução do desempenho ou da posição das referidas empresas, a análise prevista no

número anterior deve abranger tanto os aspectos financeiros como, quando adequado, referências de desempenho não financeiro relevantes para as actividades específicas dessas empresas, incluindo informações sobre questões ambientais e questões relativas aos trabalhadores.

4. Na apresentação da análise prevista no n.º 2 o relatório consolidado de gestão deve, quando adequado, incluir uma referência aos montantes inscritos nas contas consolidadas e explicações adicionais relativas a esses montantes.

5. No que se refere às empresas compreendidas na consolidação, o relatório deve igualmente incluir indicação sobre:

a) Os acontecimentos importantes ocorridos depois do encerramento do exercício;

b) A evolução previsível do conjunto destas empresas;

c) As actividades do conjunto destas empresas em matéria de investigação e desenvolvimento;

d) O número, o valor nominal ou, na falta de valor nominal, o valor contabilístico do conjunto das partes da empresa-mãe, detidas por esta mesma empresa, por empresas filiais ou por uma pessoa agindo em nome próprio mas por conta destas empresas, a não ser que estas indicações sejam apresentadas no anexo ao balanço e demonstração de resultados consolidados;

e) Os objectivos e as políticas da sociedade em matéria de gestão dos riscos financeiros, incluindo as políticas de cobertura de cada uma das principais categorias de transacções previstas para as quais seja utilizada a contabilização de cobertura, e a exposição por parte das entidades compreendidas na consolidação aos riscos de preço, de crédito, de liquidez e de fluxos de caixa, quando materialmente relevantes para a avaliação dos elementos do activo e do passivo, da posição financeira e dos resultados, em relação com a utilização dos instrumentos financeiros.

6. Quando para além do relatório de gestão for exigido um relatório consolidado de gestão, os dois relatórios podem ser apresentados sob a forma de relatório único.

7. Na elaboração do relatório único pode ser adequado dar maior ênfase às questões que sejam significativas para as empresas compreendidas na consolidação, consideradas no seu conjunto.

Nota. A actual redacção foi introduzida pelo art. 8.º do DL n.º 35/2005, de 17 de Fevereiro. Antes, o preceito já havia sido alterado pelo art. 9.º do DL n.º 88/2004, de 20 de Abril.

Art. 508.º-D (Fiscalização das contas consolidadas)

1. A entidade que elabora as contas consolidadas deve submetê-las a exame pelo revisor oficial de contas e pelo seu órgão de fiscalização, nos termos dos artigos 451.º a 454.º, com as necessárias adaptações.

2. Caso tal entidade não tenha órgão de fiscalização, deve mandar fiscalizar as contas consolidadas, nos termos do número anterior, por um revisor oficial de contas.

3. A pessoa ou pessoas responsáveis pela certificação legal das contas consolidadas devem também emitir, na respectiva certificação legal das contas, parecer acerca da concordância, ou não, do relatório consolidado de gestão com as contas consolidadas do mesmo exercício.

4. Quando forem anexadas às contas consolidadas as contas individuais da empresa-mãe, a certificação legal das contas consolidadas poderá ser conjugada com a certificação legal das contas individuais da empresa-mãe.

Nota. A actual redacção foi introduzida pelo art. 8.º do DL n.º 35/2005, de 17 de Fevereiro. Antes, o preceito já havia sido alterado pelo art. 1.º do DL n.º 328/95, de 9 de Dezembro.

Art. 508.º-E (Depósito)

1. O relatório consolidado de gestão, as contas consolidadas, a certificação legal de contas e os demais documentos de prestação de contas consolidadas, regularmente aprovados, devem ser depositados na conservatória do registo comercial, nos termos da lei respectiva.

2. Caso a empresa que tenha elaborado as contas consolidadas esteja constituída sob uma forma que não seja a de sociedade anónima, sociedade por quotas ou sociedade em comandita por acções e desde que ela não esteja sujeita por lei à obrigação de depósito dos documentos de prestação de contas consolidadas, a referida empresa deve, pelo menos, colocá-los à disposição do público na sua sede e, ainda, entregar cópia desses documentos a quem o peça, mediante um preço que não pode exceder o seu custo administrativo.

Nota. O texto do n.º 1 foi rectificado pelo DL n.º 257/96, de 31 de Dezembro.

TÍTULO VII. DISPOSIÇÕES PENAIS E DE MERA ORDENAÇÃO SOCIAL [1]

Art. 509.º (Falta de cobrança de entradas de capital)

1. O gerente, administrador ou director de sociedade que omitir ou fizer omitir por outrem actos que sejam necessários para a realização de entradas de capital será punido com multa até 60 dias.

2. Se o facto for praticado com intenção de causar dano, material ou moral, a algum sócio, à sociedade, ou a terceiro, a pena será de multa até 120 dias, se pena mais grave não couber por força de outra disposição legal.

3. Se for causado dano grave, material ou moral, e que o autor pudesse prever, a algum sócio que não tenha dado o seu assentimento para o facto, à sociedade, ou a terceiro, a pena será a da infidelidade.

Art. 510.º (Aquisição ilícita de quotas ou acções)

1. O gerente, administrador ou director de sociedade que, em violação da lei, subscrever ou adquirir para a sociedade quotas ou acções próprias desta, ou encarregar outrem de as subscrever ou adquirir por conta da sociedade, ainda que em nome próprio, ou por qualquer título facultar fundos ou prestar garantias da sociedade para que outrem subscreva ou adquira quotas ou acções representativas do seu capital, será punido com multa até 120 dias.

2. Com a mesma pena será punido o gerente, administrador ou director de sociedade que, em violação da lei, adquirir para a sociedade quotas ou acções de outra sociedade que com aquela esteja em relação de participações recíprocas ou em relação de domínio.

Art. 511.º (Amortização de quota não liberada)

1. O gerente de sociedade que, em violação da lei, amortizar, total ou parcialmente, quota não liberada será punido com multa até 120 dias.

2. Se for causado dano grave, material ou moral, e que o autor pudesse prever, a algum sócio que não tenha dado o seu assentimento para o facto, à sociedade, ou a terceiro, a pena será a da infidelidade.

---

[1] Os arts. 509.º a 529.º, que constituem o título VII do CSC, aprovado pelo DL n.º 262/86, de 2 de Setembro, foram introduzidos pelo art. 1.º DL. n.º 184/87 de 21 de Abril. Os anteriores arts. 509.º a 524.º passaram a ser, respectivamente, os arts. 530.º a 545.º; cfr. art. 2.º do DL n.º 184/87, de 21 de Abril.

Art. 512.º (Amortização ilícita de quota dada em penhor ou que seja objecto de usufruto)

1. O gerente de sociedade que, em violação da lei, amortizar ou fizer amortizar, total ou parcialmente, quota sobre a qual incida direito de usufruto ou de penhor, sem consentimento do titular deste direito, será punido com multa até 120 dias.

2. Com a mesma pena será punido o sócio titular da quota que promover a amortização ou para esta der o seu assentimento, ou que, podendo informar do facto, antes de executado, o titular do direito de usufruto ou de penhor, maliciosamente o não fizer.

3. Se for causado dano grave, material ou moral, e que o autor pudesse prever, ao titular do direito de usufruto ou de penhor, a algum sócio que não tenha dado o seu assentimento para o facto, ou à sociedade, a pena será a da infidelidade.

Art. 513.º (Outras infracções às regras da amortização de quotas ou acções)

1. O gerente de sociedade que, em violação da lei, amortizar ou fizer amortizar quota, total ou parcialmente, e por modo que, à data da deliberação, e considerada a contrapartida da amortização, a situação líquida da sociedade fique inferior à soma do capital e da reserva legal, sem que simultaneamente seja deliberada redução do capital para que a situação líquida se mantenha acima desse limite, será punido com multa até 120 dias.

2. Com a mesma pena será punido o administrador ou director de sociedade que, em violação da lei, amortizar ou fizer amortizar acção, total ou parcialmente, sem redução de capital, ou com utilização de fundos que não possam ser distribuídos aos accionistas para tal efeito.

3. Se for causado dano grave, material ou moral, e que o autor pudesse prever, a algum sócio que não tenha dado o seu assentimento para o facto, à sociedade, ou a terceiro, a pena será a da infidelidade.

Art. 514.º (Distribuição ilícita de bens da sociedade)

1. O gerente, administrador ou director de sociedade que propuser à deliberação dos sócios, reunidos em assembleia, distribuição ilícita de bens da sociedade será punido com multa até 60 dias.

2. Se a distribuição ilícita chegar a ser executada, no todo ou em parte, a pena será de multa até 90 dias.

3. Se a distribuição ilícita for executada, no todo ou em parte, sem deliberação dos sócios, reunidos em assembleia, a pena será de multa até 120 dias.

4. Com a mesma pena será punido o gerente, administrador ou director de sociedade que executar ou fizer executar por outrem distribuição de bens da sociedade com desrespeito de deliberação válida de assembleia social regularmente constituída.

5. Se, em algum dos casos previstos nos n.os 3 e 4, for causado dano grave, material ou moral, e que o autor pudesse prever, a algum sócio que não tenha dado o seu assentimento para o facto, à sociedade, ou a terceiro, a pena será a da infidelidade.

Art. 515.º (Irregularidade na convocação de assembleias sociais)

1. Aquele que, competindo-lhe convocar assembleia geral de sócios, assembleia especial de accionistas ou assembleia de obrigacionistas, omitir ou fizer omitir por outrem a convocação nos prazos da lei ou do contrato social, ou a fizer ou mandar fazer sem cumprimento dos prazos ou das formalidades estabelecidos pela lei ou pelo contrato social, será punido com multa até 30 dias.

2. Se tiver sido presente ao autor do facto, nos termos da lei ou do contrato social, requerimento de convocação de assembleia que devesse ser deferido, a pena será de multa até 90 dias.

3. Se for causado dano grave, material ou moral, e que o autor pudesse prever, a algum sócio que não tenha dado o seu assentimento para o facto, à sociedade, ou a terceiro, a pena será a da infidelidade.

Art. 516.º (Perturbação de assembleia social)

1. Aquele que, com violência ou ameaça de violência, impedir algum sócio ou outra pessoa legitimada de tomar parte em assembleia geral de sócios, assembleia especial de accionistas ou assembleia de obrigacionistas, regularmente constituída, ou de nela exercer utilmente os seus direitos de informação, de proposta, de discussão ou de voto, será punido com pena de prisão até dois anos e multa até 180 dias.

2. Se o autor do impedimento, à data do facto, for membro de órgão de administração ou de fiscalização da sociedade, o limite máximo da pena será, em cada uma das espécies, agravado de um terço.

3. Se o autor do impedimento for, à data do facto, empregado da sociedade e tiver cumprido ordens ou instruções de algum dos membros dos órgãos de administração ou de fiscalização, o limite máximo da pena

será, em cada uma das espécies, reduzido a metade, e o juiz poderá, consideradas todas as circunstâncias, atenuar especialmente a pena.

4. A punição pelo impedimento não consumirá a que couber aos meios empregados para o executar.

Art. 517.º (Participação fraudulenta em assembleia social)

1. Aquele que, em assembleia geral de sócios, assembleia especial de accionistas ou assembleia de obrigacionistas, se apresentar falsamente como titular de acções, quotas, partes sociais ou obrigações, ou como investido de poderes de representação dos respectivos titulares, e nessa falsa qualidade votar, será punido, se pena mais grave não for aplicável por força de outra disposição legal, com prisão até seis meses e multa até 90 dias.

2. Se algum dos membros dos órgãos de administração ou fiscalização da sociedade determinar outrem a executar o facto descrito no número anterior, ou auxiliar a execução, será punido como autor, se pena mais grave não for aplicável por força de outra disposição legal, com prisão de três meses a um ano e multa até 120 dias.

Art. 518.º (Recusa ilícita de informações)

1. O gerente, administrador ou director de sociedade que recusar ou fizer recusar por outrem a consulta de documentos que a lei determine sejam postos à disposição dos interessados para preparação de assembleias sociais, ou recusar ou fizer recusar o envio de documentos para esse fim, quando devido por lei, ou enviar ou fizer enviar esses documentos sem satisfazer as condições e os prazos estabelecidos na lei, será punido, se pena mais grave não couber por força de outra disposição legal, com prisão até três meses e multa até 60 dias.

2. O gerente, administrador ou director de sociedade que recusar ou fizer recusar por outrem, em reunião de assembleia social, informações que esteja por lei obrigado a prestar, ou, noutras circunstâncias, informações que por lei deva prestar e que lhe tenham sido pedidas por escrito, será punido com multa até 90 dias.

3. Se, no caso do n.º 1, for causado dano grave, material ou moral, e que o autor pudesse prever, a algum sócio que não tenha dado o seu assentimento para o facto, ou à sociedade, a pena será a da infidelidade.

4. Se, no caso do n.º 2, o facto for cometido por motivo que não indicie falta de zelo na defesa dos direitos e dos interesses legítimos da sociedade e dos sócios, mas apenas compreensão errónea do objecto desses direitos e interesses, o autor será isento da pena.

Art. 519.º (Informações falsas)

1. Aquele que, estando nos termos deste Código obrigado a prestar a outrem informações sobre matéria da vida da sociedade, as der contrárias à verdade, será punido com prisão até três meses e multa até 60 dias, se pena mais grave não couber por força de outra disposição legal.

2. Com a mesma pena será punido aquele que, nas circunstâncias descritas no número anterior, prestar maliciosamente informações incompletas e que possam induzir os destinatários a conclusões erróneas de efeito idêntico ou semelhante ao que teriam informações falsas sobre o mesmo objecto.

3. Se o facto for praticado com intenção de causar dano, material ou moral, a algum sócio que não tenha conscientemente concorrido para o mesmo facto, ou à sociedade, a pena será de prisão até seis meses e multa até 90 dias, se pena mais grave não couber por força de outra disposição legal.

4. Se for causado dano grave, material ou moral, e que o autor pudesse prever, a algum sócio que não tenha concorrido conscientemente para o facto, à sociedade, ou a terceiro, a pena será de prisão até um ano e multa até 120 dias.

5. Se, no caso do n.º 2, o facto for praticado por motivo ponderoso, e que não indicie falta de zelo na defesa dos direitos e dos interesses legítimos da sociedade e dos sócios, mas apenas compreensão errónea do objecto desses direitos e interesses, poderá o juiz atenuar especialmente a pena ou isentar dela.

Art. 520.º (Convocatória enganosa)

1. Aquele que, competindo-lhe convocar assembleia geral de sócios, assembleia especial de accionistas ou assembleia de obrigacionistas, por mão própria ou a seu mandado fizer constar da convocatória informações contrárias à verdade será punido, se pena mais grave não couber por força de outra disposição legal, com pena de prisão até seis meses e multa até 150 dias.

2. Com a mesma pena será punido aquele que, nas circunstâncias descritas no número anterior, fizer maliciosamente constar da convocatória informações incompletas sobre matéria que por lei ou pelo contrato social ela deva conter e que possam induzir os destinatários a conclusões erróneas de efeito idêntico ou semelhante ao de informações falsas sobre o mesmo objecto.

3. Se o facto for praticado com intenção de causar dano, material ou moral, à sociedade ou a algum sócio, a pena será de prisão até um ano e multa até 180 dias.

Art. 521.º (Recusa ilícita de lavrar acta)

Aquele que, tendo o dever de redigir ou assinar acta de assembleia social, sem justificação o não fizer, ou agir de modo que outrem igualmente obrigado o não possa fazer, será punido, se pena mais grave não couber por força de outra disposição legal, com multa até 120 dias.

Art. 522.º (Impedimento de fiscalização)

O gerente, administrador ou director de sociedade que impedir ou dificultar, ou levar outrem a impedir ou dificultar, actos necessários à fiscalização da vida da sociedade, executados, nos termos e formas que sejam de direito, por quem tenha por lei, pelo contrato social ou por decisão judicial o dever de exercer a fiscalização, ou por pessoa que actue à ordem de quem tenha esse dever, será punido com prisão até seis meses e multa até 120 dias.

Art. 523.º (Violação do dever de propor dissolução da sociedade ou redução do capital)

O gerente, administrador ou director de sociedade que, verificando pelas contas de exercício estar perdida metade do capital, não der cumprimento ao disposto no artigo 35.º, n.ºs 1 e 2, deste Código será punido com prisão até três meses e multa até 90 dias.

Art. 524.º (Abuso de informações)

Nota. Revogado pelo art. 24.º do DL n.º 142-A/91, de 10 de Abril, que aprovou o Código do MVM; sobre a matéria, cf. art. 24.º do novo Código dos Valores Mobiliários, aprovado pelo DL n.º 486/99, de 13 de Novembro.

Art. 525.º (Manipulação fraudulenta de cotações de títulos)

Nota. Revogado pelo art. 24.º do DL n.º 142-A/91, de 10 Abril, que aprovou o Código do MVM; sobre a matéria, cf. art. 379.º do novo Código dos Valores Mobiliários, aprovado pelo DL n.º 486/99, de 13 de Novembro.

Art. 526.º (Irregularidades na emissão de títulos)

O administrador ou director de sociedade que apuser, fizer apor, ou consentir que seja aposta, a sua assinatura em títulos, provisórios ou definitivos, de acções ou obrigações emitidos pela sociedade ou em nome desta, quando a emissão não tenha ido aprovada pelos órgãos sociais competentes, ou não tenham sido realizadas as entradas mínimas exigidas por lei, será punido com prisão até um ano e multa até 150 dias.

Art. 527.º (Princípios comuns)

1. Os factos descritos nos artigos anteriores só serão puníveis quando cometidos com dolo.
2. Será punível a tentativa dos factos para os quais tenha sido cominada nos artigos anteriores pena de prisão ou pena de prisão e multa.
3. O dolo de benefício próprio, ou de benefício de cônjuge, parente ou afim até ao 3.º grau, será sempre considerado como circunstância agravante.
4. Se o autor de um facto descrito nos artigos anteriores, antes de instaurado o procedimento criminal, tiver reparado integralmente os danos materiais e dado satisfação suficiente dos danos morais causados, sem outro prejuízo ilegítimo para terceiros, esses danos não serão considerados na determinação da pena aplicável.

Art. 528.º (Ilícitos de mera ordenação social)

1. O gerente, administrador ou director de sociedade que não submeter, ou por facto próprio impedir outrem de submeter, aos órgãos competentes da sociedade até ao fim do prazo previsto no n.º 1 do artigo 376.º, o relatório de gestão, as contas do exercício e os demais documentos de prestação de contas previstos na lei, e cuja apresentação lhe esteja cometida por lei, pelo contrato social, ou por outro título, bem como viole o disposto no artigo 65.º-A, será punido com coima de 10 000$ a 300 000$.
2. A sociedade que omitir em actos externos, no todo ou em parte, as indicações referidas no artigo 171.º deste Código será punida com coima de 50 000$ a 300 000$.
3. A sociedade que, estando a isso legalmente obrigada, não mantiver livro de registo de acções nos termos da legislação aplicável, ou não cumprir pontualmente as disposições legais sobre registo e depósito de acções, será punida com coima de 100 000$ a 10 000 000$.
4. (...)
5. Aquele que estiver legalmente obrigado às comunicações previstas nos artigos 447.º e 448.º deste Código e as não fizer nos prazos e formas da lei será punido com coima de 5 000$ a 200 000$ e, se for membro de órgão de administração ou de fiscalização, com coima de 10 000$ a 300 000$.
6. Nos ilícitos previstos nos números anteriores será punível a negligência, devendo, porém, a coima ser reduzida em proporção adequada à menor gravidade da falta.
7. Na graduação da pena serão tidos em conta os valores do capital e do volume de negócios das sociedades, os valores das acções

a que diga respeito a infracção e a condição económica pessoal dos infractores.

8. A organização do processo e a decisão sobre aplicação da coima caberão ao conservador do registo comercial territorialmente competente na área da sede da sociedade.

Notas. 1. Redacção introduzida pelo art. 1.º do DL n.º 328/95, de 9 de Dezembro.

2. O n.º 4 foi revogado pelo art. 15.º, n.º 1, alínea c), do DL n.º 486/99, de 13 de Novembro, que aprovou o novo Código dos Valores Mobiliários.

Art. 529.º (Legislação subsidiária)
1. Aos crimes previstos neste Código são subsidiariamente aplicáveis o Código Penal e legislação complementar.

2. Aos ilícitos de mera ordenação social previstos neste Código é subsidiariamente aplicável o regime geral do ilícito de mera ordenação social.

TÍTULO VIII. DISPOSIÇÕES FINAIS E TRANSITÓRIAS [1]

Art. 530.º (Cláusulas contratuais não permitidas)
1. As cláusulas dos contratos de sociedade celebrados, na forma legal, antes da entrada em vigor desta lei que não forem por ela permitidas consideram-se automaticamente substituídas pelas disposições de carácter imperativo da nova lei, sendo lícito recorrer à aplicação das disposições de carácter supletivo que ao caso convierem.

2. O disposto no n.º 1 não prejudica os poderes que a lei reconhece aos sócios para deliberarem alterações ao contrato de sociedade.

---

[1] Na redacção original do CSC, aprovado pelo DL n.º 262/86, de 2 de Setembro, os actuais arts. 530.º a 545.º, que constituem o Título VIII, tinham os n.os 509.º a 524.º, e constituiam o Título VII. A alteração foi introduzida pelo DL n.º 184/87, de 21 de Abril, cujo art. 1.º aditou ao CSC o actual articulado do Título VII.

Tít. VIII. Disposições Finais e Transitórias

Art. 531.º (Voto plural)

1. Os direitos de voto plural constituídos legalmente antes da entrada em vigor desta lei mantêm-se.

2. Tais direitos podem ser extintos ou limitados por deliberação dos sócios tomada nos termos previstos para a alteração do contrato, sem necessidade de consentimento dos sócios titulares desses direitos.

3. Todavia, caso tais direitos tenham sido concedidos em contrapartida de contribuições especiais para a sociedade, para além das entradas, a sociedade deve pagar uma indemnização equitativa pela sua extinção ou limitação.

4. A indemnização referida no número anterior pode ser pedida judicialmente no prazo de 60 dias a contar da data em que o sócio teve conhecimento da deliberação ou, se esta for impugnada, do trânsito em julgado da respectiva sentença.

Art. 532.º (Firmas e denominações)

As sociedades constituídas antes da entrada em vigor desta lei podem manter as firmas ou denominações que até então vinham legalmente usando, mas as sociedades anónimas passarão a usar a abreviatura S.A., em vez de S.A.R.L., independentemente de alteração do contrato.

Art. 533.º (Capital mínimo)

1. As sociedades constituídas antes da entrada em vigor desta lei cujo capital não atinja os montantes mínimos nela estabelecidos devem aumentar o capital, pelo menos até aos referidos montantes mínimos, no prazo de três anos, a contar daquela entrada em vigor.

2. Para o aumento de capital exigido pelo número anterior podem as sociedades deliberar por maioria simples a incorporação de reservas, incluindo reservas de reavaliação de bens do activo.

3. Para a liberação total do capital, aumentado por novas entradas em cumprimento do disposto no n.º 1 deste artigo, podem ser fixados prazos até cinco anos.

4. As sociedades que não tenham procedido ao aumento do capital e à liberação deste, em conformidade com os números anteriores, devem ser dissolvidas a requerimento do Ministério Público, mediante participação do conservador do Registo Comercial.

5. Podem ser mantidos os valores nominais de quotas ou acções estipulados de harmonia com a legislação anterior, embora sejam inferiores

aos valores mínimos estabelecidos nesta lei, os quais, porém, passarão a ser aplicáveis desde que o capital seja aumentado por força deste artigo ou por outras circunstâncias.

Nota. O prazo referido no n.º 1 foi prorrogado por um ano, pelo DL n.º 418/89, de 30 de Novembro.

Art. 534.º (Irregularidade por falta de escritura ou de registo)

O disposto nos artigos 36.º a 40.º é aplicável, com ressalva dos efeitos anteriormente produzidos, de harmonia com lei então vigente, às sociedades que, à data da entrada em vigor desta lei, se encontrem nas situações ali previstas.

Art. 535.º (Pessoas colectivas em órgãos de administração ou fiscalização)

As pessoas colectivas que, à data da entrada em vigor desta lei, exercerem funções que por esta lei não lhes sejam permitidas cessá-las-ão no fim do ano civil seguinte àquele em que esta lei entrar em vigor, se por outro motivo não as tiverem cessado antes daquela data.

Art. 536.º (Sociedades de revisores oficiais de contas exercendo funções de conselho fiscal)

As sociedades de revisores oficiais de contas que, ao abrigo do artigo 4.º do Decreto-Lei n.º 49 381, de 15 de Novembro de 1969, estiverem, à data da entrada em vigor desta lei, a exercer funções de conselho fiscal manterão essas funções até que a sociedade tenha conselho fiscal ou conselho geral, devendo a respectiva eleição ser realizada até ao fim do ano civil seguinte ao da entrada em vigor desta lei.

Art. 537.º (Distribuição antecipada de lucros)

Na aplicação do artigo 297.º às sociedades constituídas antes da entrada em vigor deste diploma é dispensada a autorização pelo contrato de sociedade.

Art. 538.º (Quotas amortizadas – Acções próprias)

1. As quotas amortizadas anteriormente à entrada em vigor desta lei podem continuar a figurar no balanço como tais, independentemente da existência de estipulação contratual.

2. As sociedades anónimas que, à data da entrada em vigor desta lei, possuirem acções próprias podem conservá-las durante cinco anos a contar da referida data.

3. As alienações de acções próprias a terceiros, durante os cinco anos referidos no número anterior, podem ser decididas pelo conselho de administração.

4. As acções próprias que a sociedade conservar ao fim dos cinco anos referidos no n.º 2 serão nessa data automaticamente anuladas na parte em que excedam 10% do capital.

Art. 539.º (Publicidade de participações)

1. As comunicações, nos termos dos artigos 447.º e 448.º, de participações existentes até à data da entrada em vigor desta lei devem ser efectuadas durante o 1.º semestre seguinte.

2. As sociedades devem avisar os accionistas, pelos meios adequados, do disposto no número anterior.

Art. 540.º (Participações recíprocas)

1. O disposto no artigo 485.º, n.º 3, começa a aplicar-se às participações recíprocas existentes entre sociedades à data da entrada em vigor desta lei a partir do fim do ano civil seguinte à referida data, se nessa altura ainda se mantiverem.

2. A proibição de exercício de direitos aplica-se à participação de menor valor nominal, salvo acordo em contrário entre as duas sociedades.

3. As participações existentes à data da entrada em vigor desta lei contam-se para o cálculo dos 10% de capital.

Art. 541.º (Aquisições tendentes ao domínio total)

O disposto no artigo 490.º não é aplicável se a participação de 90% já existia à data da entrada em vigor desta lei.

Art. 542.º (Relatórios)

Os Ministros das Finanças e da Justiça, em portaria conjunta, podem completar o conteúdo obrigatório do relatório anual dos órgãos de administração ou de fiscalização e do revisor oficial de contas, sem prejuízo da imediata aplicação do disposto nesta lei.

Art. 543.º (Depósitos de entradas)
Os depósitos de entradas de capital ordenados por esta lei continuam a ser efectuados na Caixa Geral de Depósitos, enquanto os Ministros das Finanças e da Justiça, em portaria conjunta, não autorizarem que o sejam noutras instituições de crédito.

Art. 544.º (Perda de metade do capital)
Enquanto não entrar em vigor o artigo 35.º desta lei, os credores de uma sociedade anónima podem requerer a sua dissolução, provando que, posteriormente à época dos seus contratos, metade do capital social está perdido, mas a sociedade pode opor-se à dissolução, sempre que dê as necessárias garantias de pagamento aos seus credores.

Art. 545.º (Equiparação ao Estado)
Para os efeitos desta lei são equiparados ao Estado as regiões autónomas, as autarquias locais, a Caixa Geral de Depósitos, o Instituto de Gestão Financeira da Segurança Social e o IPE – Investimentos e Participações do Estado, S.A.

ESTABELECIMENTO INDIVIDUAL DE RESPONSABILIDADE LIMITADA

DECRETO-LEI N.º 248/86
de 25 de Agosto

1. Através do presente diploma cria-se e regulamenta-se um instituto até agora desconhecido entre nós: o estabelecimento mercantil individual de responsabilidade limitada.

Como é geralmente sabido, vem sendo defendida há várias décadas por importante sector da doutrina a limitação da responsabilidade do comerciante em nome individual pelas dívidas contraídas na exploração da sua empresa.

Contra essa solução têm sido, porém, invocados vários argumentos. Assim, observa-se que a concessão desse favor colocaria terceiros (credores comerciais e particulares do comerciante) sob a ameaça de graves prejuízos.

Aduz-se depois que a responsabilidade ilimitada patrimonial do comerciante é o factor que melhor o pode ajudar a obter o crédito de que necessita. Pondera-se ainda ser justo que quem detem o domínio efectivo de uma empresa responda com todo o seu património pelas dívidas contraídas na respectiva exploração.

Tais argumentos não parecem decisivos. Quanto ao primeiro, a réplica surge de imediato; tudo vai do regime a que se submeta o novo instituto. Não constitui, na verdade, dificuldade insuperável incluir nele normas adequadas a assegurar a terceiros uma tutela eficaz. E esta é justamente uma das linhas dominantes e uma das ideias-força do presente diploma.

Relativamente aos outros dois argumentos, ambos são contraditados pela larga difusão que encontrou o tipo das sociedades de responsabilidade limitada (entre nós chamadas sociedades por quotas), criado pelo legislador alemão em fins do século passado como resposta a necessidades sentidas na prática. Ora, em numerosíssimos casos, os poderes de gerência na sociedade por quotas competem a todos os sócios, o que prova, como se escreveu recentemente, que a limitação da responsabilidade de quem tem nas mãos as alavancas do comando da empresa não prejudica, afinal, o recurso ao crédito, não entorpece, pois, o comércio.

«Por outra via, todos sabemos como o rigor da lei, ao denegar *ex silentio* o favor da limitação da responsabilidade ao empresário individual, é por toda a parte facilmente iludido, graças ao expediente das sociedades unipessoais», um fenómeno, como também se sabe, hoje vulgaríssimo na prática de todos os países.

2. Apontaram-se, e contraditaram-se, as principais razões que poderiam condenar a admissão do novo instituto. Enunciem-se agora os mais importantes argumentos em seu favor.

Como também já se aduziu, o exercício profissional da actividade mercantil implica pesados riscos: é a álea inerente ao comércio. Para alcançar benefícios, importa correr o risco de suportar graves prejuízos. Prejuízos que no limite podem acarretar a ruína da empresa, sendo certo que, no quadro do direito vigente, é muito difícil que a ruína da empresa não arraste consigo a do próprio empresário (individual) e virtualmente a da sua família: de facto, é princípio acolhido na generalidade dos sistemas jurídicos o de que o devedor responde com todo o seu património pelas obrigações validamente assumidas. Por outro lado, a regulamentação a que o nosso direito sujeita as dívidas comerciais dos devedores casados em regime de comunhão [v. Código Civil, artigo 1691.°, n.° 1, alínea *d*), e Código Comercial, artigos 15.° e 10.°], associada à realidade sociológica portuguesa (são poucos entre nós os casamentos em que vigora o regime de separação de bens), torna pouco provável que a falência do comerciante não consuma o melhor do património familiar.

O juízo favorável à limitação de responsabilidade do empresário singular, que daqui emerge, não se altera se forem perspectivadas as coisas do ponto de vista do interesse da própria organização mercantil, ou seja, da empresa. Certo é que os credores da empresa perdem agora a vantagem de poderem executar a totalidade do património do empresário e do seu casal, mas ganham em troca a de verem os bens investidos no estabelecimento rigorosamente afectados ao pagamento das dívidas contraídas na respectiva exploração. Efectivamente, qualquer que seja a opção tomada quanto ao enquadramento jurídico do novo instituto, sempre ela há-de ter por base a constituição de um património autónomo ou de afectação especial, com o regime característico (bem conhecido) desta figura.

Ponto é que, ao delinearem-se os contornos jurídicos do instituto, efectivamente se acautelem os vários interesses envolvidos, quer exigindo a destinação ao escopo mercantil de uma massa patrimonial de valor suficientemente elevado, quer instituindo os necessários mecanismos de controle da afectação desse património ao fim respectivo.

3. De resto, a inovação legislativa de que se trata não representará um salto no desconhecido por parte do legislador português, antes tal actuação alinhará com a de outras legislações que, frequentemente, têm sido fonte de inspiração da nossa. Com efeito, razões idênticas ou próximas das atrás apontadas levaram

a que, recentemente, na Alemanha (GmbH-Novelle de 1980) e na França (Lei n.º 185-697, de 11 de Julho de 1985) fosse dada resposta legislativa favorável à pretensão do empresário individual de afectar ao giro mercantil unicamente uma parte do seu património.

A solução adoptada pelos legisladores alemão e francês — admissibilidade da criação *ab initio* da sociedade unipessoal de responsabilidade limitada — é, de facto, uma das duas vias possíveis para enquadrar juridicamente a situação em causa. A outra é representada pela criação de uma nova figura jurídica — a empresa *(rectius:* o estabelecimento) individual de responsabilidade limitada (com ou sem personalidade jurídica).

Qualquer destas soluções tem a sua favor e contra si vários argumentos.

Examine-se a primeira, que é a da sociedade unipessoal.

4. Consistirá esta na admissibilidade da constituição de uma sociedade comercial de responsabilidade limitada com um único sócio. Por ela enveredaram, como já foi dito, os legisladores alemão e francês. Certo que, tanto nos países europeus (mormente nos de cultura jurídica germânica) como em algumas nações latino-americanas, não se desconhece a específica problemática inerente à solução frontal da questão, ou seja, a admissão da figura do estabelecimento (empresa) mercantil individual de responsabilidade limitada. Pelo contrário, o assunto tem sido repetidamente objecto de profundas análises doutrinais e, até, de vários projectos legislativos.

No entanto, não foi essa a solução que prevaleceu nos referidos países. Porquê?

5. Foram duas, no essencial, as razões que levaram o legislador alemão a optar pela solução consagrada na GmbH-Novelle de 1980:

a) A grande difusão que a «Gesellschaft mit beschrankter Haftung» unipessoal conhecia na prática: há longo tempo admitida pela doutrina e jurisprudência, o próprio legislador a tinha já reconhecido (assim, o § 15 da Umwandlungsgesetz, de 6 de Novembro de 1986). Mas há mais. A *praxis* não legitimava apenas a sociedade de responsabilidade limitada que em certo momento, em virtude de vicissitudes normais da sua existência jurídica, ficara reduzida a um único sócio: ia bastante mais longe, pois coonestava as próprias sociedades *ab initio* constituídas por um único sócio verdadeiro, secundado (por via das aparências) por um ou mais testas de-ferro (Strohmanner);

b) A maior facilidade em delinear um regime jurídico para esta situação: com efeito, a admissão da sociedade de responsabilidade limitada de um único sócio (Einmann-GmbH) apenas implicaria a adaptação de algumas normas do regime da GmbH, ao passo que a outra opção — criação da empresa individual de responsabilidade limitada — levantaria muito mais graves dificuldades.

Assim se pensou e escreveu na Alemanha.

E não foram por certo diferentes das referidas as razões que pesaram no espírito do legislador francês e o levaram a admitir a constituição da sociedade de responsabilidade limitada com um único sócio (aliás, curiosamente, a lei em questão intitula-se «loi relative à l'entreprise unipersonnelle à responsabilité limitée»).

Assim procedendo renunciou-se ao conceito tradicional da sociedade como contrato. Dogmaticamente, a sociedade é contrato e é instituição. Entretanto, as duas citadas leis pressupõem, ambas, uma construção dogmática em que aquela primeira componente (a ideia de contrato) é obliterada, ficando a sociedade reduzida à sua vertente institucional. E isto porque, bem atentas as coisas, e perspectivada agora a matéria a outra luz, a sociedade passa a ser preferentemente olhada como uma técnica de organização da empresa. O número daqueles que podem tirar proveito dessa técnica passa a não interessar. A sociedade de uma única pessoa não deixa de ser sociedade.

6. Quanto, porém, ao nosso país, as coisas não se apresentam do mesmo modo: as razões apontadas no número anterior não valem aqui com a mesma intensidade.

É certo que a ideia da sociedade com um único sócio encontra hoje aceitação generalizada tanto na doutrina como na prática, e até o novo Código das Sociedades Comerciais vencidas algumas hesitações, lhe dará consagração igual àquela que um importante sector da doutrina nacional de há muito vinha preconizando.

Mas, em contrapartida, não deixa de ser verdade que entre nós (diferentemente do que acontece na Alemanha) nunca se admitiu — entre outras razões, por fidelidade à ideia da sociedade-contrato — a unipessoalidade originária. E não menos certo é, por outro lado, que (e também ao invés do que se passa naquele país) as contribuições doutrinais portuguesas sobre a regulamentação jurídica específica das sociedades de um único sócio são escassas. A hipótese configurada no artigo 488.º daquele novo Código repercute um regime excepcional, que não altera esta forma de ver as coisas.

Eis porque, tudo pesado, não parece que a figura da sociedade unipessoal, nos latos termos em que passou a ser admitida no direito alemão e francês, seja em Portugal o instrumento jurídico mais apropriado para a solução do problema da limitação de responsabilidade do empresário individual. Mais lógico e mais conforme com os princípios tradicionais do nosso direito se apresenta o outro caminho apontado: a criação de um novo instituto jurídico — o estabelecimento mercantil individual de responsabilidade limitada. Esta se afigura ser a solução preferível, apesar da inovação que representa e das acrescidas dificuldades de regulamentação que determina.

7. Dilucidado este problema, outra questão desponta, que é a de saber se a disciplina legal da empresa individual de responsabilidade limitada deve assen-

tar na construção desta empresa como pessoa jurídica, ou ter como ponto de referência a ideia de património autónomo ou de afectação especial.

O projecto de lei recentemente apresentado ao Parlamento Belga, que contém uma proposta de regulamentação bastante minuciosa na presente matéria, orienta-se expressamente no sentido da empresa-pessoa jurídica. Tal construção parece, em rigor, desnecessária. Sobre este assunto escreveu-se, não há muito tempo, numa revista jurídica portuguesa, o seguinte:

«Alguns dos autores que dão a sua adesão à ideia da criação legal da E.I.R.L. — em detrimento da administração da sociedade unipessoal *(lato sensu)* — propõem que àquela seja atribuída a personalidade jurídica, vendo no fenómeno um acto jurídico unilateral, semelhante ao acto pelo qual se institui uma fundação — com a diferença de o fim social previsto na lei ser aqui substituído pelo fim económico lucrativo.

Outros, porém, rejeitam uma tal construção, pronunciando-se antes pela solução que concebe a E.I.R.L. como um património separado ou autónomo ou, de outro ângulo de vista, como um património de afectação».

Por nossa parte, não reconhecemos a este ponto uma importância fundamental, pois qualquer das vias apontadas poderá conduzir a resultados satisfatórios. Necessário é que o legislador, optando por uma delas, consagre uma instituição estruturada de molde a servir os interesses do comerciante, sem, contudo, descurar a protecção dos interesses de terceiros (contendo normas destinadas a evitar ou reprimir abusos que a introdução dessa instituição no ordenamento jurídico poderia propiciar).

No entanto, sempre diremos que a primeira das alternativas que se depara ao legislador nos parece representar, em relação à segunda, um processo mais complicado e, simultaneamente, mais artificial. Efectivamente, se o que se pretende consagrar é um expediente técnico legal que permita ao comerciante em nome individual destacar do seu património geral uma parte dos seus bens, para a destinar à actividade mercantil, então o meio mais directo (e também o único despido de ficção) será o de conceber a E.I.R.L. como um património separado.

Esta análise parece correcta, sendo aceitável, nas suas linhas gerais, a conclusão que propõe. Ela servirá, pois, de base à disciplina jurídica acolhida no presente diploma.

De resto, a limitação de responsabilidade do agente económico individual tem tradições muito antigas no direito mercantil. Referimo-nos à possibilidade desde cedo reconhecida ao armador de limitar a sua responsabilidade pelos riscos da expedição marítima à chamada «fortuna de mar», ficando a salvo deles a «fortuna da terra».

8. Certo que contra a solução adoptada militaria o chamado princípio da unidade e da indivisibilidade do património, se tal princípio valesse com o carácter absoluto que por alguns autores mais antigos (como Aubry e Rau) lhe foi atribuído:

cada pessoa apenas pode ter um único património, o qual não é susceptível de ser dividido — e quem se obriga obriga tudo quanto é seu. Isto é realmente assim em princípio, mas de há muito é reconhecida pelo direito constituído a possibilidade de formação de massas patrimoniais distintas, afectas a fins especiais, dentro do património geral do titular. Basta pensar na massa falida e na herança.

É verdade que esta separação patrimonial só existe em casos contados — aqueles em que o legislador considerou dever seguir esse caminho por atenção a interesses julgados especialmente relevantes e que devem prevalecer sobre aquele de que é expressão entre nós o artigo 601.º do Código Civil. Mas justamente do que se trata é de saber se o interesse que está a ser encarado não deverá ser tutelado legislativamente de modo análogo. Ora, as razões invocadas logo de início — as razões susceptíveis de justificarem a limitação da responsabilidade do comerciante singular — levam a responder afirmativamente a esta questão.

9. Isto posto, há que acentuar uma ideia que, como se evidenciou (n.º 1), está no espírito de todos quantos têm aderido à tese da admissibilidade da limitação da responsabilidade do empresário individual. Trata-se do seguinte: se o interesse do comerciante leva a admitir aquela limitação, importa, por outra via, acautelar, através de medidas apropriadas, o interesse de terceiros que entram em relação com o estabelecimento. Neste sentido devem figurar no estatuto da empresa ou estabelecimento de responsabilidade limitada normas que assegurem a efectiva realização do capital com que o mesmo estabelecimento se constitui; que fixem um capital inicial mínimo suficientemente elevado para evitar o recurso à limitação de responsabilidade em empreendimentos que, pelo seu porte, a não justifiquem; que garantam a adequada publicidade dos vários actos concernentes à constituição, funcionamento e extinção da empresa ou estabelecimento de responsabilidade limitada; que consagrem a autonomia patrimonial dos bens destinados pelo comerciante à empresa, em termos de estes só virem a responder pelas dívidas contraídas na respectiva exploração e de, por outro lado, tais dívidas serem unicamente garantidas por esses bens; que assegurem a efectividade da separação patrimonial, prevendo, designadamente, que o comerciante passe a responder com a totalidade dos seus bens pelas dívidas comerciais, sempre que não respeite aquela separação; que imponham ao comerciante a obrigação de manter uma escrituração e contabilidade adequadas a revelar, ano a ano, com exactidão e verdade, os resultados da sua exploração.

10. Resta dizer uma palavra sobre a denominação do novo instituto: empresa ou estabelecimento individual de responsabilidade limitada?

Os vocábulos «empresa» e «estabelecimento» são muitas vezes tomados como sinónimos; o que está certo, desde que a palavra «empresa» surja, em determinado contexto, para aludir a um objecto de direitos, a um valor no património de alguém.

Mas a palavra «empresa» serve também para referir a própria actividade do empresário — a actividade organizada para a produção ou circulação de bens e a prestação de serviços, com vista ao mercado e à obtenção de um lucro. Coisa diversa, pois, do que usualmente se entende por estabelecimento comercial; este é o conjunto organizado de meios através dos quais o comerciante explora a sua empresa.

Vistas as coisas deste modo, o que pretende autonomizar-se em relação ao património geral do titular não é certamente a empresa — uma actividade — mas sim o estabelecimento. Daí que se tenha preferido para a figura que ora se cria a designação de estabelecimento individual de responsabilidade limitada.

11. Como vai disposto no lugar próprio, nenhuma pessoa física poderá ter mais do que um estabelecimento sujeito ao regime instituído por este diploma. Nada obsta, porém, a que a um mesmo estabelecimento ou organização mercantil correspondam várias unidades técnicas. Claro está que pode constituir delicado problema averiguar, em determinado caso, se se está em presença de estabelecimentos autónomos ou de simples formas de descentralização de um mesmo estabelecimento. Tornando-se extremamente arriscado formular em tal matéria critérios precisos, prefere deixar-se neste momento a solução em termos gerais do problema à doutrina e à jurisprudência. A optar-se aqui pela via da definição legislativa, a ocasião própria para o fazer será a da regulamentação global da matéria mercantil e, designadamente, do estabelecimento comercial, regulamentação que, aliás, está prevista.

Assim:

O Governo decreta, nos termos da alínea *a*) do n.º 1 do artigo 201.º da Constituição, o seguinte:

CAPÍTULO I. **Constituição**

Art. 1.º (Disposições preliminares)

1. Qualquer pessoa singular que exerça ou pretenda exercer uma actividade comercial pode constituir para o efeito um estabelecimento individual de responsabilidade limitada.

2. O interessado afectará ao estabelecimento individual de responsabilidade limitada uma parte do seu património, cujo valor representará o capital inicial do estabelecimento.

3. Uma pessoa só pode ser titular de um único estabelecimento individual de responsabilidade limitada.

Art. 2.º (Forma do acto constitutivo)
1. O estabelecimento individual de responsabilidade limitada constitui-se mediante documento particular, excepto se forem efectuadas entradas em bens diferentes de dinheiro para cuja transmissão seja necessário escritura pública, caso em que o acto constitutivo deve revestir esta forma.
2. O documento de constituição deve conter:

a) A firma, sede, objecto e capital do estabelecimento;

b) A declaração de que se procedeu ao depósito das quantias liberadas, nos termos dos artigos 3.º e 4.º, e de que foram feitas as entradas em espécie, se as houver;

c) O nome, a nacionalidade e o domicílio do titular do estabelecimento e ainda a firma, se a tiver;

d) A data em que o estabelecimento inicia a sua actividade e o respectivo prazo de duração, se não for constituído por tempo indeterminado;

e) O montante aproximado dos impostos ou taxas a cujo pagamento o titular fique sujeito em virtude da constituição do estabelecimento individual de responsabilidade limitada.

3. A firma do estabelecimento será constituída pelo nome do titular, acrescido ou não de uma referência ao objecto do comércio nele exercido, e incluirá sempre o aditamento «estabelecimento individual de responsabilidade limitada» ou a sigla «E.I.R.L.».

Nota. A redacção dos n.ᵒˢ 1 e 2 foi introduzida pelo art. 2.º do DL n.º 36/2000, de 14 de Março.

Art. 3.º (Capital – Sua formação)
1. O montante do capital será sempre expresso em escudos.
2. O capital mínimo do estabelecimento não pode ser inferior a 5 000 euros.
3. O capital será realizado em numerário, coisas ou direitos susceptíveis de penhora, não podendo a parte em numerário ser inferior a dois terços do capital mínimo.
4. O capital deve estar integralmente liberado no momento em que for requerida a inscrição do estabelecimento no registo comercial ou no momento da outorga do acto constitutivo, consoante seja titulado por documento particular ou por escritura pública, e a parte em numerário, deduzidas as quantias referidas na alínea *e)* do n.º 2 do artigo 2.º, encontrar-se depositada numa instituição de crédito à ordem do titular do estabelecimento.
5. O depósito referido no número anterior deve ser realizado em conta especial, que só poderá ser movimentada após o registo definitivo do

acto constitutivo, se este for titulado por documento particular, ou após a celebração da escritura pública, se for esta a forma adoptada.

6. O depositante pode dispor livremente das quantias depositadas se o registo da constituição do estabelecimento não for pedido no prazo de 90 dias a contar do depósito ou, nos casos em que a forma legalmente exigida seja escritura pública, se esta não se efectuar no prazo de 90 dias a contar do depósito.

7. Se houver entradas em espécie, o pedido do registo da constituição do estabelecimento deve ser instruído com um relatório elaborado por revisor oficial de contas em que se descreva o seu objecto e se indiquem os critérios da respectiva avaliação e o valor atribuído a cada uma delas.

8. No caso de o estabelecimento ser constituído por escritura pública, o relatório referido no número anterior deve ser apresentado no momento da celebração.

Notas. 1. Redacção introduzida pelo art. 2.° do DL 36/2000, de 14 de Março.

2. Nos termos do art. único, n.° 3, do DL n.° 235/2001, de 30 de Agosto, "os estabelecimentos individuais de responsabilidade limitada cujos titulares não tenham procedido ao aumento no capital do estabelecimento até ao montante mínimo previsto no artigo 3.°, n.° 2, do Decreto-Lei n.° 248/86, de 25 de Agosto, devem entrar em processo de liquidação, promovido pelo Ministério Público, mediante participação do conservador do registo comercial".

3. Cf. o art. 2.°, n.° 2, do DL n.° 339-A/2001, de 28 de Dezembro.

4. Há *antinomia* entre o n.° 1 e o n.° 2 deste preceito.

Art. 4.° (Controle)

1. Compete ao notário verificar o cumprimento dos preceitos relativos à formação e existência do capital do estabelecimento, bem como de quaisquer outros de cuja observância dependa a validade da constituição deste. Para esse efeito, deve o notário exigir a apresentação dos documentos que repute necessários e, em qualquer caso, do documento certificativo de que o depósito referido no n.° 4 do artigo anterior foi feito há menos de 90 dias e do relatório mencionado no n.° 6 do mesmo artigo, se a ele houver lugar.

2. As obrigações de verificação e fiscalização previstas no número anterior impendem sobre o conservador do registo comercial quando o acto constitutivo do estabelecimento revista a forma de documento particular.

Nota. Redacção introduzida pelo art. 2.° do DL 36/2000, de 14 de Março.

Art. 5.° (Registo e publicação do acto constitutivo)

1. O pedido de registo de constituição do estabelecimento individual de responsabilidade limitada no registo comercial deve ser instruído com:

   a) O documento comprovativo do acto constitutivo;

b) O relatório a que se refere o n.º 7 do artigo 3.º, se for caso disso;
c) Os documentos comprovativos de estar cumprido o disposto no n.º 4 do artigo 3.º

2. O conservador do registo comercial deve promover, nos termos da legislação a este aplicável, a publicação do acto constitutivo no *Diário da República*.

Nota. Redacção introduzida pelo art. 2.º do DL 36/2000, de 14 de Março.

Art. 6.º (Eficácia do acto constitutivo em relação a terceiros)
O acto constitutivo do estabelecimento individual de responsabilidade limitada é eficaz em relação a terceiros a partir da sua publicação, nos termos do n.º 3 do artigo anterior; no entanto, a falta de publicação não impedirá que o referido acto constitutivo seja invocado por e contra terceiros que dele tivessem conhecimento ao tempo da criação dos seus direitos.

Nota. A remissão para o "n.º 3 do artigo anterior" deve entender-se como sendo feita para o n.º 2 desse mesmo artigo.

Art. 7.º (Responsabilidade pela constituição)
O titular do estabelecimento individual de responsabilidade limitada responde nos termos gerais, perante qualquer interessado, pela inexactidão e deficiências das indicações e declarações prestadas com vista à constituição do estabelecimento, designadamente pelo que respeita à realização das entradas e ao cumprimento do disposto no n.º 4 do artigo 3.º

CAPÍTULO II. Administração e funcionamento

Art. 8.º (Administração)
A administração do estabelecimento individual de responsabilidade limitada compete ao seu titular, ainda que seja casado e, por força do regime matrimonial de bens, o estabelecimento pertença ao património comum do casal.

Art. 9.º (Menções da correspondência)
Em toda a correspondência relativa aos negócios do estabelecimento individual de responsabilidade limitada devem ser indicados a firma, o capital, a sede, a conservatória da sede e o número de matrícula do estabelecimento.

Art. 10.º (Dívidas pelas quais responde o património do estabelecimento individual de responsabilidade limitada)
1. Sem prejuízo do disposto no artigo 22.º, o património do estabelecimento individual de responsabilidade limitada responde unicamente

pelas dívidas contraídas no desenvolvimento das actividades compreendidas no âmbito da respectiva empresa.

2. Todavia, se os restantes bens do titular forem insuficientes e sem prejuízo do preceituado na parte final do artigo 6.º, aquele património responde por quaisquer dívidas que este tenha contraído antes de efectuada a publicação a que se refere o artigo 5.º, n.º 3.

Nota. A referência, que é feita ao "artigo 5.º, n.º 3", deve entender-se como sendo feita ao artigo 5.º, n.º 2.

Art. 11.º (Responsabilidade pelas dívidas do estabelecimento individual de responsabilidade limitada)

1. Pelas dívidas resultantes de actividades compreendidas no objecto do estabelecimento individual de responsabilidade limitada respondem apenas os bens a este afectados.

2. No entanto, em caso de falência do titular por causa relacionada com a actividade exercida naquele estabelecimento, o falido responde com todo o seu património pelas dívidas contraídas nesse exercício, contanto que se prove que o princípio da separação patrimonial não foi devidamente observado na gestão do estabelecimento.

3. No caso previsto no número anterior, a responsabilidade aí cominada recai sobre todo aquele que, tendo exercido anteriormente a administração do estabelecimento individual de responsabilidade limitada, haja transgredido nessa administração o princípio da separação de patrimónios. Se forem vários os obrigados, respondem solidariamente.

CAPÍTULO III. Elaboração das contas anuais

Art. 12.º (Elaboração das contas anuais)

1. Em cada ano civil, o titular elabora as contas do estabelecimento individual de responsabilidade limitada.

As contas são constituídas pelo balanço e pela demonstração dos resultados líquidos e serão elaboradas de acordo com as prescrições da lei. No documento que contém as contas, ou em anexo, mencionar-se-á o destino dos lucros.

2. As contas anuais, bem como o documento referido na parte final do número anterior, devem ser depositadas na conservatória do registo comercial dentro dos três primeiros meses de cada ano civil. Juntamente com os aludidos documentos será também depositado um parecer sobre as

contas elaborado pelo revisor oficial de contas escolhido pelo titular do estabelecimento individual de responsabilidade limitada.

3. À publicação das contas, documento e parecer são aplicáveis os preceitos da lei reguladora do registo comercial.

Art. 13.º (Remuneração)

A remuneração que o titular do estabelecimento individual de responsabilidade limitada pode atribuir-se, como administrador, não excederá em caso algum o correspondente ao triplo do salário mínimo nacional.

Art. 14.º (Intangibilidade do capital)

1. O titular do estabelecimento individual de responsabilidade limitada não pode desafectar do património do estabelecimento, para fins não relacionados com a actividade deste, quantias que não correspondam aos lucros líquidos acusados pelo balanço anual.

2. Pode, contudo, levantar quantias por conta dos lucros líquidos do exercício em curso.

Se, no fim do exercício, tais quantias excederem o montante dos lucros referidos no número anterior, será o excedente restituído ao património do estabelecimento no prazo de seis meses a seguir ao fecho das contas. Pelo cumprimento desta obrigação o titular responde com todo o seu património.

Art. 15.º (Reserva legal)

1. Será obrigatoriamente criado um fundo de reserva, ao qual o titular destinará uma fracção dos lucros anuais não inferior a 20%, até que esse fundo represente metade do capital do estabelecimento. Este fundo deve ser reintegrado sempre que se encontre reduzido.

2. O fundo de reserva previsto no número anterior só pode ser utilizado:

a) Para cobrir a parte do prejuízo acusado no balanço anual que não possa ser coberta pela utilização de outras reservas;

b) Para cobrir a parte dos prejuízos transitados do exercício anterior que não possa ser coberta pelo lucro do exercício nem pela utilização de outras reservas.

c) Para incorporação no capital.

Nota. É provável que haja um lapso no n.º 1 deste artigo: onde se lê "não inferior a 20%" talvez se imponha ler "não inferior à vigésima parte".

CAPÍTULO IV. Alteração do acto constitutivo

Art. 16.º (Requisitos de forma e publicidade)

1. As alterações do acto constitutivo do estabelecimento individual de responsabilidade limitada devem ser reduzidas a escrito, sob pena de nulidade; porém, se a alteração envolver aumento de capital com entradas em bens diferentes de dinheiro, para cuja transmissão seja necessária escritura pública, deve revestir esta forma.
2. É aplicável à alteração do acto constitutivo o disposto no artigo 6.º

Nota. Redacção introduzida pelo art. 2.º do DL 36/2000, de 14 de Março.

SECÇÃO I. Aumento do capital

Art. 17.º (Aumento do capital mediante novas entradas)

1. As entradas correspondentes ao aumento do capital do estabelecimento individual de responsabilidade limitada podem ser em numerário, coisas ou direitos susceptíveis de penhora.
2. Ao aumento do capital são aplicáveis, com as necessárias adaptações, os artigos 3.º, n.ºs 4, 5 e 6, 4.º e 7.º

Art. 18.º (Aumento do capital mediante incorporação de reservas)

1. O aumento do capital do estabelecimento individual de responsabilidade limitada pode ser também efectuado mediante incorporação de reservas disponíveis.
2. Este aumento só pode ser efectuado depois de elaboradas as contas do último exercício; se, porém, já tiverem decorrido mais de seis meses sobre a elaboração dessas contas, a existência das reservas a incorporar só pode ser provada por um balanço especial, organizado nos termos previstos para o balanço anual.
3. O balanço anual ou o balanço especial a que se refere o número anterior, acompanhado de um parecer elaborado por um revisor oficial de contas, devem ser depositados na conservatória do registo comercial e verificados pelo notário, se a alteração constar de escritura pública.

Nota. A redacção do n.º 3 foi introduzida pelo art. 2.º do DL 36/2000, de 14 de Março.

SECÇÃO II. Redução do capital

Art. 19.º (Redução do capital com autorização judicial)

1. A redução do capital do estabelecimento individual de responsabilidade limitada pode efectuar-se por documento particular, se o seu titular obtiver autorização judicial, nos termos dos artigos 1487.º do Código de Processo Civil, a aplicar com as necessárias adaptações.

2. A autorização judicial não será concedida se, após a redução, a situação líquida do estabelecimento não exceder o novo capital em, pelo menos, 20%.

Nota. A redacção do n.º 1 foi introduzida pelo art. 2.º do DL 36/2000, de 14 de Março.

Art. 20.º (Redução do capital para compensar perdas)

1. A autorização judicial prevista no artigo anterior é dispensada se a redução for destinada unicamente à compensação de perdas.

2. Nesta hipótese, pode qualquer credor do estabelecimento individual de responsabilidade limitada requerer ao tribunal, até 30 dias depois de publicada a redução, que, durante um período a fixar, seja vedado ao titular retirar do estabelecimento quaisquer verbas provenientes da redução, ou a título de reservas disponíveis ou de lucros. A providência requerida será decretada, a menos que o crédito do requerente seja entretanto satisfeito ou garantido por modo adequado.

3. O titular do estabelecimento fica sujeito à proibição referida no número anterior a partir do dia em que tome conhecimento de que algum credor requereu a providência ali indicada.

4. Na hipótese prevista neste artigo o capital pode ser reduzido para um montante inferior ao mínimo fixado no artigo 3.º; contudo, esta redução não produz os seus efeitos enquanto não for levado a cabo um aumento do capital que o eleve ao mínimo exigido.

CAPÍTULO V. Negociação, oneração e penhora do estabelecimento individual de responsabilidade limitada

Art. 21.º (Negócios jurídicos e direitos sobre o estabelecimento)

1. O estabelecimento individual de responsabilidade limitada pode ser transmitido por acto gratuito ou oneroso, ou dado em locação. Pode ainda sobre ele constituir-se um usufruto ou um penhor, produzindo este os seus efeitos independentemente da entrega do estabelecimento ao credor.

2. Os actos referidos no número anterior, enquanto actos entre vivos, estão sujeitos às condições de forma e de publicidade previstas no artigo 16.º

3. Ao locatário e ao usufrutuário do estabelecimento individual de responsabilidade limitada, durante o período de duração da locação e do usufruto, é aplicável o disposto neste diploma sobre os poderes e deveres do titular do estabelecimento.

4. Se o adquirente do estabelecimento individual de responsabilidade limitada for já titular de um estabelecimento da mesma natureza, será nula a aquisição, sem prejuízo, porém, dos direitos de terceiros de boa fé.

Art. 22.º (Penhora do estabelecimento individual de responsabilidade limitada)

Na execução movida contra o titular do estabelecimento individual de responsabilidade limitada por dívidas alheias à respectiva exploração, os credores só poderão penhorar o estabelecimento provando a insuficiência dos restantes bens do devedor.

CAPÍTULO VI. Liquidação do estabelecimento individual de responsabilidade limitada

Art. 23.º (Morte do titular ou separação patrimonial dos cônjuges)

1. A morte do titular do estabelecimento individual de responsabilidade limitada ou, nos casos em que ele for casado, qualquer outra causa que ponha fim à comunhão de bens existentes entre os cônjuges não implica a entrada em liquidação do estabelecimento, mantendo-se a afectação do respectivo património nos termos do acto constitutivo.

2. Se os herdeiros do titular do estabelecimento individual de responsabilidade limitada ou os cônjuges não chegarem a acordo sobre o valor a atribuir ao estabelecimento ou sobre a quota-parte que deve ingressar no património de cada um, qualquer deles pode pedir ao tribunal que fixe esse valor ou essa quota-parte.

3. Decorridos 90 dias sobre a morte do titular do estabelecimento ou sobre o acto constitutivo da separação patrimonial dos cônjuges, se os herdeiros ou os cônjuges não vierem a acordo sobre o destino do estabelecimento, qualquer interessado pode pedir a sua liquidação judicial.

4. Se o titular de um estabelecimento individual de responsabilidade limitada adquirir por sucessão *mortis causa* a propriedade de um outro estabelecimento da mesma espécie, deverá alienar ou liquidar um deles, ou transmitir a respectiva exploração.

5. O herdeiro ou o cônjuge não titular do estabelecimento individual de responsabilidade limitada que, em virtude dos factos referidos no n.º 1, venha a assumir a titularidade do estabelecimento dará publicidade à ocorrência no *Diário da República*. O novo titular deve ainda requerer a inscrição da alteração verificada no registo comercial, apresentando, com o requerimento de inscrição, os documentos que atestem a mudança de titularidade do estabelecimento individual de responsabilidade limitada.

Art. 24.º (Casos de liquidação imediata)
O estabelecimento individual de responsabilidade limitada entra imediatamente em liquidação:
  a) Por declaração do seu titular, expressa em documento particular;
  b) Pelo decurso do prazo fixado no acto constitutivo;
  c) Pela sentença que declare a falência do titular;
  d) Pela impossibilidade de venda judicial na execução movida por um dos credores do titular, ao abrigo do artigo 22.º

Nota. A redacção da alínea *a)* foi introduzida pelo art. 2.º do DL 36/2000, de 14 de Março.

Art. 25.º (Casos de liquidação judicial)
1. Além do caso previsto no artigo 23.º, n.º 3, a liquidação judicial do estabelecimento individual de responsabilidade limitada pode ainda ter lugar se algum interessado a requerer em acção intentada para esse fim com um dos fundamentos seguintes:
  a) Achar-se completamente realizado o objecto do estabelecimento individual de responsabilidade limitada ou verificada a impossibilidade de o realizar;
  b) Encontrar-se o valor do património líquido reduzido a menos de dois terços do montante do capital.

2. Na hipótese prevista na alínea *b)* do número anterior, o tribunal pode, se assim o entender, fixar ao titular um prazo razoável, a fim de que a situação seja regularizada, suspendendo-se entretanto os termos da causa.

Art. 26.º (Publicação da liquidação)

1. O titular deverá requerer a inscrição no registo comercial da entrada em liquidação do estabelecimento individual de responsabilidade limitada.
2. Nos casos previstos na alínea c) do artigo 24.º e no artigo 25.º, deve o tribunal notificar da sentença a competente conservatória do registo comercial, que, oficiosamente, e a expensas do titular, procederá à inscrição da entrada em liquidação do estabelecimento.
3. No caso previsto na alínea a) do artigo 24.º, a inscrição far-se-á com base no documento ali mencionado.
4. O conservador do registo comercial deverá promover, nos termos da legislação a este aplicável, a publicação, no *Diário da República,* da entrada em liquidação do estabelecimento individual de responsabilidade limitada.
5. A entrada em liquidação do estabelecimento individual de responsabilidade limitada produz efeitos em relação a terceiros a partir do momento em que seja publicada, nos termos do número anterior.

Nota. A redacção do n.º 3 foi introduzida pelo art. 2.º do DL 36/2000, de 14 de Março.

Art. 27.º (Processo de liquidação)

1. A liquidação do estabelecimento individual de responsabilidade limitada será feita nos termos dos artigos seguintes. Na hipótese de falência, os termos da liquidação são os da lei de processo, devendo respeitar-se sempre a preferência dos credores do estabelecimento em relação aos credores comuns do falido.
2. A firma do estabelecimento individual de responsabilidade limitada em liquidação deverá ser seguida das palavras «em liquidação». Esta menção e o nome do liquidatário devem figurar em todos os actos e documentos destinados a terceiros.

Art. 28.º (Liquidatário)

O liquidatário será o titular do estabelecimento individual de responsabilidade limitada; ele determinará o modo da liquidação. Nas hipóteses de liquidação judicial, o tribunal pode designar outra pessoa como liquidatário, bem como regular o modo da liquidação.

Art. 29.º (Responsabilidade do liquidatário)

O liquidatário responde em face de terceiros, nos termos gerais de direito, pelos prejuízos resultantes de irregularidades cometidas no desempenho das suas funções. Se o liquidatário não for o titular do estabelecimento individual de responsabilidade limitada, responderá nos mesmos termos perante este.

Art. 30.º (Deveres e poderes do liquidatário)
1. O liquidatário deve ultimar os negócios pendentes, cumprir as obrigações e cobrar os créditos do estabelecimento individual de responsabilidade individual.
2. O liquidatário pode ainda:
a) Continuar temporariamente a actividade anterior do estabelecimento;
b) Contrair empréstimos ou empreender outros negócios necessários à efectivação da liquidação;
c) Proceder à alienação em globo do estabelecimento individual de responsabilidade limitada.
3. Se o liquidatário for pessoa diferente do titular do estabelecimento, só com autorização judicial pode praticar os actos referidos no número anterior.

Art. 31.º (Liquidação do passivo do estabelecimento individual de responsabilidade limitada)
1. O liquidatário pagará todas as dívidas do estabelecimento, exigíveis ou não exigíveis, ainda mesmo que os prazos tenham sido estabelecidos em benefício dos credores.
2. Os credores serão avisados pelo liquidatário, através de um dos jornais mais lidos na localidade da sede do estabelecimento, de que este se encontra em liquidação e de que deverão apresentar-se a reclamar os seus créditos.
3. No caso de se verificarem as circunstâncias previstas no artigo 841.º do Código Civil, deve o liquidatário proceder à consignação em depósito do objecto da prestação.
4. Relativamente às dívidas litigiosas, os liquidatários acautelarão os eventuais direitos do credor por meio de caução, prestada nos termos do Código de Processo Civil.

Art. 32.º (Contas anuais da liquidação)
O liquidatário depositará na conservatória do registo comercial competente, nos três primeiros meses de cada ano civil, as contas anuais da liquidação, acompanhadas de um relatório pormenorizado do estado em que esta se encontra.

Art. 33.º (Relatório e contas finais – Inscrição no registo comercial)
1. Terminada a liquidação, o liquidatário elabora um relatório final completo e apresenta as contas e documentos àquela relativos. Requer depois a inscrição do encerramento da liquidação no registo comercial, com base no relatório referido.

2. Ao conservador do registo comercial compete promover, nos termos da legislação aplicável, a publicação do encerramento da liquidação no *Diário da República*.

Desta publicação hão-de constar as seguintes menções:

a) Firma do estabelecimento individual de responsabilidade limitada;
b) Identidade do liquidatário;
c) Data do encerramento da liquidação;
d) Indicação do lugar onde os livros e documentos estão depositados e serão conservados durante cinco anos, pelo menos;
e) Indicação da consignação das quantias previstas no artigo 31.º, n.º 3.

3. O estabelecimento individual de responsabilidade limitada considera-se extinto pela inscrição no registo comercial do encerramento da liquidação.

CAPÍTULO VII. Disposições finais

Art. 34.º (Declarações feitas para a constituição, alteração ou registo do acto constitutivo do estabelecimento individual de responsabilidade limitada)

O titular que, com vista à celebração da escritura de constituição do estabelecimento individual de responsabilidade limitada, à sua alteração ou dos respectivos registos, prestar ao conservador do registo comercial ou ao notário falsas declarações ou ocultar factos importantes sobre o montante e realização do capital, natureza das entradas e despesas de constituição, ou atribuir fraudulentamente às entradas em espécie valor superior ao real, será punido nos termos de legislação especial a publicar.

Nota. Redacção introduzida pelo art. 2.º do DL 36/2000, de 14 de Março.

Art. 35.º (Infracções relativas aos documentos que sirvam de base às contas anuais)

O titular do estabelecimento individual de responsabilidade limitada ou o seu liquidatário, que conscientemente elaborar quaisquer documentos que sirvam de base às contas de exercício em que se omita, aumente ou diminua, sem fundamento, legalmente admissível, qualquer elemento do activo ou do passivo, ou que adopte qualquer outro procedimento susceptível de induzir em erro acerca da composição, valor e liquidez do património, será punido nos termos de legislação especial a publicar.

Art. 36.º (Vigência)

Este diploma entra em vigor 60 dias após a sua publicação e aplica-se aos estabelecimentos individuais de responsabilidade limitada que se constituam e tenham a sede principal e efectiva em Portugal.

CÓDIGO DO REGISTO COMERCIAL [1]

CAPÍTULO I. Objecto, efeitos e vícios do registo

Art. 1.º (Fins do registo)

1. O registo comercial destina-se a dar publicidade à situação jurídica dos comerciantes individuais, das sociedades comerciais, das sociedades civis sob forma comercial e dos estabelecimentos individuais de reponsabilidade limitada, tendo em vista a segurança do comércio jurídico.

2. O registo das cooperativas, das empresas públicas, dos agrupamentos complementares de empresas e dos agrupamentos europeus de interesse económico, bem como de outras pessoas singulares e colectivas por lei a ele sujeitas, rege-se pelas disposições do presente Código, salvo expressa disposição de lei em contrário.

Art. 2.º (Comerciantes individuais)

Estão sujeitos a registo os seguintes factos relativos a comerciantes individuais:

a) O início, alteração e cessação da actividade do comerciante individual;

b) As modificações do seu estado civil e regime de bens;

c) A mudança de estabelecimento principal.

---

[1] Aprovado pelo DL n.º 403/86, de 3 de Dezembro, e alterado pelos DLs n.º 7/88, de 15 de Janeiro, n.º 349/89, de 13 de Outubro, n.º 238/91, de 2 de Julho, n.º 31/93, de 12 de Fevereiro, n.º 267/93, de 31 de Julho, n.º 216/94, de 20 de Agosto, n.º 328/95, de 9 de Dezembro, n.º 257/96, de 31 de Dezembro, n.º 368/98, de 23 de Novembro, n.º 172/99, de 20 de Maio, n.º 198/99, de 8 de Junho, n.º 375-A/99, de 23 de Setembro, n.º 410/99, de 15 de Outubro, n.º 533/99, de 11 de Dezembro, n.º 273/2001, de 13 de Outubro, n.º 323/2001, de 17 de Dezembro, n.º 107/2003, de 4 de Junho, e n.º 53/2004, de 18 de Março, n.º 70/2004, de 25 de Março, n.º 2/2005, de 4 de Janeiro, n.º 35/2005, de 17 de Fevereiro, e n.º 111/2005, de 8 de Julho.

Art. 3.º (Sociedades comerciais e sociedades civis sob forma comercial)
Estão sujeitos a registo os seguintes factos relativos às sociedades comerciais e sociedades civis sob forma comercial:

a) O contrato de sociedade;

b) A deliberação da assembleia geral, nos casos em que a lei a exige, para aquisição de bens pela sociedade;

c) A unificação, divisão e transmissão de quotas de sociedades por quotas, bem como de partes sociais de sócios comanditários de sociedades em comandita simples;

d) A promessa de alienação ou de oneração de partes de capital de sociedades em nome colectivo e de sociedades em comandita simples e de quotas de sociedades por quotas, bem como os pactos de preferência, se tiver sido convencionado atribuir-lhes eficácia real, e a obrigação de preferência a que, em disposição de última vontade, o testador tenha atribuído igual eficácia;

e) A transmissão de partes sociais de sociedades em nome colectivo, de partes sociais de sócios comanditados de sociedades em comandita simples, a constituição de direitos reais de gozo ou de garantia sobre elas e a sua transmissão, modificação e extinção, bem como a penhora dos direitos aos lucros e à quota de liquidação;

f) A constituição e a transmissão de usufruto, o penhor, arresto, arrolamento e penhora de quotas ou de direitos sobre elas e ainda quaisquer outros actos ou providências que afectem a sua livre disposição;

g) A exoneração e exclusão de sócios de sociedades em nome colectivo e de sociedades em comandita, bem como a extinção de parte social por falecimento do sócio e a admissão de novos sócios de responsabilidade ilimitada;

h) A autorização para que se mantenha na firma social o nome ou apelido do sócio que se retire ou faleça;

i) A amortização de quotas e a exclusão e exoneração de sócios de sociedades por quotas;

j) A deliberação de amortização, conversão e remição de acções;

l) A emissão de obrigações realizada através de oferta particular;

m) A designação e cessação de funções, por qualquer causa que não seja o decurso do tempo, dos membros dos órgãos de administração e de fiscalização das sociedades, bem como do secretário da sociedade;

n) A prestação de contas das sociedades anónimas, em comandita por acções, bem como das sociedades por quotas e em nome colectivo, quando houver lugar a depósito, e de contas consolidadas das sociedades obrigadas a prestá-las;

o) A mudança da sede da sociedade;

p) O projecto de fusão e de cisão de sociedades e a deliberação que o aprovar, bem como a deliberação de redução do capital social da sociedade;

q) O projecto de constituição de uma sociedade anónima europeia por meio de fusão, o projecto de constituição de uma sociedade anónima europeia por meio de transformação de sociedade anónima de direito interno e o projecto de constituição de uma sociedade anónima europeia gestora de participações sociais, bem como a verificação das condições de que depende esta última constituição;

r) A prorrogação, fusão, cisão, transformação e dissolução das sociedades, bem como o aumento, redução ou reintegração do capital social e qualquer outra alteração ao contrato de sociedade;

s) A designação e cessação de funções, anterior ao encerramento da liquidação, dos liquidatários das sociedades, bem como os actos de modificação dos poderes legais ou contratuais dos liquidatários;

t) O encerramento da liquidação ou o regresso à actividade da sociedade;

u) A deliberação de manutenção do domínio total de uma sociedade por outra, em relação de grupo, bem como o termo dessa situação;

v) O contrato de subordinação, suas modificações e seu termo.

x) A cessação da existência do conselho fiscal e a introdução do fiscal único.

z) A emissão de *warrants* autónomos sobre valores mobiliários próprios comercializada através da oferta particular por entidade que não tenha valores mobiliários admitidos à negociação em mercado regulamentado nacional, bem como a emissão de *warrants* autónomos sobre valores mobiliários próprios realizada através de oferta pública fora do mercado nacional.

2. Estão sujeitos a registo os seguintes factos relativos às sociedades anónimas europeias:

a) A constituição;

b) A prestação das contas anuais e, se for caso disso, das contas consolidadas;

c) O projecto de transferência da sede para outro Estado membro da União Europeia;

d) As alterações aos respectivos estatutos;

e) O projecto de transformação em sociedade anónima de direito interno;

f) A transformação a que se refere a alínea anterior;
g) A dissolução;
h) O encerramento da liquidação ou o regresso à actividade;
i) Os restantes factos referentes a sociedades anónimas que, por lei, estejam sujeitos a registo.

3. Nos casos em que a emissão de *warrants* autónomos sobre valores mobiliários próprios esteja sujeita a registo na Comissão do Mercado de Valores Mobiliários, a declaração comprovativa do referido registo é objecto de simples depósito na pasta da sociedade, a realizar oficiosamente, aquando da sua recepção pelo conservador.

Art. 4.º (Cooperativas)
Estão sujeitos a registo os seguintes factos relativos a cooperativas:
a) A constituição da cooperativa;
b) A nomeação e cessação de funções, por qualquer causa que não seja o decurso do tempo, de directores, representantes e liquidatários;
c) O penhor, arresto, arrolamento e penhora das partes de capital das cooperativas de responsabilidade limitada;
d) A prorrogação, transformação, fusão, cisão e qualquer outra alteração dos estatutos;
e) A dissolução e encerramento da liquidação.

Art. 5.º (Empresas públicas)
1. Estão sujeitos a registo os seguintes factos relativos a empresas públicas:
a) A constituição da empresa pública;
b) A emissão de obrigações e de títulos de participação;
c) A designação e cessação de funções, por qualquer causa que não seja o decurso do tempo, dos membros dos órgãos de administração e de fiscalização;
d) A prestação de contas;
e) O agrupamento, fusão, cisão e qualquer outra alteração dos estatutos;
f) A extinção das empresas públicas, a designação e cessação de funções, anterior ao encerramento da liquidação, dos liquidatários, bem como o encerramento da liquidação.

2. (...)
3. (...)

Art. 6.º (Agrupamentos complementares de empresas)
Estão sujeitos a registo os seguintes factos relativos a agrupamentos complementares de empresas:
  a) O contrato de agrupamento;
  b) A emissão de obrigações;
  c) A nomeação e exoneração de administradores e gerentes;
  d) A entrada, exoneração e exclusão de membros do agrupamento;
  e) As modificações do contrato;
  f) A dissolução e encerramento da liquidação do agrupamento.

Art. 7.º (Agrupamentos europeus de interesse económico)
Estão sujeitos a registo os seguintes factos relativos aos agrupamentos europeus de interesse económico:
  a) O contrato de agrupamento;
  b) A cessão, total ou parcial, de participação de membro do agrupamento;
  c) A cláusula que exonere um novo membro do pagamento das dívidas contraídas antes da sua entrada;
  d) A designação e cessação de funções, por qualquer causa que não seja o decurso do tempo, dos gerentes do agrupamento;
  e) A entrada, exoneração e exclusão de membros do agrupamento;
  f) As alterações do contrato de agrupamento;
  g) O projecto de transferência da sede;
  h) A deliberação de dissolução;
  i) A designação e cessação de funções, anterior ao encerramento da liquidação, dos liquidatários;
  j) O encerramento da liquidação.

Art. 8.º (Estabelecimentos individuais de responsabilidade limitada)
Estão sujeitos a registo os seguintes factos relativos a estabelecimentos individuais de responsabilidade limitada:
  a) A constituição do estabelecimento;
  b) O aumento e redução do capital do estabelecimento;
  c) A transmissão do estabelecimento por acto entre vivos e a sua locação;
  d) A constituição por acto entre vivos de usufruto e de penhor sobre o estabelecimento;
  e) As contas anuais;
  f) As alterações do acto constitutivo;

g) A entrada em liquidação e o encerramento da liquidação do estabelecimento;

h) A designação e cessação de funções, anterior ao termo da liquidação, do liquidatário do estabelecimento, quando não seja o respectivo titular.

Art. 9.º (Acções e decisões sujeitas a registo)
Estão sujeitas a registo:

a) As acções de interdição do comerciante individual e de levantamento desta;

b) As acções que tenham como fim, principal ou acessório, declarar, fazer reconhecer, constituir, modificar ou extinguir qualquer dos direitos referidos nos artigos 3.º a 8.º;

c) As acções de declaração de nulidade ou anulação dos contratos de sociedade, de agrupamento complementar de empresas e de agrupamento europeu de interesse económico registados;

d) As acções de declaração de nulidade ou anulação dos actos de constituição de cooperativas e de estabelecimentos individuais de responsabilidade limitada;

e) As acções de declaração de nulidade ou anulação de deliberações sociais, bem como os procedimentos cautelares de suspensão destas;

f) As acções de reforma, declaração de nulidade ou anulação de um registo ou do seu cancelamento;

g) As providências cautelares não especificadas requeridas com referência às mencionadas nas alíneas anteriores,

h) As decisões finais, com trânsito em julgado, proferidas nas acções e procedimentos cautelares referidos nas alíneas anteriores;

i) As sentenças de declaração de insolvência de comerciantes individuais, de sociedades comerciais, de sociedades civis sob forma comercial, de cooperativas, de agrupamentos complementares de empresas, de agrupamentos europeus de interesse económico e de estabelecimentos individuais de responsabilidade limitada, e as de indeferimento do respectivo pedido, nos casos de designação prévia de administrador judicial provisório, bem como o trânsito em julgado das referidas sentenças;

j) As sentenças, com trânsito em julgado, de inabilitação e de inibição de comerciantes individuais para o exercício do comércio e de determinados cargos, bem como as decisões de nomeação e de destituição do curador do inabilitado;

l) Os despachos de nomeação e de destituição do administrador judicial e do administrador judicial provisório da insolvência, de atribuição ao devedor da administração da massa insolvente, assim como de proibição da prática de certos actos sem o consentimento do administrador da insolvência e os despachos que ponham termo a essa administração;

m) Os despachos, com trânsito em julgado, de exoneração do passivo restante de comerciantes individuais, assim como os despachos inicial e de cessação antecipada do respectivo procedimento e de revogação dessa exoneração;

n) As decisões judiciais de encerramento do processo de insolvência;

o) As decisões judiciais de confirmação do fim do período de fiscalização incidente sobre a execução de plano de insolvência.

Art. 10.º (Outros factos sujeitos a registo)
Estão ainda sujeitos a registo:

a) O mandato comercial escrito, suas alterações e extinção;

b) (...);

c) A criação, a alteração e o encerramento de representações permanentes de sociedades, cooperativas, agrupamentos complementares de empresas e agrupamentos europeus de interesse económico com sede em Portugal ou no estrangeiro, bem como a designação, poderes e cessação de funções dos respectivos representantes;

d) A prestação de contas das sociedades com sede no estrangeiro e representação permanente em Portugal;

e) O contrato de agência ou representação comercial, quando celebrado por escrito, suas alterações e extinção;

f) Quaisquer outros factos que a lei declare sujeitos a registo comercial.

Nota. A alínea *b*) foi revogado pelo art. 7.º do DL n.º 53/2004, de 18 de Março, que aprovou o Código da Insolvência e Recuperação de Empresas.

Art. 11.º (Presunções derivadas do registo)
O registo definitivo constitui presunção de que existe a situação jurídica, nos precisos termos em que é definida.

Art. 12.º (Prioridade do registo)
1. O direito inscrito em primeiro lugar prevalece sobre os que se lhe seguirem, relativamente às mesmas quotas ou partes sociais, segundo a ordem da apresentação.

2. O registo convertido em definitivo conserva a prioridade que tinha como provisório.

3. Em caso de recusa, o registo feito na sequência de reclamação ou recurso julgados procedentes conserva a prioridade do acto recusado.

Art. 13.º (Eficácia entre as partes)
1. Os factos sujeitos a registo, ainda que não registados, podem ser invocados entre as próprias partes ou seus herdeiros.
2. Exceptuam-se do disposto no número anterior os actos constitutivos das sociedades e respectivas alterações, a que se aplica o disposto no Código das Sociedades Comerciais e na legislação aplicável às sociedades anónimas europeias.

Art. 14.º (Oponibilidade a terceiros)
1. Os factos sujeitos a registo só produzem efeitos contra terceiros depois da data do respectivo registo.
2. Os factos sujeitos a registo e publicação obrigatória nos termos do n.º 2 do artigo 70.º só produzem efeitos contra terceiros depois da data da publicação.
3. A falta de registo não pode ser oposta aos interessados pelos seus representantes legais, a quem incumbe a obrigação de o promover, nem pelos herdeiros destes.
4. O disposto neste artigo não prejudica o estabelecido no Código das Sociedades Comerciais e pela legislação aplicável às sociedades anónimas europeias.

Art. 15.º (Factos sujeitos a registo obrigatório)
1. O registo dos factos referidos nas alíneas *a*) a *c*), *e*) a *m*) e *o*) a *z*) do n.º 1 e nas alíneas *a*) e *c*) a *i*) do n.º 2 do artigo 3.º, no artigo 4.º, no artigo 6.º, no artigo 7.º, nas alíneas *a*) a *d*) e *f*) a *h*) do artigo 8.º e na alínea *c*) do artigo 10.º deve ser pedido no prazo de três meses a contar da data em que tais factos tenham sido titulados.
2. O registo dos factos referidos nas alíneas *a*), *d*) e *e*) do artigo 5.º deve ser requerido no prazo de três meses a contar da data da publicação do decreto que os determinou.
3. O depósito dos documentos de prestação de contas de sociedades deve ser feito no prazo de três meses a contar da deliberação da sua aprovação; o depósito de contas de estabelecimentos individuais de responsabilidade limitada, nos três primeiros meses de cada ano civil.
4. As acções de declaração de nulidade ou de anulação dos contratos de sociedade, de agrupamento complementar de empresas e de agrupamento europeu de interesse económico, dos actos constitutivos de cooperativas e de estabelecimentos individuais de responsabilidade limitada, bem como de deliberações sociais, não terão seguimento após os articulados enquanto não for feita a prova de ter sido pedido o seu registo; nos pro-

cedimentos cautelares de suspensão de deliberações sociais, a decisão não será proferida enquanto aquela prova não for feita.

5. Os registos das decisões finais proferidas nas acções e procedimentos referidos no número anterior deve ser pedido no prazo de seis meses a contar do trânsito em julgado.

Art. 16.º (Remessa das relações mensais dos actos notariais e decisões judiciais)

1. Até ao dia 15 de cada mês, os notários devem remeter às conservatórias competentes a relação dos documentos lavrados no mês anterior, para prova dos factos sujeitos a registo comercial obrigatório.

2. De igual modo devem proceder os secretários ou chefes de secretaria dos tribunais, com referência às decisões previstas no n.º 5 do artigo anterior.

Art. 17.º (Incumprimento da obrigação de registar)

1. Os comerciantes individuais, as cooperativas e as sociedades com capital não superior a € 1995,19, que não requeiram, dentro do prazo legal, a inscrição dos factos sujeitos a registo obrigatório são punidos com coima no mínimo de € 4,90 e no máximo de € 49,88.

2. As sociedades com capital superior a € 1995,19, os agrupamentos complementares de empresas, os agrupamentos europeus de interesse económico e as empresas públicas que não cumpram igual obrigação são punidos com coima no mínimo de € 49,88 e no máximo de € 498,80.

3. As partes nos actos de unificação, divisão, transmissão e usufruto de quotas que não requeiram no prazo legal a respectiva inscrição são solidariamente punidas com coima com iguais limites.

4. Para conhecer das contra-ordenações previstas nos números anteriores e aplicar as respectivas coimas é competente o conservador do registo comercial da área da sede da sociedade, cooperativa ou agrupamento ou do estabelecimento individual de responsabilidade limitada.

Art. 18.º (Caducidade)

1. Os registos caducam por força da lei ou pelo decurso do prazo de duração do negócio.

2. Os registos provisórios caducam se não forem convertidos em definitivos ou renovados dentro do prazo da respectiva vigência.

3. É de seis meses o prazo de vigência do registo provisório, salvo disposição em contrário.

4. A caducidade deve ser anotada ao registo logo que verificada.

Art. 19.º (Prazos especiais de caducidade)
 1. Caducam decorridos 10 anos sobre a sua data os registos de arresto, penhora, penhor, consignação de rendimentos, apreensão, arrolamento e outras providências cautelares, bem como os de prestação de contas.
 2. Caducam decorridos 50 anos sobre a sua data os registos de usufruto de quotas e de partes sociais e os de mandato comercial.
 3. Os registos referidos nos números anteriores podem ser renovados por períodos de igual duração.

Art. 20.º (Cancelamento)
 Os registos são cancelados com base na extinção dos direitos, ónus ou encargos neles definidos, em execução de decisão administrativa, nos casos previstos na lei, ou de decisão judicial transitada em julgado.

Art. 21.º (Inexistência)
 1. O registo é juridicamente inexistente quando tiver sido feito em conservatória territorialmente incompetente.
 2. A inexistência pode ser invocada por qualquer pessoa, a todo o tempo, independentemente da declaração judicial.
 3. No caso previsto no n.º 1, o conservador deve transferir o processo para a conservatória competente, que efectua oficiosamente o registo, com comunicação ao interessado.

Art. 22.º (Nulidade)
 1. O registo é nulo:
  a) Quando for falso ou tiver sido feito com base em títulos falsos;
  b) Quando tiver sido feito com base em títulos insuficientes para a prova legal do facto registado;
  c) Quando enfermar de omissões ou inexactidões de que resulte incerteza acerca dos sujeitos ou do objecto da relação jurídica a que o facto registado se refere;
  d) Quando tiver sido assinado por pessoa sem competência funcional, salvo o disposto no n.º 2 do artigo 369.º do Código Civil;
  e) Quando tiver sido lavrado sem apresentação prévia ou com violação das regras do trato sucessivo.
 2. Os registos nulos só podem ser rectificados nos casos previstos na lei, se não estiver registada a acção de declaração de nulidade.
 3. A nulidade do registo só pode, porém, ser invocada depois de declarada por decisão judicial com trânsito em julgado.

4. A declaração de nulidade do registo não prejudica os direitos adquiridos a título oneroso por terceiro de boa fé, se o registo dos correspondentes factos for anterior ao registo da acção de nulidade.

Art. 23.º (Inexactidão)
O registo é inexacto quando se mostre lavrado em desconformidade com o título que lhe serviu de base ou enferme de deficiências provenientes desse título que não sejam causa de nulidade.

CAPÍTULO II. Competência para o registo

Art. 24.º (Competência relativa aos comerciantes individuais e aos estabelecimentos individuais de responsabilidade limitada)
1. Para o registo dos comerciantes individuais é territorialmente competente a conservatória em cuja área estiver situado o estabelecimento principal ou, na falta deste, onde exercerem a actividade principal e para o registo dos estabelecimentos individuais de responsabilidade limitada a conservatória em cuja área estiver situada a respectiva sede.
2. As conservatórias da área da situação de qualquer representação de comerciante individual são exclusivamente competentes para o registo do mandato comercial.

Art. 25.º (Competência relativa a pessoas colectivas)
1. Para o registo das sociedades, cooperativas, empresas públicas, agrupamentos complementares de empresas e agrupamentos europeus de interesse económico é territorialmente competente a conservatória em cuja área estiver situada a sua sede estatutária.
2. Para o registo das sociedades ou outras pessoas colectivas ou estabelecimentos de tipo correspondente a qualquer dos abrangidos por este Código com sede estatutária no estrangeiro, mas que tenham em Portugal a sede principal e efectiva da sua administração, é territorialmente competente a conservatória com cuja área estiver situada esta sede.

Art. 25.º-A (Competência para o registo de fusão)
Para o registo de fusão de sociedades sediadas na área de diferentes conservatórias, ao abrigo das regras definidas no artigo anterior, ou para o registo de constituição de sociedade anónima europeia por fusão em cujo processo intervenham sociedades nas mesmas condições, é competente a

conservatória da sede da sociedade incorporante ou da nova sociedade resultante da fusão.

Art. 26.º (Competência relativa às representações)

1. Para o registo da representação permanente em Portugal de sociedades ou de outras pessoas colectivas de tipo correspondente a qualquer das abrangidas por este Código que tenham sede principal e efectiva da sua administração no estrangeiro, bem como do acto constitutivo da própria sociedade ou de outra pessoa colectiva, é competente a conservatória da área da situação dessa representação.

2. Para o registo de representações de pessoas colectivas sujeitas a registo com sede em Portugal e das demais representações de sociedades e de outras pessoas colectivas de tipo correspondente a qualquer dos abrangidos por este Código com sede no estrangeiro são competentes as conservatórias da área de situação dessas representações.

3. As conservatórias referidas no n.º 2 são exclusivamente competentes para o registo do mandato comercial de sociedades ou outras pessoas colectivas sujeitas a registo.

4. Para o registo do contrato de agência é competente a conservatória da área de situação da sede ou do estabelecimento do agente.

Art. 27.º (Mudança voluntária da sede da pessoa colectiva)

1. Quando a sociedade ou outra entidade sujeita a registo mudar a sede para localidade pertencente à área de conservatória diversa daquela em que está registada, deve pedir nesta última o averbamento da mudança da sede.

2. Efectuado o averbamento previsto no número anterior, o conservador deve remeter oficiosamente o respectivo processo à conservatória territorialmente competente.

3. A nova conservatória territorialmente competente pode emitir certidão dos registos constantes do processo e efectuar todos os actos de registo previstos no n.º 2 do art. 61.º

4. O disposto nos números anteriores é aplicável à mudança do estabelecimento do comerciante individual.

5. Tratando-se de transferência da sede de sociedade anónima europeia para outro Estado membro da União Europeia, a comunicação, pelo serviço de registo competente deste último, da nova matrícula da sociedade, em consequência do registo definitivo da transferência de sede e da correspondente alteração dos estatutos, determina o imediato averbamento

oficioso de cancelamento da matrícula na conservatória nacional, com menção da respectiva causa

6. O registo definitivo de alteração dos estatutos de sociedade anónima europeia pelo qual seja publicada a transferência da sede daquela para Portugal deve ser imediatamente comunicado, em conjunto com a nova matrícula da sociedade, ao serviço de registo do Estado da anterior matrícula.

CAPÍTULO III. Processo de registo

Art. 28.º (Princípio da instância)

O registo efectua-se a pedido dos interessados, em impressos de modelo aprovado, salvo nos casos de oficiosidade previstos na lei.

Art. 28.º-A (Apresentação por notário)

1. O pedido de registo, subscrito pelos interessados, pode ser remetido ou apresentado directamente pelo notário na conservatória competente, acompanhado dos respectivos documentos e preparo, nos termos previstos na lei notarial.

2. Após a anotação da apresentação no Diário, é devolvida ao notário fotocópia do impresso a que se refere o artigo anterior, com nota de recebimento.

3. No prazo de cinco dias após a feitura do registo, os documentos que não devam ficar depositados são devolvidos aos interessados, por meio de carta registada, juntamente com fotocópia dos registos efectuados e o excesso de preparo, se o houver.

Art. 29.º (Legitimidade)

1. Para pedir os actos de registo respeitantes a comerciantes individuais, salvo o referido no n.º 2, e a pessoas colectivas sujeitas a registo têm legitimidade os próprios ou seus representantes e todas as demais pessoas que neles tenham interesse.

2. O registo do início, alteração e cessação de actividade do comerciante individual, bem como da mudança da sua residência e de estabelecimento principal, só pode ser pedido pelo próprio ou pelo seu representante.

3. Para o pedido de registo provisório do contrato de sociedade anónima com apelo a subscrição pública de acções só têm legitimidade os respectivos promotores.

4. O Ministério Público tem legitimidade para pedir os registos das acções por ele propostas e respectivas decisões finais.

Art. 30.º (Representação)

1. O registo pode ser pedido por mandatário com procuração bastante, por quem tenha poderes de representação para intervir no respectivo título ou ainda por advogado ou solicitador, cujos poderes de representação se presumem.

2. A reclamação e o recurso, hierárquico ou contencioso, exigem procuração expressa, salvo se subscritos por mandatário com poderes forenses gerais ou pelo advogado ou solicitador que requisitou o acto a impugnar.

Art. 31.º (Princípio do trato sucessivo)

Para poder ser lavrada a inscrição definitiva de actos modificativos da titularidade de quotas ou partes sociais e de direitos sobre elas é necessária a intervenção nesses actos do titular inscrito, salvo se o facto for consequência de outro anteriormente inscrito.

Art. 32.º (Prova documental)

1. Só podem ser registados os factos constantes de documentos que legalmente os comprovem.

2. Os documentos escritos em língua estrangeira só podem ser aceites quando traduzidos nos termos da lei notarial.

Art. 33.º (Declarações complementares)

São admitidas declarações complementares dos títulos nos casos previstos na lei, designadamente para completa identificação dos sujeitos, sem prejuízo da exigência de prova do estado civil, e bem assim dos gerentes, administradores, directores, liquidatários e demais representantes das pessoas colectivas.

Art. 34.º (Comerciante individual)

1. O registo do início, alteração e cessação de actividade do comerciante individual, bem como da modificação dos seus elementos de identificação, efectua-se com base na declaração do interessado.

2. Com o pedido de registo de modificação do estado civil ou do regime de bens do comerciante individual deve ser depositado o respectivo documento comprovativo, emitido pela competente conservatória do registo civil.

Art. 35.º (Sociedades)

1. Para o registo de sociedades cuja constituição esteja dependente de qualquer autorização especial é necessário o depósito do respectivo documento comprovativo, salvo se o mesmo vier mencionado na respectiva escritura.
2. O registo prévio do contrato de sociedade, previsto no n.º 1 do artigo 18.º do Código das Sociedades Comerciais, é efectuado em face do projecto completo do contrato de sociedade, com reconhecimento das assinaturas de todos os interessados.
3. A conversão em definitivo do registo referido no número anterior é feita oficiosamente em face da escritura respectiva.
4. O registo provisório do contrato de sociedade anónima com apelo à subscrição pública de acções é lavrado em face do projecto completo do contrato, com reconhecimento das assinaturas de todos os interessados, de documento comprovativo da liberação das acções por eles subscritas e, quando necessário, da autorização para a subscrição pública ou emissão de acções.
5. O registo provisório de penhor e transmissão de quotas e partes sociais, antes de titulado o contrato, é feito com base em declaração do titular do direito ou em contrato-promessa assinados na presença do funcionário da conservatória competente ou com reconhecimento presencial da assinatura dos outorgantes.

Art. 36.º (Sociedades anónimas europeias)

1. O registo de constituição de uma sociedade anónima europeia por fusão ou transformação ou de constituição de uma sociedade anónima europeia gestora de participações sociais ou filial é efectuado com base em escritura pública, lavrada por notário português, a qual deve comprovar a verificação dos requisitos e a apresentação dos documentos exigidos nas normas comunitárias e nacionais aplicáveis.
2. Para o registo de constituição de uma sociedade anónima europeia gestora de participações sociais deve ainda ser comprovada a prévia publicação, relativamente a todas as sociedades promotoras, da verificação das condições de que depende essa constituição, nos termos previstos na legislação comunitária aplicável, sem prejuízo do disposto na parte final do n.º 4 do artigo 69.º
3. O registo de verificação das condições de que depende a constituição de uma sociedade anónima europeia gestora de participações sociais com sede em Portugal é feito com base na escritura pública que titule essa constituição.

4. O registo de alteração dos estatutos de uma sociedade anónima europeia pela qual seja publicitada a transferência de sede daquela para Portugal é efectuado com base em escritura pública, lavrada por notário português, na qual seja declarada a transferência da sede e exarado o contrato pelo qual a sociedade passa a reger-se, bem como comprovada a verificação dos requisitos e a apresentação dos documentos exigidos pela legislação comunitária e nacional aplicável.

Art. 37.º (Empresas públicas)
O registo de constituição de empresas públicas efectua-se em face do decreto que a determinou.

Art. 38.º (Agrupamento complementar de empresas)
Nota. Revogado pelo art. 4.º do DL n.º 349/89, de 13 de Outubro.

Art. 39.º (Agrupamento europeu de interesse económico)
Nota. Revogado pelo art. 4.º do DL n.º 349/89, de 13 de Outubro.

Art. 40.º (Representações sociais)
1. O registo das representações permanentes de sociedades com sede principal e efectiva em Portugal é feito em face de documento comprovativo da deliberação social que estabeleça e, tratando-se de representação situada fora da área da competência da conservatória da sua sede, também do documento comprovativo de que a sociedade está registada.

2. O registo das representações permanentes de sociedades com sede principal e efectiva no estrangeiro é feito em face de documento comprovativo da deliberação social que a estabeleça, do texto completo e actualizado do contrato de sociedade e de documento que prove a existência jurídica deste.

3. O disposto nos números anteriores é aplicável, com as necessárias adaptações, a outras pessoas colectivas de tipo correspondente a qualquer das abrangidas por este diploma.

Art. 41.º (Estabelecimento individual de responsabilidade limitada)
Nota. Revogado pelo art. 4.º do DL n.º 349/89, de 13 de Outubro.

Art. 42.º (Prestação de contas)
1. O registo da prestação de contas consiste apenas na entrega, para fins de depósito, da acta de aprovação donde conste a aplicação dos resultados, acompanhada dos documentos seguintes:
 a) O relatório da gestão;

b) O balanço, a demonstração dos resultados e o anexo ao balanço e à demonstração dos resultados;
c) A certificação legal de contas;
d) O parecer do órgão de fiscalização, quando exista.

2. O registo da prestação de contas consolidadas consiste apenas na entrega, para fins de depósito, dos documentos a seguir indicados e em declaração da qual conste que esses documentos foram presentes à sociedade consolidante;
a) O relatório consolidado da gestão;
b) O balanço consolidado, a demonstração consolidada dos resultados e o anexo;
c) A certificação legal das contas consolidadas;
d) O parecer do órgão de fiscalização, quando exista.

3. Relativamente às empresas públicas, a acta de aprovação é substituída pelo despacho de aprovação do ministro da tutela e a certificação legal é substituída pelo parecer da Inspecção-Geral de Finanças.

4. As fotocópias dos documentos previstos nos números anteriores não carecem de autenticação.

5. O registo da prestação de contas não está sujeito a anotação no livro Diário, sendo entregue ao interessado fotocópia do impresso a que se refere o artigo 28.º, com nota do recebimento dos documentos apresentados.

Art. 43.º (Registo provisório de acção)
O registo provisório de acção é feito com base em certidão de teor do articulado ou em duplicado deste com nota de entrada na secretaria judicial.

Art. 44.º (Cancelamento do registo provisório)
1. O cancelamento dos registos provisórios por natureza, de aquisição e de penhor e o cancelamento dos registos provisórios por dúvidas são feitos com base em declaração do respectivo titular.

2. A assinatura do declarante deve ser reconhecida presencialmente, se não for feita na presença do funcionário da conservatória competente para o registo.

3. No caso de existirem registos dependentes dos registos referidos no n.º 1 deste artigo, é igualmente necessário o consentimento dos respectivos titulares, prestado em declaração com idêntica formalidade.

4. O cancelamento do registo provisório de acção é feito com base em certidão da decisão transitada em julgado, que absolva o réu do pedido ou da instância, a julgue extinta ou a declare interrompida.

Art. 45.º (Anotação da apresentação)
1. A apresentação de documentos para registo pode ser feita pessoalmente, pelo correio ou através de telecópia remetida por notário no exercício das suas competências.
2. Os documentos apresentados pessoalmente são anotados pela ordem de entrega dos pedidos.
3. Os documentos apresentados por telecópia são anotados pela ordem de recepção dos pedidos:
 a) Imediatamente após a última apresentação pessoal do dia, quando recebidos entre as 0 e as 16 horas;
 b) Imediatamente antes da primeira apresentação pessoal do dia seguinte, quando recebidos entre as 16 e as 24 horas.
4. Os documentos apresentados pelo correio são anotados com a observação de «correspondência» no dia da recepção e imediatamente após a última apresentação pessoal ou por telecópia.

Art. 46.º (Rejeição da apresentação)
A apresentação deve ser rejeitada:
 a) Quando o pedido não for formulado no impresso próprio;
 b) Quando for entregue fora do período legal da abertura ao público.

Art. 47.º (Princípio da legalidade)
Compete ao conservador apreciar a viabilidade do pedido de registo, em face das disposições legais aplicáveis, dos documentos apresentados e dos registos anteriores, verificando especialmente a legitimidade dos interessados, a regularidade formal dos títulos e a validade dos actos neles contidos.

Art. 48.º (Recusa do registo)
1. O registo deve ser recusado nos seguintes casos:
 a) Quando a conservatória for territorialmente incompetente;
 b) Quando for manifesto que o facto não está titulado nos documentos apresentados;
 c) Quando se verifique que o facto constante do documento já está registado ou não está sujeito a registo;
 d) Quando for manifesta a nulidade do facto;
 e) Quando o registo já tiver sido lavrado como provisório por dúvidas e estas não se mostrem removidas;

f) Quando o preparo exigido não tiver sido pago;

g) Quando, tendo a apresentação sido efectuada por telecópia, não derem entrada na conservatória, nos cinco dias úteis imediatos ao da apresentação, as fotocópias e documentos necessários ao registo.

2. Além dos casos previstos no número anterior, o registo só pode ser recusado se, por falta de elementos ou pela natureza do acto, não puder ser feito como provisório por dúvidas.

Art. 49.º (Registo provisório por dúvidas)
O registo deve ser feito provisoriamente por dúvidas quando exista motivo que, não sendo fundamento de recusa, obste ao registo do acto tal como é pedido.

Art. 50.º (Despachos de recusa e de provisoriedade)
1. Os despachos de recusa e de registo provisório por dúvidas devem ser lavrados no impresso-requisição pela ordem de anotação no Diário e são notificados aos interessados nos cinco dias seguintes se tiverem sido lançados fora do prazo de realização do registo.

2. No caso de apresentação pelo correio, com a devolução dos documentos e do excesso de preparo é sempre dado ao interessado conhecimento dos motivos da recusa ou das dúvidas.

Art. 51.º (Obrigações fiscais)
1. Nenhum acto sujeito a encargos de natureza fiscal pode ser definitivamente registado sem que se mostrem pagos ou assegurados os direitos do fisco.

2. Não está sujeita à apreciação do conservador a correcção da liquidação de encargos fiscais feita nas repartições de finanças.

3. O imposto sobre as sucessões e doações ou o imposto de selo nas transmissões gratuitas presume-se assegurado desde que se mostre instaurado o respectivo processo de liquidação e dele conste a quota ou parte social a que o registo se refere.

4. Presume-se assegurado o pagamento dos direitos correspondentes às transmissões operadas em inventário judicial e em escrituras de doação, bem como às que tenham ocorrido há mais de vinte anos.

Art. 52.º (Suprimento das deficiências)
1. Sempre que possível, as deficiências do processo de registo devem ser supridas com base nos documentos apresentados ou já existentes na conservatória.
2. Após a apresentação e antes de realizado o registo, pode o interessado juntar documentos em apresentação complementar para sanar deficiências que não envolvam novo pedido de registo, nem constituam motivo de recusa nos termos do n.º 1 do artigo 48.º

Art. 53.º (Desistência)
É permitida a desistência de um registo e dos que dele dependam no caso de deficiência que motive recusa ou se for junto documento comprovativo da extinção do facto.

CAPÍTULO IV. Actos de registo

Art. 54.º (Prazo e ordem dos registos)
1. Os registos são efectuados no prazo de quinze dias, pela ordem de anotação ou da sua dependência.
2. Em caso de urgência invocada em requerimento do apresentante, o conservador pode, fundamentando a sua decisão, proceder à feitura do registo sem subordinação à ordem de anotação, mas sem prejuízo da dependência dos actos.

Art. 55.º (Âmbito e data do registo)
1. O registo compreende:
 a) O depósito de documentos;
 b) A matrícula, inscrições e averbamentos respeitantes a comerciantes individuais, sociedades, cooperativas, empresas públicas, agrupamentos complementares de empresas, agrupamentos europeus de interesse económico e estabelecimentos individuais de responsabilidade limitada;
 c) As publicações referidas no n.º 2 do artigo 70.º
2. A data do registo é a da apresentação ou, se desta não depender, a data em que tiver lugar.

Art. 56.º (Suportes documentais)

Haverá em cada conservatória de registo comercial um livro Diário, pastas, fichas e um livro de registo de emolumentos, segundo modelos oficiais.

Nota. Os modelos do livro de registo de emolumentos e das pastas do registo comercial foram aprovados pela Portaria n.º 1038/89, de 30 de Novembro.

Art. 57.º (Pastas e fichas)

1. A cada comerciante individual, pessoa colectiva ou estabelecimento individual de responsabilidade limitada é destinada uma pasta onde são depositados todos os documentos respeitantes aos actos submetidos a registo e as respectivas fichas.

2. As fichas destinam-se à matrícula dos comerciantes individuais, das pessoas colectivas e dos estabelecimentos individuais de responsabilidade limitada, à inscrição dos factos jurídicos que lhes respeitem e aos respectivos averbamentos e anotações.

3. A existência de estabelecimento individual de responsabilidade limitada é anotada na ficha do respectivo comerciante individual.

Art. 58.º (Termos em que são feitos os registos)

1. As matrículas, inscrições e averbamentos são efectuados por extracto.

2. As publicações são anotadas na ficha respectiva.

Art. 59.º (Depósito)

1. Nenhum acto sujeito a registo pode ser lavrado sem que os respectivos documentos sejam depositados na pasta própria.

2. A omissão ou deficiência da inscrição ou averbamento não prejudica os efeitos atribuídos por lei ao registo, desde que o depósito dos respectivos documentos esteja efectuado.

3. Relativamente a cada alteração do contrato de sociedade deve ser apresentado, para depósito, o texto completo do contrato alterado, na sua redacção actualizada, podendo, em caso de alteração parcial, ser este texto elaborado e assinado pelo representante legal da sociedade.

4. O texto a depositar, quando referente a sociedades por quotas, deve mencionar quais os actuais titulares das quotas, as que no balanço devam figurar como amortizadas e os novos montantes nominais das modificadas em consequência de unificação, divisão ou amortização.

Art. 60.º (Natureza do depósito)

A natureza do depósito é a da inscrição dos factos registados.

Art. 61.º (Primeiro registo)
1. Nenhum facto referente a comerciante individual, pessoa colectiva sujeita a registo ou estabelecimento individual de responsabilidade limitada pode ser registado sem que se mostre efectuado o registo do início de actividade do comerciante individual ou da constituição da pessoa colectiva ou do estabelecimento de responsabilidade limitada.
2. O disposto no número anterior não é aplicável aos registos decorrentes do processo de insolvência, bem como aos de penhor, penhora, arresto e arrolamento de quotas de sociedades por quotas e penhor de partes de sociedades em nome colectivo e em comandita simples.
3. No caso de transferência da sede de sociedade anónima europeia para Portugal, o primeiro registo referente a essa sociedade é o da alteração dos estatutos decorrente de tal transferência, sem prejuízo do disposto no número anterior quanto aos registos decorrentes do processo de insolvência.
4. Do primeiro registo decorre a matrícula do comerciante individual, da pessoa colectiva ou do estabelecimento individual de responsabilidade limitada.

Art. 62.º (Elementos da matrícula)
1. O extracto da matrícula deve conter o nome completo do comerciante individual e o seu número fiscal ou a firma ou denominação da pessoa colectiva, estabelecimento individual de responsabilidade limitada e o número de identificação de pessoa colectiva ou entidade equiparada.
2. A matrícula das representações permanentes das sociedades com sede principal e efectiva no estrangeiro deve incluir a referência 'representação permanente', 'sucursal' ou outra equivalente, à escolha do interessado.

Art. 62.º-A (Cancelamento da matrícula)
A matrícula é oficiosamente cancelada:
a) Com o registo definitivo de factos que tenham por efeito a extinção da entidade registada;
b) No caso de ser provisória, se a sua conversão em definitiva não se efectuar dentro do prazo legal;
c) Se aberta na dependência de um acto resusado, se o despacho de qualificação não tiver sido impugnado no prazo legal ou, tendo-o sido, se se verificar algum dos factos previstos no n.º 2 do artigo 111.º;
d) No caso de transferência da sede de sociedade anónima europeia para o território de outro Estado membro da União Europeia, nos termos do n.º 5 do artigo 27.º

Art. 63.º (Inscrições)
As inscrições extractam dos documentos depositados os elementos que definem a situação jurídica dos comerciantes individuais, das pessoas colectivas e dos estabelecimentos individuais de responsabilidade limitada.

Art. 64.º (Inscrições provisórias por natureza)
1. São provisórias por natureza as seguintes inscrições:
   a) De constituição de sociedades antes de titulado o contrato;
   b) De constituição de sociedades dependente de alguma autorização especial, antes da concessão desta;
   c) De constituição provisória de sociedades anónimas com apelo a subscrição pública de acções;
   d) De aumento de capital por emissão de obrigações convertíveis em acções, antes da emissão destas;
   e) De declaração de insolvência ou de indeferimento do respectivo pedido, antes do trânsito em julgado da sentença;
   f) De transmissão de quotas por arrematação judicial, antes de emitido o título;
   g) De aquisição de quotas ou partes sociais por partilha judicial, antes de transitada a sentença;
   h) De penhor ou transmissão de quotas e partes sociais, antes de titulado o contrato;
   i) De negócio jurídico anulável, ou ineficaz por falta de consentimento, antes de sanado o vício ou caducado o direito de o arguir;
   j) De negócio jurídico celebrado por gestor ou por procurador sem poderes suficientes, antes da ratificacção;
   l) De apreensão em processo de insolvência, depois de proferida a sentença de declaração de insolvência, mas antes da efectiva apreensão;
   m) De arrolamento ou de outras providências cautelares antes de transitado em julgado o despacho;
   n) De acções judiciais.
2. São ainda provisórias por natureza as inscrições:
   a) De penhora ou arresto de quotas das sociedades por quotas ou dos direitos a que se refere a parte final da alínea *e)* e da alínea *f)* do artigo 3.º e, bem assim, da apreensão dos mesmos bens em processo de insolvência, no caso de sobre eles subsistir registo de aquisição a favor de pessoa diversa do executado, requerido ou insolvente;
   b) Dependentes de qualquer registo provisório;

c) Que, em reclamação contra a reforma de livros e fichas, se alega terem sido omitidas;

d) Efectuadas na pendência de reclamação ou de recurso contra a recusa do registo ou enquanto não decorrer o prazo para a sua interposição.

Art. 65.º (Prazos especiais de vigência)
1. É de um ano o prazo de vigência das inscrições provisórias referidas nas alíneas a) a c) do n.º 1 do artigo anterior.
2. As inscrições referidas nas alíneas d), e), i), l), e n) do n.º 1 e c) do n.º 2 do artigo anterior, se não forem também provisórias com outro fundamento, mantêm-se em vigor pelo prazo de três anos, renovável por períodos de igual duração, mediante prova da subsistência da razão da provisoriedade.
3. As inscrições referidas na alínea a) do n.º 2 do artigo anterior mantêm-se em vigor pelo prazo de um ano, salvo se prorrogado pelo registo da acção declarativa prevista no n.º 5 do artigo 80.º, e caducam se esta não for registada dentro de 30 dias a contar da notificação da declaração do titular inscrito.
4. As inscrições dependentes de qualquer registo provisório mantêm-se em vigor pelo prazo do registo de que dependem, salvo se antes caducarem por outra razão; a conversão do registo em definitivo determina a conversão oficiosa das inscrições dependentes.
5. As inscrições efectuadas na pendência de reclamação ou recurso contra a recusa do registo ou dentro do prazo para a sua interposição mantêm-se em vigor pelo prazo de três anos, renovável por períodos de igual duração, mediante prova da subsistência do motivo da provisoriedade.

Art. 66.º (Unidade de inscrição)
1. Todas as alterações do contrato ou acto constitutivo da pessoa colectiva ou estabelecimento individual de responsabilidade limitada dão lugar a uma só inscrição, desde que constem do mesmo título.
2. A nomeação ou recondução dos gerentes, administradores, directores, liquidatários e membros do órgão de fiscalização feita no título constitutivo da pessoa colectiva ou estabelecimento individual de responsabilidade limitada ou da sua alteração não tem inscrição autónoma, devendo constar, consoante os casos, da inscrição do acto constitutivo ou da sua alteração.

3. A nomeação de administrador judicial da insolvência, a atribuição ao devedor da administração da massa insolvente e a proibição ao devedor administrador da prática de certos actos sem o consentimento do administrador judicial, quando determinadas simultaneamente com a declaração de insolvência, não têm inscrição autónoma, devendo constar da inscrição que publicita este último facto; a inscrição conjunta é também feita em relação aos factos referidos que sejam determinados simultaneamente em momento posterior àquela declaração.

4. A nomeação de curador ao comerciante individual insolvente, quando efectuada na sentença de inabilitação daquele, é registada na inscrição respeitante a este último facto.

Art. 67.º (Factos constituídos com outros sujeitos a registo)

1. O registo de aquisição de uma participação social, acompanhada de outro facto sujeito a registo, determina a realização oficiosa do registo deste facto.

2. O registo da decisão de encerramento do processo de insolvência, quando respeitante a sociedade comercial ou sociedade civil sob forma comercial, determina a realização oficiosa:

a) Do registo de regresso à actividade da sociedade, quando o encerramento do processo se baseou na homologação de um plano de insolvência que preveja a continuidade daquela;

b) Do cancelamento da matrícula da sociedade, nos casos em que o encerramento do processo foi declarado após a realização do rateio final.

3. O registo referido no número anterior determina ainda, qualquer que seja a entidade a que respeite, a realização oficiosa do registo de cessação de funções do administrador judicial da insolvência, salvo nos casos em que exista plano de insolvência homologado e este lhe confira competências e ainda nos casos a que se refere a alínea *b)* do número anterior.

Art. 68.º (Alteração das inscrições)

A inscrição pode ser actualizada ou rectificada por averbamento.

Art. 69.º (Factos a averbar)

1. São registados por averbamento às inscrições a que respeitam os seguintes factos:

a) A penhora, o arresto, o arrolamento e demais actos ou providências sobre créditos garantidos por penhor ou consignação de rendimentos;

b) A transmissão e o usufruto dos créditos referidos na alínea anterior;

c) A transmissão de quotas ou partes sociais por efeito de transferência global de patrimónios;

d) A transmissão e o usufruto do direito de algum ou alguns dos titulares de inscrição de bens integrados em herança indivisa ou património em liquidação, bem como a penhora, arresto, arrolamento, apreensão e demais actos ou providências sobre esse direito;

e) A cessão de posição contratual relativa à transferência de quotas ou partes sociais;

f) O trespasse do usufruto de quotas ou partes sociais;

g) A consignação judicial de rendimentos de quotas ou partes sociais objectos de inscrição de penhora;

h) A mudança de estabelecimento principal do comerciante individual dentro da área de competência territorial da conservatória;

i) A deslocação da sede da pessoa colectiva ou do estabelecimento individual de responsabilidade limitada dentro da área de competência territorial da conservatória;

j) A modificação, renúncia e revogação do mandato ou o seu substabelecimento.

l) A recondução ou cessação de funções de gerentes, administradores, directores, representantes e liquidatários;

m) A deliberação de aprovação do projecto de fusão e de cisão;

n) A verificação das condições de que depende a constituição de uma sociedade anónima europeia gestora de participações sociais;

o) O termo da situação de domínio total superveniente de grupo;

p) A emissão, mediante oferta particular, de cada série de obrigações.

q) A cessação de funções do administrador judicial e do administrador judicial provisório da insolvência;

r) A decisão judicial de proibição ao devedor insolvente da prática de certos actos sem o consentimento do administrador da insolvência, quando tal proibição não for determinada conjuntamente com a atribuição ao devedor da administração da massa insolvente;

s) A decisão judicial que ponha termo à administração da massa insolvente pelo devedor;

t) A decisão judicial de cessação antecipada do procedimento de exoneração do passivo restante de comerciante individual e a de revogação dessa exoneração;

u) A decisão judicial de confirmação do fim do período de fiscalização incidente sobre a execução de plano de insolvência.

2. São registados nos mesmos termos:

a) A conversão do arresto em penhora;

b) A decisão final das acções inscritas;

c) A conversão em definitivos, no todo ou em parte, dos registos provisórios;

d) A renovação dos registos;

e) A nomeação de terceiro ou a sua não nomeação em contrato para pessoa a nomear;

f) O cancelamento, total ou parcial, dos registos.

3. Podem ser feitos provisoriamente por dúvidas os averbamentos referidos no n.º 1.

4. O facto previsto na alínea *n*) do n.º 1 é averbado à inscrição do projecto de constituição de sociedade anónima europeia gestora de participações sociais, sendo o averbamento a esta inscrição, no caso de a sociedade ter sede na área de competência da conservatória que lavrou o registo daquele projecto, lavrado oficiosamente com o registo da constituição da sociedade.

5. A conversão em definitiva da inscrição de acção em que se julgue modificado ou extinto um facto registado, ou se declare nulo ou anulado um registo, determina o correspondente averbamento oficioso de alteração ou cancelamento.

6. O trânsito em julgado das sentenças previstas nas alíneas *e*) e *g*) do n.º 1 do artigo 64.º determina o averbamento de conversão em definitivo dos correspondentes registos.

7. As decisões judiciais previstas na alínea *s*) do n.º 1 são averbadas, respectivamente, à inscrição do despacho inicial de exoneração do passivo restante e à do despacho final que determine essa exoneração.

8. A decisão judicial prevista na alínea *t*) do n.º 1 é averbada à inscrição da decisão de encerramento do processo de insolvência que publicite a sujeição da execução de plano de insolvência a fiscalização.

Art. 70.º (Publicações obrigatórias)

1. É obrigatória a publicação dos seguintes actos de registo:

a) Os previstos no artigo 3.º, quando respeitem a sociedades por quotas, anónimas ou em comandita por acções, desde que sujeitas a registo obrigatório, salvo os das alíneas *c*), *e*), *f*), *h*) e *i*) do n.º 1;

b) Os previstos nos artigos 4.º, salvo os da alínea *c*), 6.º e 7.º;

c) Os previstos nas alíneas *a)* a *g)* do artigo 8.°;
d) Os previstos nas alíneas *c)*, *d)* e *h)* do artigo 9.°;
e) Os previstos nas alíneas *c)* e *d)* do artigo 10.°;
f) O averbamento de cancelamento a que se refere o n.° 5 do artigo 27.°

2. As publicações referidas no número anterior devem ser feitas em sítio na Internet de acesso público, regulado por portaria do Ministro da Justiça, no qual a informação objecto de publicidade possa ser acedida, designadamente por ordem cronológica.

3. Pelas publicações é devida uma taxa que constitui receita do serviço incumbido da manutenção do sítio referido no número anterior.

4. A constituição e o encerramento da liquidação de um agrupamento europeu de interesse económico, bem como os factos cujo registo determina a abertura ou o cancelamento da matrícula de uma sociedade anónima europeia, são publicados no *Jornal Oficial da União Europeia* após a publicação referida no n.° 2.

5. Os actos previstos nas alíneas *a)*, *r)* e *t)* do n.° 1 do artigo 3.° são ainda publicados, por extracto, num jornal da localidade da sede da sociedade ou da região respectiva, quando respeitem a sociedades por quotas ou anónimas.

Nota. Cf. a Portaria n.° 590-A/2005, de 14 de Julho.

Art. 71.° (Oficiosidade da publicação)

1. Efectuado o registo, deve o conservador promover as publicações obrigatórias no prazo de 15 dias e a expensas do interessado.

2. As publicações a que se refere o n.° 4 do artigo anterior são promovidas no prazo de 15 dias a contar das correspondentes publicações em sítio na Internet de acesso público.

3. As publicações efectuam-se com base nos dados transmitidos por via electrónica entre a conservatória e a Direcção-Geral dos Registos e do Notariado e, apenas nos casos em que este meio não esteja disponível, com base em certidões passadas na conservatória ou com base em certidões passadas em cartório notarial ou tribunal judicial e juntas ao pedido de registo, as quais devem ser remetidas à Direcção-Geral dos Registos e do Notariado, no prazo previsto no n.° 1, por via postal ou ainda por telecópia ou por correio electrónico, nos termos do n.° 1 do artigo 2.° e do artigo 4.° do Decreto-Lei n.° 66/2005, de 15 de Março, aplicáveis com necessárias adaptações.

4. As certidões emitidas pelas conservatórias para efeitos das publicações referidas no n.° 4 do artigo anterior devem conter as indicações cuja publicitação é exigida pela legislação comunitária aplicável.

Art. 72.º (Modalidades das publicações)
1. Das publicações devem constar as menções obrigatórias do registo.
2. O contrato ou estatuto por que se rege a pessoa colectiva, as respectivas alterações, bem como os documentos de prestação de contas das sociedades anónimas com subscrição pública e a acta de encerramento da liquidação destas sociedades, devem ser publicados integralmente.
3. Em relação aos restantes actos, a publicação pode ser feita integralmente, por extracto ou por menção do depósito na pasta respectiva, conforme opção do requisitante.
4. No caso de a publicação dos documentos de prestação de contas de outras sociedades que não as referidas no n.º 2 ser feita por extracto, a publicação não inclui a certificação legal das contas, mas é nela divulgado:

a) Se o parecer de revisão traduz uma opinião sem reservas, se é emitida uma opinião adversa ou se o revisor oficial de contas não está em condições de exprimir uma opinião de revisão;

b) Se no documento de certificação legal das contas é feita referência a qualquer questão para a qual o revisor oficial de contas tenha chamado a atenção com ênfase, sem qualificar a opinião de revisão.

5. A publicação da alteração parcial do contrato ou estatuto deve mencionar o depósito do texto completo na sua redacção actualizada.

CAPÍTULO V. Publicidade e prova do registo

Art. 73.º (Carácter público do registo)
Qualquer pessoa pode pedir certidões dos actos de registo e dos documentos arquivados, bem como obter informações verbais ou escritas sobre o conteúdo de uns e outros.

Art. 74.º (Buscas)
1. Para efeitos do disposto no artigo anterior, apenas os funcionários podem consultar os livros, pastas, fichas e documentos, de harmonia com as indicações dadas pelos interessados.
2. Podem ser passadas fotocópias ou cópias, integrais ou parciais, não certificadas, com o valor de informações, dos registos e despachos e de quaisquer documentos.
3. Nestas cópias deve ser aposta, de forma bem visível, a menção «cópia não certificada».

Art. 75.º (Meios de prova)
1. O registo prova-se por meio de certidões, fotocópias e notas de registo.
2. A validade dos documentos referidos no número anterior pode ser confirmada pela conservatória emitente.

Art. 76.º (Certidões e fotocópias)
1. As certidões devem ser pedidas em impressos de modelo oficial, entregue na conservatória ou remetido pelo correio ou por telecópia, e passadas no prazo de cinco dias.
2. Podem ser pedidas, verbalmente, fotocópias com valor de certidão dos registos e despachos ou de quaisquer documentos arquivados.

Art. 77.º (Conteúdo de certidões)
1. As certidões ou fotocópias devem reproduzir o extracto dos registos em vigor respeitantes ao comerciante individual, à pessoa colectiva ou estabelecimento individual de responsabilidade limitada, salvo se tiverem sido pedidas com referência apenas a certos actos de registo.
2. As certidões de narrativa e as certidões e fotocópias pedidas com referência a certos actos serão passadas por forma a não induzirem em erro acerca do conteúdo do registo e da posição dos seus titulares e devem referir os factos registados ou os títulos apresentados que alterem o pedido.
3. As certidões e fotocópias de registo que revelem alguma irregularidade ou deficiência não rectificada devem mencionar esta circunstância.

Art. 78.º (Notas de registo)
Por cada pedido de registo é emitida uma nota de modelo oficial, com indicação do nome do comerciante individual, da firma ou denominação da pessoa colectiva ou estabelecimento individual de responsabilidade limitada, do número e data do registo efectuado, e menção da natureza deste, se for provisório.

CAPÍTULO VI. Suprimento, rectificação e reconstituição do registo

Art. 79.º (Suprimento)
1. Os adquirentes da propriedade ou do usufruto de quotas ou de partes do capital social que não disponham de documento para a prova do seu direito, bem como os gerentes ou administradores da sociedade, podem, para fins de registo, suprir a intervenção dos titulares inscritos mediante escritura

de justificação notarial ou processo de justificação, ao qual é aplicável o regime previsto no Código do Registo Predial com as necessárias adaptações.

2. O disposto no número anterior é aplicável à divisão ou unificação de quotas.

3. A impossibilidade de comprovar o pagamento dos impostos referentes às transmissões justificadas, quando certificada pela repartição de finanças, dispensa a apreciação da regularidade fiscal das mesmas transmissões.

Art. 80.º (Suprimento em caso de arresto, penhora ou apreensão)

1. Havendo registo provisório de arresto, penhora ou apreensão em processo de insolvência de quotas ou de direitos relativos a partes sociais inscritas em nome de pessoa diversa do requerido, executado, ou insolvente, o juiz deve ordenar a citação do titular inscrito para declarar, no prazo de 10 dias, se a quota ou parte social lhe pertence.

2. No caso de ausência ou falecimento do titular da inscrição, far-se-á a citação deste ou dos seus herdeiros, independentemente da habilitação.

3. Se o citado declarar que as quotas ou partes sociais lhe não pertencem ou não fizer declaração alguma, será expedida certidão do facto à conservatória para conversão oficiosa do registo.

4. Se o citado declarar que as quotas ou partes sociais lhe pertencem, o juiz remeterá os interessados para os meios processuais comuns, expedindo-se igualmente certidão do facto, com a data da notificação da declaração, para ser anotado no registo.

5. O registo da acção declarativa na vigência do registo provisório é anotado neste e prorroga o respectivo prazo até caducar ou ser cancelado o registo da acção.

6. No caso de procedência da acção, pode o interessado pedir a conversão do registo no prazo de oito dias a contar do trânsito em julgado.

Art. 81.º (Processo especial de rectificação)

O processo previsto neste capítulo visa a rectificação dos registos e é regulado pelos artigos seguintes e, subsidiariamente e com as necessárias adaptações, pelo Código de Processo Civil.

Art. 82.º (Iniciativa)

1. Os registos inexactos e os registos indevidamente lavrados devem ser rectificados por iniciativa do conservador, logo que tome conhecimento da irregularidade, ou a pedido de qualquer interessado, ainda que não inscrito.

2. Os registos indevidamente lavrados que enfermem de nulidade nos termos da alínea b) do artigo 22.º podem ser cancelados com o consentimento dos interessados ou em execução de decisão tomada neste processo.

3. A rectificação do registo é feita, em regra, por averbamento, a lavrar no termo do processo especial para esse efeito previsto neste Código.

4. Os registos nulos por violação do princípio do trato sucessivo são rectificados pela feitura do registo em falta quando não esteja registada a acção de declaração de nulidade.

5. Os registos lançados em ficha distinta daquela em que deviam ter sido lavrados são oficiosamente transcritos na ficha que lhes corresponda, anotando-se ao registo errado a sua inutilização e a indicação da ficha em que foi transcrito.

Art. 83.º (Efeitos da rectificação)

A rectificação do registo não prejudica os direitos adquiridos a título oneroso por terceiros de boa-fé, se o registo dos factos correspondentes for anterior ao registo da rectificação ou da pendência do respectivo processo.

Art. 84.º (Requerimento inicial)

1. O requerimento inicial é apresentado pelos interessados, não tem de ser articulado, é dirigido ao conservador e especifica a causa de pedir e a identidade das pessoas nele interessadas.

2. O requerimento é acompanhado da junção da prova documental e da indicação dos restantes meios de prova.

Art. 85.º (Consentimento dos interessados)

Se a rectificação tiver sido requerida por todos os interessados, o conservador rectifica o registo, sem necessidade de outra qualquer formalidade, quando considere, mediante despacho, em face dos documentos apresentados, verificados os pressupostos da rectificação pedida.

Art. 86.º (Casos de dispensa de consentimento dos interessados)

1. A rectificação que não seja susceptível de prejudicar direitos dos titulares inscritos é efectuada, mesmo sem necessidade do seu consentimento, nos casos seguintes:

a) Sempre que a inexactidão provenha da desconformidade com o título, analisados os documentos que serviram de base ao registo;

b) Sempre que, provindo a inexactidão de deficiência dos títulos, a rectificação seja requerida por qualquer interessado com base em documento bastante.

2. Deve entender-se que a rectificação de registo inexacto por desconformidade com o título não prejudica o titular do direito nele inscrito.

3. Presume-se que da rectificação não resulta prejuízo para a herança se tal for declarado pelo respectivo cabeça-de-casal.

Art. 87.º (Averbamento de pendência da rectificação)

1. Quando a rectificação não seja de efectuar nos termos dos artigos 85.º ou 86.º, é averbada ao respectivo registo a pendência da rectificação, com referência à anotação no Diário do requerimento inicial ou à data em que tiver sido levantado o auto de verificação da inexactidão, consoante os casos.

2. O averbamento a que se refere o número anterior não prejudica o decurso do prazo de caducidade a que o registo rectificando esteja sujeito.

3. Os registos de outros factos que venham a ser lavrados e que dependam, directa ou indirectamente, da rectificação pendente, estão sujeitos ao regime de provisoriedade previsto na alínea *b)* do n.º 2 do artigo 64.º, sendo-lhes aplicável, com as adaptações necessárias, o disposto no n.º 4 do artigo 65.º

4. O averbamento da pendência é oficiosamente cancelado mediante decisão definitiva que indefira a rectificação ou declare findo o processo.

Art. 88.º (Indeferimento liminar)

1. Sempre que o pedido se prefigure como manifestamente improcedente, o conservador indefere liminarmente o requerido, por despacho fundamentado de que notifica o requerente.

2. Da decisão de indeferimento liminar pode o requerente recorrer nos termos previstos no artigo 92.º

3. Pode o conservador, face aos fundamentos alegados no recurso interposto, reparar a sua decisão de indeferir liminarmente o pedido mediante despacho fundamentado que ordene o prosseguimento do processo, do qual é notificado o recorrente.

4. Não sendo a decisão reparada, o processo é remetido ao tribunal depois de citados para os termos do recurso os interessados a que se refere o artigo 90.º, correndo então o prazo de 10 dias para impugnação dos fundamentos do recurso.

Art. 89.º (Emolumentos)
 1. Quando não haja motivo para indeferimento liminar, são os requerentes notificados para efectuarem o pagamento dos emolumentos que sejam devidos pela instrução e decisão do processo.
 2. O pagamento desses emolumentos é efectuado no prazo de cinco dias a contar da data da notificação, podendo ainda os requerentes efectuá-lo nos oito dias após o termo deste prazo com agravamento de 20%.
 3. Findo este último prazo sem que o pagamento se mostre efectuado, o conservador declara o processo findo e do respectivo despacho notifica os requerentes.

Art. 90.º (Citação)
 1. No caso de haver interessados não requerentes, o conservador ordena a sua citação para, no prazo de 10 dias, deduzirem oposição à rectificação pretendida e efectuarem o oferecimento de prova.
 2. Se os interessados forem incertos, o conservador ordena a citação do Ministério Público nos termos previstos no número anterior.
 3. Se a citação pessoal não for possível devido ao facto do interessado estar ausente em parte incerta ou ter falecido, são o ausente ou os herdeiros, independentemente de habilitação, citados mediante a simples afixação de editais, pelo prazo de 30 dias, na conservatória em que corre o processo de rectificação e na sede da junta de freguesia da última residência conhecida do ausente ou falecido, devendo deles constar a pretensão dos requerentes da rectificação, a inexactidão verificada ou cometida e os nomes dos interessados, bem como a conservatória onde corre o processo.
 4. A defesa dos incertos, ausentes ou incapazes que, por si ou seus representantes, não tenham deduzido oposição, incumbe ao Ministério Público, que para tanto deve também ser citado na pessoa do seu agente junto do tribunal de 1.ª instância competente na área da circunscrição a que pertença a conservatória, correndo novamente o prazo para a oposição.
 5. Se a citação pessoal não for possível em virtude de notória anomalia psíquica ou de outra incapacidade de facto do interessado, é o Ministério Público citado de imediato, aplicando-se o disposto no número anterior com as necessárias adaptações.

Art. 91.º (Instrução e decisão)
 1. Tendo sido requerida a produção de prova, o conservador ordena, no prazo de cinco dias, as diligências necessárias para a sua realização.

2. A prova testemunhal tem lugar mediante a apresentação das testemunhas pela parte que as tiver indicado, em número não superior a cinco, sendo os respectivos depoimentos reduzidos a escrito.

3. A perícia é requisitada pelo conservador ou realizada por perito a nomear nos termos previstos no artigo 568.º do Código de Processo Civil, aplicável com as necessárias adaptações.

4. O conservador pode, em qualquer caso, ordenar as diligências e a produção de prova que considerar necessárias.

5. Concluída a produção de prova e efectuadas as diligências que oficiosamente sejam ordenadas, dispõem os interessados do prazo de três dias para apresentar alegações.

6. A decisão sobre o pedido de rectificação é proferida pelo conservador no prazo de 10 dias.

Art. 92.º (Recurso para o tribunal de 1.ª instância)

1. Qualquer interessado e o Ministério Público podem recorrer da decisão do conservador para o tribunal de 1.ª instância competente na área da circunscrição a que pertence a conservatória onde pende o processo.

2. O prazo para a interposição do recurso, que tem efeito suspensivo, é o do artigo 685.º do Código de Processo Civil.

3. O recurso interpõe-se por meio de requerimento onde são expostos os respectivos fundamentos.

4. A interposição do recurso considera-se feita com a apresentação do mesmo na conservatória em que o processo foi objecto da decisão de que se recorre, sendo aquela anotada no Diário.

Art. 93.º (Decisão do recurso)

1. Recebido o processo, o juiz ordena a notificação dos interessados para, no prazo de 10 dias, impugnarem os fundamentos do recurso.

2. Não havendo lugar a qualquer notificação ou findo o prazo a que se refere o número anterior vai o processo com vista ao Ministério Público.

Art. 93.º-A (Recurso para o tribunal da Relação)

1. Da sentença proferida pelo tribunal de 1.ª instância podem interpor recurso para o tribunal da Relação os interessados, o conservador e o Ministério Público.

2. O recurso, que tem efeito suspensivo, é processado e julgado como agravo em matéria cível.

3. Do acórdão do tribunal da Relação não cabe recurso para o Supremo Tribunal de Justiça, sem prejuízo dos casos em que o recurso é sempre admissível.

Art. 93.º-B (Devolução do processo)
Após o trânsito em julgado da sentença ou do acórdão proferidos, o tribunal devolve à conservatória o processo de rectificação.

Art. 93.º-C (Gratuitidade do registo e custas)
1. O registo da rectificação é gratuito, salvo se se tratar de inexactidão proveniente de deficiência dos títulos.
2. O conservador está isento de custas, salvo se tiver agido com dolo.

Art. 93.º-D (Incompatibilidades)
Ao conservador que exerça advocacia é vedada a aceitação do patrocínio nos processos de rectificação previstos no presente capítulo.

Art. 94.º (Reconstituição)
Em caso de extravio ou inutilização dos suportes documentais, os registos podem ser reconstituídos por reprodução, reelaboração ou reforma.

Art. 95.º (Processo de reforma)
1. O processo de reforma inicia-se com a remessa ao Ministério Público de auto lavrado pelo conservador, do qual devem constar as circunstâncias do extravio ou inutilização, a especificação dos suportes documentais abrangidos e a referência ao período a que correspondem os registos.
2. O Ministério Público deve requerer ao juiz a citação edital dos interessados para, no prazo de dois meses, apresentarem na conservatória os documentos de que disponham; dos editais deve constar o período a que os registos respeitam.
3. Decorrido o prazo dos editais e julgada válida a citação, por despacho transitado em julgado, o Ministério Público deve promover a comunicação do facto ao conservador.

Art. 96.º (Reclamações)
1. Concluída a reforma, o conservador deve participar o facto ao Ministério Público, a fim de que este promova nova citação edital dos inte-

ressados para examinarem os registos reconstituídos e apresentarem na conservatória as suas reclamações no prazo de 30 dias.

2. Quando a reclamação tiver por fundamento a omissão de alguma inscrição, esta é lavrada como provisória por natureza, com base na petição do reclamante e nos documentos apresentados.

3. Se a reclamação visar o próprio registo reformado, devem ser juntas ao processo de reclamação cópias do registo impugnado e dos documentos que lhe serviram de base e deve anotar-se a pendência da reclamação.

4. Cumprido o disposto nos dois números anteriores, as reclamações são remetidas, para decisão, ao tribunal competente, com informação do conservador.

Art. 97.º (Suprimento de omissões não reclamadas)
1. A omissão não reclamada de algum registo só pode ser suprida por meio de acção intentada contra aqueles a quem o interessado pretenda opor a prioridade do registo.

2. A acção não prejudica os direitos decorrentes de factos registados antes do registo da acção que não tenham constado dos suportes documentais reformados.

CAPÍTULO VII. Impugnação das decisões do conservador

Art. 98.º (Reclamação)
Do despacho de recusa do conservador em efectuar qualquer acto de registo nos termos requeridos cabe reclamação para o próprio conservador.

Art. 99.º (Prazo e formalidades da reclamação)
1. O prazo para a dedução da reclamação é de 30 dias a contar do termo do prazo do registo.

2. Se o pedido de registo tiver sido feito pelo correio ou se o despacho tiver sido proferido fora do prazo fixado na lei para a realização do registo, o prazo para a interposição da reclamação conta-se a partir da data da notificação desse mesmo despacho.

3. A reclamação deve ser escrita e fundamentada.

Art. 100.º (Apreciação da reclamação)
 1. No prazo de cinco dias, o conservador deve apreciar a reclamação e proferir despacho fundamentado a reparar ou a manter a decisão.
 2. O despacho é sempre notificado ao reclamante no prazo de 48 horas.

Art. 101.º (Recurso hierárquico)
 1. Do despacho que tiver indeferido a reclamação cabe recurso hierárquico para o director-geral dos Registos e do Notariado.
 2. O prazo para a interposição do recurso hierárquico é de 30 dias a contar da data da notificação do despacho referido no n.º 1 do artigo anterior.
 3. A interposição do recurso considera-se feita com a apresentação da petição na conservatória.
 4. No prazo de cinco dias, o conservador deve remeter todo o processo, instruído com o de reclamação e com fotocópia do despacho de recusa e dos documentos que julgar necessários, à Direcção-Geral dos Registos e do Notariado.

Art. 102.º (Apreciação do recurso hierárquico)
 1. O recurso hierárquico é decidido no prazo de 90 dias pelo director-geral dos Registos e do Notariado, que, quando o entenda conveniente, pode determinar que previamente seja ouvido o Conselho Técnico.
 2. Quando haja de ser ouvido, o Conselho Técnico deve pronunciar-se no prazo máximo de 60 dias.
 3. A decisão do director-geral diferente do parecer do Conselho Técnico deve ser fundamentada.

Art. 103.º (Notificação da decisão)
 A decisão proferida é notificada, por carta registada, ao reclamante e comunicada ao funcionário reclamado.

Art. 104.º (Recurso contencioso)
 1. Tendo o recurso hiérarquico sido julgado improcedente, o interessado pode interpor recurso contencioso do despacho do conservador.
 2. O recurso é interposto para o tribunal da comarca no prazo de vinte dias a contar da data da notificação da decisão que tiver julgado improcedente o recurso hierárquico.

3. À interposição do recurso contencioso é aplicável o disposto no n.º 3 do artigo 101.º

4. No prazo e termos estabelecidos no n.º 4 do artigo 101.º, o conservador deve remeter o processo a juízo.

Art. 105.º (Julgamento do recurso contencioso)

1. Recebido em juízo e independentemente de despacho, o processo vai com vista ao Ministério Público para emissão de parecer.

2. O juiz que tenha intervindo no processo donde conste o acto cujo registo está em causa fica impedido de julgar o recurso contencioso.

Art. 106.º (Recurso de sentença)

1. Da sentença proferida em processo de recurso contencioso podem sempre interpor recurso para a Relação, com efeito suspensivo, o recorrente, o funcionário recorrido, o director-geral dos Registos e do Notariado e o Ministério Público.

2. Para os efeitos previstos no número anterior, a sentença é sempre notificada ao director-geral dos Registos e do Notariado.

3. O recurso é processado e julgado como agravo em matéria cível.

4. Do acórdão de Relação não cabe recurso para o Supremo Tribunal de Justiça, sem prejuízo dos casos em que o recurso é sempre admissível.

Art. 107.º (Comunicações oficiosas)

Decidido definitivamente o recurso contencioso, o chefe da secretaria deve remeter à conservatória certidão da decisão proferida; se houver desistência ou deserção do recurso ou se estiver parado mais de 30 dias por inércia do recorrente, deve o facto ser também comunicado.

Art. 108.º (Valor do recurso e isenção)

1. O valor do recurso contencioso é o do facto cujo registo foi recusado ou feito provisoriamente por dúvidas.

2. Os conservadores são dispensados de preparos e isentos de custas e selo, ainda que os motivos da recusa ou da provisoriedade sejam julgados improcedentes, salvo se tiverem agido com dolo.

Art. 109.º (Interposição de reclamação ou recurso por notário)

1. Quando a recusa do conservador em efectuar qualquer acto de registo, nostermos requeridos, se fundamente em vício de que alegada-

mente enfermem os títulos lavrados por notário, a este assiste o direito de interpor reclamação e recurso hierárquico, nos termos e prazos estabelecidos.

2. O processo de reclamação deve ser instruído, neste caso, com autorização escrita e assinada pelo interessado presumivelmente prejudicado com a decisão.

Art. 110.º (Impugnação da conta dos actos e da recusa da passagem de certidões)

1. Assiste aos interessados o direito de interporem reclamação e recurso hierárquico contra erros que entendam ter havido na liquidação da conta dos actos ou na aplicação das tabelas emolumentares, bem como contra a recusa do conservador em passar qualquer certidão.

2. Salvo o disposto no n.º 3, à reclamação e ao recurso hierárquico referidos no número anterior são aplicáveis, com as devidas adaptações, os artigos 99.º a 103.º

3. Tratando-se de reclamação contra a recusa de passagem de certidões, o prazo fixado no n.º 1 do artigo 99.º conta-se a partir do termo do prazo legal para a emissão de certidões.

Art. 111.º (Efeitos da impugnação)

1. A interposição de reclamação, de recurso hierárquico ou de recurso contencioso deve ser imediatamente anotada na ficha respectiva a seguir à anotação da recusa ou ao registo provisório.

2. São ainda anotadas a improcedência ou a desistência da impugnação, bem como, sendo caso disso, a deserção do recurso ou a sua paragem durante mais de 30 dias por inércia do recorrente.

3. Com a interposição da reclamação fica suspenso o prazo de caducidade do registo provisório até lhe serem anotados os factos referidos no número anterior.

4. Proferida decisão, em processo de reclamação, de recurso hierárquico ou de recurso contencioso, que julgue insubsistente a recusa ou a provisoriedade, o conservador deve lavrar o registo recusado, com base na apresentação correspondente, ou converter oficiosamente o registo provisório.

Art. 112.º (Registos dependentes)

1. No caso de recusa, julgados procedentes a reclamação, o recurso hierárquico ou o recurso contencioso, deve anotar-se a caducidade dos

registos provisórios incompatíveis com o acto inicialmente recusado e converter-se oficiosamente os registos dependentes.

2. Verificando-se a caducidade do direito de impugnação ou qualquer dos factos previstos no n.º 2 do artigo anterior, é anotada a caducidade dos registos dependentes e são convertidos os registos incompatíveis.

CAPÍTULO VIII. Outros actos

Art. 112.º-A (Legalização de livros)

1. A legalização dos livros dos comerciantes, quando determinada na lei, deve ser realizada pela conservatória do registo comercial competente.

2. É competente a conservatória que detenha a pasta pertencente à entidade a que os livros respeitem.

3. A legalização é feita no prazo de quarenta e oito horas e consiste na indicação do número de matrícula e na assinatura dos termos de abertura e de encerramento, bem como na rubrica das folhas.

4. A rubrica das folhas pode ser aposta por chancela.

5. As assinaturas e rubricas referidas nos números anteriores podem ser feitas pelos funcionários competentes para assinar certidões.

Art. 112.º-B (Nomeação de auditores e de revisores oficiais de contas)

1. Sempre que a lei exija a nomeação de peritos ou de auditores, bem como de revisores oficiais de contas, e a mesma não possa ser feita pela sociedade, mas seja admitida por processo extrajudicial, deve a entidade interessada requerer à conservatória do registo comercial competente, nos termos do n.º 2 do artigo anterior, que designe os peritos respectivos.

2. Logo que apresentado o requerimento, a conservatória oficia, no prazo de dois dias, à Câmara dos Revisores Oficiais de Contas ou, não sendo esta entidade a legalmente competente, ao organismo representativo dos peritos em causa, havendo-o, ou, ainda, em caso negativo, à câmara de comércio mencionada pelo requerente, solicitando a indicação dos nomes e das moradas dos peritos a nomear.

3. Recebida a comunicação, o conservador, no prazo de três dias, verifica, designadamente em face dos registos existentes na conservatória e dos elementos de que disponha, a existência de alguma incompatibilidade legal relativamente ao perito indicado.

4. No caso de existir incompatibilidade, directa ou indirecta, com a pessoa indigitada, a conservatória solicita, nos mesmos termos e dentro de igual prazo, a indicação de outro perito.

5. Não existindo incompatibilidade, o conservador procede imediatamente à nomeação, por despacho exarado no próprio requerimento, e comunica o facto, no prazo de vinte e quatro horas à entidade interessada.

6. Tratando-se de projecto de fusão de sociedades, é competente para efectuar a nomeação uma das conservatórias onde estiver situada a sede de qualquer das sociedades envolvidas no processo.

7. O disposto nos números anteriores não é aplicável à designação de peritos independentes no âmbito dos processos de constituição ou transformação de sociedades anónimas europeias, prevista nas normas comunitárias correspondentes, a qual se rege pelo disposto na legislação nacional aprovada em execução dessas normas.

CAPÍTULO IX. Disposições diversas

Art. 113.º (Modelos oficiais)

Os modelos oficiais de suportes documentais e demais impressos previstos neste Código serão aprovados por portaria do Ministro da Justiça.

Notas. 1. Cf. a Portaria n.º 1038/89, de 30 de Novembro, que aprovou os modelos do livro de registo de emolumentos e das pastas do registo comercial.
2. Cf. a Portaria n.º 38/2002, de 10 de Janeiro, que aprovou o modelo de impressos de registo comercial.

Art. 114.º (Contas)

As contas que tenham de entrar em regra de custas de processo são pagas com as custas a que haja lugar.

Art. 115.º (Direito subsidiário)

São aplicáveis, com as necessárias adaptações, ao registo comercial, na medida indispensável ao preenchimento das lacunas da regulamentação própria, as disposições relativas ao registo predial que não sejam contrárias aos princípios informadores do presente diploma.

Emolumentos do registo comercial[1]

	Em euros
1 – Inscrições e subinscrições:	
1.1 – Constituição de pessoas colectivas...	56
1.2 – Aumento do capital social	63
1.3 – Redução do capital social para cobertura de prejuízos	89
1.4 – Outras alterações do contrato social, com ou sem aumento ou redução de capital social...	112
1.5 – Fusão, cisão ou transformação	113
1.6 – Dissolução..	58
1.7 – Nomeação de órgãos sociais...	77
1.8 – Inscrições de penhor, consignação de rendimentos, penhora, arresto, arrolamento e providências cautelares não especificadas	75
1.9 – Registo de acções...	112
1.10 – Outras inscrições..	112
1.11 – Abrangendo a inscrição mais de um facto, ao emolumento especialmente previsto para o registo do facto principal ou de âmbito mais genérico acresce, por cada facto a mais..................	28
1.12 – Pelas subinscrições, designadamente as previstas nas alíneas *a)* a *g)* do n.º 1 do artigo 69.º do Código do Registo Comercial....	36
2 – Registo efectuado por simples depósito	49
3 – Averbamentos às inscrições:	
3.1 – Averbamento de cancelamento...	72
3.2 – Averbamento à inscrição não especialmente previsto...............	48
4 – Processo de justificação...	203
5 – Pela instrução e decisão de processo especial de rectificação, tributadas nos termos do artigo 89.º do Código do Registo Comercial	254
6 – Pela urgência na feitura de cada registo é devido 50% do emolumento correspondente ao acto.	
7 – Desistência do pedido de registo	20
8 – Recusa de registo	30
9 – Certidões, fotocópias, informações escritas e certificados:	
9.1 – Requisição e emissão de certidão negativa	26
9.2 – Requisição e emissão de certidão ou fotocópia de actos de registo	16

---

[1] Tabela constante do art. 22.º do Regulamento Emolumentar dos Registos e Notariado, aprovado pelo DL n.º 322-A/2001, de 14 de Dezembro, e alterado pela L n.º 32-B/2002, de 30 de Dezembro, e pelos DLs n.º 194/2003, de 23 de Agosto, e n.º 111/2005, de 8 de Julho. O próprio Regulamento foi, também ele, já objecto de várias alterações; cf. o DL n.º 315/2002, de 27 de Dezembro, a L n.º 32-B/2002, de 30 de Dezembro, e os DLs n.º 194/2003, de 23 de Agosto, n.º 53/2004, de 18 de Março, n.º 199/2004, de 18 de Agosto, e n.º 111/2005, de 8 de Julho.

9.3 – Pela requisição e emissão de certidão ou fotocópia de documentos, até nove páginas 16
9.3.1 – A partir da 10.ª página, cada página a mais 1
9.4 – Pela confirmação do conteúdo da certidão ou fotocópia é devido o emolumento da respectiva emissão, reduzido a metade.
9.5 – Informação dada por escrito 11
9.6 – Fotocópia não certificada, por cada página 0,50
9.7 – O emolumento devido pelas certidões e fotocópias, quando cobrado no acto do pedido, é restituído no caso da recusa da sua emissão.
10 – Legalização de livros, por cada livro 14
11 – Nomeação de auditores e de revisores oficiais de contas, por cada nomeação.. 120

REGULAMENTO DO REGISTO COMERCIAL [1]

CAPÍTULO I. Processo de registo

Art. 1.º (Instrumentos do registo)

1. Haverá em cada conservatória, para o serviço de registo:

a) O livro Diário, destinado à anotação cronológica dos pedidos de registo e respectivos documentos;

b) Fichas de registo e pastas, ordenadas pelos números que lhes couberem na ordem cronológica.

2. Nas conservatórias de registo predial e comercial pode ser comum o livro Diário, com as necessárias adaptações.

Art. 2.º (Fichas)

1. A ficha tem o número da matrícula já existente ou aberta de novo na sequência das matrículas efectuadas na conservatória ou secção, seguido dos algarismos da data da apresentação correspondente à matrícula, pelo ano, mês e dia.

2. Os números das matrículas existentes nos livros são atribuídos às fichas sem alteração, nos termos do número anterior.

3. As fichas são de diferentes cores, consoante se destinem ao registo de comerciantes individuais, sociedades, cooperativas, empresas públicas, agrupamentos complementares de empresas e europeus de interesse económico, estabelecimentos individuais de responsabilidade limitada e outras entidades sujeitas a registo.

Art. 3.º (Pastas)

1. No exterior de cada pasta deve ser indicado o nome do comerciante individual, ou a firma ou denominação da pessoa colectiva ou do estabelecimento individual de responsabilidade limitada, e o respectivo número de ordem.

2. O número de ordem da pasta é igual ao número da ficha que contém.

3. No interior da pasta é anotado o depósito de cada documento, numerado e identificado pela sua natureza, data e repartição que o emitiu.

---

[1] Aprovado pela Portaria n.º 883/89, de 13 de Outubro.

Art. 4.º (Verbetes)
1. Para efeitos de busca, haverá em cada conservatória ficheiros nominativos e numéricos.
2. Os ficheiros nominativos são constituídos por verbetes indicadores das entidades matriculadas, ordenados alfabeticamente segundo cada uma das espécies de entidades previstas no n.º 3 do artigo 2.º
3. Os ficheiros numéricos são constituídos por verbetes indicadores das entidades matriculadas, ordenadas pelo número de identificação de pessoa colectiva ou entidade equiparada, ou pelo número fiscal, tratando-se de comerciante individual.

Art. 5.º (Apresentação)
Para fins de apresentação, o depósito, a matrícula e a inscrição constituem um só acto de registo.

Art. 6.º (Anotação da apresentação)
A anotação da apresentação deve conter os seguintes elementos:
a) O número de ordem e a data da apresentação;
b) O nome completo do apresentante;
c) O facto a registar;
d) O nome, firma ou denominação da pessoa ou do estabelecimento;
e) A espécie de documentos e o seu número.

Art. 7.º (Mudança voluntária da sede)
1. Efectuado o averbamento da mudança voluntária da sede da sociedade ou outra pessoa colectiva para a localidade pertencente à área de conservatória diversa daquela em que está registada, a pasta será remetida oficiosamente à nova conservatória competente, anotando-se o facto nos verbetes.
2. No caso de se comprovar que a pessoa colectiva ou entidade equiparada não foi registada na conservatória inicialmente competente, os registos são efectuados apenas na conservatória da nova sede.

CAPÍTULO II. Actos de registo

Art. 8.º (Depósito dos documentos)
1. Os documentos comprovativos dos factos a registar e, em geral, das menções constantes do registo ficam depositados, bem como a requisição de registo e o texto das publicações legais.
2. Os documentos respeitantes a registos que já não se encontrem em vigor podem ser transferidos para uma pasta-desdobramento, com anotação do facto em ambas as pastas.

3. Todos os documentos depositados são numerados pela ordem do depósito, para efeitos do disposto no n.º 3 do artigo 3.º

4. Anotada a caducidade do depósito provisório, os documentos são desentranhados da pasta para devolução aos interessados.

Art. 9.º (Unidade da matrícula)

1. A matrícula é especialmente destinada à identificação do comerciante individual, pessoa colectiva e estabelecimento individual de responsabilidade limitada.

2. A cada uma das entidades referidas no número anterior corresponderá uma só matrícula.

Art. 10.º (Natureza da matrícula)

1. As matrículas provisórias determinam o carácter provisório por natureza das inscrições e do depósito.

2. As matrículas cuja abertura decorra de registos provisórios são provisórias por natureza.

3. As matrículas previstas no número anterior são convertidas oficiosamente em definitivas logo que seja definitivamente registado qualquer facto lhes respeite.

Art. 11.º (Menções gerais da matrícula)

1. O extracto da matrícula deve conter:

a) O número de ordem privativo, seguido dos algarismos correspondentes à data da sua abertura pelo ano, mês e dia, e o número de identificação, ou número fiscal, no caso de comerciantes individuais;

b) Sendo a matrícula provisória, a menção de que o é, por natureza ou por dúvidas, com indicação, no primeiro caso, da disposição legal aplicável;

c) Os elementos previstos na alínea *a)*, referentes à matrícula na conservatória da sede, no caso de sucursais ou outras representações.

2. A menção do número de identificação no extracto de matrícula é feita oficiosamente logo que fornecido pelo serviço competente.

Art. 12.º (Menções da matrícula de comerciante individual)

A matrícula de comerciante individual deve ainda conter as seguintes menções especiais:

a) O nome completo;

b) A firma comercial que usa, se esta for diferente do nome completo.

Art. 13.º (Menções das restantes matrículas)

As matrículas de outras entidades sujeitas a registo comercial devem conter a firma ou denominação.

Art. 14.º (Averbamentos à matrícula)
1. Os averbamentos à matrícula devem conter:
 a) O número de ordem privativo;
 b) O número e a data da apresentação, ou, se desta não dependerem, a data em que são feitos;
 e) A menção dos elementos da matrícula alterados, completados ou rectificados, ou apenas a de conversão ou de cancelamento, consoante os casos.
2. O averbamento de cancelamento da matrícula a que se refere o n.º 5 do artigo 27.º do Código do Registo Comercial deve conter menção da respectiva causa.
3. São provisórios por natureza os averbamentos dependentes de registos efectuados provisoriamente.
4. A conservatória da sede deve oficiar às demais, para o efeito de serem efectuados os averbamentos em todas as conservatórias em que a matrícula estiver aberta.

Nota: Redacção introduzida pelo art. 4.º do DL n.º 2/2005, de 4 de Janeiro.

Art. 15.º (Requisitos gerais da inscrição)
1. Do extracto da inscrição devem constar:
 a) O número de ordem correspondente e o número e a data da apresentação;
 b) Sendo a inscrição provisória, a menção de que o é, por natureza ou por dúvidas, com indicação, no primeiro caso, da disposição legal aplicável;
 c) O facto registado;
 d) O nome completo e o estado das pessoas singulares e, sendo casadas, o nome do cônjuge e o regime matrimonial de bens ou a firma das pessoas colectivas que figurem activamente no facto;
 e) O nome completo ou a firma dos que nele figurem passivamente.
2. A menção do nome do sujeito passivo só é feita se for indispensável para a sua identificação.

Art. 16.º (Requisitos especiais das inscrições)
O extracto da inscrição deve ainda conter as seguintes menções especiais:
 a) Na de início da actividade do comerciante individual: a data, a nacionalidade, o ramo de actividade, a localização do estabelecimento principal;
 b) Na de contrato de sociedade: a sede, o prazo de duração quando determinado, o objecto, o capital e, não estando realizado, o montante em que ficou, as quotas ou partes sociais, ou o valor nominal e a natureza das acções, a administração, a fiscalização e a forma de obrigar a sociedade; tratando-se de constituição de sociedade anónima europeia, para além das menções anteriores, a modalidade da constituição;
 c) Na de constituição de cooperativa: a sede, o prazo de duração quando determinado, o objecto, o capital mínimo, a direcção, a fiscalização e a forma de obrigar a cooperativa;

d) Na de constituição de empresa pública: a sede, o prazo de duração quando determinado, o objecto, o capital, a administração, a fiscalização e forma de obrigar a empresa;

e) Na de contrato de agrupamento complementar de empresas e na de agrupamento europeu de interesse económico: a sede, o prazo de duração quando determinado, o objecto, o nome ou a firma dos membros, as contribuições genéricas dos agrupados para os encargos e a constituição do capital, havendo-o, a administração e a forma de obrigar o agrupamento;

f) Na de constituição de estabelecimento individual de responsabilidade limitada: o nome, a residência e a nacionalidade do titular, a sede, a data do início da actividade, o prazo de duração quando determinado, o objecto e o capital;

g) Na de criação de representação permanente: a identificação da pessoa colectiva representada, por referência à firma, nacionalidade, sede, objecto e capital, e ainda o local da representação e o capital afecto, quando exigível;

h) Na de deliberação da assembleia geral para aquisição de bens e na de prorrogação: a data da deliberação;

i) Na de transmissão de quotas ou partes sociais: a quota ou parte social transmitida e a causa;

j) Na de constituição e transmissão de direitos sobre quotas ou partes sociais: a quota ou parte social e a causa;

l) Na de penhor ou de arresto: a data e a quantia e, ainda, sendo de penhor, o fundamento;

m) Na de amortização de quotas, exoneração e exclusão de sócios: a quota, a causa, a data e, havendo extinção da quota e fixação de novos valores das subsistentes, a sua indicação;

n) Na de extinção de parte social: a parte social, a data e a causa;

o) Na de autorização para a manutenção de nome ou apelido: o nome ou apelido, quem concede a autorização e a data;

p) Na de conversão e na de remissão de acções: a data da deliberação, o montante das acções e a sua espécie quando indicada;

q) Na de deliberação de redução de capital social: o montante e a data da deliberação;

r) Na de entrada de novos membros do agrupamento complementar de empresas: a data da deliberação;

s) Na de encerramento de representação permanente: a data do encerramento;

t) Na de alteração do contrato ou do acto constitutivo: a indicação dos artigos alterados, sem prejuízo das menções previstas nas alíneas *b*) a *f*);

u) Na de designação dos membros dos órgãos de administração, fiscalização e liquidação: o prazo por que foram designados, se o houver, e a data da deliberação;

v) Na de mandato: a síntese dos poderes conferidos, com a declaração de poderem ou não ser substabelecidos, a data da procuração e o prazo quando determinado;

x) Na de prestação de contas: o ano de exercício;

z) Na de projecto de fusão ou de cisão, bem como na de projecto de constituição de sociedade anónima europeia por fusão: a modalidade da fusão ou cisão, a firma e a sede das sociedades participantes, as alterações projectadas aos estatutos da sociedade incorporante ou cindida quanto à firma, sede, objecto e capital ou a menção dos mesmos elementos relativos aos estatutos projectados para a sociedade a criar;

aa) Na de projecto de constituição de sociedade anónima europeia gestora de participações sociais: a firma e a sede das sociedades participantes e os estatutos projectados para a sociedade anónima europeia, com menção dos elementos referidos na alínea anterior;

ab) Na de projecto de constituição de sociedade anónima europeia por transformação de sociedade anónima de direito interno bem como na de projecto de transformação da sociedade anónima europeia em sociedade anónima de direito interno: as alterações projectadas para os estatutos da sociedade transformada quanto aos elementos referidos na alínea *z*);

ac) Na de projecto de transferência da sede de sociedade anónima europeia para outro Estado membro da União Europeia: a nova sede da sociedade anónima europeia, bem como as restantes alterações projectadas para os estatutos da sociedade quanto aos elementos previstos na alínea *z*);

ad) Na de fusão e de cisão: a data da deliberação que aprovou o projecto se a mesma não constar já do registo anterior;

ae) Na de transformação: a data da deliberação e as menções do contrato, ou da constituição, previstas nas alíneas *b*) a *e*);

af) Na de redução do capital: a quantia a que este ficou reduzido e a data da deliberação;

ag) Na de reforço do capital: o montante após o reforço, a natureza da subscrição e como foi subscrito;

ah) Na de reintegração do capital: o montante e a sua distribuição pelos sócios;

ai) Na de emissão de obrigações: o montante, o valor nominal, a natureza da subscrição e a data da deliberação;

aj) Na de dissolução: o prazo para a liquidação;

al) Na de encerramento da liquidação: a data da aprovação das contas.

am) Na de regresso à actividade da sociedade, quando deliberada pelos sócios, e nas de deliberação de domínio total, de manutenção ou de termo dessa situação: a data da deliberação;

an) Na de contrato de subordinação: a data e o prazo do contrato;

ao) Na de acção: o pedido; nos procedimentos e providências cautelares, o requerido;

ap) Na de declaração de insolvência: a data e hora de prolação da sentença e a data do respectivo trânsito em julgado; se for caso disso, a menção adicional da presumível insuficiência do património do devedor para satisfação das custas do processo e das dívidas previsíveis da massa insolvente;

aq) Na de indeferimento do pedido de declaração de insolvência: a data do trânsito em julgado da sentença respectiva;

ar) Na de nomeação de administrador judicial e de administrador judicial provisório da insolvência: o domicílio profissional do administrador nomeado e, no caso de nomeação de administrador judicial provisório, os poderes que lhe foram atribuídos;

as) Na de atribuição ao devedor da administração da massa insolvente: a data do despacho que a decretou; e, sendo decretada a proibição da prática de certos actos pelo devedor sem o consentimento do administrador da insolvência, a especificação dos actos sujeitos a esse condicionalismo;

at) Na de inabilitação e de inibição de comercientes individuais para o exercício do comércio e de determinados cargos: a data do trânsito em julgado da sentença, o prazo da inabilitação e da inibição e a especificação das inibições decretadas;

au) Na de nomeação de curador ao insolvente inabilitado: o domicílio profissional do curador;

av) Na de exoneração do passivo restante do cmerciante indivudual: a data do trânsito em julgado do despacho que a determina; e na que publicita o despacho inicial: a data do despacho e a menção do nome e domicílio profissional do fiduciário do rendimento disponível do devedor;

ax) Na de encerramento do processo de insolvência: a data da respectiva decisão judicial e a razão determinante do encerramento; no caso de encerramento por homologação de plano de insolvência cuja execução fique sujeita a fiscalização, a menção deste último condicionalismo e, se for o caso, dos actos cuja prática depende do consentimento do administrador da insolvência e do limite quantitativo dentro do qual é lícita a concessão de prioridade a novos créditos;

az) Na de contrato de agência, ou no de representação permanente: o objecto, o início e a duração quando determinada;

Nota. Redacção introduzida pelas Portarias n.ºs 773/94, de 26 de Agosto, 937/94, de 24 de Outubro, 1269/2004, de 6 de Outubro, e pelo DL n.º 2/2005, de 4 de Janeiro.

Art. 17.º (Averbamentos à inscrição)

Os averbamentos à inscrição devem conter:

a) O número da inscrição, seguido do número de ordem privativo do averbamento;

b) O número e a data da apresentação ou, se desta não dependerem, a data em que são feitos;

c) A menção do facto averbado.

Art. 17.º-A (Requisitos especiais dos averbamentos)
O extracto do averbamento à inscrição deve ainda conter as seguintes menções especiais:

a) No de deliberação de aprovação do projecto de fusão ou de cisão e no de termo do domínio total: a data da deliberação;

b) No de emissão de série de obrigações: a série emitida e a data;

c) No de recondução de funções de membros dos órgãos de administração e de fiscalização: o prazo por que foram reconduzidos, quando indicado e a data da deliberação;

d) Nos de concessão e modificação de poderes dos liquidatários: os poderes concedidos ou modificados e a data;

e) No de cessação de funções de membros dos órgãos de administração e de fiscalização: a data e a causa;

f) No de decisão final de acções inscritas: o conteúdo dispositivo da sentença e a data do trânsito em julgado;

g) No de cessação de funções do administrador judicial ou do administrador judicial provisório da insolvência e no de cessação de funções do curador do insolvente inabilitado: a causa;

h) No de proibição ao devedor insolvente da prática de certos actos sem o consentimento do administrador da insolvência, quando tal proibição não for determinada conjuntamente com a atribuição ao devedor da administração da massa insolvente: a data do despacho respectivo e a especificação dos actos sujeitos a esse condicionalismo;

i) No de cessação da administração da massa insolvente pelo devedor: a data do despacho que a decretou;

j) No de confirmação do fim do período de fiscalização incidente sobre a execução de plano de insolvência: a data da decisão judicial respectiva;

l) No de cessação antecipada do procedimento de exoneração do passivo restante de comerciante individual: a data do despacho respectivo;

m) No de revogação da exoneração do passivo restante de comerciante individual: a data do trânsito em julgado do despacho respectivo;

n) No de realização integral do capital: a data.

Nota: Aditado pelo n.º 2.º da Portaria n.º 773/94, de 26 de Agosto, e alterado pela Portaria n.º 1269/2004, de 6 de Outubro.

Art. 18.º (Anotações)
As anotações previstas na lei devem conter:

a) A data da apresentação dos documentos ou, se dela não dependerem, a data em que foram lavradas, bem como o número de ordem privativo;

b) O facto anotado.

Art. 19.º (Pagamento das publicações) [1]

1. Para efectiva promoção da publicação obrigatória no *Diário da República*, os interessados devem entregar na conservatória, no momento da apresentação do pedido, cheque bancário cruzado, à ordem da Imprensa Nacional – Casa da Moeda, E. P., ou fazer prova de que foi efectuado o correspondente depósito bancário.

2. O pedido de publicação será acompanhado de um dos documentos referidos no número anterior.

Nota. O Art. 19.º foi aditado pelo n.º 1.º da Portaria n.º 1225/93, de 23 de Novembro, e entrou em vigor no dia 1 de Janeiro de 1994.

---

[1] A epígrafe não consta do texto oficial.

CÓDIGO DO REGISTO COMERCIAL – Apêndice *

Art. 4.º (Factos sujeitos a registo referentes a navios)
Estão sujeitos a registo, quando referentes a navios:
 a) Os factos jurídicos que importem reconhecimento, aquisição ou divisão do direito de propriedade;
 b) Os factos jurídicos que importem reconhecimento, constituição, aquisição, modificação ou extinção do direito de usufruto;
 c) Os contratos de construção ou de grande reparação;
 d) As hipotecas, sua modificação ou extinção, bem como a cessão da hipoteca ou do grau de prioridade do respectivo registo;
 e) O penhor de créditos hipotecários;
 f) A penhora, o arresto e o arrolamento de navios ou de créditos hipotecários, bem como quaisquer outros actos ou providências que afectem a livre disposição deles;
 g) A cessão de créditos hipotecários e sub-rogação neles.

(...)

Art. 6.º (Matrículas obrigatórias e facultativas)
A matrícula das sociedades e navios é obrigatória; é facultativa a dos comerciantes em nome individual.

Art. 8.º (Da matrícula, como condição de registo dos factos a ele sujeitos)
Nenhum facto pode ser levado a registo comercial sem que o comerciante ou o navio a que respeite se mostre devidamente matriculado.

(...)

---

* Transcrevem-se neste Apêndice as disposições que julgamos mais importantes sobre o registo de navios, constantes do DL n.º 42644, de 14 de Novembro de 1959, e D n.º 42645, de 14 de Novembro de 1959. Por força do art. 5.º, n.º 2, do DL n.º 403/86, de 3 de Dezembro, que aprovou o Código do Registo Comercial, essas disposições mantêm a sua vigência até à publicação da nova legislação sobre a matéria, o que ainda não aconteceu.

(...)

Art. 10.º (Sanção para a falta de matrícula dos navios)
Os navios sujeitos a matrícula não poderão empreender qualquer viagem enquanto não estiverem matriculados.

(...)

Art. 12.º (Primeira inscrição referente a navios)
1. A primeira inscrição referente a navios será a da sua construção ou aquisição.
2. A hipoteca provisória de navios em construção ou a construir, bem como a sua penhora, arresto, ou arrolamento, podem, porém, ser registados, independentemente da prévia inscrição referida no número anterior.

(...)

Art. 19.º (Direito aplicável)
1. São aplicáveis ao registo comercial, com as necessárias adaptações, todas as disposições legais relativas ao registo predial que não forem contrárias a natureza daquele e às disposições especiais do presente diploma ou do respectivo regulamento.
2. Ao registo de navios são ainda aplicáveis, nos mesmos termos, as normas regulamentares da marinha mercante.

DECRETO N.º 42 645
de 14 de Novembro de 1959

(...)

Art. 6.º (Competência relativa aos navios)

1. Para a matrícula dos navios é competente a conservatória em cuja área estiver situada a capitania ou delegação marítima respectiva, salvo tratando-se de navio em construção ou a construir, em que será competente a conservatória do correspondente estaleiro ou, se este se encontrar situado no estrangeiro, a Conservatória de Lisboa.

2. Para a inscrição dos factos jurídicos relativos aos navios matriculados é competente a conservatória onde a matrícula, no momento da inscrição, deva legalmente estar aberta.

(...)

Art. 8.º (Mudança voluntária de capitania do registo do navio)

1. Matriculado numa conservatória, não pode o navio ser matriculado noutra sem que previamente se declare, por averbamento à matrícula efectuada, qual a nova conservatória para que vai ser transferido.

2. O averbamento será realizado à vista do título de propriedade, do qual conste que o navio já está registado na capitania ou delegação marítima do porto da área da nova conservatória territorialmente competente para a matrícula.

3. O disposto no n.º 3 do artigo anterior é aplicável aos navios que tenham mudado de capitania.

(...)

Art. 21.º (Partes de que se compõe o registo)

O registo comercial compõe-se da matrícula, da inscrição dos factos respeitantes aos comerciantes ou navios matriculados e dos correspondentes averbamentos.

Art. 29.º (Finalidade da matrícula)

A matrícula é especialmente destinada à identificação dos comerciantes ou navios matriculados.

Art. 30.º (Unidade da matrícula)
A cada comerciante ou navio corresponderá uma só matrícula.

(...)

Art. 39.º (Anotação da matrícula dos navios no título de propriedade)
A matrícula definitiva dos navios, uma vez efectuada, é averbada no correspondente certificado do registo de propriedade.

(...)

Art. 43.º (Requisitos especiais da matrícula dos navios)
O extrato da matrícula dos navios deve conter, em especial, as seguintes menções:
 a) O nome do navio e seu número oficial,
 b) A tonelagem e as dimensões principais;
 c) O aparelho, sistema e força das máquinas, sendo a vapor;
 d) O lugar e data da construção das máquinas e do casco, bem como o material deste;
 e) O sinal distintivo que tiver no Código Internacional de Sinais;
 f) Os nomes e domicílios dos proprietários;
 g) A declaração de ter sido apresentado o título de propriedade dos navios e a indicação da respectiva capitania ou delegação marítima.

(...)

Art. 49.º (Documentos para matrícula de navio já constituído)
 1. A matrícula dos navios já construídos é aberta em face dos títulos apresentados para a inscrição da sua construção ou aquisição, do certificado do registo de propriedade, passado pela competente capitania ou delegação marítima, e de uma declaração escrita e assinada pelo proprietário, consignatário ou correspondente, com a assinatura reconhecida pelo notário, da qual deverão constar os elementos referidos no artigo 43.º
 2. À declaração serão juntos os documentos do seguro e classificação do navio, se este estiver seguro e classificado.
 3. A falta de apresentação do certificado do registo de propriedade dá lugar à realização da matrícula como provisória.

Art. 50.º (Documento para a matrícula oficiosa do navio)
A matrícula oficiosa do navio já construído, para efeito da inscrição de hipoteca, penhora ou arresto requerido pelos credores, é efectuada em face da respectiva certidão notarial ou judicial, acompanhada da certidão do registo da propriedade do navio.

Art. 51.º (Documento para a matrícula de navios em construção ou a construir)

1. A matrícula de navio em construção ou a construir é efectuada em face de título apresentado para a inscrição provisória do contrato de construção ou da hipoteca convencional para garantia do pagamento da despesa de construção.

2. Uma vez concluída a construção, a matrícula só é convertida em definitiva à vista do certificado do registo da propriedade do navio, passado pela capitania ou delegação marítima competente.

(...)

Art. 61.º (Averbamento de cancelamento da matrícula de navios)

1. A matrícula de navios será cancelada, por meio de averbamento, em face de documento comprovativo da destruição, desaparecimento ou perda da nacionalidade dos respectivos navios.

2. No caso de subsistir registo de qualquer ónus ou encargo sobre o navio, a matrícula não pode ser cancelada sem a intervenção do titular desse registo.

(...)

Art. 68.º (Inscrições provisórias por natureza)
São admitidas apenas como provisórias as inscrições seguintes:
(...)
k) De penhora ou arresto de navio ou do direito de usufruto sobre os quais subsista inscrição de domínio ou transmissão em nome de pessoas diversas do executado ou arrestado,
l) De contrato de construção de navio e as de hipoteca constituída sobre navio em construção;

(...)

Art. 75.º (Anotação da inscrição da aquisição de navios em título de propriedade)
A inscrição de aquisição de navios, uma vez efectuada, será anotada no certificado de registo de propriedade, passado pela capitania ou delegação marítima.

Art. 76.º (Conversão em definitiva da inscrição do contrato de construção de navios)
A inscrição do contrato de construção de navio, quando convertida em definitiva, vale, para todos os efeitos, como registo de aquisição do respectivo navio.

Art. 77.º (Inscrição de transmissão de navios por contrato celebrado no estrangeiro)

A inscrição de transmissão de navios por contrato celebrado no estrangeiro, bem como a matrícula provisória e inscrição de hipoteca de navios em construção ou a construir no estrangeiro, serão efectuadas, oficiosamente, pelo conservador, se os documentos e o preparo devido lhe forem enviados pelo competente agente consultar.

Art. 78.º (Requisitos especiais de algumas inscrições)

O extracto das inscrições, além dos requisitos comuns, deve conter, conforme os casos, as seguintes menções especiais:

(...)

q) Nas de contrato de construção ou de grande reparação de navios: a data do contrato e prazo dentro do qual deve ser cumprido, o preço e a forma do seu pagamento;

r) Nas de aquisição originária de navio: lugar onde foi construído, o nome ou firma do construtor, o preço pago e, quando não integralmente liquidado, a quantia em dívida;

s) Nas de transmissão de navios; a causa, data e o valor da transmissão.

(...)

Art. 84.º (Documento para a inscrição de contrato de construção de navios)

1. A inscrição de contrato de construção de navio será efectuada em face de cópia do contrato, com a assinatura dos outorgantes devidamente reconhecida pelo notário.

2. A inscrição tem carácter provisório até que termine a construção e o navio seja registado na capitania ou delegação marítima competente, convertendo-se em definitiva em face da certidão deste registo.

Art. 85.º (Documento para inscrição de aquisição originária do navio)

A inscrição da aquisição do navio a favor do próprio construtor é efectuada em face de simples declaração escrita e assinada por este, com a assinatura reconhecida por notário, e de certificado do registo de propriedade na capitania ou delegação marítima competente.

Art. 86.º (Documento para a inscrição da aquisição do navio por contrato de construção)

1. A inscrição da aquisição de navio em estaleiro, por contrato de construção, efectuar-se-á em face de documento passado pelo construtor, com a assinatura reconhecida por notário, do qual conste a entrega do navio, o seu nome

e qualidade, o nome do encomendador, o preço convencionado, a forma do seu pagamento e, quando não integralmente liquidado, a quantia em dívida.

2. Se a inscrição respeitar a navio construído no estrangeiro e não for requerida na Conservatória de Lisboa, deve ainda ser apresentada certidão comprovativa de nesta Conservatória não se encontrar pendente sobre o navio qualquer inscrição provisória não transcrita.

Art. 87.º (Documento para a inscrição de transmissão da propriedade do navio)

1. A inscrição de transmissão de propriedade de navios realizar-se-á em face de documento autêntico ou autenticado, comprovativo da aquisição.

2. Se a transmissão se houver operado por contrato e o navio tiver valor superior a 50 000$00, a inscrição só pode efectuar-se em face de certidão da respectiva escritura pública.

Art. 88.º (Apresentação e título do registo de propriedade do navio)

Nenhum facto respeitante a navios pode ser definitivamente registado, sem que seja apresentado o título de propriedade do navio, ou a certidão do seu registo, passado pela competente capitania ou delegação marítima.

Emolumentos do registo de navios [1]

Em euros

1 – Matrículas:
1.1 – Por cada matrícula de navio 40
2 – Inscrições e subinscrições:
2.1 – Inscrições 112
2.2 – Inscrições de hipoteca, consignação de rendimentos, penhora, arresto, arrolamento, providências cautelares não especificadas e locação financeira 75
2.3 – Por cada inscrição de aquisição anterior à daquele que se apresente a requerer o registo em seu nome 56
2.4 – Por cada inscrição transcrita em consequência de mudança de capitania ou delegação marítima 56

---

[1] Tabela constante do art. 22.º do Regulamento Emolumentar dos Registos e Notariado, aprovado pelo DL n.º 322-A/2001, de 14 de Dezembro, e alterado pela L n.º 32-B/2002, de 30 de Dezembro, e pelos DLs n.º 194/2003, de 23 de Agosto, e n.º 111/2005, de 8 de Julho. O próprio Regulamento foi, também ele, já objecto de várias alterações; cf. o DL n.º 315/2002, de 27 de Dezembro, a L n.º 32-B/2002, de 30 de Dezembro, e os DLs n.º 194/2003, de 23 de Agosto, n.º 53/2004, de 18 de Março, n.º 199/2004, de 18 de Agosto, e n.º 111/2005, de 8 de Julho.

2.5 – Pelos averbamentos previstos no artigo 88.º do Decreto-Lei n.º 42 645, de 14 de Novembro de 1959, que assumam a natureza de subinscrições[1] 56
2.6 – Pelas inscrições ou subinscrições que abranjam mais de um navio, acresce aos emolumentos previstos nos números anteriores, por cada navio a mais 28
3 – Averbamentos às inscrições:
3.1 – Averbamento de cancelamento 72
3.2 – Averbamento à inscrição não especialmente previsto 48
4 – Pela urgência na feitura de cada registo dentro do prazo legal, são acrescidos em 50% os respectivos emolumentos.
5 – Desistência do pedido de registo 20
6 – Recusa de registo 30
7 – Certidões, fotocópias, informações escritas e certificados:
7.1 – Requisição e emissão de certidão negativa 26
7.2 – Requisição e emissão de certidão ou fotocópia de actos de registo:
7.2.1 – Respeitante a um só navio 16
7.2.2 – Por cada navio a mais 8
7.3 – Requisição e emissão de certidão ou fotocópia de documentos:
7.3.1 – Até nove páginas 16
7.3.2 – A partir da 10.ª página, por cada página a mais 1
7.4 – Pela confirmação do conteúdo da certidão ou fotocópia é devido emolumento da respectiva emissão reduzido a metade.
7.5 – Informação por escrito:
7.5.1 – Em relação a um navio 11
7.5.2 – Por cada navio a mais, até ao máximo de € 800 11
7.6 – Fotocópia não certificada, por cada página 0,50
7.7 – O emolumento devido pelas certidões e fotocópias, quando cobrado no acto do pedido, é restituído no caso da recusa da sua emissão.

---

[1] No texto oficial refere-se o artigo 89.º do DL n.º 42 645, de 15 de Novembro. Cremos tratar-se de um lapso que, por isso, se corrige.

ÍNDICE GERAL

CÓDIGO COMERCIAL

Carta de Lei de 28 de Junho de 1888 5

LIVRO PRIMEIRO
DO COMÉRCIO EM GERAL

Título	I	— Disposições gerais	7
Título	II	— Da capacidade comercial e dos comerciantes	8
Capítulo	I	— Da capacidade comercial	8
Capítulo	II	— Dos comerciantes	9
Título	III	— Da firma	10
Título	IV	— Da escrituração	11
Título	V	— Do registo	15
Título	VI	— Do balanço e da prestação de contas	15
Título	VII	— Dos corretores	15
Título	VIII	— Dos lugares destinados ao comércio	15
Capítulo	I	— Das bolsas	15
Capítulo	II	— Dos mercados, feiras, armazéns e lojas	16

LIVRO SEGUNDO
DOS CONTRATOS ESPECIAIS DE COMÉRCIO

Título	I	— Disposições gerais	17
Título	II	— Das sociedades	19
Capítulo	V	— Disposições especiais às sociedades cooperativas	19
Título	III	— Da conta em participação	19

Título	IV	— Das empresas	19
Título	V	— Do mandato	20
Capítulo	I	— Disposições gerais	20
Capítulo	II	— Dos gerentes, auxiliares e caixeiros	24
Capítulo	III	— Da comissão	28
Título	VI	— Das letras, livranças e cheques	30
Título	VII	— Da conta corrente	30
Título	VIII	— Das operações de bolsa	32
Título	IX	— Das operações de banco	32
Título	X	— Do transporte	33
Título	XI	— Do empréstimo	39
Título	XII	— Do penhor	39
Título	XIII	— Do depósito	40
Título	XIV	— Do depósito de géneros e mercadorias nos armazéns gerais	41
Título	XV	— Dos seguros	44
Capítulo	I	— Disposições gerais	44
Capítulo	II	— Dos seguros contra riscos	46
Secção	I	— Disposições gerais	46
Secção	II	— Do seguro contra fogo	48
Secção	III	— Do seguro de colheitas	50
Secção	IV	— Do seguro de transportes por terra, canais ou rios	50
Capítulo	III	— Do seguro de vidas	51
Título	XVI	— Da compra e venda	53
Título	XVII	— Do reporte	56
Título	XVIII	— Do escambo ou troca	57
Título	XIX	— Do aluguer	57
Título	XX	— Da transmissão e reforma de títulos de crédito mercantil	57

LIVRO TERCEIRO
DO COMÉRCIO MARÍTIMO

Título	I	— Dos navios	59
Capítulo	I	— Disposições gerais	59
Capítulo	II	— Do proprietário	60
Capítulo	III	— Do capitão	60
Capítulo	IV	— Da tripulação	60
Capítulo	V	— Do conhecimento	60
Capítulo	VI	— Do fretamento	61
Capítulo	VII	— Dos passageiros	61

Capítulo	VIII	— Dos privilégios creditórios e das hipotecas	61
Secção	I	— Dos privilégios creditórios	61
Secção	II	— Das hipotecas	64
Título	II	— Do seguro contra riscos de mar	66
Título	III	— Do abandono	70
Título	IV	— Do contrato de risco	73
Título	V	— Das avarias	75
Título	VI	— Das arribadas forçadas	80
Título	VII	— Da abalroação	82
Título	VIII	— Da salvação e assistência	84

LIVRO QUARTO
DAS FALÊNCIAS

.... 85

CÓDIGO DAS SOCIEDADES COMERCIAIS

Título	I —	Parte Geral	87
Capítulo	I —	Âmbito de aplicação	87
Capítulo	II —	Personalidade e capacidade	89
Capítulo	III —	Contrato de sociedade	89
Secção	I —	Celebração e registo	89
Secção	II —	Obrigações e direitos dos sócios	95
Subsecção	I —	Obrigações e direitos dos sócios em geral	95
Subsecção	II —	Obrigação de entrada	97
Subsecção	III —	Conservação do capital	100
Secção	III —	Regime da sociedade antes do registo. Invalidade do contrato	103
Capítulo	IV —	Deliberações dos sócios	109
Capítulo	V —	Administração	114
Capítulo	VI —	Apreciação anual da situação da sociedade	114
Capítulo	VII —	Responsabilidade civil pela constituição, administração e fiscalização da sociedade	118
Capítulo	VIII —	Alterações do contrato	124
Secção	I —	Alterações em geral	124
Secção	II —	Aumento do capital	124
Secção	III —	Redução do capital	127
Capítulo	IX —	Fusão de sociedades	128

Capítulo	X — Cisão de sociedades	138
Capítulo	XI — Transformação de sociedades	142
Capítulo	XII — Dissolução da sociedade	145
Capítulo	XIII — Liquidação da sociedade	147
Capítulo	XIV — Publicidade de actos sociais	155
Capítulo	XV — Fiscalização pelo Ministério Público	157
Capítulo	XVI — Prescrição	157
Título	II — Sociedades em nome colectivo	158
Capítulo	I — Características e contrato	158
Capítulo	II — Deliberações dos sócios e gerência	164
Capítulo	III — Alterações do contrato	167
Capítulo	IV — Dissolução e liquidação da sociedade	167
Título	III — Sociedades por quotas	168
Capítulo	I — Características e contrato	168
Capítulo	II — Obrigações e direitos dos sócios	169
Secção	I — Obrigação de entrada	169
Secção	II — Obrigações de prestações acessórias	173
Secção	III — Prestações suplementares	173
Secção	IV — Direito à informação	175
Secção	V — Direito aos lucros	176
Capítulo	III — Quotas	177
Secção	I — Unidade, montante e divisão da quota	177
Secção	II — Contitularidade da quota	178
Secção	III — Transmissão da quota	180
Secção	IV — Amortização da quota	183
Secção	V — Execução da quota	186
Secção	VI — Exoneração e exclusão de sócios	187
Capítulo	IV — Contrato de suprimento	188
Capítulo	V — Deliberações dos sócios	190
Capítulo	VI — Gerência e fiscalização	193
Capítulo	VII — Apreciação anual da situação da sociedade	198
Capítulo	VIII — Alterações do contrato	199
Capítulo	IX — Dissolução da sociedade	202
Capítulo	X — Sociedades unipessoais por quotas	202
Título	IV — Sociedades anónimas	204
Capítulo	I — Características e contrato	204
Capítulo	II — Obrigações e direitos dos accionistas	210
Secção	I — Obrigação de entrada	210
Secção	II — Obrigação de prestações acessórias	211
Secção	III — Direito à informação	212
Secção	IV — Direito aos lucros	215

Capítulo	III — Acções	218
Secção	I — Generalidades	218
Secção	II — Oferta pública de aquisição de acções	220
Secção	III — Acções próprias	221
Secção	IV — Transmissão de acções	226
Subsecção	I — Formas de transmissão	226
Subsecção	II — Limitações à transmissão	226
Subsecção	III — Regime de registo e regime de depósito	228
Secção	V — Acções preferenciais sem voto	229
Secção	VI — Acções preferenciais remíveis	230
Secção	VII — Amortização de acções	231
Capítulo	IV — Obrigações	233
Secção	I — Obrigações em geral	233
Secção	II — Modalidades de obrigações	239
Capítulo	V — Deliberações dos accionistas	246
Capítulo	VI — Administração, fiscalização e secretário da sociedade	255
Secção	I — Conselho de administração	255
Secção	II — Fiscalização	265
Secção	III — Direcção	273
Secção	IV — Conselho geral	277
Secção	V — Revisor oficial de contas	280
Secção	VI — Secretário da sociedade	281
Capítulo	VII — Publicidade de participações e abuso de informações	283
Capítulo	VIII — Apreciação anual da situação da sociedade	285
Capítulo	IX — Aumento e redução do capital	288
Capítulo	X — Dissolução da sociedade	291
Título	V — Sociedades em comandita	292
Capítulo	I — Disposições comuns	292
Capítulo	II — Sociedades em comandita simples	295
Capítulo	III — Sociedades em comandita por acções	296
Título	VI — Sociedades coligadas	296
Capítulo	I — Disposições gerais	296
Capítulo	II — Sociedades em relação de simples participação, de participações recíprocas e de domínio	297
Capítulo	III — Sociedades em relação de grupo	299
Secção	I — Grupos constituídos por domínio total	299
Secção	II — Contrato de grupo paritário	301
Secção	III — Contrato de subordinação	302
Capítulo	IV — Apreciação anual da situação de sociedades obrigadas à consolidação de contas	307

Título	VII — Disposições penais e de mera ordenação social	311
Título	VIII — Disposições finais e transitórias	318

ESTABELECIMENTO INDIVIDUAL DE RESPONSABILIDADE LIMITADA

Decreto-Lei n.º 248/86, de 25 de Agosto		323
Capítulo	I — Constituição	329
Capítulo	II — Administração e funcionamento	332
Capítulo	III — Elaboração das contas anuais	333
Capítulo	IV — Alteração do acto constitutivo	335
Secção	I — Aumento do capital	335
Secção	II — Redução do capital	336
Capítulo	V — Negociação, oneração e penhora do estabelecimento individual de responsabilidade limitada	336
Capítulo	VI — Liquidação do estabelecimento individual de responsabiliade limitada	337
Capítulo	VII — Disposições finais	341

CÓDIGO DO REGISTO COMERCIAL

Capítulo	I — Objecto, efeitos e vícios do registo	343
Capítulo	II — Competência para o registo	353
Capítulo	III — Processo de registo	355
Capítulo	IV — Actos de registo	362
Capítulo	V — Publicidade e prova do registo	371
Capítulo	VI — Suprimento, rectificação e reconstituição do registo	372
Capítulo	VII — Impugnação das decisões do conservador	379
Capítulo	VIII — Outros actos	383
Capítulo	IX — Disposições diversas	384
Emolumentos do registo comercial		385

REGULAMENTO DO REGISTO COMERCIAL

Capítulo	I — Processo de registo	387
Capítulo	II — Actos de registo	388

CÓDIGO DO REGISTO COMERCIAL – Apêndice

Decreto-Lei n.º 42 644, de 14 de Novembro de 1959 396
Decreto-Lei n.º 42 645, de 14 de Novembro de 1959 398
Emolumentos do registo de navios 402